Maria Konjoekova

ZO GAAT DAT
IN RUSLAND

of hoe te leven tussen Russen

UITGEVERIJ GLAGOSLAV

Zo gaat dat in Rusland
of hoe te leven tussen Russen

Maria Konjoekova

Vertaald uit het Russisch
door Els de Roon Hertoge en Ineke Zijlstra

© 2013, Maria Konjoekova

Vertegenwoordigd door www.nibbe-wiedling.de

© 2013, Uitgeverij Glagoslav, Nederland

www.glagoslav.com

ISBN: 978-1-909156-39-5

INHOUD

Inleiding

Ik ben geboren en getogen in Rusland, in Sint-Petersburg. In de krap vier decennia dat ik op de wereld sta heb ik veel gezien en veel beleefd. Ik heb kennis gemaakt met duizenden verschillende mensen, met wie ik Russisch sprak, die prachtige, expressieve taal. Soms werd ik aangenaam getroffen door het begrip waarmee mijn landgenoten mij tegemoet kwamen. Andere keren leek het wel of we verschillende talen spraken. Het lot heeft een heleboel fijne ontmoetingen op mijn pad gebracht. Maar er waren ook mensen met wie ik liever geen kennis had gemaakt, sterker nog, die ik nooit had willen tegenkomen. Rusland is de plaats waar sommigen mij volkomen onbaatzuchtig hebben geholpen, maar waar anderen mij monsterachtige streken hebben geleverd. Sommigen houden onvoorwaardelijk van mij (tenminste, daar durf ik van uit te gaan). Anderen zijn juist blij met alle tegenslag die ik ondervind en met alle narigheid die ik te verduren krijg.

Ik heb Rusland, mijn vaderland waar ik zo veel vreugde heb gekend en ook zoveel verdriet, altijd bijzonder gevonden, een land dat niet alleen een beschrijving waard was maar ook een diepgaande analyse. Ik ben niet origineel. De grootste intellecten van de wereld hebben met verrukking, verwondering en ontzetting gekeken naar mijn land en wat zich daar afspeelde. De bekende Russische dichter Fjodor Tjoettsjev meende: een land met zo'n bijzonder karakter kun je niet met het verstand bevatten. Ik kan natuurlijk moeilijk met Tjoettsjev in discussie gaan en het heeft ook geen zin om met hem te wedijveren. Toch zal ik in dit boek een bescheiden poging doen Rusland te begrijpen. Niet het land maar zijn onderdanen.

De aanzet tot het schrijven van dit boek was een boek van de Engelse Kate Fox, *Watching the English. Hidden Rules of Behaviour*, dat ik geboeid heb gelezen en waaruit ik een heleboel nieuwe en interessante informatie heb opgedaan over de inwoners van het land en hun gewoonten. De auteur, van beroep etnograaf en antropoloog, beschrijft de ongeschreven gedragsregels van de Engelsen in alledaagse situaties: van een gesprek met iemand die je niet zo goed kent en de gedragsregels in de pub, tot de vraag waarom mensen uit verschillende maatschappelijke geledingen kiezen voor een bepaalde inrichting van hun interieur. In navolging van Fox hebben andere schrijvers verteld over het leven van de inwoners van bepaalde landen, in boeken als *Watching the French, Watching the Czechs, Watching the Koreans*. Er verscheen zelfs een boek met de titel *Watching the men* (dat is me een volkje hoor, met totaal eigen zeden en gewoonten). Waarom nu dan geen boek over de Russen, een van de grootste en meest eigenaardige volken ter wereld?

Daarnaast is er het feit dat ik een opgroeiende zoon heb. Terwijl ik dit schrijf is hij een tiener en zoekt zoals elk mens zijn plekje en zijn rol in de maatschappij. Toen hij nog heel klein was, heb ik mezelf voor het eerst de vraag gesteld: wat is nu het kostbaarste wat ik mijn kind kan meegeven? Ik begreep dat dat geen geld moest zijn en ook geen onroerend goed (al zijn ze beide bepaald geen overbodige luxe in dit aardse leven). En zelfs niet de herinnering aan mij als de meest voorbeeldige persoon in zijn leven (al probeer ik al meer dan tien jaar, zonder veel succes weliswaar, de engel in mezelf tot wasdom te laten komen). Belangrijker vond ik de vaardigheid om op de juiste manier om te gaan met verschillende mensen en in verschillende situaties, en om die situaties tijdig en juist in te schatten. Vanaf zijn vroege kinderjaren hebben mijn zoon en ik allerlei levenskwesties geanalyseerd. Eerst de situaties waar hij mee te maken kreeg in de speeltuin, de crèche en op school. Daarna begon ik zelf te vertellen over de dingen die ik meemaakte op mijn werk, met mijn vrienden, bij instanties enzovoorts. Op een gegeven moment besefte ik dat ik in de gesprekken met mijn zoon hem de gedragsregels van Rusland aan het uitleggen was, dat ik hem vertelde over de zeden en gewoonten in het land waar ik ben opgegroeid en waar ik nog altijd leef. En ik zou nog een ontdekking doen. Het bleek dat ik in mijn gesprekken met vrienden en familie dit boek eigenlijk al 'geschreven' had. Dat had ik niet alleen gedaan, maar samen met al die intelligente en opmerkzame gesprekspartners die een systeem probeerden te ontwaren in onze soms ronduit absurde realiteit die er met de tijd ook niet overzichtelijker op werd. Wat restte was dus een kleinigheid: het opschrijven van de observaties en conclusies die ik in mijn bijna veertigjarige leven had verzameld.

Buitenlanders hebben een zacht gezegd vreemde indruk van Rusland. Ik heb het niet alleen over de mensen op wie wij overkomen als schattige inboorlingen in bontjassen, die onder werktijd druk rondrijden op tanks en in hun vrije tijd op al even schattige pluizige beren ('s winters ijsberen, 's zomers bruine beren, dat is de mode hier). Ik bedoel die mensen die oprecht wegwijs willen raken in onze ingewikkelde werkelijkheid, die willen leren begrijpen hoe je met wie moet praten in Rusland, wat een bepaald woord betekent, een bepaalde handeling of een bepaald voorwerp.

Ja, het leven van de Russen is niet aan zo'n grote hoeveelheid ongeschreven doch strenge gedragsregels onderworpen als dat van de Engelsen volgens Kate Fox. Maar regels zijn er zeker. De Russische mentaliteit is niet altijd te begrijpen voor iemand van een andere cultuur. En toch heeft alles wat de buitenlander onverklaarbaar absurd toeschijnt een logische verklaring. Je moet gewoon, net als ik, je hele leven in Rusland gewoond hebben en de geschiedenis van het land kennen om te begrijpen waarom de meeste Russen doen zoals ze doen, wat ze voelen en wat hen beweegt in verschillende situaties.

De laatste decennia hebben er in Rusland enorme veranderingen plaatsgevonden. Deze veranderingen hebben tot de vorming van nieuwe sociale klassen geleid, maar ook tot nieuwe levensomstandigheden, waaraan wij ons hebben aangepast op onze eigen, typisch 'Russische' manier.

De combinatie van een specifiek Russische mentaliteit met een specifiek Russisch kapitalisme levert op het eerste gezicht grappige maar vaak ook treurige situaties op.

Dit boek is enig in zijn soort. Als je naar Rusland wilt gaan, en zeker als je hier wat langer wilt verblijven, raad ik je aan de inhoud ervan grondig te bestuderen.

Daarnaast kan het boek als een spiegel dienen waarin ieder van ons, inwoners van Rusland, zich met enige zelfspot kan bekijken.

* * *

Ik houd zielsveel van Rusland. En ook de stad waar ik ben opgegroeid is me zeer dierbaar. Maar nu de hamvraag: houd ik ook van de Russen? Antwoord: ik kan niet zeggen dat ik van de

Russen houd, aangezien ik niet het geluk heb gehad kennis te maken met alle vertegenwoordigers van deze natie, die leven in het gebied tussen Kaliningrad tot Vladivostok (en niet alleen daar!). Ik begrijp sowieso niet dat je kunt houden van, of een hekel kunt hebben aan een heel volk, of het nu je eigen volk is of een ander. Gesprekken over nationale karaktertrekken hebben voor mij geen zin, want elk volk bestaat uit mensen die elk hun eigen talenten, interesses, IQ en inkomensniveau hebben. Iets anders is de manier waarop we beïnvloed worden door wat er in het land gebeurt, door wat we op televisie zien, door wat de regering ons oplegt. En nog een belangrijke vraag: wie beschouw ik als de Russen? De mensen die ik in dit boek Russen noem, zijn natuurlijk niet alleen degenen die in etnisch opzicht tot het Russische volk behoren. Het zijn de inwoners van Rusland, die hun hele leven of het grootste deel van hun leven in Rusland wonen. Het zijn de dragers van de plaatselijke mentaliteit. Het zijn diegenen die het Russisch als hun moedertaal beschouwen en Rusland als hun vaderland.

Zelf kan ik niet zeggen dat ik het gemakkelijk vind om in Rusland te wonen. (Al geef ik toe dat er in het hele universum eigenlijk geen plaats is waar ik vrij van zorgen kan ademen. Ja, wie weet in een of ander melkwegstelsel van het type sombreronevel, maar daar schijnt dan juist weer dat ademen een probleem te zijn.) Tja, wie wel eigenlijk? Maar ik geloof wel dat ik hier heb leren leven. Natuurlijk, volgens velen heb je pas leren leven als je niet in Rusland woont maar aan de Côte d'Azur, in een paleis dat gebouwd is met geld dat op oneerlijke wijze, uitgerekend in Rusland, is verdiend. Al heb ik geen kennis gemaakt met de bezitters van die enorme lappen grond op Frans of Italiaans grondgebied, ik ben het er toch niet mee eens. Sterker nog: wat voor successen onze rijken ook geboekt hebben en welke weg ze daarbij ook hebben bewandeld, ik beschouw ze als overtreders van de gedragsregels in Rusland. Aan hen zal een apart hoofdstuk worden gewijd.

Het doel van dit boek is niet om ons volk neer te zetten als een verzameling sukkels, maar om het vreemde land te beschrijven waar de Russen zich verzameld hebben en waar ik ze van bovenaf observeer. In dit boek zal ik blij zijn waar allen dat zijn, bedroefd zijn waar mijn landgenoten het ook zijn en grappig zijn waar vrijwel ieder van ons grappig kan zijn. Want wat ik niet uit kan staan is als mensen, in welk land ze ook wonen, niet in staat zijn tot ironie noch tot de zelfspot die ik over dit boek uitstrooi.

In dit boek wil ik me niet teveel verdiepen in de vraag of het een of ander ook kan gebeuren in de Verenigde Staten of voor mijn part Oeganda, of hoe een Fransman of Indiër zich in dezelfde situatie zou gedragen als het een of ander hem in zijn land zou overkomen.

Dit is een boek over Rusland en de Russen.

RUSLAND EN DE RUSSEN

Kortzichtige romantici. Op goed geluk,
of wat belangrijker dan alle regels is

Veel leiders van Rusland droomden maar van één ding: een volk
dat stoutmoedig en vastberaden zijn stralende toekomst tegemoet marcheert, terwijl het vol liefde opkijkt naar de regeerders die hun vanaf de tribunes van het Mausoleum toezwaaien.
(Wel hadden die regeerders een nogal vreemd idee van wat zo'n
stralende toekomst precies moest voorstellen.) Witte t-shirts,
stralende gezichten, gezonde tanden. De naïevelingen! Ze begrepen het Russische volk slecht. De weg naar de discipline bleek
met meer en meer hindernissen bezaaid. Al snel werd duidelijk
dat een schrikbewind de enige methode was om de burgers te
disciplineren. Maar zoals bekend: angst is een slecht bindmiddel
voor de natie. De dictator stierf en de maatschappij kwam weer
in evenwicht: de strengheid van de wetten in Rusland wordt
zoals wij allemaal weten gecompenseerd door het feit dat je die
wetten niet per se na hoeft te leven.

Lieve God! Hoe blijft het allemaal overeind, vragen we ons
meer dan eens af. En waarom? Met welk doel?

Ja, als je het van een afstand bekijkt, is Rusland een bolwerk van irrationele gedachten, en dus ook een bolwerk van irrationele daden. Waarom jakkeren we zo in het verkeer? Lang niet elke amateurracer heeft haast om ergens op tijd te zijn. Waarom zou je je leven riskeren, en dat van anderen? Waarom investeren we een vermogen in de zoveelste bontjas? Waarom laten we niet regelmatig onze gezondheid checken, maar wachten we tot die buikvliesontsteking een feit is? Waarom betalen we leraren geen normaal salaris, terwijl zij nou uitgerekend de meeste energie steken in de opvoeding van onze kinderen, de generatie waaraan wij het land zullen overdragen? Bestaat er in de wereld ook maar één taak die meer verantwoordelijkheid vraagt?

Het is allemaal heel simpel: racen op de weg is gevaarlijk, maar geeft ook een kick. Tjongejonge, wie laat die achterlijke idioten de weg op? — vragen wij, die een halfjaar geleden ons rijbewijs hebben afgekocht en nog maar een paar maanden geleden doodzenuwachtig uitweken voor elke snelle auto. Een bontjas is een bron van puur genot en een bewijs dat je geslaagd bent in het leven. En als ik naar de dokter ga zul je zien dat die toch niets kan vinden. Dus heb ik al die maanden dat ik niet ging, tijd en geld bespaard!

Waarom neem ik al bij mijn eerste bezoek aan de dokter (politieagent, ambtenaar) een envelopje met geld mee? Je kunt er toch van uitgaan dat er iemand tegenover me zit die op eerlijke wijze zijn vak dient? O nee, ik heb een heel andere logica. Ik wil geloven dat ik een fantastisch mens tegenover me heb die me gaat helpen. Ik wil er zeker van zijn dat hij een goede daad voor mij verricht. Die zekerheid wordt me gegeven door het envelopje dat ik hem overhandig. Ter versterking van het resultaat, zal ik maar zeggen. Ik vergeet dat de menselijke natuur zwak is en zo demoraliseer ik de arts, ambtenaar of politieman die mogelijk van plan was eerlijk te zijn (in het begin dan). Ook vergeet ik dat degenen die na mij komen nu ook gedwongen zullen zijn envelopjes te geven. En als iemand daar niet toe in staat is? Die gedachte komt niet in mijn hoofd op: ik ben immers bezig een goede daad te verrichten voor mijzelf of voor mijn naasten. Maar dan de leraren... die doen toch sowieso hun werk! Veel van hen zelfs behoorlijk goed. Pas als ze hun werk neerleggen gaan we nadenken over een loonsverhoging. Het onderwijs steunt enerzijds op vakidioten die zo van hun beroep houden dat ze dat nooit zullen opgeven, anderzijds op mensen zonder de juiste opleiding die toevallig het vak ingerold zijn en die tot elk soort werk bereid zijn als het maar niet te smerig is en een beetje verdient; maar dit alles laat ons koud. De scholen doen toch op de een of andere manier hun werk wel, dus prima zo.

In Rusland sijpelt een hele hoop ontevredenheid door in persoonlijke gesprekken en in de satirische televisieprogramma's. Op acties loopt het zelden uit. Want strategieën en tactieken om voor onze rechten te strijden, daar zijn we niet zo van.

Om de nationale Russische mentaliteit te begrijpen is het vooral belangrijk dat je beseft dat een strategisch denkend individu in Rusland een vreemde eend in de bijt is.

We zijn als scholieren die hun lessen niet geleerd hebben en op goed geluk de les ingaan. Och, de Russische 'op goed geluk-mentaliteit', hoeveel daar wel niet over geschreven is!

Ik koop voor mezelf een datsja, appartement of auto. Mijn bedrijf wordt geruïneerd door zo'n uitgave, maar wat zou dat? Ik ben immers dolgelukkig met mijn aanschaf! En trouwens, wie weet wordt het bedrijf helemaal niet geruïneerd. Wie weet lukt het om uitstel te krijgen van de bank die het krediet verstrekt heeft. Dan leen ik weer ergens anders en zo komt het helemaal goed, zul je zien.

De 'op-goed-geluk-benadering' doet het ook goed in het verkeer, wanneer we ons niet aan de regels houden.

Ja, het vriest buiten twintig graden, de straat is net een ijsbaan, en ik loop op laarsjes met hakken en een dunne leren zool. Want wie weet wanneer ik *hem* tegenkom? Misschien wel als ik die hoek omga? En zou *hij* mij wel herkennen zonder hakken, kort jurkje en haarlak in mijn haar? Hij zal me voorbijsnellen, een of ander modepopje achterna. Dat mag ik onder geen beding laten gebeuren!

Russen zijn als geen ander volk ingesteld op goed geluk en toeval, iets wat boven alle wetten en systemen staat en geen planmatige werkwijze of strijdvoering vereist, iets wat het uitdenken van actieplannen en gedragsstrategieën van nature overbodig maakt.

Een strateeg heeft paradoxaal genoeg het gevoel dat zijn tijd beperkt is: hoelang moet je soms wel niet wachten totdat je plan wordt verwezenlijkt? Voor de romanticus strekt zich een totale eeuwigheid uit, die gevuld is met gelukstreffers en uitgelezen kansen als een cake met rozijnen. Het is al eeuwen bekend: de held van onze volkssprookjes is Jemelja, die zonder zijn plekje op de kachel te verlaten rijk werd en een prinses trouwde. Vandaar het spreekwoord 'geluk kun je ook op de kachel vinden'. Overigens zie je vaak dat tegenover elke volkswijsheid een spreekwoord met tegenovergestelde betekenis van toepassing is. Neem het spreekwoord: onder een liggende steen stroomt geen water. Daar heb ik veel meer mee, en dat is geen karaktertrek van mij, maar het resultaat van mijn ervaringen.

Die hardnekkige gerichtheid op geluk en toeval heeft een gevolg dat wederom paradoxaal is, maar ook heel logisch: zelfs de verwezenlijking van langetermijnplannen wordt in alle gevallen toegeschreven aan de machinaties van vrouwe Fortuna.

Een typisch Russisch verhaal. Op televisie was een keer een vrouw die vertelde dat haar kind was genezen door een magiër.

Nu kijken wij hier tegenwoordig niet op van dit soort verhalen, maar in dit geval liep het iets anders:

"Mijn kind werd naar het ziekenhuis gebracht. Ze kwam daar meteen op de eerste hulp terecht, ik mocht er van de artsen niet naar binnen. Ik wist niet wat ik al die tijd moest doen, het viel me te zwaar om maar bij de deuren van de eerste hulp te blijven staan. Dus ik ging naar een magiër. Nadat hij zijn ritueel had uitgevoerd, ging het weer beter met mijn dochter. De volgende dag werd ze overgeplaatst naar een gewone ziekenzaal."

Van enige dankbaarheid jegens de artsen, die urenlang hadden gevochten voor het leven van haar dochter, was geen sprake. Natuurlijk wordt deze dame niet gehinderd door bovenmatige intelligentie. Misschien heeft ze met tranen in de ogen de artsen bedankt. Maar toch is zij slachtoffer van de psychologische focus op het geloof in het bovennatuurlijke. De gemiddelde inwoner van Rusland gelooft eerder in de levensreddende invloed van iemands handbewegingen boven een paar kippenbotjes vermengd met een handje aarde, dan in het effect van een tijdig en correct uitgevoerde medische behandeling.

De titel 'Psychotherapeut des Vaderlands' had al lang geleden moeten worden toegekend aan een volstrekt onuitstaanbaar figuur in wiens aderen geen druppel Russisch bloed stroomt. Zijn naam is Paulo Coelho en hij is inwoner van het verre Brazilië. Maar die afstand doet niets af aan hoe na hij ons staat. In Rusland vliegen zijn boeken in oplages van vele duizenden over de toonbanken.

Zijn filosofie ligt zacht en smeuïg op de ziel van de Rus, als warme boter op een broodje. De promotor van het mystieke bewustzijn en het geloof in succes dat verkrijgbaar is zonder enige prestatie, verwarmt onze naïeve geesten met uitspraken als: 'Het leven is de moeite waard omdat dromen werkelijkheid kunnen worden', of: 'Denk eraan dat wanneer je iets wilt, het hele

universum eraan zal meewerken om je wens te laten uitkomen'.
Bedankt, kameraad Coelho, voor ons gelukkige leven!

En wat nu als je dromen niet uitkomen? Dan zijn er vier
reacties mogelijk:

1. "Dan is het me niet gegeven. Ik ben iemand die geen plezier in het leven verdient." Mensen met een dergelijke psychologische instelling schakelen vaak het zelfvernietigingsscenario in,
bijvoorbeeld in de vorm van alcoholisme. (Aan dit onderwerp
zullen enkele bladzijden van dit boek worden gewijd.)

2. "Dan wilde ik het niet genoeg. Coelho en andere eerbiedwaardige wijzen zeiden immers dat als ik maar wil, het universum zal meewerken. Als het universum niet meewerkt, dan wil
ik het dus niet. Of wil ik het te weinig? Of wil ik het wel, maar
op de verkeerde manier? Daar moet ik nog maar eens wat dieper
over nadenken."

3. "Dan moet ik het nog meer willen. Mijn dromen zullen
uitkomen. Het lot geeft iedereen een kans", enzovoorts enzovoorts. Blijkbaar voelt de irrationeel denkende mens niet dat wij
allen stervelingen zijn en onze tijd beperkt is. Voor hem strekt
zich de eeuwigheid uit.

4. Alleen in dit laatste geval begint iemand erover na te
denken wat hij zelf eens zou kunnen ondernemen om zijn doel
te bereiken.

Bijna alle Russen zijn diep van binnen romantici. Zelfs als
die romantiek verborgen zit onder een pantser van cynisme.
Zo was het bij de rijke olie-elite van Rusland een tijdje in om
af te vallen met vage Thaise pillen. Velen verloren inderdaad de
nodige kilo's, maar daarbij ook bijna hun leven. Toch blijft men
meer geloven in pillen dan in de combinatie van een langdurig
dieet met beweging.

Rijk worden doen we snel en tot elke prijs, we geven ons
met hart en ziel over aan onze partner (zoals Alla Poegatsjova

zingt: "Ik duik in de liefde als in de zee") en als we ons inzetten voor iets wat ons na aan het hart ligt, dan is dat voor het leven.

We gaan een stralende toekomst tegemoet, en de vlag van het mystieke bewustzijn wordt welgemoed voor ons uit gedragen door onze aanvoerder Paulo Coelho, afkomstig van een ander halfrond, een man uit het land waar zo veel wilde apen zijn.

Deze mentaliteit wordt bovendien nog versterkt door het principe van de binaire opposities.

Binaire opposities op z'n Russisch

De heidense Slaven beschreven de wereld al met behulp van een systeem dat we 'binaire opposities' noemen. (Een binaire oppositie is een manier om de wereld in te delen in begrippenparen van tegenovergestelde betekenis.) Historici en etnografen hebben vastgesteld dat deze ideeën ook na de komst van het christendom bewaard zijn gebleven. Wanneer de oude stammen in het gebied dat later Rusland zou zijn, het hadden over de wereld om hen heen, gebruikten ze begrippenparen van tegenovergestelde betekenis: leven — dood, even — oneven, man — vrouw, dag — nacht enzovoorts. Het eerste woord van elk paar had een positieve associatie, het tweede woord een negatieve.

Eigenlijk hebben we deze manier van waarnemen tot op de dag van vandaag in stand gehouden. Zelfs ik: ik ben dan wel geen 'slachtoffer' van het mystieke, maar van het principe van binaire opposities ben ik volledig doordrongen. Bovendien heb ik de laatste paar jaar tevergeefs geprobeerd het uit mijn hersenen te krijgen.

Het bewustzijn van een Rus is als een slinger die van het ene uiterste naar het andere beweegt. We houden niet van vreemden, omdat we van onze eigen mensen houden. Daarbij geeft elk de begrippen 'vreemd — eigen' zijn eigen betekenis: van mensen met een andere huidskleur tot degenen die op de benedenverdieping wonen en dus het grootste deel van de warmte die van de centrale verwarming af komt moeten missen, en tot degenen die boven wonen en 's winters vergaan van de hitte in hun appartement, die steeds maar de ramen tegen elkaar open zetten en smeken of de temperatuur in de radiatoren omlaag kan. Daarbij lijken ze niet te denken aan de bewoners van de benedenverdiepingen, die met ramen en deuren dicht nog zitten te blauwbekken.

Het gebruik van deze begrippenparen om ons bestaan weer te geven geeft al gauw aanleiding tot onverdraagzaamheid, tweedracht en wederzijdse ergernissen. Maar aan de andere kant maakt het het leven wel zo makkelijk! In principe kun je alles vatten in binaire opposities, als je er niet te veel over doordenkt.

De zwart-witte wereld die we in Rusland kennen (en die we creëren in ons bewustzijn!) leert ons alle landgenoten grofweg in te delen in geslaagden en niet-geslaagden. Het begrip geslaagdheid, dat naar ons is overgewaaid vanuit het Westen en flink uitgekleed is door de ons zo dierbare binaire opposities, staat vooral voor commercieel succes.

Geslaagden zijn rijken die zich in dure kleren steken en in dure auto's rijden. Niet-geslaagden zijn losers die in de schulden zitten of van de hand in de tand leven. Er wordt hier vaak geklaagd over het ontbreken van een middenklasse. Maar de oorzaken daarvan zijn niet alleen economisch en juridisch. Het probleem zit in de volksmentaliteit. Volgens onze begrippen is een leraar, die krap leeft van een klein salaris (en nee, hij gaat gekleed, komt niet om van de honger en kan zich zelfs wat niet al te dure vrijetijdsbesteding veroorloven) per definitie ongelukkig, omdat geld de graadmeter is van zijn geslaagdheid. Het feit dat de man misschien wel gelukkig is met zijn werk en geniet van het omgaan met kinderen, wordt genegeerd. We hebben hier te maken met twee belangrijke binaire opposities: rijk — arm en gelukkig — ongelukkig. Grijstinten zijn er niet. Ik kan het zelf eerlijk gezegd ook niet geloven dat je met weinig geld en zonder goede baan gelukkig kan zijn.

Om de een of andere reden vinden wij dat alleen de eerste en de laatste plaats de aandacht verdienen. Dat er ook een tweede, derde of x'te plaats bestaat wordt niet in aanmerking genomen, alsof die praktisch niet voorkomen in de natuur. Waarom kopen de Europeanen, die gemiddeld aanzienlijk rijker leven dan wij, geen enorme jeeps? Zij begrijpen dat het onderhoud van zo'n auto veel geld kost en je er bovendien altijd parkeerproblemen mee hebt. Ze denken rationeler en waarschijnlijk hebben ze geen zin om het leven zwart-wit in te kleuren.

Wij daarentegen zijn de laatste jaren veranderd van strijdbare atheïsten in devote kerkgangers; van een volk dat geen idee had wat privé-eigendom was in een roedel geldwolven; van liefhebbers van lekker eten in strenge bewakers van het eigen figuur. (De Amerikanen halen het niet bij ons in de aanpak van overgewicht: de fitnessclubs schieten hier als paddestoelen uit de grond.)

Ondertussen prevel ik bij wijze van autogene training steeds weer de tekst van een eenvoudig popliedje van Konstantin Meladze:

> *Wie zegeviert die heeft gelijk.*
> *En de verliezer leeft gewoon verder.*
> *En niemand gaat dood,*
> *We leven gewoon verder, meer niet.*

De binaire opposities sporen ons aan met pijnlijke steken: ga vooruit, je moet de top bereiken. We kijken omhoog en zien de besneeuwde toppen waar de halfgoden zich hebben geïnstalleerd, zij die het Succes hebben bereikt. Het is ons weliswaar niet bekend wat er achter die wolken schuilt. Maar we weten wel zeker dat het daar goddelijk is, net als in het communisme, waar we lange tijd aan meegebouwd hebben terwijl we ons maar nauwelijks konden voorstellen wat het eigenlijk was.

Het rijk van georganiseerde absurditeit

Het hierboven beschreven principe van binaire opposities brengt gek genoeg ook een soort orde aan in onze omgeving. Wat van buitenaf gezien absurd lijkt, wordt beter verklaarbaar als je bent uitgerust met dit principe.

Een van de meest absurde feesten is voor mij de bruiloft. Niet de bruiloft in het algemeen, maar het moderne trouwfeest zoals dat gevierd wordt door de onderlaag van de middenklasse en door anderen die zich moeilijk in onze vaag afgebakende middenklasse laten indelen.

Een jonge collega van mij woont al een paar jaar samen met haar vriend. Beiden dromen ze van een vorstelijke bruiloft. Waar is het voor nodig, vraag je je af. Iedereen weet dat ze in feite al echtgenoten zijn. De witte jurk is het symbool van maagdelijkheid en kuisheid (en het afscheid daarvan!) — en die kost niet alleen een berg geld, maar beantwoordt ook niet aan de werkelijkheid, zal ik maar zeggen. Bovendien is de hele plechtigheid compleet met limousine en feestbanket in een restaurant een grote aanslag op het budget.

Maar toch. Een potentieel bruidspaar is niet voor één gat te vangen. Ze vertrouwen erop dat hun ouders een beetje bijspringen. Ze hebben geleend van de bank. Ze hebben hun vrienden gevraagd cadeaus te geven in de vorm van geld: op die manier hoopt het paar tenminste een deel van de bruiloft terug te verdienen.

Dat is toch absurd als je erover nadenkt. Het stel is in feite al man en vrouw en hun omgeving keurt de verbintenis goed. In tegenstelling tot vroeger zal vandaag de dag zelfs niemand een gezinsuitbreiding veroordelen als de ouders samenwonen. (De veranderingen in de seksuele moraal zullen in een ander hoofdstuk aan bod komen.) Waarom dan al die uitgaven en al die rompslomp? Iemand zal je zeggen dat dat aangename rompslomp is. Wat is er dan zo aangenaam?

1. De voorpret bij de gedachte dat je gaat laten zien dat je het gemaakt hebt. Een bruiloft wordt gevierd door iemand die zich dat kan veroorloven. Zo neemt het paar, conform het principe van de binaire opposities, dus afstand van de minder vermogende bevolkingslaag. Wij zijn niet zoals zij. Ik ken ouders van een vierjarig (!) kind, die een bruiloft op touw hebben gezet 'zodra er geld was'. Sowieso is ons leven één grote demonstratie van de meest uiteenlopende statussymbolen. Daarvan is ons leven letterlijk doorspekt.

2. De verplichting aan een volkomen conventionele traditie. Dit is meestal een belangrijke reden voor de ouders. Wij hebben het toch ook gedaan? Natuurlijk was de seksuele moraal anders in de tijd dat de oudere generatie trouwde, en de huwelijksplechtigheid was echt een teken van de overgang naar een nieuwe situatie. Toch hamert de familie op het naleven van de traditie. Wederom om iets aan de omgeving te laten zien: anders dan bij die nieuwerwetse 'hervormingsgezinden' is het in jouw familie gebruikelijk om de goede, oude, feestelijke traditie te volgen. (De traditie van een vorstelijke trouwerij is pas later in de Sovjettijd ontstaan: kort na de revolutie werd het 'banket met witte jurk' belachelijk gemaakt als een uiting van kleinburgerlijkheid. Je kon toen horen: die en die hebben zich geregistreerd. Punt. Van een luxe feestmaal met een menigte gasten en cadeaus was in de verste verte geen sprake.)

Het is tegenwoordig heel belangrijk iets te kunnen laten zien aan tante en oom uit Nizjnevartovsk en oudtante uit Aloepka, die allen gekomen zijn om het jonge paar te feliciteren.

3. De aandacht en de complimenten. De bruid staat op om zes uur 's ochtends en begint zich meteen mooi te maken: een ingewikkeld kapsel, dure make-up, daarna de hoepelrok, het decolleté, de naaldhakken. Iedereen zal haar zeggen dat ze de allermooiste is. Wat dus ook waargemaakt moet worden. Ook hier komt de absurditeit om de hoek kijken: iedereen die ziet hoezeer zij en de visagisten en kapsters hun best hebben gedaan, zal haar complimenteren, hoe ze er ook uitziet. Iedereen doet alsof hij haar mooi vindt en zij doet alsof ze het gelooft. Ze zegt als het ware: ik ben niet dat meisje met de spijkerbroek of het mantelpak waarin je me elke dag ziet. Er schuilt in mij een oogverblindende schoonheid, en alleen vandaag heb je het geluk die te mogen aanschouwen.

* * *

Een van de belangrijkste 'absurditeitszones' in het leven van een Rus is de televisie. Die schept bovendien een verkeerd beeld van de werkelijkheid en brengt daarmee nog meer verwarring en chaos in onze gelederen. Ook de televisie krijgt een apart hoofdstuk.

Toch kan ik het niet laten om hier alvast op te merken dat dit grootste, populairste massamedium stoelt op het basisprincipe van de schijnbare onwetendheid. Iedereen weet bijvoorbeeld dat studeren aan een universiteit geen makkelijke opgave is. Toch zijn de personages in de serie *Univer* vrijwel de hele dag aan het eten, slapen, roddelen, uitgaan, de liefde bedrijven, kortom, alles behalve datgene wat ze eigenlijk moeten doen: studeren. Ze getuigen van een frivole levenshouding die niet past bij de toekomstige intellectuele elite van het land.

Onder de makers van de serie zit waarschijnlijk niet één iemand die zelf gestudeerd heeft of die weet wat studeren aan een serieuze universiteit echt inhoudt. Natuurlijk gaat niemand in een komische serie eens lekker uitweiden over hoe moeilijk het is om de stellingen van Weierstrass te bewijzen. Maar een volledige breuk met de werkelijkheid leidt tot een denkbeeldige wereld waarin vrijwel niemand gelooft, of je je nu voor of achter het scherm bevindt. Toch worden de episodes uit de studentenlevens gebracht alsof ze uit het werkelijke leven gegrepen zijn.

* * *

De wens om orde te scheppen in onze niet al te logisch gestructureerde maatschappij draait meer dan eens uit op 'georganiseerde absurditeiten'. Er doen zich soms vreemde situaties voor zonder dat er kwade opzet in het spel is: het lukt dan gewoon niet om goed vooruit te denken en iedereen tevreden te stellen.

Een rondgang langs instanties is bij ons een vrij avontuurlijk verhaal met een tot op de laatste bladzijde onbekende ontknoping. Om bijvoorbeeld een nieuw paspoort aan te vragen wanneer het oude verlopen is, moet je een niet geringe hoeveelheid documenten verzamelen en daar kopieën van maken. (Ik begrijp nog altijd niet waarom ze een kopie van je werkboekje nodig hebben, en dat je dan ook nog eens op een formulier moet invullen waar je de laatste tien jaar gewerkt hebt, en dat deze informatie vervolgens bevestigd moet worden door een personeelsinspecteur. Denken ze soms dat een agent van een buitenlandse spionagedienst zich tijdens het invullen van het formulier 'verschrijft' en invult: 'WERKVERLEDEN: 2003 — heden: CIA, agent'?) De rijen voor de OVIR lijken tegenwoordig tot het verleden te behoren. Maar alleen uitverkorenen spelen het klaar om al bij de eerste keer alle documenten af te geven — altijd is er iets mis of ontbreekt er iets. En denk je dat het makkelijk is om daarna je paspoort mee te krijgen? Vergeet het maar. Als je je nieuwe paspoort krijgt, moet je het oude inleveren, zelfs als dat nog maar één dag geldig is op de dag dat je het nieuwe krijgt. Dat vergeten ze je vooraf te vertellen. Bellen naar de OVIR kan niet, op de site staat een verouderd telefoonnummer. Vervolgens blijkt dat de scanners op sommige grenscontroleposten het supermoderne elektronische beveiligingssysteem van het document niet kunnen 'lezen'. Er zijn al heel wat gelukkige bezitters van het nieuwe paspoort, compleet met visum, regelrecht vanaf de grens terug naar huis gestuurd...

Kortom, petje af voor de door de wol geverfde helden die de plaatselijke OVIR slechts twee keer bezocht hebben: een keer om de documenten voor het paspoort af te geven en een keer om het paspoort op te halen.

Een ander voorbeeld: er is nu de mogelijkheid om een volgnummer te halen bij de plaatselijke polikliniek zonder de nacht tevoren al in de rij te gaan staan. De begeerde papiertjes voor een bezoek aan de specialist kun je nu reserveren via internet. Hoera? Nou, nee. Ten eerste kunnen veel ouderen, het leeuwendeel van de bezoekers aan de kliniek, niet met een computer omgaan en is internet aan hen dus niet besteed. Ten tweede is het gewoon weer het aloude verhaal: het computerprogramma is zo gemaakt dat je op het formulier dat je moet invullen, je achternaam moet intypen met hoofdletters. Daar wordt verder nergens iets over vermeld. Maar als je achternaam niet in hoofdletters is getypt, antwoordt het programma: deze persoon woont niet in de wijk waartoe de polikliniek behoort en heeft dus geen recht op een volgnummer. De ongelukkige doorloopt enkele kringen van de hel: hij belt naar de verzekeringsmaatschappij, naar de afdeling gemeentestatistiek en zo meer, totdat hij tot de ontdekking komt dat hij alleen maar was vergeten die o zo belangrijke *CapsLock*-toets aan te zetten.

De weg naar de hel is geplaveid met goede bedoelingen. Waarschijnlijk zullen de volgelingen van de machtige sekte der Paulo Coelho-fans gewoon hun schouders ophalen: iemand geeft ons land het boze oog. Moeten we het misschien verdrijven? Zulke dingen helpen soms. Niet voor niets staan de reclamekrantjes bol van de advertenties voor magiërs, die mensen beter maken en aan een partner helpen aan de hand van een foto, die het boze oog verdrijven en straf uitdelen aan degene die je die ellende bezorgd heeft, met de kassa binnen handbereik zullen we maar zeggen. Met de fantasie van deze heren is het slecht gesteld, het aanbod van diensten is altijd hetzelfde. Ik weet niet hoor, maar waarom is bijvoorbeeld nog geen van hen op het idee gekomen van het simpele commerciële concept om iemand te bevruchten met behulp van een foto van een Hollywoodster?

De bekende Moskouse journaliste Natalja Radoelova is in opdracht van een redactie een keer naar verschillende magiërs gegaan met een foto van een niet zo bekende oligarch. Ze vroeg of ze wilden zorgen dat hij verliefd op haar zou worden. En... niets leverde het op. Radoelova publiceerde het verhaal van haar onfortuinlijke koppeling-bij-verstek. En toen? Toen niets.

Zelf ben ik beschermd tegen de aanvallen van kwakzalvers door een advertentie die ik een keer las in een roddelblaadje. Ik zal je zeggen: de reclametruc die daarin wordt gebruikt laat zien dat de voorvechters van de leer van Paulo Coelho niet zitten te slapen, ze bestuderen het abc van de reclamemaker — in deze advertentie wordt namelijk een slimme truc gebruikt: de brief van de dankbare cliënte:

'Ik was ziek, ging van de ene naar de andere arts en slikte handenvol pillen. Ik zag eruit als een lijk, niets hielp. Als laatste redmiddel heb ik mijn toevlucht genomen tot de witte magie van mevrouw Alina (om de een of andere reden kiezen kwakzalvers altijd een pseudoniem dat associaties wekt met voluptueuze prostituees met een lange staat van dienst in een tweederangs bordeel — M.K.) Mevrouw Alina zei dat ik mijn kussen, waar ik al die tijd op had geslapen, moest opentornen...

Daar vond ik grafaarde en een paar rattentanden. Opeens herinnerde ik me dat dat kussen een cadeau was geweest van mijn ex-schoonmoeder Zinaïda Ivanovna.'

Bedankt, mevrouw Alina, voor ons gelukkige leven. Nu heb ik natuurlijk wel een vraag voor de boosaardige Zinaïda Ivanovna: hoe wist uw slachtoffer dat die aarde uit een graf afkomstig was? Heeft u die misschien zorgvuldig in een papiertje gewikkeld waarop stond 'grafaarde' (en welke slechterik lag daar eigenlijk?)? En hoe kon ze zien dat die tanden van een rat waren? Of wacht even, misschien is onze heldin wel afgestudeerd zoöloog, in dat geval zal ik haar niet van leugens durven te verdenken.

Absurd? Niet helemaal. Ten eerste is deze positieve feedback op het werk van de magiër waarschijnlijk geschreven door een copywriter, iemand die reclameteksten schrijft op bestelling.

Ten tweede besteed ik niet voor niets zoveel aandacht aan zo'n simpel verhaal. Deze reclame is gericht op de mensen die een typisch trekje vertonen van de Russische mentaliteit: het verlangen om schuldigen te zoeken. Als de schuldige eenmaal gevonden is, moet het probleem uit zichzelf verdwijnen.

Toen een vriendin van mij het geschopt had tot topmanager van een groot bedrijf, autoriteit kreeg en daarmee de moed om voorzichtig haar mening over verschillende dingen uit te spreken, zei ze een keer tijdens een vergadering, waarop voor de zoveelste keer werd besproken wie er schuldig was aan de zoveelste vervelende kwestie binnen het bedrijf, en hoe deze gestraft moest worden:

"Volgens mij moeten we er eerst over nadenken hoe we een uitweg uit de deze toestand kunnen vinden in plaats van de schuldige te zoeken."

De directie was totaal gechoqueerd door deze mededeling. Het probleem bleek niet te kunnen worden opgelost met een pak slaag voor de schuldigen. Ongehoord!

Kunnen ziekten verdwijnen als je de amuletten van zwarte magie uit je kussen haalt die je schoonmoeder erin gestopt heeft? Ik betwijfel het. Maar zo is de logica.

* * *

En zo eindigen alle pogingen het absurde te ordenen in een fiasco en in de reddende verschijning van mevrouw Alina. Aan de irrationaliteit van het leven in Rusland zullen in dit boek heel wat woorden worden gewijd. Maar de absurditeiten houden ook wel eens verband met de hoop op een gelukstreffer en met het gebrek aan vertrouwen op de eigen kracht. Die kracht is er wel, maar wordt vaak gestoken in minder rationele situaties.

De mars der enthousiastelingen, of waarom militairen privileges krijgen bij het kopen van een appartement

Toch functioneren hier scholen en ziekenhuizen, de schoorstenen van de verwarmingscentrale roken, schepen gaan van wal. De grenzen van ons land worden onophoudelijk bewaakt door de douanebeambten. Elke dag beginnen duizenden bussen, treinen, trams en trolleybussen aan hun route, vliegtuigen stijgen op. Er worden wegen aangelegd en nieuwe gebouwen opgetrokken...

De documentairemaker Oleg Dorman heeft een TEFI-award, de hoogste televisieonderscheiding, gekregen voor zijn film *Op de letter*, een serie interviews met vertaalster Liliana Lungina. Hij weigerde de prijs en op de uitreiking las de producer van de film een boodschap van hem voor, gericht aan de leden van de *kinoakademia*. De tekst luidde: 'De een zaait en bakt brood voor ons, de ander brengt zijn leven door in een mijn, op zee of in militaire dienst, of op een marktkraam.' Hiermee bedoelde hij dat hij zijn zege opdroeg aan ons allemaal, de noeste werkers van Rusland, bij wie om de een of andere reden nooit wordt stilgestaan. De pers heeft het meestal alleen over mensen die met hun bezigheden het eeuwige principe van de binaire opposities illustreren: rijken, aan lager wal geraakte randfiguren, mensen met extreme en opvallende beroepen en hobby's, enzovoorts. 'Wegens laag inkomen' en dus volgens de heersende publieke opinie wegens gebrek aan succes, zijn de ingenieurs, wetenschappers, leraren, artsen en journalisten van de televisieschermen verdwenen (laatstgenoemde alleen als ze niet schrijven over politieke schandalen en roddels. Het is duidelijk dat eerzame politieke journalisten zich op de frontlinie bevinden in de strijd om verschillende vrijheden, terwijl de vertegenwoordigers van de riooljournalistiek wroeten in het vuile ondergoed van beroemdheden. Maar het zijn alleen deze twee categorieën pennenridders die de pers interessant vindt. Daar heb je ze weer, die vermaledijde binaire opposities, ik ben ze zo beu. Alsof er geen mensen zijn die schitterende teksten schrijven over cultuur, de maatschappij, sport en zoveel meer).

Tegenwoordig worden rijkelui die geld schenken aan een goed doel met evenveel verheerlijking door de media in de schijnwerpers gezet als vroeger de modelarbeiders, waardoor er zowat een hegemonie van de ondernemersklasse ontstaat. En dat terwijl de zakenmensen in Rusland, volgens de meest gewaagde statistieken, niet meer dan 5% van de hele beroepsbevolking vormen.

Waarvoor werken dan al die anderen, als het niet voor de roem is of voor een astronomisch salaris? Voor de liefde en een kleine vergoeding, geachte lezers. Dat is alles.

Dit is wederom een Russisch fenomeen: de belangrijkste en laagstbetaalde sectoren worden grotendeels in stand gehouden door het pure enthousiasme van hen die er werken.

In 1936 schreef de dichter Anatoli d'Aktil de tekst voor de beroemde 'Mars der enthousiastelingen' (gecomponeerd door Isaak Doenajevski). Hier is een couplet van dit lied:

> *Komt, zit niet terneer!*
> *Wij zullen dapper 't doel behalen.*
> *Arbeid is een zaak van eer.*
> *Wij zullen nimmer falen.*
> *Klein zo uw taak ook zij,*
> *Schenkt onze maatschappij*
> *Blij moed en kracht*
> *Voor de droom die ons wacht!*

We hebben hier veel mensen die arbeid als vanouds beschouwen als een zaak van eer. Ze hebben niet veel geld maar voelen ondertussen ook geen enkel verlangen naar een andere baan. Echt, er zijn mensen die zich niet kunnen voorstellen dat ze zich met andere dingen bezighouden dan pedagogiek, geneeskunde of welk ambacht ze ook hebben. Dat is ook een van de fenomenen van het moderne Rusland. Maar een exotisch verschijnsel, een huisarts bijvoorbeeld, krijgen we alleen te zien in twee gevallen: als hij een professionele onderscheiding krijgt, of als hij omkomt van de honger. Het is altijd hetzelfde liedje: je ziet of het negatieve uiterste, of het positieve.

Over enthousiastelingen vertellen de Russen, die zo scherp uit de hoek kunnen komen, mopjes van het volgende soort:

Twee ondernemers komen elkaar tegen. De een vraagt de ander:

"Betaal jij je werknemers?"

"Nee hoor."

"En gaan ze nog steeds naar hun werk?"

"Ja, de schoften."

"Laat ze dan toegang betalen."

Een paar dagen later komen de zakenmannen elkaar weer tegen.

"En? Heb je een toegangsprijs ingesteld?"

"Zeker!"

"En?"

"Die schoften zijn zo gewiekst. Komen ze op maandagochtend naar het werk, gaan ze pas vrijdagavond weer weg."

Onze volkshumor is sarcastisch. En we komen er niet aantrekkelijk vanaf in de ogen van de grappenmakers. Bepaald niet aantrekkelijk. De hartstochtelijke Russische ziel wil drama, geen harmonie.

Er is maar één groep eerzame zwoegers die door de overheid niet totaal aan hun lot worden overgelaten: de militairen. Gelukkig maar dat onze beschermers tenminste nog privileges krijgen bij het kopen van een woning.

Maar me dunkt ook dat ze niet voor niets die militairen wat extra's toestoppen. Het is toch wel een beetje griezelig om zo'n hoeveelheid gezonde, gewapende mannen in armzalige omstandigheden te laten leven.

* * *

Door de binaire opposities zijn er ook in het buitenland weinig mensen die Rusland aanvoelen. Zelfs in het geval van onze voormalige landgenoten.

Pas geleden sprak ik met een vrouw die boeken van hedendaagse Russische schrijvers in het buitenland laat uitgeven. Wat er aan ons leven dan zo interessant is voor de hedendaagse westerse lezer, vroeg ik haar. Verhalen over politiek, corruptie, over gruwelijke toestanden uit de Russische realiteit, antwoordde ze. Toen ik haar vroeg naar nieuwe Russen (deze categorie landgenoten krijgt van mij een eigen hoofdstuk) vertelde ze dat die in Europa iedereen de neus uitkomen, dat iedereen van ze walgt, en dat het ondenkbaar is dat er ook maar iemand in ze geïnteresseerd zou zijn.

"Maar wie is er dan wel interessant?!" hield ik vol.

"Ik weet het niet. Het moeten grappige verhalen uit het leven gegrepen zijn."

Waarschijnlijk zoekt het Westen bij schrijvende Russen naar een soort tweede Sergej Dovlatov.

Alsof er geen andere manieren zijn om Rusland in beeld te brengen. In Frankrijk heb ik eens een documentaire gezien over Russische vrouwen die om de een of andere reden het grootste deel van hun 'werktijd' doorbrengen met drinkgelag en slemppartijen. Och hemel, wat een verschrikking om in Rusland te wonen. Guttegut. Waar moet het naartoe met een land waar zulke vrouwen wonen? Nou, nergens naartoe. Wij hebben simpelweg ook het Westen besmet met ons denken in contrasten.

Wie is er nu echt een held van onze tijd? Door het principe van schijnbare onwetendheid dat door onze televisie wordt uitgedragen is het beeld van degene die we een held van onze tijd zouden kunnen noemen vervaagd.

Dat betekent overigens nog helemaal niet dat er geen held is. Zo zullen velen van ons erkennen dat de held van de jaren negentig van de vorige eeuw Sasja Bely uit de serie *Brigada* zou kunnen zijn, de pientere, wrede en charmante bandiet, die zich geen haarbreed in de weg liet leggen door morele principes. Triest.

En wie is de held van het volgende decennium, de jaren 2000? Het antwoord op deze vraag zal de tijd wel geven.

Maar ik zou, net als elke andere kortzichtige romanticus in Rusland, graag willen dat er eens een ander iemand zou worden verkozen tot de held van de jaren 2000. Een deelnemer aan de immer door het land trekkende mars der enthousiastelingen.

Niet lang geleden was ik bij een evenement dat door de organisatoren 'forum voor publieke initiatieven' werd genoemd. Daar kwamen mensen bij elkaar die ons leven beter, comfortabeler en interessanter proberen te maken door het oprichten van verschillende maatschappelijke bewegingen.

Ik heb daar allerlei mensen voorbij zien komen, waaronder de voorzitter van een club voor liefhebbers van honden van een of ander zeldzaam ras, de oprichter van de Russische Live Journal community 'Gratis op te halen' en een Sint-Petersburgse Wikipedia-auteur. Ik werd getroffen door de mensen die in hun vrije tijd vrijwillig de parken en straten van de stad schoonmaken. Maar boven aan mijn persoonlijke top tien van helden van onze tijd staat de vereniging van vrijwilligers bij bosbranden, die op eigen kosten een uitrusting aanschaffen en met gevaar voor eigen leven, wederom in hun vrije tijd, de zomerse branden blussen in de bossen van de provincie Leningrad. Enthousiastelingen nemen hier vaak de taken over van overheidsinstanties: ze zamelen geld in voor de behandeling van zieke mensen, brengen weeskinderen onder in gezinnen en blussen zelfs branden.

Een Russische enthousiasteling herken je zo. Zijn blik is helder, zijn stap vastberaden, zijn hele voorkomen straalt. En o ja, hij kijkt geen televisie.

DE REGELS VAN HET SPEL EN DE VEILIGHEIDSMAATREGELEN

Kate Fox besteedt in haar boek *Watching the English* veel aandacht aan de ongeschreven communicatieregels die gelden in een Engels gezelschap. Het boek dat ze heeft geschreven is een aanrader voor iedereen die naar Groot-Brittannië gaat en van plan is zich daar onder de mensen te begeven. Toen ik haar bijzonder interessante verhaal las, kreeg ik het steeds benauwder. Ik zette het werk van de Engelse antropologe op een zichtbare plaats in mijn boekenkast, voor het geval dat ik eens naar Engeland zou gaan. Het was me duidelijk dat ik voor mijn bezoek aan het land een hele hoop regels uit mijn hoofd zou moeten leren, om in deftig gezelschap geen modderfiguur te slaan, als lomperik bekend te komen staan of bijvoorbeeld over te komen als iemand uit de laagste klasse. Mijn hemel! Een arbeider gebruikt daar voor 'servetje' een ander woord dan een aristocraat. Hoe kon ik al deze belangrijke details in godsnaam onthouden?

Geachte buitenlandse lezers van mijn boek! Verheugt u! Het leven van de Russen wordt niet gedicteerd door zo'n immense hoeveelheid gedragsregels, waar je je strikt aan dient te houden om een goede indruk te maken. Bij ons is het allemaal minder voorspelbaar en veel meer gebaseerd op de intuïtie, stemming en gevoelens van de gesprekspartners. Aan de ene kant worden daardoor je hele denkvermogen en geestkracht gemobiliseerd, maar aan de andere kant hoef je je ook niet rot te studeren op een 'lijst van twee-, driehonderd simpele adviezen die u helpen over te komen als een net meisje (nette jongen)'.

Rusland wordt niet bijeengehouden door regels en wetten, maar door intuïtie en persoonlijke relaties. Om je correct te leren gedragen in Russisch gezelschap, hoef je maar één simpele waarheid te begrijpen: elk willekeurig gesprek tussen Russen is erop gericht tussen de deelnemers een 'gesprek van mens tot mens' te laten ontstaan.

Het gesprek van mens tot mens

Als je buitenlanders die in Rusland wonen vraagt waarom ons land hen zo trekt, is het antwoord bijna altijd hetzelfde: hier zijn de mensen zo oprecht. Neem de Amerikanen: die praten op feestjes over auto's, sportwedstrijden en wat ze gekocht hebben; soms proberen ze een weddenschap af te sluiten zonder duidelijke aanleiding. De onderwerpen komen op een Rus uiterst oninteressant over. Ja, op een westerse cocktailparty ga je het niet hebben over hoe je je zoon uit de gevangenis hebt gehaald, of discussies voeren over de toekomst van het land. Voor een Rus is de conversatie ook een manier om te ontspannen, maar dan niet door over dingen van weinig betekenis te babbelen, maar door in de gesprekspartner een begripvolle geestverwant te vinden.

In Rusland kan iemand zelfs onder een feestmaal gaan klagen over een kwellende astma-aanval van de vorige dag.

(Dat is ook een beetje extreem, maar toch een voorbeeld van de oprechtheid die hoort bij een gesprek van mens tot mens.) De anderen zijn verplicht oprecht met hem mee te leven, ook al zijn ze in feeststemming. Vervolgens kan een van de gasten, als de klager het niet hoort, tegen een ander beginnen:

"N. had beter een ander moment kunnen uitkiezen om over zijn ziekte te beginnen."

Het verstandigste antwoord is ongeveer dit:

"Natuurlijk was dat het verkeerde moment. Maar je snapt toch wel dat hij het zwaar heeft."

Vervolgens slaken beide gesprekspartners een sombere zucht. En pas na die zucht schakelen ze over op een nieuw onderwerp. De eerste spreker denkt over de tweede: wat is hij toch aardig, oprecht en begripvol! Bij zo iemand kun je nog eens aankloppen als je het zwaar hebt.

Het grootste deel van alle productieve communicatie (op de werkvloer, bij overheidsinstanties, medische instellingen en dergelijke) volgt het stramien van het gesprek van mens tot mens. Als je baas je niet vertelt hoe zwaar hij het had met de verzorging van zijn moeder na haar beroerte, hoe het met zijn dochter gaat nu ze in Saratov woont en hoe slecht hij vannacht geslapen heeft, betekent dat naar alle waarschijnlijkheid: je zaken staan er niet zo goed voor. Dat geldt ook in het algemeen: als iemand op alle mogelijke manieren probeert onder een gesprek van mens tot mens uit te komen, betekent dat meestal dat hij zijn gesprekspartner om de een of andere reden niet sympathiek vindt, dat deze hem geen enkel vertrouwen inboezemt. Misschien heeft hij het zelfs slecht met zijn gesprekspartner voor en is hij van plan hem schade te berokkenen. Iemand die kwaad in de zin heeft gaat geen warmhartig gesprek aan met zijn slachtoffer. Niet per se omdat zijn geweten knaagt, maar omdat hij domweg fysiek niet in staat is een communicatie 'met kwaliteitskeurmerk' aan te gaan.

Want een gesprek van mens tot mens is een van de belangrijkste waarden van de Russische communicatiecultuur. Wanneer en op welke grond ontstaat zo'n gesprek? Ik parafraseer de beroemde dialoog uit Hamlet: op Russische grond.

Een Rus is vrijwel altijd bereid om zijn hart te openen. Van de openhartige mensen zou ik maar één groep landgenoten uitsluiten: de semi-autistische bèta's, en dan vooral de computernerds, die wortel hebben geschoten in de virtuele wereld. Voor zulke mannen is het uiterst moeilijk om open te zijn. Eigenlijk heb ik de indruk dat hun vlucht in de wereld van computertalen een manier is om met hun communicatieproblemen bij het gewone Russisch om te gaan. Deze mensen hebben het vaak erg zwaar, want ze zijn niet altijd in staat om zich gemakkelijk en op de juiste manier uit conflictsituaties te redden, ze krijgen psychische problemen doordat ze hun gevoelens niet kunnen uiten. Hun belangrijkste bescherming is het programmeren en de hardop verkondigde mening dat die openhartige gesprekken van ons maar sentimentele onzin is.

Alle andere mensen kennen vrijwel altijd de behoefte aan een open gesprek met een begrijpend mens, zelfs als ze deze behoefte voor zichzelf verbergen.

Een bijzondere openhartigheid vinden we bij Russische vrouwen. Ik beschik bijvoorbeeld over zeer gedetailleerde informatie van de abortussen van veel van mijn collega's. Ik weet exact wie van hen niet tevreden is met haar man, en waarom. Ik ben volledig bekend met alle verwikkelingen in de levens van mijn buurvrouwen van de datsja en van de moeders die samen met mij hun jonge kroost 'uitlieten' in de speeltuin. Maar ook de vrouwen die vaak toevallig en voor even op mijn levenspad meereisden, weten behoorlijk wat over mijn persoon.

De behoefte om iets met iemand te delen is de Rus eigen. Dat geldt zelfs voor die relatief nieuwe sociale groep, de nieuwe

Russen. Wel overtreden zij hierbij de regels waaraan het voeren van een gesprek van mens tot mens is onderworpen. En dat is nog niet eens de enige geheime 'regel van het Russische spel' die ze aan hun laars lappen (meer hierover in een apart hoofdstuk over de zeden en gewoonten van nieuwe Russen).

Het is natuurlijk niet opzienbarend dat Russische vriendinnen elkaar systematisch opbellen om nieuwtjes te delen. Deze vorm van communicatie zien we ook in de Amerikaanse serie *Sex and the city*. Maar als reizigers in het openbaar vervoer elkaar hun levensverhalen beginnen te vertellen vanaf de tijd dat ze in de wieg lagen tot nu, dan wordt het een ander verhaal. Ik heb verhalen over de meest ingewikkelde privé-situaties gehoord in trolleybussen, in marsjroetka's, om nog maar te zwijgen over wat je allemaal hoort in de korte- en langeafstandstreinen. Het toppunt van openhartigheid was voor mij een verhaal van een wat oudere dame met wie ik in een coupé zat, over haar worsteling met de homoseksualiteit van haar eigen schoonzoon!

Wat gaat er dan vooraf aan een openhartig gesprek? Hoe ontstaat het? Als het om vrouwen gaat is er eigenlijk nauwelijks sprake van enig ritueel.

Je hoeft maar naast elkaar te zitten, bijvoorbeeld in de bus of in de wachtkamer van de dokter, en elkaar aan te kijken. Dan is er oogcontact. Niemand slaat zijn blik neer en dat wil zeggen dat zowel de een als de ander in haar buurvrouw een potentiële gesprekspartner vermoedt en bereid is tot een conversatie. En dan is het hek van de dam: zoonlief heeft problemen met zijn lerares op school, manlief is weggebonjourd, hoe weet ik niet meer, de kat heeft de parkiet opgevreten, enzovoorts.

Ongeveer eens per maand ga ik met een paar vrouwelijke collega's naar het café. Het doel van onze samenkomst is niet een gewoon gesprek van mens tot mens, maar een langdurig gesprek van mens tot mens, dat op het werk niet altijd mogelijk is. Het onderwerp kan van alles zijn: van de situatie in het land tot de universiteitskeuze van iemands schoolverlatende kind.

Een gesprek van mens tot mens is een moment van oprechte communicatie. Maar er is wel een regel: de deelnemers aan zo'n gesprek moeten tactvol zijn. Als iemand bijvoorbeeld klaagt over haar overspelige man, zou de meest verkeerde reactie zijn:

"Je wist toch zeker wel met wie je in zee ging? Hij kijkt uit zijn ogen als een krolse kat!"

Dit zullen alle deelneemsters aan het gesprek waarschijnlijk wel denken, begaan als ze zijn met het slachtoffer. Maar je dient de vertelster eerst aan te horen met een heel bedroefde en begripvolle uitdrukking op je gezicht. Bovendien mag je in geen geval reageren met iets als:

"Ik zou nooit met zo'n schoft zijn getrouwd."

Of:

"Genoeg getolereerd! Kom uit die vicieuze cirkel!"

Russen houden niet van zelfverzekerde opscheppers. Bescheidenheid is bij ons een van de belangrijkste deugden (behalve bij de nieuwe Russen, al is ook bij hen niet alles zo eenvoudig). Spreken op de toon van een psychoanalyticus wordt bij ons niet gewaardeerd. (Rusland heeft een enorme hoeveelheid psychologen. Ook psychoanalytici zijn er in overvloed en met psychiaters kun je de gracht dempen. Maar dat betekent nog niet dat ze door het grootste deel van de bevolking worden gerespecteerd als mensen die noodzakelijk en zinvol werk verrichten.)

Het beste antwoord in zo'n situatie is filosofisch en ontwijkend en mag in geen geval het zelfrespect van de spreekster aantasten:

"Ja, waar vind je tegenwoordig nog een fatsoenlijke man? Het is allemaal één pot nat."

Of:

"Ik weet niet of je moet haasten met de scheiding. Zulke beslissingen neem je niet over één nacht ijs. Denk er eens over na, als man is hij niet eens zo slecht, toch? Al zijn geld steekt hij in het gezin. Neem nou Tanja's man, die verspilt al zijn geld aan drank (aan zijn minnares, aan uitgaan)."

Bij zo'n antwoord zal de sfeer van vredige openhartigheid niet vervliegen. Beide gesprekspartners vinden zichzelf lieve, goede vrouwen, die het niet eens zo slecht hebben getroffen.

Mannen in Rusland zijn er ook niet vies van om aan een gesprek van mens tot mens deel te nemen. Wel zie je dat er bij hen iets is wat hun hartstocht beteugelt: jongens leren hun gevoelens voor zichzelf te houden, ze zo mogelijk helemaal niet te ervaren. Dat is de reden waarom de Russische man niet altijd bereid is in zo'n knusse communicatievorm te stappen: van jongs af aan is hem geleerd om zulke gesprekken te beschouwen als het prerogatief van domme meiden.

Maar voor je eigen mentaliteit kun je je niet verstoppen. Voor veel leden van het sterke geslacht zijn er twee dingen nodig om aan een openhartig gesprek te beginnen: een stimulans in de vorm van een dosis alcohol en een mannelijke gesprekspartner. Dan is alles oké: geen angst om als kneus over te komen en een luisterend oor aan je zijde. Het gesprek kan lang duren, een hele nacht wel. Vrouwen zijn aanzienlijk minder vaak bereid om 's nachts zo'n acht uur achter elkaar te pimpelen onder het genot van een geestelijke striptease. Maar mannen hebben kennelijk genoeg om over te praten.

Een gesprek van mens tot mens tussen leden van verschillend geslacht is een exotisch fenomeen in onze contreien. Als een man een vrouw niet als vrouw leuk vindt, is het niet te verwachten dat hij zijn hart voor haar opent. (In deze situatie ziet de man een door een vrouw geïnitieerd gesprek van mens tot mens als een seksuele avance.) Maar als hij haar ziet als potentiële partner in een intieme relatie, dan is het goed mogelijk dat zij zal staan te kijken van zijn openhartigheid en hartstocht, zelfs de hevigheid van zijn verzuchtingen over het leven. De meeste Russische mannen dromen van een alles begrijpende en alles vergevende levenspartner. De eisen aan ons vrouwen worden sowieso steeds hoger. Maar daarover meer in het hoofdstuk over de verhoudingen tussen de seksen.

Een gesprek van mens tot mens kan een uiting van vriendschap zijn, een omgangsvorm met toevallige passanten maar ook gewoon een methode om een atmosfeer te scheppen voor een productieve, perspectiefvolle communicatie. Deze vorm van 'communicatie op z'n Russisch' wordt bijvoorbeeld gebezigd door zakenlieden, die het sluiten van hun deals vergezellen van een bezoek aan het badhuis, een etentje of een uitje in de natuur.

Een van de grootste zonden die een Rus kan begaan is een gesprek van mens tot mens te voeren met iemand die hij vervolgens benadeelt. Zoiets wordt je door niemand vergeven: "Hij (zij) praatte met me alsof we goede vrienden waren! En dan flikt hij (zij) me zo'n schoftenstreek..!"

Ik besloot een keer om via internet een sjaal uit Pavlovski Posad te bestellen. Wat ik heel leuk vond was dat er in de catalogus van de fabriek die deze populaire volksvlijtartikelen produceert, bij elke sjaal niet alleen de productnaam stond maar ook de namen van de afzonderlijke patronen: 'Teerbeminde', 'Zomermorgen' en natuurlijk 'Gesprek van mens tot mens'.

Open of gesloten?

Ik zou de Russen niet een open volk kunnen noemen. We zijn een noordelijk volk: de elementen nodigen niet uit tot lachen en het uiten van gevoelens. Meer dan een halfjaar gaan we 'geketend' in warme kleren, ineengekrompen en ingepakt tot ons gezicht aan toe. In Rusland zou ik je niet aanraden vast te houden aan de Amerikaanse regel *keep smiling*. Voor een gesprek van mens tot mens moet je namelijk oprecht zijn. Iemand die de hele tijd geneigd is tot glimlachen is naar Russische begrippen of een idioot, of onoprecht, of er is gewoon iets niet in orde. Bepaald niet in orde.

Zoals ik al zei is het niet moeilijk een Rus tot openhartigheid te bewegen. Op het werk bijvoorbeeld weet je vrijwel altijd wie zich op welke manier tot jou verhoudt. Ik heb eens gewerkt bij een krant waarvan de redactie bestond uit leden van twee vijandige partijen. (Je moest je wel aansluiten bij een daarvan, om niet van twee kanten belaagd te worden.) Zo kwam het dus dat sommige redactieleden die tot het vijandelijke kamp behoorden, de leden van het kamp waar ik me bij had aangesloten niet eens gedag zeiden. Dit is volkomen normaal in Rusland. Aan de gezichtsuitdrukking en intonatie kun je zonder veel moeite bepalen of je baas tevreden met je is. Als je lange tijd aan zijn zijde gewerkt hebt, kun je met grote zekerheid zeggen wat hij op zijn hart heeft.

Een kennis van mij was een keer behoorlijk uit het veld geslagen door iets wat haar ongeveer twee jaar na haar verhuizing naar de VS was overkomen. Ze werd ontslagen. Ze was niet eens zozeer van slag dat ze haar baan kwijt was als wel door iets anders:

"Weet je, de vorige dag werd ik nog door iedereen toegelachen. Terwijl ze wisten dat ze me de volgende dag eruit zouden gooien! Schoften zijn het!"

Nee, geen schoften maar Amerikanen. Mensen met een mentaliteit die ons vreemd is. Voor hen is de glimlach een norm, net als voor ons het gesprek van mens tot mens.

In de VS is het gebruikelijk je problemen te verbergen, zelfs voor degenen die je als je naaste vrienden beschouwt. *Keep smiling*! De held van de Amerikaanse cultuur is de figuur die zelf de moed erin houdt en anderen moed geeft, terwijl hij op sterven ligt, wegkwijnt, zich verhangt, terwijl hij zwaar invalide is en slachtoffer van de meest wrede omstandigheden. Op zijn begrafenis zullen zijn achterneef, overgevlogen uit Ohio en de maatschappelijk werker een traantje wegpinken en de een zal de ander vragen:

"Joe, weet je nog hoe beheerst hij was?"

"Ja Frank, die jongen was een taaie."

In zware tijden zal een Amerikaan naar de psychoanalyticus gaan. Op de bank in zijn spreekkamer zal hij ook zijn tranen de vrije loop laten. Mensen die goed bekend zijn met de Amerikaanse mentaliteit, beweren dat het in de VS normaal is om, als iemand zich tegen je beklaagt over zijn zware leven, hem bij wijze van antwoord een visitekaartje te geven van een goede psychoanalyticus:

"Deze dame is een echte vakvrouw, ze heeft mijn tante zo goed door haar zware scheiding heen geholpen!"

In Rusland wordt de rol van psychoanalyticus gespeeld door vrienden, die we met milde ironie 'schouders' noemen, waarop je altijd kunt uithuilen. Door de algehele instabiliteit in het land en het ontbreken van het vooruitzicht op een systematische vorm van hulpverlening, drukken we ons als jonge katjes tegen elkaar aan.

Ik weet niet of er in de wereld nog een volk is waar de mensen zoveel warmte, medeleven en steun van hun vrienden krijgen.

Niet zo lang geleden overleed de beeldschone en talentvolle dichteres Bella Achmadoelina, een van de meest uitgesproken vertegenwoordigers van de generatie der 'Zestigers'. Bijna al haar generatiegenoten die een afscheidsrede op haar begrafenis hielden, noemden Bella — met haar goddelijke schoonheid de lieveling van alle mannen — meer een dichteres van vriendschap dan van liefde. Ze brachten dit kenmerk van haar dichtkunst alsof het de waardevolste kwaliteit was. Het waren waarschijnlijk de beste woorden die over Achmadoelina gezegd werden. En dat is heel Russisch...

De Rus en de psychoanalyticus

Voor veel Russen is het makkelijker om toe te geven dat ze naar de uroloog gaan voor een impotentiebehandeling of naar de veneroloog voor een vergevorderde druiper, dan om te zeggen dat ze naar de psycholoog gaan of nog erger, de psychoanalyticus. Deze vakmensen lijken een bestaan te leiden in een andere wereld dan de onze, terwijl wij hun potentiële cliënten zijn.

'Gestoorden' die zichzelf behandelen omdat dat goedkoper is, zo luidt de heersende mening over de zielenknijpers. Want bestaat er voor gekken een betere behandelwijze dan het ontvangen van een vakopleiding? Velen staan huiverig tegenover mensen die zich met de ziel bezighouden. Om de een of andere reden is een psychische stoornis bij ons iets schandelijks dat op z'n minst veracht dient te worden, zo niet veroordeeld.

Hoe treurig het ook is, mensen die in staat van uiterste psychische nood verkeren wenden zich maar zelden tot een specialist. Meer dan eens laat men de vakmensen links liggen om uit te huilen op de genoemde 'schouders'. Maar een vriendenschouder kan natuurlijk niet op tegen iemand die de kunst verstaat met woorden te genezen!

Daar staat tegenover dat iemand die de vakmensen stelselmatig negeert terwijl hij er toch duidelijk rijp voor is, zichzelf blijmoedig als normaal mens kan beschouwen. Want de psycholoog is voor enge, brullende gekken met troebele ogen en draden kwijl langs hun kin. Nee, daar horen wij beslist niet bij. Als je het psychisch moeilijk hebt, kun je klagen. Maar zeggen dat je je door een professional laat helpen om je leven weer op de rails te krijgen, dat doe je niet. Dat is niet normaal. Klagen, dat is pas normaal.

Klagen en zielig doen

Wat ze ook zeggen over de Russen en Rusland, het slechtste gedrag dat je kunt vertonen als je hier woont is opscheppen en pronken. Wees gewaarschuwd, dames en heren!

Jawel, veel mensen scheppen op, vooral over hoe gehaaid ze zijn en hoe rijk en succesvol ze daardoor zijn geworden. Maar daarom houdt ook niemand van gehaaide, rijke en succesvolle mensen. De Russische mentaliteit zit zo in elkaar dat je donkerbruine vermoedens wekt als je veel bezittingen hebt. Zeker als je ermee loopt te pronken. Wederom moet ik mijn lezers hier verwijzen naar het hoofdstuk over nieuwe Russen.

Maar wat moet je dan zeggen? Hoe zet je jezelf zo neer dat je in de smaak valt?

Ik zeg het eerlijk: als je het dan echt zo nodig over je eigen prestaties moet hebben, doorspek je verhaal dan met opmerkingen over de moeilijkheden die je op je weg tegenkwam. Je verhaal moet zo opgebouwd zijn dat je het onmogelijk kunt samenvatten met een titel als 'Word ook zo iemand als ik en verdien je eerste miljoen'.

Bescheiden, mensen, bescheiden.

"Ja, natuurlijk ben ik niet arm, maar ik ben nog lang geen oligarch."

Of:

"Ik heb een prima vrouw, dat zeker, maar je weet, het gezins-leven is hoe dan ook niet zaligmakend."

Of:

"Mijn zoon doet het goed. Voor buitenstaanders ziet alles er zeker geweldig uit. Maar ook hij heeft meer dan genoeg pro-blemen."

Russen sympathiseren meer met mensen die klagen, die zich zelfs aanstellen, dan met mensen die altijd vrolijk en opgeruimd zijn, of nog erger: hun omgeving deelgenoot maken van hun successen.

Eerlijk gezegd benijd ik mensen die op het juiste moment en tegen de juiste persoon kunnen klagen over hun zware leven. Een kennis van mij zet op haar sociale profielpagina wanneer ze het zwaar heeft een statusupdate in de trant van: 'Ik heb nog 500 roebel voor de rest van de week. Hoe nu verder?' Eerlijk gezegd schrijf ik over haar omdat ik haar benijd. Je moet het maar kun-nen: altijd zijn er wel mensen die haar te hulp schieten. Natuur-lijk is zulk gedrag niet sympathiek. Maar op die manier klagen, ja zelfs wat zij doet, is beter dan pronken met je rijkdommen en je zo verdacht maken bij je omgeving.

Een andere, goede vriendin van mij geeft als antwoord op de korte vraag 'Hoe gaat het?' altijd een gedetailleerde verhan-deling over hoe ze al drie weken met koorts kampt en welke onderzoeken ze al heeft laten doen en nog gaat laten doen. Ik kan haar jammer genoeg nergens mee helpen. Bovendien is haar leven beter en makkelijker dan het mijne. Ik voel met haar mee om haar slechte gezondheid. En in geen geval zal ik haar onder-breken: zo'n verhaal wijst immers op haar goede verstandhou-ding met mij.

De heilige Franciscus van Assisi, die bedelarij en het afzien van materiële zaken verkondigde als uiting van het ware geloof, had in middeleeuws Europa veel volgelingen. Zo'n personage staat ook dicht bij de Russische religieuze traditie. In Rusland hebben nooit ordes bestaan van bedelende monniken, zoals de orde van Sint Franciscus, maar een dergelijke interpretatie van wat heilig is staat waarschijnlijk dichter bij de Russische dan bij enige andere mentaliteit.

In de twintigste eeuw canoniseerde de Russisch orthodoxe kerk Johannes van Kronstadt, een uit Kronstadt afkomstige prediker, schrijver en heelmeester, die volgens zijn tijdgenoten veel wonderen verrichtte. Een bijzondere verdienste die aan hem wordt toegeschreven is dat hij na zijn dood geen spaargeld naliet, ondanks dat er tijdens zijn leven miljoenen door zijn handen gingen, die hij alle spendeerde aan liefdadigheid.

Een andere orthodoxe heilige die vooral geëerd wordt door gelovigen van onze stad is Xenia van Petersburg (ook heilig verklaard in de twintigste eeuw), die veel mensen hielp, zowel rijken als armen. Ze wilde daar niets voor terughebben: ze leefde op straat en liep het hele jaar door blootsvoets en gekleed in lompen.

Het beeld van de arme die arm is gebleven terwijl hij de mogelijkheid had om rijk te worden, staat heel dicht bij de Russische mentaliteit. Het maakt niet uit of de voorstander van deze heilige onbaatzuchtigheid dit principe zelf ook naleeft.

Een ander voorbeeld: Sergej Mavrodi, de oprichter van de financiële piramide 'MMM', die de spaargelden van duizenden landgenoten in rook deed opgaan, geeft tegenwoordig interviews met op de achtergrond een armoedige keuken, terwijl hij zelf een goedkoop trainingspak draagt. Op het fornuis achter hem pruttelt steevast een groentesoepje. Mavrodi de zwendelaar is duidelijk niet dom: hij weet dat als je de gegronde woede van je landgenoten van je wilt afwenden, het loont om je voor te doen als een arm oud mannetje dat geen vlieg kwaad doet.

Kun je je voorstellen dat er in Rusland bij de ingang van

een gebouw, bijvoorbeeld een bejaardentehuis, een portret zou hangen van de zichtbaar gezonde en goed geklede weldoener van wiens geld het gebouw is opgetrokken? Dat is hier niet gebruikelijk. (Alhoewel dat misschien ook komt doordat ik in onze contreien volgens mij nog geen filantropische instellingen heb gezien die gebouwd zijn met particuliere middelen. Maar mogelijk ben ik niet voldoende op de hoogte van de gulle daden van mijn welgestelde landgenoten.)

Mijn datsjabuurvrouw van de ene kant beklaagt zich regelmatig bij mij over het feit dat mijn buurvrouw van de andere kant tegen haar zo zit te emmeren over de ellende in haar leven. Geërgerd noemt ze de vrouw 'zeurkous'. In werkelijkheid maakt deze eeuwig ontevreden dame zich schuldig aan sterke overdrijving wanneer ze haar eigen kwellingen beschrijft, en ziet ze over het hoofd dat de vrouw over wie ze haar beklag doet zelf onlangs haar man verloren heeft. Bovendien kwakkelt ze met haar gezondheid, heeft ze een operatie gehad en is haar dochter ongelukkig getrouwd.

De Rus vindt zichzelf zo zielig dat hij niet altijd begrijpt wanneer en tegen wie je moet jammeren. Ik werd eens versierd door een man die bij de eerste ontmoeting in het restaurant binnen het tijdsbestek van een uur had verteld dat hij gescheiden was van zijn vrouw, ruzie met zijn twee kinderen had gekregen om een geldkwestie, zijn baan kwijt was en zijn vader begraven had. Het gebeurt wel vaker dat mensen, zowel mannen als vrouwen, om iemand te versieren al bij de eerste kennismaking van die details over hun eigen leven vertellen waarvan je haren recht overeind gaan staan. Bij sommigen werkt dat ook. De man van mijn vriendin wil eigenlijk van haar scheiden maar kan het niet:

"Ik kan Anja toch niet laten barsten, zonder mij is ze nergens meer."

Het is in het algemeen heel verstandig om iemand in te prenten dat je nog fris, gezond en seksueel aantrekkelijk bent, en dat je zonder hem zal creperen. Als je te maken hebt met een scrupuleus iemand, is je kostje gekocht.

In Rusland zijn veel goedhartige, meelevende mensen die ervan houden en bereid zijn om anderen te helpen.

Een natie van angstige en waakzame mensen

De Sovjetschrijver Ilja Ehrenburg noemde de getuigen en overlevenden van Stalins terreur 'geschrokkenen'. Treurig genoeg zijn wij, bewoners van dit reusachtige, prachtige en rijke land, in principe allemaal onder te brengen in de categorie van geschrokkenen.

De algehele instabiliteit, de onzekerheid over de dag van morgen, het disfunctioneren van de wet, de ineffectiviteit van de maatschappelijke instellingen en natuurlijk de tragische geschiedenis, houden ons in een staat van eeuwige waakzaamheid.

Ik klaagde een keer tegen een vriendin over mijn bazin, die me niet alleen de hele tijd rotstreken leverde, maar me ook op alle mogelijke manieren liet merken dat ze me niet mocht. Ten slotte verloor ik mijn zelfbeheersing en beet ik haar iets toe. Mijn vriendin was verbijsterd over mijn stommiteit:

"Waarom ben je het conflict met haar aangegaan, je had haar moeten neutraliseren!"

Een waar woord. In ons land, dat je niet bepaald een imperium van verdraagzaamheid en politieke correctheid kunt noemen, moet je een diplomaat zijn: je moet de kunst verstaan om mee te voelen, te luisteren en vooral, te neutraliseren. Een woord zo vol van betekenis.

De geschiedenis en onze ervaringen hebben van ons een

volk van angstige en waakzame mensen gemaakt. Een Rus is bij elke stap die hij zet in zijn leven voorbereid op een valstrik. Zelfs de leden van de intelligentsia, die verkeren op het hoogste niveau van vertrouwen en respect voor de mens. Natuurlijk hebben ze vertrouwen. Maar ze blijven controleren.

Lyrische uitweiding, of het cadeau van de parlementariër

Mijn gepensioneerde moeder werd een keer gebeld door een assistente van een van onze parlementariërs, die haar een cadeautje aanbood, een wollen plaid die ze kon komen ophalen. Ik voelde meteen nattigheid en overstelpte mijn moeder met vragen:

"Waar willen ze dat je naartoe gaat?"

"Nou hier, één straat verderop, in dat flatje achter die betonnen schutting. Je weet wel, we vroegen ons nog af wat er in dat gebouw zou zijn..."

"Mam, ze gaan je afslachten. Een betonnen schutting betekent meestal dat daar een vleesfabriek is..."

Ik kon er wel cynische grapjes over maken, maar ik ging toch mee met mijn moeder op haar wandelingetje om het cadeau van de parlementariër op te halen. Want ja, je weet maar nooit wat er echt achter die betonnen schutting is...

* * *

Met een vriendin, een voormalig landgenote die al zo'n twintig jaar in het buitenland woont, ging ik een keer naar een heel populair restaurant in het centrum van Sint-Petersburg. Mijn gast vond de jonge serveerster sympathiek en daarom probeerde ze een goedaardig en geheel onschuldig grapje tegen haar te maken. Het meisje versteende door deze benadering, ze kromp helemaal ineen, nam de bestelling op als een robot en trok zich haastig terug. Mijn vriendin was verbaasd:

"Ik was alweer vergeten hoe je moet communiceren in Rusland. Ik heb deze dagen al eerder geprobeerd grapjes te maken in de winkel en het café, en elke keer zo'n reactie. Heb ik dan steeds te maken met mensen zonder gevoel voor humor?"

Nee, veel van degenen tegen wie de buitenlandse, die de eigenaardigheden van de Russische mentaliteit vergeten was, probeerde grapjes te maken, zijn lachlustige mensen die een prima gevoel voor humor hebben en die houden van een goede, soms ook schuine grap. Rusland heeft zelfs een keur aan voortreffelijke humoristen voortgebracht: van Saltykov-Sjtsjedrin en Zosjtsjenko tot Ivanov en Zjvanetski. (Op de vraag aan welke eigenschappen in een mens ze de meeste hekel hebben, noemen veel van mijn landgenoten als een van de eerste het ontbreken van een gevoel voor humor.) Je mag alleen niet *meteen* overgaan tot grappen maken.

In Rusland zijn de belangrijkste communicatie-elementen subtiele vleierij, voorzichtigheid en geduld. Een mens moet zich allereerst veilig voelen in je gezelschap en zijn beschermende schild een klein beetje neerlaten. Ga niet in de aanval, overweldig hem niet en ga ook niet meteen je eigen imago proberen te manifesteren. Je bent in Rusland. Eerst vertrouwen opbouwen. Neutraliseer. Overtuig de ander dat er van jou niets te vrezen valt.

Als ik een nieuwe groep studenten krijg, observeer ik altijd eerst rustig wie er in de collegezaal zit. In het algemeen probeer ik van elk college een levendig gesprek met mijn toehoorders te maken, waarbij ik de verhalen die ik de toekomstige pr-managers vertel over de taken van een journalist, doorspek met grappen. Maar ik schakel pas over op humor als ik voel dat de mensen er klaar voor zijn, als ze ontspannen zijn en hun ogen wat enthousiaster en vriendelijker staan. Hoe sterker de groep, des te meer vrijheid en humor je je bij het lesgeven kunt permitteren. Ik heb in mijn inmiddels lange docentenloopbaan eens een groep gehad tegenover wie ik mij pas vrij begon te voelen, dat wil zeggen grapjes kon gaan maken, na een heel jaar colleges van twee uur per week.

Als je aan iemand advies vraagt over hoe je je moet gedragen tijdens een sollicitatiegesprek, krijg je steevast te horen: maak geen grapjes tegen je potentiële werkgever of zijn vertegenwoordiger. Ten eerste begrijpt hij jouw humor misschien niet, ten tweede hééft hij misschien wel helemaal geen gevoel voor humor en ten derde, je bent in Rusland. Vergeet dat niet.

Niet te familiair!

Een collega die inmiddels echt geen vreemde meer voor me is, begon ik pas te tutoyeren na drie jaar zeer intensieve samenwerking. In het algemeen wacht ik liever tot de ander voorstelt om jij en jou te zeggen, op eigen initiatief doe ik dat niet. Want stel je voor, straks vinden ze dat ik lijd aan een al te familiaire houding tegenover mijn landgenoten.

Een vriend en ik hebben het over een gemeenschappelijke kennis. De vriend klaagt:

"Wat zit hij toch altijd te jijen en te jouen, en iedereen bij de voornaam te noemen? Hij heeft toch met niemand broederschap gedronken?"

Ja, logisch dat je boos bent op zo'n overtreder! De brutaliteit! Aan de overkant van de oceaan noemen ze hun ministers Dick en Bob, maar bij ons heb je iemand aan te spreken bij voor- en vadersnaam. En als je voor- en vadersnaam niet kent dan zwijg je.

Russen nemen een grote distantie in acht bij een gesprek. Als een Rus met een Italiaan converseert, zal de eerste steeds een stapje bij de ander vandaan gaan staan: Russen praten liever op eerbiedige afstand.

Aanraken doen we alleen als we elkaar heel dierbaar zijn. Je moet een Rus bij een ontmoeting niet vrolijk op de schouder kloppen. Dat zal hij opvatten als een uiting van agressie, familiariteit of een poging zijn persoonlijkheid te onderdrukken.

In het westen krijgen vrouwen als begroeting een hand. Bij ons doen alleen mannen dat. Toen een Fin mij op een conferentie eens zijn hand toestak om mij welkom te heten, aarzelde ik een fractie van een seconde, waarna ik mijn hand uit mijn zak trok alsof ik een revolver tevoorschijn haalde. Wat heb ik dáár een hekel aan: onbekende mannen en vrouwen die me aanraken.

Van degenen die geen familie zijn, zijn er maar een paar goede vriendinnen en vrienden die ik omhels, waarbij we elkaar lichtjes met de wangen aanraken.

Toen ik in Boston was, stond ik een keer in de rij voor de kassa van een museum. Achter mij stond een man. Opeens klopte hij mij op de schouder. Ik schrok. Het schoot door me heen: hij is dronken en/of gaat me lastigvallen, of ging die cowboy me misschien op mijn gezicht timmeren? Hij bleek hiermee gewoon mijn aandacht te willen trekken: hij vroeg zich af of hij wel in de juiste rij was gaan staan. Een Rus zou in dit geval zijn mond hebben opengedaan. En als hij niet gehoord zou worden, zou hij om zijn potentiële gesprekspartner heen zijn gelopen en had hij zijn vraag herhaald.

Deze scène tekent de Russische mentaliteit bij uitstek: ik ben bang voor u want je weet maar nooit en daarom dient u voorzichtig met mij om te gaan.

Een goede relatie ontstaat bij ons niet alleen op basis van persoonlijke sympathie, interesse en kennis over de positieve kanten van de ander, maar ook op basis van het gevoel van veiligheid dat je ervaart in zijn of haar gezelschap. Hoe sterker dat gevoel, hoe beter de eigenschappen die de ander je laat zien.

Maar je mag ook weer niet overdrijven in het tonen van je eigen kwetsbaarheid. Domme Wanja wekt weliswaar vertedering en brengt het er altijd goed van af, maar dan ook alleen in het bekende volkssprookje. In werkelijkheid houden ze hier niet van al te weerloze, kwetsbare mensen. Die worden zonder pardon pootje gehaakt en opgelicht. Het is de kunst om een balans te vinden tussen tandeloos zijn en je tanden laten zien.

Koel en beheerst

Ik herinner me dat ik als kind op vakantie ging naar Abchazië. Wat me daar verbaasde was dat de mensen in het openbaar vervoer heel luid spraken, ronduit schreeuwden. Bij ons dien je zacht te praten. Als iemand in de marsjroetka bijvoorbeeld te luid telefoneert, kijkt iedereen geërgerd naar hem, hij kan zelfs toegesist worden.

Beheersing is een van de belangrijkste gedragsregels voor de Russen, wat waarschijnlijk voor elk noordelijk volk geldt. Wat kan een ingehouden Fin meer van zijn stuk brengen dan een luid en emotioneel orerende Italiaan (zeker als hij zijn relaas bijzet met wilde gesticulaties)? Russen zijn natuurlijk nog geen Finnen. Maar in het tonen van beheersing staan we niet ver van hen af.

Buitenlanders die de raadselachtige Russische ziel bestuderen aan de hand van de werken van Dostojevski, zullen zich wel afvragen:

"Beheersing, hoezo? De personages in de klassieke meesterwerken barsten om de haverklap publiekelijk in snikken uit, ze delen hun zielenroerselen met mensen die ze nauwelijks kennen, doen bekentenissen waarbij ze zich ten overstaan van Jan en alleman bij elkaar aan de voeten werpen!"

Ten eerste is de negentiende eeuw nu eenmaal niet onze tijd, toen was alles veel sentimenteler. Toen kon je *Arme Liza* van Karamzin nog lezen zonder van tevoren al het gevoel te hebben dat je met iets historisch te maken hebt. Ten tweede schetste Dostojevski (evenals vrijwel elke schrijver van die geniale maar helaas o zo stichtelijke klassieke romans) zijn personages zoals hij ze zelf graag wilde zien: iemand kan een zondaar zijn, maar hij moet wel berouw tonen. Een hartstochtelijke bekentenis verzacht de schuld evenzeer als oprecht berouw, zo meende de schrijver.

In het echte leven zijn de meeste Russen beheerst, zeker als er mensen bij zijn. Niets kan een mens zo te kijk zetten als een publiekelijke, luidruchtige uiting van emoties of, nog erger, een uitbarsting en plein public. Onze psychologen berispen ons om onze overmatige beheersing: veel mensen zijn huiverig hun verdriet te delen en zodoende zwak en weerloos over te komen op de omgeving. Dat wordt als een nog grotere verschrikking beschouwd dan de ellende waar ze in de eerste plaats mee te kampen hadden.

Ik herinner me dat onze bovenburen ons vroeger nogal wat overlast bezorgden met hun luidruchtige ruzies en vreselijke scheldpartijen (ze schreeuwden zo hard dat we elk woord konden verstaan), waarbij ze elkaar met het meubilair de weg versperden en smeten met serviesgoed. Maar je had dit keurige, intellectueel ogende paar eens op straat moeten zien wanneer ze gearmd naar de winkel liepen. Dat is heel Russisch.

Een aangeschoten vader en moeder kunnen hun kroost geërgerd toesissen wanneer deze in de bus te luid iets vragen. Met je kinderen in beschonken toestand van een feestje naar huis gaan is minder schandelijk dan wanneer je kind de voor alle passagiers hoorbare vraag stelt:

"Mamma, dat is toch de bakker waar we gisteren zijn geweest?"

Soms merk je tijdens een gesprek van mens tot mens opeens dat je gesprekspartner je hartverscheurende dingen aan het vertellen is. Zo vertelde een kennis me met volkomen rustige en beheerste stem dat ze gescheiden was van haar man nadat hij, samen met zijn drinkmaten met wie ze de communale woning deelden, haar en hun kind op straat in de vrieskou had gezet, uit wraak tegen een opmerking die ze gemaakt had. (Een hoofdpersoon uit een roman van Dostojevski zou zoiets luid snotterend verteld hebben, de tranen van zijn wangen vegend en om de haverklap uitroepend:

"Hoe konden ze dat doen, de tirannen?! En zo genadeloos!").

Als je met een Rus praat, moet je niet op de ingehouden mimiek letten maar vooral op de tekst, die kan inslaan als een bom.

Natuurlijk zal een Amerikaan *keep smiling* tot hij erbij neervalt. Alle afschuwelijke details van zijn eigen bestaan vertelt hij aan zijn psychoanalyticus. Bij ons is het niet bepaald cool om aan te kloppen bij een professional en daarom zal de rol van psychoanalyticus, zoals ik al schreef, zo goed en zo kwaad als dat gaat vervuld moeten worden door jou, die vreemdeling in de treincoupé, aan de bar of in de marsjroetka.

Het koninkrijk van de persoonlijke relaties

Alle pogingen om een proces aan regels te onderwerpen en in documenten vast te leggen, worden door Russen ontvangen met onbegrip. In feite kun je ook niet alles formaliseren, je kunt niet in alle situaties scherpe criteria uitwerken om de kwaliteit ergens van te beoordelen. Toch is dit niet de belangrijkste reden dat ons leven zo ongereglementeerd is. Het probleem zit 'm in de gevoelens, waarmee je opeens geen kant op kunt zodra er sprake is van een scherp omlijnde functieomschrijving, om maar een voorbeeld te noemen. Waar moet je naartoe met je nog onverbruikte gevoelens van warmte en liefde? Nergens naartoe, mensen.

Rusland is het koninkrijk van de persoonlijke relaties. Een Rus voelt zich slecht als hij meent dat hij mensen die hij aardig vindt, heeft benadeeld. Wanneer hij iemand die hem nastaat kwetst, voelt hij zich aanzienlijk slechter dan wanneer hij iets doet ten nadele van een algemene zaak, waarbij de belangen van vele anderen geschaad worden. Die anderen hebben verder niks verkeerds gedaan, ze behoren domweg niet tot zijn kring van intimi. Het grootste probleem van deze pechvogels bestaat daarin dat ze iemand van buiten die kring van intimi zijn. We hebben een populaire uitdrukking: wat kijk je naar me als een vreemde? 'Vreemd' betekent bijna hetzelfde als 'slecht'.

Natuurlijk zijn we allemaal mensen van vlees en bloed, we vinden het moeilijk om het mechanisme in ons bewustzijn waardoor we iemand wel of niet aardig vinden uit te schakelen. Maar als je kijkt naar de hoeveelheid beslissingen die worden genomen op grond van persoonlijke relaties, is Rusland nauwelijks te vergelijken met enig ander land in de wereld. Dat treedt helaas vooral aan de dag in de zakelijke wereld. Over de vriendschappelijke relaties op het werk zal ik meer vertellen in het hoofdstuk 'Russen op het werk'.

Als een Rus eenmaal iemand heeft toegelaten in zijn ontoegankelijke hart, moet dat om de een of andere reden voor eeuwig zijn. Dat wordt ons geleerd door de Russische literatuur. Vooral in de Sovjetjaren werd ons ingeprent dat je maar één keer in je leven je beroep kiest. Naar alle waarschijnlijkheid klinkt een zin als 'hij heeft veertig jaar gegeven aan zijn eigen onderneming' ons nog altijd als muziek in de oren. Trouw en het volgen van één lijn in het leven werden ons van kinds af aan bijgebracht. Iemand kan veranderen, maar onze relatie met hem verandert nooit en te nimmer. We zijn onverzettelijk als een rots en glanzen als roestvrij staal. Soms moet je om iemands ogen te openen daar flink op inhakken...

Mijn oudste vriendin, een vrouw met een aardig vermogen, had een dochter die ging trouwen. Dierbaar en enig kind. De bruidegom, een bescheiden, bleke knul uit de provincie, viel erg in de smaak bij zijn schoonmoeder: toen zij voor het jonge stel een driekamerappartement in het centrum van Sint-Petersburg kocht, zette ze de woning niet op haar eigen naam maar verdeelde het eigendom gelijkelijk tussen haar dochter en haar schoonzoon. Niet lang nadat het eigendom was geregistreerd, zette de lieve en bescheiden knul een scheiding op touw en vervolgens een rechtszaak, waarmee hij niet alleen 'zijn' helft van de woning wilde krijgen maar ook een deel van zijn ex-vrouw: ze hadden het bezit immers tijdens hun huwelijk verworven.

Dit is een zeer Russische toestand. De schoonzoon had de schoonmoeder geneutraliseerd, die overigens een zeer stugge dame was. Hij had ervoor gezorgd dat ze hem vertrouwde. En daarna was ze doof voor elke waarschuwing:

"Het is een fantastische jongen! Ik vertrouw hem volkomen en jullie maken hem zwart omdat jullie jaloers zijn op het geluk van mijn dochter!"

Voor een Rus is het een schande om blijk te geven van wantrouwen jegens iemand die hij normaal blindelings vertrouwt (in dit geval zou het wantrouwen bestaan uit het registreren van het appartement op haar eigen naam). Des te pijnlijker is het verraad en des te groter zijn de verliezen waarmee hij blijft zitten: 'maar ik vertrouwde hem (haar) zo!' Ja, 't is wrang!

RUSSEN OP HET WERK

Rusland is een land waar gewerkt wordt. Ondanks het in het westen heersende idee dat Russen luilakken zijn, hebben we massa's eerzame ploeteraars, mensen die toegewijd zijn aan hun zaak en enthousiastelingen (zie boven). Dat het werkproces dan toch gehinderd wordt, komt volgens mij door andere factoren.

En weer vriendschap

"De vriendschap van de mens met zijn leidinggevende bestaat in Rusland sinds mensenheugenis. Dames en heren, kijkt u eens naar die rotstekeningen! U ziet hoe die twee figuren eruit springen! Kijk nu eens wat beter: hun lendendoeken zijn met een speciaal strikje vastgemaakt, dat onderscheidt hen van de menigte. Raadt u eens wie dat zijn! Het zijn de leider en zijn jeugdvriend."

Deze woorden zouden zo uit de mond van een gids kunnen komen die een verhaal houdt over de grottennederzettingen en het dagelijks leven van prehistorische Russen.

In dit boek heb ik het vaak over de buitengewoon belangrijke rol die vriendschap speelt in het leven van de Rus. Vriendschap is iets heiligs. Kinderen krijgen dit in de wieg al ingeprent als een waarheid waar niet aan te tornen valt.

Een van de eerste cultuurschokken die mijn stiefmoeder kreeg toen ze in Amerika aankwam, was het feit dat de kapper, bij wie ze zich een keer of drie had laten knippen, haar niet ontving met de plichtmatige Amerikaanse grijns, maar met een allerliefste glimlach, en haar dingen begon te vragen als:

"Wanneer kom je weer eens langs, *my dear friend*?"

Mijn stiefmoeder was hevig geschokt van deze ontheiliging: "*My friend*, wat denkt hij wel?!"

Eigenlijk wordt het woord 'vriend' in Rusland in een veel engere betekenis gebruikt dan *friend*. Je hebt kennissen, kameraden, goede kennissen, goede kameraden, enzovoorts. Al deze woorden en woordcombinaties zijn uitgevonden opdat niemand het ooit zou wagen het woord 'vriend' te gebruiken zonder daar een diepere betekenis in te leggen. Dit woord wordt dus maar mondjesmaat gebezigd. Daarentegen is het woord 'vriendschap' weer veel wijder verbreid en wordt dat niet beperkt tot avondjes in het café, een feestje bij iemand thuis of zomaar, omdat je elkaar miste.

Als een Rus aan een nieuwe baan begint, kan hij (en moet hij vaak ook) zijn eerste werkdag beginnen met bedenken met wie hij hier vriendschap kan sluiten, nog voordat hij aan het werk zelf begint. Zoals ik al schreef is Rusland het koninkrijk van de persoonlijke relaties en werkelijk alle werkterreinen zijn hiervan doordrenkt.

Studenten van wie ik een werkstuk niet accepteer omdat het niet aan de eisen voldoet, komen vaak bij me klagen:

"Maria Lvovna, u mag mij niet."

Mijn argument dat ik mijn man mag (en dat dat zo hoort) en dat ik mijn studenten helemaal niet hoef te mogen, ontvangen ze met wantrouwen.

Ze zijn niet dom en niet gek. Ze hebben gewoon van kinds af aan de regels van het spel geleerd.

Ja, als je aan een nieuwe baan begint, kun je je maar beter verzekeren van een vriendschap met de baas, of op z'n minst met een van zijn naaste ondergeschikten. In het ergste geval sluit je je aan bij een van de meer invloedrijke clubjes. En wat moet je doen om als vriend te worden geaccepteerd? In de smaak vallen. Sympathie wekken. Maar we weten: sympathie krijg je niet als je iemands professionaliteit gaat prijzen.

De leider zelf of zijn vriend, die uitsluitend leunt op persoonlijke sympathie, kunnen iemands professionele lot bepalen. Hoe word je vrienden met de baas? Hoe word je die meest bevoorrechte heer met dezelfde, fraai gestrikte lendendoek als zijn leider? Voor de baas het betrouwbaarst en voor zijn ondergeschikten het ongunstigst is de jeugdvriend, vooral als ze elkaar al kenden op de lagere school. Zo iemand zal omwille van de vriendschap nooit ingaan tegen zijn baas, zelfs als deze voorstelt een kanaal te graven om de rivier de Jenisej te verbinden met de Indische oceaan. En de baas zal het op zijn beurt niet wagen zijn stem te verheffen tegen zijn kameraad van weleer, zelfs als deze erop aandringt een Nobelprijswinnaar uit het bedrijf te ontslaan. Andere manieren om aan te pappen met de *big boss* zijn aanzienlijk moeilijker. Maar het belangrijkste is dat je laat zien dat je hem persoonlijk bent toegewijd.

Mijn vriendin Ira belde me eens met tranen in haar stem:

"Mijn carrière is naar de maan. Ik heb de baas verteld waar zijn beste vriend in het bedrijf mee bezig is."

"Je bent gek!" — Zoiets is in Rusland als vloeken in de kerk. Ieder kind weet dat.

"Wat moest ik anders? De baas wilde me overplaatsen zodat ik onder die klootzak zou komen te werken. Dus ik dacht: ik kap er sowieso mee."

"En je baas?"

"Nou het leek wel of ik hem een verschrikkelijk geheim over zijn afkomst verklapte, alsof ik hem vertelde dat hij het kind is van Osama Bin Laden."

"Dus hij wist niet dat zijn maat niet bepaald het buskruit heeft uitgevonden en zacht gezegd geen lieverdje is."

"Volgens mij wel. Maarja, het zijn studievrienden."

Dat is een argument.

Ira werd gek genoeg niet ontslagen. En ook niet overgeplaatst naar een andere afdeling. Kennelijk waardeerde de directie haar professionaliteit. Maar de jeugdvriend werkt er nog steeds, terwijl hij het bedrijf langzaamaan ruïneert en het op de markt een slechte reputatie bezorgt.

Wie een goede vriend ontslaat, of het nou wegens plundering van de bedrijfsrekening is, moord op de secretaresse of verkrachting van de schoonmaakster, voelt zich alsof hij het brood steelt uit de mond van de man met wie hij nachten achtereen samen in de sneeuw heeft doorgebracht onder één winterjas.

Een 'werkvriendschap' beperkt zich in Rusland niet tot het kantoor of de afdeling. Ze reikt verder. Op een mooie dag zul je jezelf in het café zien zitten in het gezelschap van vriendelijke collega's. En dat is geen bedrijfsuitje. Jullie zijn zogezegd uit vrije wil gekomen. Ook de baas kan erbij aanschuiven. Och wat is het leven mooi voor de werknemers wier leidinggevende niet genoeg heeft aan de communicatie binnen de muren van het kantoor. En wee de andere collega's die niet aan die tafel zitten, waar meer dan eens de kaarten van het bedrijf worden geschud, evenals die van de werknemers.

Voor mij persoonlijk voelt zo'n situatie nogal dubbel. Als ik aan een nieuwe baan begin denk ik altijd: bah, weer vrienden maken. Al die moeite! Ik heb geen zin om mezelf te forceren! Met mijn eigen vrienden van vroeger heb ik geen tijd om af te spreken maar hier... (en dan kijk ik instinctief om me heen op zoek naar potentiële vrienden).

Maar dan gebeurt er iets. Opeens voel ik dat het hier fijn is. En dat er aardige mensen werken. En vooral dat zij mij ook aardig vinden. En hup daar zit ik al in het café een verjaardag te vieren van een collega. En een maand later vier ik ook mijn verjaardag met deze leuke mensen. Let wel: zo'n vriendschap is niet een berekende relatie voor het welzijn van de zaak. Het is oprechte vriendschap.

Zelfs als je ontslag neemt, schrijft het morele wetboek voor dat je je oude vrienden niet laat zitten. Op donderdag ga ik uit eten met mijn huidige collega's, op zaterdag heb ik een afspraak met een ex-collega. En binnenkort moet ik een andere ex-collega bellen. Het zijn allemaal geweldige mensen. Ik wil vrienden met ze blijven!

Mobbing (iemand uit zijn positie werken of wegpesten) op z'n Russisch

Je begrijpt dat de persoonlijke relaties en het ontbreken van heldere functieomschrijvingen, soms zelfs aan een duidelijke hiërarchie, ertoe leiden dat er bij het wel of niet ontslaan van medewerkers niet zelden krachten en onderstromen meespelen (dikwijls in iemands zieke hoofd) waarnaar je alleen maar kan raden. Dit soort gevallen stuiten mij natuurlijk tegen de borst. Maar nu minder dan vroeger, omdat ik niet zo lang geleden een boek in handen kreeg van de Oostenrijkse psychologe Christa Kolodej met de titel *Mobbing. Psychoterreur op de werkvloer en wat we eraan kunnen doen.*

Ik las het boek en huiverde. Ik begreep dat wij in een waar paradijs leven vergeleken met de toestanden bij de Oostenrij-kers in hun georganiseerde en aan regels onderworpen werk-sfeer. De hoofdgedachte van het boek was: mobbing heb je altijd, en je moet het probleem bestrijden door in alle onder-nemingen speciale anti-pestseminars en -trainingen te orga-niseren, die informeren over humaniteit en humanisme op de werkvloer. In plaats van het georganiseerde, wrede systeem van wegpesten, wordt een systeem voorgesteld dat dit gedrag moet voorkomen.

De praktijkgevallen die Kolodej in haar boek beschrijft, komen op een Rus tamelijk onwaarschijnlijk over: beledi-gingen, boycots, nog net geen afrossingen. Een heel bedrijf kan zich organiseren tegen één persoon, en zich in de rich-ting van het arme slachtoffer bewegen als een goed geoliede machine. Natuurlijk, de psychologe zal het risico een beetje overdrijven om zichzelf te promoten en haar lezers te over-tuigen dat ze van haar diensten gebruik moeten maken, maar toch...

Nee, mobbing hebben wij hier niet, verklaar ik u.

Ik weet nog dat ik ontslagen zou worden door mijn bazin, die, hoe zeg je dat correct, al tijden een meer dan vriendschap-pelijke relatie koesterde met de eigenaar van de onderneming. Ze ontsloeg me ook. Maar wat nou zo typisch was: er waren mensen die haar openlijk afvielen (sommige van hen hebben later ontslag genomen omdat ze niet konden werken bij een bedrijf waar zo met mensen werd omgegaan). De vrouw die gevraagd werd mijn plaats in te nemen belde me dezelfde avond. Ze snotterde in de hoorn en zei dat ze het aanbod nooit zou hebben aangenomen als ze thuis niet zo in de problemen had gezeten. Ik gaf haar moederlijk mijn zegen en pas daarna kwam ze een beetje tot rust.

De charme van de Russische mentaliteit bestaat daarin dat er altijd iemand opduikt die het er niet mee eens is, die je in de gang bij de arm grijpt en toefluistert:

"De klootzakken, de schoften, als je maar weet dat ik ze niet kan uitstaan. Je weet nog niet eens wat ze hier allemaal nog meer uitvreten".

Wanneer je aan een nieuwe baan begint, zullen de mensen die zich bij jou op hun gemak voelen, na het keuringsstadium, je informeren over de grillen van de directeur, de 'spelregels' binnen dit bedrijf en hoe je je moet gedragen in bepaalde situaties (met voorbeelden uit eigen ervaring). Dat is Rusland. De wetteloosheid wordt gecompenseerd door ergernis en een zekere saamhorigheid (weliswaar is die meestal spontaan en loopt die zelden uit op georganiseerde vormen van protest) van degenen die het niet eens zijn met het beleid van de directie. De ontevredenen steunen elkaar, bellen elkaar en delen op fluistertoon hun ergernis met elkaar.

Een vriendschap op het werk heeft me eens van ontslag gered: geloof me maar, het belangrijkste is dat je een goede relatie hebt met zo veel mogelijk mensen. Als er chaos komt is niet te voorspellen wie er aan welke kant terechtkomt, en wie je een helpende hand biedt op een moeilijk moment.

Zelfs een klassiek georganiseerde en gereguleerde mobbing in de stijl van het apocalyptische jaar 1937 valt alleen maar te organiseren onder bedreiging van de doodstraf. (Maar dan word je ook uitsluitend richting schavot gejaagd.) In onze gelederen blijft het gewoonlijk bij wat deining.

'Werksentiment'

Een tamelijk verre kennis van mij besloot ontslag te nemen bij een bedrijf dat haar de neus uitkwam om een heleboel redenen: van het magere salaris tot de meedogenloze exploitatie van ondergeschikten door de directie. Het zal waar ook ter wereld niemand verbazen dat iemand om deze redenen zijn baan wil opzeggen. Wat wel merkwaardig is, is dit:

1. Al bij onze tweede ontmoeting (een zakelijke ontmoeting die geen enkel verband hield met haar ophanden zijnde ontslag) wist ik alles over haar dierbare overleden echtgenoot, over de problemen van haar zoon en over de excessen die de directeur had begaan. Maar dat is nog niks, daar zijn we aan gewend.

2. Tijdens dezelfde gedenkwaardige ontmoeting sprak ze de waarlijk symbolische woorden: "Het doet pijn om een bedrijf te zien veranderen van de familie die het vroeger was in God weet wat voor een monster".

Ik begon om me heen te kijken of er geen weg was waarlangs ik kon ontsnappen. Die was er: de uitgang van de metro waar we elkaar ontmoet hadden om elkaar wat papieren te overhandigen. Algauw na deze sentimentele hartenkreet namen we afscheid...

Ik krijg het benauwd van mensen die zeggen dat hun werk hun familie is. En die tranen vergieten wanneer dit prachtige familieleven in rook opgaat.

Meestal zijn het trouwens de leidinggevenden en niet de werknemers die aan deze 'ziekte' lijden. Ik zet 'ziekte' tussen aanhalingstekens, omdat deze mensen vaak niet oprecht zijn. Door te kijken hoe toegewijd hun werknemers zijn aan de grote familie, controleren de leidinggevenden of er geen rotte appels tussen zitten.

Vandaag zegt de baas op een vergadering dat wij, de mede-werkers van kantoor nummer 143-d (vijfde etage linksaf), één grote gezellige familie zijn, terwijl zijn ogen schitteren en hij een glas bruisende champagne heft. De volgende dag ontslaan ze je. Mondelinge motivatie: de vonk van enthousiasme in je ogen ontbreekt. In ons gezin is geen plaats voor mensen die de vlam der liefde ontberen!

Het is ook zo comfortabel als je als baas en alleenheerser omringd wordt door liefhebbende medewerkers die zich allen leden van de familie voelen. De liefhebbende collega's zullen alles begrijpen en alles vergeven: én het bevel om overuren te maken zonder extra vergoeding, én de salarisvermindering (wegens de moeilijke omstandigheden waarin het bedrijf verkeert, wat alleen nergens zwart op wit is terug te vinden. Maar waarom zou een toegewijd medewerker ook bewijs nodig hebben? Geliefden worden op hun woord geloofd), én de overhandiging van het salaris in envelopjes, zonder enige vorm van loonadministratie.

En zo is het de Russische mentaliteit, met als een van de belangrijkste waarden de persoonlijke relaties, die een kwade grap uithaalt met haar 'adepten'. (Ze kunnen barsten, die manipulerende leidinggevenden die hun eigen winst veiligstellen zonder zich iets aan te trekken van het wetboek arbeidsrecht.) Die gewone medewerkers, die in de illusie verkeren dat hun werk een grote familie is, dat zijn gewoon een stelletje dwazen, lammetjes die uit eigen vrije wil hun ondergang tegemoet dartelen. Of nee, het zijn geen dwazen natuurlijk en geen lammetjes, maar burgers van Rusland, die familie, werk, vriendschap, liefde, seks en zaken met elkaar verwarren.

Het allerergst is als je moet werken onder een echtpaar of verliefd stel. Ik heb wel eens moeten werken met een stel allerinnigste tortelduifjes. Dat is een aparte geschiedenis, waarover ik een meeslepende novelle kan schrijven met de titel *Twee jaar in andermans slaapkamer*.

Ik heb ook gewerkt bij een firma waarvan de financiële afdeling geleid werd door een man die de baas nog kende van de communale woning waar ze vroeger elkaars buren waren geweest!

Hoe een Rus te bewegen tot het uitvoeren van zijn functie

Helemaal wereldvreemd moet je ons nou ook niet vinden. Natuurlijk werken we niet alleen op basis van persoonlijke relaties en privé-afspraken. We kennen ook de officiële functieomschrijving. Eigenlijk is dit document voor zowel de werkgever als de werknemer alleen maar een sta-in-de-weg, ook al zou je denken dat het gemaakt is om hen te helpen. Dat is logisch: het stelt grenzen aan het gebied der persoonlijke relaties, een gebied dat even grenzeloos is als de weidse vlakten van ons vaderland.

In Rusland zijn de mensen behulpzaam. Een fatsoenlijke Rus zal eerder zijn morele gevoel volgen dan een functieomschrijving.

De wachtkamers van Russische ziekenhuizen doen maar weinig denken aan de soortgelijke afdelingen in de Amerikaanse serie *ER*. Niemand rent hier met brancards. Niemand roept:

"Een MRI! Snel!"

Of:

"Intuberen!"

Niemand houdt de patiënt bij de hand en niemand beschouwt zichzelf persoonlijk verantwoordelijk voor elk zwaar geval. In onze ziekenhuizen heeft niemand haast, al lig je er te creperen. Telkens wanneer ik te maken heb met een willekeurige Russische staatsinstelling, moet ik denken aan de Sovjetleuze 'door strijd verkrijg je je recht'.

De eerste en voornaamste stap in de strijd is het aangaan van persoonlijke relaties met het personeel van de medische instelling. Het zijn die relaties die de medici ertoe kunnen bewegen beslissende handelingen uit te voeren.

Als ervaren inwoner van Rusland weet ik maar al te goed dat je vooral niet moet denken dat iemand jou iets verplicht is.

Toen mijn moeder door de ambulance naar de 'eerste' hulp van het ziekenhuis werd gebracht, begreep ik het meteen: er is strijd nodig om te zorgen dat er iemand bij haar komt en dat er snel een beslissing wordt genomen over de behandeling. Bij elke Rus treedt hier de intuïtie in werking, die je opbouwt naarmate je langer in Rusland leeft.

Tegen de ene arts moet je glimlachen, de ander moet je een vraag stellen, een derde moet je met een rechtszaak dreigen. Na een aantal gesprekken van mens tot mens, vragen en dreigementen kwam er een specialist bij mijn moeder, werd er een plaats op de ziekenzaal gevonden en begon men na te denken over een behandelschema. En dat alles omdat de ene medewerker zich schaamde, de ander bang werd en ik op de derde een goede indruk had gemaakt. Jawel mensen, dit is Rusland!

Lyrische uitweiding, of hoe ik een excursie naar Valaam en Kizji boekte

Op een hete zomer besloot ik een keer om in mijn eentje een verfrissend boottripje te gaan maken naar de eilanden Valaam en Kizji. Op internet vond ik het telefoonnummer van een reisorganisatie die zulke excursies aanbood. Ik belde. Ik vroeg of er eenpersoonshutten waren. Ik kreeg het antwoord dat die al bezet waren. Toen zei ik dat ik dan akkoord ging met een plaats in een tweepersoonshut met een andere vrouw alleen. Ze lieten mij weten dat de organisatie een dergelijke service niet verleende en stelden me voor om 60% van het tweede, lege bed in de hut te betalen. Ik weigerde beleefd en hing op.

Ontstemd liep ik een paar rondjes door de kamer. Opeens kreeg ik een idee: ik herinnerde me dat op de site van de reisorganisatie een regel lager een tweede telefoonnummer stond van de coördinator die de reserveringen deed.

Ik belde dat nummer. Het andere meisje deelde ook mee dat alle eenpersoonshutten al verkocht waren.

En ze voegde eraan toe:

"Zou u misschien bereid zijn een tweepersoonshut te delen met een andere vrouw? Zij reist alleen en zoekt een kamergenote."

"!!!"

Een dag later kocht ik het ticket. Mijn hutgenote bleek heel aardig.

De eeuwige moraal: dit is Rusland, mensen! Hier functioneren regels noch functieomschrijvingen. Welke buitenlander komt er op het idee om het nummer te bellen dat een regel lager staat? Geen. Het is duidelijk dat de touroperators één en dezelfde database gebruiken. Ze willen cruises verkopen. Waarom zou je een potentiële klant een cruise door de neus boren en hem voorstellen de andere plaats in de hut voor 60% van de prijs te kopen, als je de gehele hut voor de volle prijs kunt verkopen? Daar is geen reden voor. Maar we zijn immers in Rusland. Kennelijk krijgen touroperators maar weinig toeslag voor elke reservering, of misschien krijgen ze wel helemaal niks extra's. Buiten brandt de zon. Het meisje zit voor de telefoon, ze heeft het warm, ze is moe, ze wordt door verschillende mensen aan haar kop gezeurd. Door dat alles vergaat haar de lust om potentiële klanten ter wille te zijn...

Het is moeilijk te begrijpen. Ik kan alleen maar een raad geven: in Rusland betekent het eerste 'nee' niet altijd 'nee'. Het kan betekenen:

1. Nog niet.
2. Nog niet, maar morgen ben ik in een andere bui.
3. U staat mij persoonlijk niet aan.
4. Eigenlijk mag ik u niet weigeren, maar ik ben vandaag te lui om me met u bezig te houden. Misschien dat u op het idee komt onze andere medewerker te bellen? Laat mijn collega ook maar eens wat doen. Zit ik me hier in mijn eentje uit te sloven...

DE INTELLIGENTSIA OF
NALEVERS VAN DE CONVENTIE

De gesprekken over de lotgevallen en positie van de Russische intelligentsia zijn pas in de laatste jaren wat verstomd geraakt. Je hoort ze soms alleen nog in televisieprogramma's als *Apokrif* op de zender *Kultura*. Maar de hele negentiende en twintigste eeuw hebben publicisten in de kranten en op radio en televisie veelvuldig gediscussieerd over de vraag wie dat toch zijn, die leden van de Russische intelligentsia, hoezeer zij hebben geleden voor het vaderland en hoe dankbaar het vaderland hun is voor al dit geestelijk afzien.

Eigenlijk denk ik dat we tegenwoordig wel betere dingen te doen hebben dan te discussiëren over de lotgevallen van de Russische intelligentsia. Er zijn een hele hoop nachtclubs en fitnesscentra bij gekomen; megabioscopen, restaurants, musea en natuurlijk winkels. Bibliotheken zijn er niet bij gekomen, lezende landgenoten evenmin. Misschien is de intelligentsia, het meest belezen en hoogst opgeleide deel van de bevolking, wel te gronde gericht doordat Rusland veranderd is van een van de meest lezende landen ter wereld tot een van de, eh, minder lezende landen (ik kan niet zeggen: minst lezende, want ik weet niet hoeveel er gelezen wordt in, pak 'm beet, Pakistan of Mozambique)? Ook daar worden discussies over gehouden in televisieprogramma's waarvan je de naam pas begrijpt wanneer je die hebt opgezocht op Wikipedia.

Wat is dat dan voor prachtig exotisch verschijnsel, die Russische intellectueel? Daarover heeft Vasisuali Lochankin in de eerste helft van de vorige eeuw al eens nagedacht, maar zonder veel resultaat. Mij is pas duidelijk geworden wie de intelligentsia is, na de opkomst en exponentiële verspreiding van een nieuwe sociale klasse: de nieuwe Russen, aan wie het gehele volgende hoofdstuk van dit boek is gewijd. Maar ik besef dat ik niets over nieuwe Russen kan zeggen voordat ik iets over hun tegenvoeters heb geschreven: de dames en heren der intelligentsia.

We weten al lang dat je om tot de intelligentsia te behoren niet belezen hoeft te zijn, noch hoog opgeleid, al worden die zaken nauwelijks zonder elkaar voorgesteld.

Een lid van de intelligentsia speelt het spel strikt volgens de regels. Dat is de reden waarom hij ook zo vaak de verliezer is. Overigens is verliezer een relatief begrip. (De dichter Pasternak leerde ons de nederlaag te zien als een zege. Deze gedachte was profetisch want hij werd zelf het slachtoffer van een drijfjacht van de autoriteiten en zijn collega-schrijvers. De paradox ligt in het feit dat de vroegtijdige, tragische dood van Pasternak de geschiedenis van het land en de literatuur is ingegaan als een zege over jaloezie, domheid en banaliteit.)

10 spelregels
(Convention for the Intelligent People Only)

1. Alles moet eerlijk verlopen. Op het werk bijvoorbeeld: een functie moet vervuld worden door degene die bij die functie

past. Iedereen mag zich alleen maar bezighouden met de uitvoering van zijn professionele taken. Daarom zal een lid van de intelligentsia bijvoorbeeld nooit steekpenningen aannemen.

2. Je mag mensen niet beledigen. In geen geval mag je iemands tere gevoelens krenken. Zelfs niet als de ander je op je ziel trapt.

3. Je moet met iedereen in vrede leven en begrip hebben voor en rekening houden met de belangen van anderen. Je moet dingen afstaan aan andere mensen: wie weet of iemand anders hetgeen jij wilt hebben wel veel meer nodig heeft?

4. De belangrijkste waarden in het leven liggen niet in het materiële maar in het geestelijke.

5. Je mag in geen geval ergens over opscheppen. Bescheidenheid is een van de belangrijkste kenmerken van een echte intellectueel. Galina Voltsjek, artistiek leider van het Moskouse theater *Sovremennik*, zegt dat ze het niet prettig vindt om zich te vertonen in een dure bontjas. Daarom draagt ze een gewone donsjas: warm, comfortabel en geen schuldgevoel. Voltsjek, een van de beste regisseurs van Rusland, vindt het onmogelijk om dure kleding te dragen, omdat ze in een land woont waar zo veel brave mensen een leven leiden ver onder de armoedegrens.

De schrijfster Ljoedmila Oelitskaja geeft eerlijk toe dat ze niet houdt van rijke mensen, omdat je je in ons land, waar zo velen het hoofd nauwelijks boven water kunnen houden, voor rijkdom hoort te schamen. Volgens mij denkt Oelitskaja als een typisch lid van de intelligentsia: ze houdt niet van mensen die hun vermogen op oneerlijke wijze vergaard hebben (zie regel 1) en die te koop lopen met hun rijkdom.

6. Je mag niemand bedriegen, ook niet jezelf.

7. Andermans tegenspoed moet je te allen tijde tegemoettreden met medeleven en empathie, alsof je nooit een persoonlijke

antipathie kunt koesteren tegen mensen die zich in de nesten werken.

8. Je moet mensen geloven en je moet in ze geloven. Je moet ook geloven in de mogelijkheid dat iemand tot bezinning komt, berouw krijgt en herboren wordt als een beter mens.

9. Een relatie uit eigenbelang mag je niet aanduiden met een heilig woord als 'vriendschap' of 'liefde'.

10. In alles wat je denkt en doet moet je de boeken van bekende Russische humanistische schrijvers als leidraad hanteren.

De rol van intelligent in Rusland is geen vrolijke. Hij maakt zich voortdurend zorgen om het lot van de mensen én dat van het land, en daarbij wordt hij door de nouveau riche ook nog eens gezien als zo'n onschuldige kerstengel, die je verder niet serieus hoeft te nemen: van dit zijige schepsel heb je niks te vrezen.

(Ook de televisiewereld negeert de belangen van de intelligentsia, gezien het middernachtelijke tijdstip waarop ze kwaliteitsfilms uitzenden.)

Eigenlijk is degene die zich aan alle tien deze regels houdt ook geen mens maar een soort engel. En zoals Alla Poegatsjova al zong, het is moeilijk een engel te zijn in de hel. Want ja, hoe meer je een engel bent, hoe erger de hel die je omringt.

NIEUWE RUSSEN, OF ZIJ DIE DE CONVENTIE MET VOETEN TREDEN

Dit hoofdstuk valt me nogal zwaar, omdat het lastig is om met milde ironie te schrijven over mensen waar je niet van houdt.

Wie zijn die nieuwe Russen die ik zo onaardig vind? Daar moet ik het eerst maar over hebben, want als een lid van deze nieuwe sociale klasse dit boek in handen krijgt (en het nog gaat lezen ook), zullen ze me er waarschijnlijk van beschuldig en dat ik aleen maar jaloers ben op andermans geluk en rijkdom. Ik zal het maar meteen zeggen: dat klopt. Ik ben jaloers op iedereen die gelukkiger en rijker is dan ik. En daar zie ik niets beschamends in: waarschijnlijk zal iedereen wel al het moois willen hebben dat hij zelf niet heeft. Maar begrijp me niet verkeerd: ik wil inderdaad meer geld hebben en veel van die geneugten die de nieuwe Russen binnen handbereik hebben. Maar ik wil niet horen bij deze groep landgenoten. En ik zou er niet aan moeten denken dat ik een van hen zou moeten worden om dat alles tot mijn beschikking te krijgen. Dan maar mezelf blijven en van alles wat minder.

Nieuwe Russen zijn ongetwijfeld zeer vermogende mensen. Ik waag me niet aan een schatting van hun gemiddelde inkomen, laat de sociologen dat maar doen. Deze mensen kunnen zich op materieel gebied veel veroorloven: van het aanschaffen van onroerend goed op een a-locatie ergens in de wereld tot torenhoge investeringen in het een of andere project.

Ja, ze zijn rijk. Maar de relatie is niet omkeerbaar: alle nieuwe Russen zijn rijk, maar niet alle rijken zijn nieuwe Russen.

Deze klasse ontstond aan het begin van de jaren negentig van de vorige eeuw, toen het nieuwe Russische kapitalisme in opkomst was. Zoals we weten was het onder het 'jonge kapitalisme' vrijwel onmogelijk om via de eerlijke weg een beginkapitaal op te bouwen. Ondanks de loftuitingen die in die jaren van alle kanten werden geuit aan het adres van de rijken, koesterde ik zelf geen enkele illusie. Ik wist het meteen: ons land (en ik ook) zal er van zo'n hoeveelheid vermogenden onder zijn burgers niet rijker op worden. De media verdedigden het ondernemerschap van deze mensen: deze eigenschap werd onder het socialisme op methodische wijze bij de mensen vernietigd. Maar ze hebben haar niet kunnen uitroeien! Er zijn nog mensen die de tradities van het Russische koopmanschap voortzetten!

We zijn in staat ons verleden te vergeten, zelfs nu de informatie daarover voor iedereen toegankelijk is. We zijn de werken van Ostrovski, Tsjechov en Gorki vergeten, boegbeelden van de Russische klassieke literatuur, die zich erop toelegden de 'barbaarse gewoonten' van het koopmanschap met de grond gelijk te maken. We zijn de verhalen vergeten over die weerzinwekkende zuipfestijnen die de prerevolutionaire kooplui aanrichtten. Alles is in het vergeetboek geraakt.

Ik ben bang dat we niets van de geschiedenis geleerd hebben. We zijn vergeten hoe ver patserigheid en opschepperij van onze mentaliteit af staan. Het was het schaamteloze gedrag van de rijken die de gewetensvolle intelligentsia en de geëxploiteerde arbeidersklassen aanzette tot de revolutie. De revolutie, die maar weinig goeds heeft gebracht, voor de aanstichters evenmin als voor de slachtoffers, de revolutie die het volk door de gehaktmolen haalde en de westerse kapitalisten doodsangsten aanjoeg. (Er zijn maar weinig dingen die het westerse kapitalisme in de vorige eeuw zo sterk gemaakt hebben als de Russische revolutie.)

Nu het Grote Experiment voorbij is, maken de mensen weer dezelfde fouten. Nieuwe Russen schenden de conventie, die hoofdzakelijk bestaat uit de tien bovengenoemde regels van de Russische intelligentsia. Natuurlijk ben je als je altijd alle regels volgt een soort halfgod. Maar iemand die zich er helemaal niks van aantrekt, dát is een nieuwe Rus. Je kunt deze regels zien als een test: hoe meer positieve eigenschappen van de lijst je bij jezelf herkent, des te meer je tot de intelligentsia behoort; en hoe minder, des te meer je een nieuwe Rus bent.

Deze mensen voelen zich alleskunners, grondleggers van een nieuwe moraal voor uitverkorenen, waarmee ze natuurlijk doelen op zichzelf. Om de een of andere reden moeten we bij hen van alles door de vingers zien wat ze zelf niet pikken van anderen.

Wat zijn nu de kenmerken waaraan je kunt zien dat je te maken hebt met deze nieuwe diersoort? Ik zal de soort proberen te omschrijven zoals een bioloog dat doet aan de hand van kenmerken. Hoe kunnen we ze anders een plekje geven in de atlas van schepselen die de eindeloze gronden van Rusland bevolken?

Kenmerk 1. Pronkzucht

Voor een nieuwe Rus is het Zijn minder belangrijk dan het Voorkomen. Hij laat zijn omgeving allerlei tekenen van welvaart zien in de vorm van een reeks spullen die eigenlijk alleen maar nodig zijn voor de show. Dit zijn min of meer de volgende dingen:

a) Een dure auto. Bij voorkeur een *offroad*-model of iets anders *businessclass*-achtigs met geblindeerde ramen.

b) Dure kleding. Het gaat er hierbij niet om of het lekker zit, of het gepast is, zelfs niet of de kleding mooi is of van hoge kwaliteit. Het belangrijkst zijn het merk en de prijs. Ik stond in een gezelschap een keer bij een man die in één adem alle merknamen van 'hippe' spullen uit zijn mouw schudde: van onderbroeken tot ballpoints.

c) De woning. Een nieuwe Rus is, zelfs als hij maar een klein gezin heeft, diep van binnen geen groot liefhebber van kasten van huizen. In ons klimaat willen veel mensen het liefst in een kleine, gezellige kamer slapen. Maar dat is tegen de regels van deze sociale groep.

d) Een gelukkig privé-leven. Dat heb je in twee soorten. Allereerst heb je het gelukkige huwelijk. Dan zijn de echtelieden veel samen. In een gesprek scheppen ze altijd over elkaar op:

"We zijn van het weekend gaan picknicken met de zaken-partner van mijn man, en daar..."

Of:

"Mijn vrouw heeft haar eigen schoonheidssalon, ze weet alles van professionele cosmetica."

Ze kunnen het ook op een klagerige manier over elkaar hebben, maar een nieuwe Rus kan dat toch niet zonder op te scheppen:

"O, mijn man heeft nu toch zulke problemen. Hij kan gewoon geen fatsoenlijke medewerkers vinden! Echt, waar zijn alle eerlijke mensen toch gebleven..?" (Slaakt een zucht. Natuurlijk hoeft dit geenszins te betekenen dat haar eigen man een plaats in de hemel verdient en niet betrokken is in vuile zaakjes).

De andere vorm van een gelukkig privé-leven (liefde dan wel intieme relaties) draagt een nog demonstratiever, seksistischer karakter. De wettelijke echtgenote van een nieuwe Rus moet goed verzorgd zijn, maar het maakt verder niet uit welke aangeboren uiterlijke kenmerken ze heeft. De nieuwe Rus zelf hoeft er alleen maar gezond en welvarend uitzien. Maar dan de minnares. Zij is een soort pronkstuk. Ze heeft vaker blond (verven mag) dan bruin haar. Ze mag geen grammetje overgewicht hebben, hoe dik en vormeloos haar partner ook is. Het is een absolute vereiste dat haar schoonheid van een glossy-glamourachtig type is. Haar persoonlijkheid speelt geen enkele rol, want ze dient puur ter decoratie van haar metgezel en valt dus onder de kenmerken van zijn succes, samen met de auto en het buitenhuis.

d) Niets loslaten over persoonlijke problemen. Een nieuwe Rus kan best somber en kwaad zijn. Iemand die tot de intelligentsia behoort is altijd gelijkmoedig en vriendelijk, omdat deze voor niemand de stemming wil verpesten met zijn sombere gezicht. Maar zijn rijke en geslaagde tegenhanger zal het een worst wezen wat voor effect hij heeft op andere mensen. Als er niemand in de buurt is tegenover wie hij zich beter niet al te tevreden kan tonen met het leven, hoeft hij zichzelf eigenlijk helemaal niet in te houden. Maar zul je een nieuwe Rus ooit horen klagen? Ik denk het niet. Ontevredenheid wordt bij deze mensen (trouwens, ook bij een andere bevolkingsgroep: de verstokte misdadigers) omgezet in agressie: als ze het moeilijk hebben kun je maar beter uit hun buurt blijven.

Eigenlijk schenden nieuwe Russen niet alleen de regels van de intelligentsia. Ze gaan, in tegenstelling tot de meeste Russen, niet snel over tot openhartigheid en zijn emotioneel gesloten.

De nieuwe Rus moet te allen tijde het stempel van welvaart dragen. Als hij dat niet doet, is hij geen nieuwe Rus. Met verwondering en ironie volgt het Westen hun escapades in dure vakantieoorden. Voor mensen uit rijke landen zijn het een stelletje wilde, losgeslagen en eigenlijk wel amusante wezens.

Zelf denken ze vreemd genoeg dat ze het westen nabootsen.

Kenmerk 2. Uiterlijke nabootsing van het westen zoals ze zich dat voorstellen

Is een aristocraat uit een geslacht als Windsor of Habsburg met een eigen kasteel in Europa zoveel beter dan ik? — denkt de nieuwe Rus. Welbeschouwd is hij dat niet. Ik heb zeker niet minder geld 'als hem'.

Het idee dat je als je tot de aristocratie behoort ook een zeker niveau van intelligentie en beschaafdheid hebt, komt op de een of andere manier niet in hem op. En hij vergeet ook dat de laatste tien generaties van de families van hooggeplaatste personen aan Harvard hebben gestudeerd. En dat geen van hen geld heeft neergeteld voor een diploma van de Landbouwhogeschool van Rjazan! En dat er nog nooit iemand voor een aristocraat tegen betaling een proefschrift over economie heeft geschreven!

Nou en? Het gaat niet om de kennis. Het gaat om de documenten die aantonen dat je die kennis in huis hebt. Niet dan? Ik koop zo een Nobelprijs hoor! Voor natuurkunde. Dat is de moeilijkste, schijnt.

Wat het betekent om een verarmde graaf of baron te zijn, daar heeft de nieuwe Rus geen idee van. Veel Engelse aristocraten hebben bijvoorbeeld geen geld om hun paleizen en kastelen te onderhouden: het dure, antieke vastgoed is voor hen een bron van kopzorgen geworden in plaats van een bron van genot en een object om mee te pronken. De eigenaren van herenhuizen verhuren bij gebrek aan geld voor renovatie hun eigendom maar al te graag, niet alleen voor lange tijd maar ook voor allerlei evenementen. En zelf verhuizen ze maar al te graag naar een bescheiden huurhuis.

Soms loopt het nog raarder: lords en graven zijn vaak trots op hun gerafelde tapijten en oude meubelen, en tonen geen behoefte die te restaureren om ze er weer als nieuw uit te laten zien. Dat geloof je toch niet! Dat is toch niet mooi? Alles moet schitteren als de briljanten aan de vingers van je partner! En welke nieuwe Rus gelooft je als je vertelt dat het in Groot-Brittannië vooral de leden van de *working class* zijn die hun huizen strak en glimmend inrichten?

Aristocratie is rijkdom, dat begrijp je toch wel? Een paleis is pas een paleis als het een vergulde toren heeft. Een schilderij is pas een schilderij als het een massief gouden lijst heeft en gesigneerd is door Glazoenov of Sjilov. (Waarop afgebeeld: de heer des huizes, directeur van een bedrijf met een weinig zeggende naam als 'President Plus BV', verkleed als ridder in een wapenrusting met open vizier en gezeten op een wit paard.) Het moet mooi zijn, dat begrijp je toch wel? En het is ook zo prachtig als de deur van de lift van de parterre naar de eerste etage geflankeerd wordt door gouden sculpturen van Egyptische goden.

Kenmerk 3. Arrogantie en de neiging om anderen hun plaats te wijzen

Elke uiting van arrogantie komt voort uit een gebrek aan zelfspot. Gleb Zjeglov, hoofdpersoon uit de film *Aan het trefpunt is niets te veranderen* vond arrogantie het belangrijkste kenmerk van stompzinnigheid. Daar kun je het mee eens zijn of niet, maar mensen die uit de hoogte op hun omgeving neerkijken zijn wel bespottelijk. Door het gebrek aan zelfspot, waar alle nieuwe

Russen zonder uitzondering mee behept zijn (dit is een secundair maar veelzeggend kenmerk van de nieuwe Rus), hebben ze geen oog voor deze simpele waarheid.

Op een feestelijke gelegenheid kwam ik een nieuwe rijke tegen die sentimenteel en hoogdravend zijn moederland de liefde verklaarde (vergeet niet, een nieuwe Rus zou geen nieuwe Rus zijn als vrijwel alle informatie die van hem uitging niet een element van opschepperij zou bevatten):

"Ik bezit een aanzienlijk deel van Rusland: ik heb vier kinderen." (Guttegut wat een bescheiden kerel! En wij maar denken dat hij zou zeggen: "Ik bezit een aanzienlijk deel van Rusland: vijftig hectare maagdelijk bos bij de Finse Golf.") (Als daar nog maagdelijke bossen over zijn.)

Ik bezit als arm meisje een wat kleiner stuk van Rusland: één kind maar. Maarja, wie ben ik...

Hij vervolgde:

"En ik wil dat mijn kinderen in Rusland blijven wonen."

Ik barstte in snikken uit en mijn borst werd nat van de zuivere tranen der verrukking. Ach, wat houdt hij van zijn vaderland!

Eigenlijk zei deze man iets heel anders:

"Er is niks dan ellende in Rusland. En als het zo doorgaat dan denk ik niet dat mijn kostbare, talrijke kroost hier zal blijven. Gelukkig heb ik de middelen om ze allemaal een goed leven te bezorgen in een of ander fatsoenlijk land. Maar kijk, als u en ik hier nou een beetje ons best doen, dan verwaardigen mijn lieve en geniale kinderen zich misschien wel om hier te blijven."

Dank, dank, voor deze genadigheid!

Ons en onze kleinere deeltjes van Rusland rest niets anders dan hier te leven en werken om het bestaan van uw kinderen zo geriefelijk mogelijk te maken, in de hoop dat ze zich verwaardigen om hier te blijven!

Kenmerk 4. Openlijke agressie zonder reden

De behoefte om te laten zien wie er hier de baas is, geeft de nieuwe Rus geen minuut rust. Soms is er in de verste verte geen mogelijkheid te vinden om met je status te pronken. Wanneer kan zo'n akelige situatie ontstaan? Nou, op het strand bijvoorbeeld. Want ja, de jeep met vergulde bumpers staat op de parkeerplaats verscholen achter de bomen. Die is dus niet te zien. En bovendien, hoe kunnen de mensen raden dat dat *zijn* auto is? Aan de zwembroek, het strooien matje en de slippers kun je moeilijk zien dat je met een halfgod te maken hebt. Die gouden ketting van een vinger dik, dat is natuurlijk al iets. Maar niet genoeg. Het meer is niet groot, er valt niet lekker rond te racen op je scooter. Maar... eureka! De hond!

Over het strand rende een flinke hond van een of ander vechtras rond. Hij was niet aangelijnd en had geen muilkorf. De hond draafde rond en trapte niets ontziend de matjes en schoenen (vooralsnog waren het alleen de schoenen) van de andere badgasten omver.

De hond werd opgehitst door zijn baasje, een stevig gebouwde man:

"Jack, hier! Jack, ...! Jack, geef hier! Goed zo, ja, knappe hond, o wat een brave hond."

Iedereen deed alsof hij niks merkte. Alleen werd men wat gespannen, klaar voor een tegenaanval. Het ergst was dat ik op dat strand met een vriendin was die haar zoontje had meegenomen, een bangig kind van drie. En tot overmaat van ramp bleef het kind stokstijf in het water staan, terwijl hij er al uit had gemoeten. Maarja, die hond. De peuter huilde:

"Mamma, ik durf er niet uit met die hond."

Een naïeve westerse kameraad zou hebben voorgesteld de boosdoener die de rust verstoorde aan te spreken met een vurig betoog van een moraliserend karakter:

"Weet u soms niet dat het hier bij de wet verboden is honden uit te laten zonder lijn en muilkorf? Hoe durft u eigenlijk?! Ik ga de politie bellen, grove hufter!"

Haha. Zo zal elke Rus, nieuw of oud, reageren als er iemand voorstelt om met zo'n speech voor de dag te komen. Terwijl je wacht op de *militsia* (waarschijnlijk inmiddels omgedoopt tot *politsia*), zal de hond het hele strand opvreten, inclusief alle zwembroeken, slippers en opblaasbandjes. En wie wordt er hier eerder geholpen door de wetsdienaren? Degene die ze nodig heeft of degene die ze betaalt? Tweemaal raden, lieve naïeve buitenlandse vrienden.

Mijn op de Russische werkelijkheid getrainde hersenen traden meteen in werking (dat verleren ze nooit). Natuurlijk had deze man duidelijk een veel groter deel van Rusland achter zich dan ik. Ik voelde op dat moment helemaal geen uitgestrekte vaderlandse vlaktes achter mij, alleen mijn vriendin met haar aan de grond genagelde zoontje. Ik merkte dat de baldadige hond iets mank liep met z'n achterpoot. Dus vroeg ik het baasje vol medeleven (elke Rus vindt het prettig als iemand medeleven toont):

"Waarom hinkt uw hond zo met z'n achterpoot?"

De eigenaar antwoordde op onverwachts normale toon:

"Hij is een half jaar geleden onder een auto gekomen."

"Wat vreselijk," ik schudde mijn hoofd en zette grote ogen op van geveinsde ontzetting.

"We hebben hem maar net kunnen redden."

Ik zuchtte vol deelneming.

Ik weet niet waarom, maar na dit gesprek dirigeerde de baas zijn hond bij ons vandaan. Mijn vriendin haalde haar verstijfde kind uit zee. Ik dacht erover na waarom de eigenaar de hond had weggehaald na dit onschuldige gesprek. Misschien was er in de domme bruut iets menselijks aangesproken. Misschien was het zijn bedoeling geweest om aandacht te trekken. Die had hij gekregen, dus einde verhaal. Of hij verloor zijn belangstelling.

Ik weet het niet. Waar ik wel van overtuigd ben is dat je in zo'n situatie alleen voor je rechten kunt opkomen als je een wel heel groot stuk vaderlandse grond achter je hebt.

Een 'man die alles bereikt heeft' kan ook zonder reden agressie aan de dag leggen: zomaar om zich te vermaken of omdat hij niks beters te doen heeft.

Een ander voorbeeld van zulk gedrag. Een kennis van de datsja, een beschaafde muzieklerares, vertelde me een keer:

"Ik bouw een omheining voor de katten..."

"Voor de katten? Dat zijn toch geen boerderijdieren? Voor buffels of schapen, oké, maar katten?!"

"Mijn buren hebben een Staffordshireterriër die mijn katten bespringt. Ik heb geprobeerd met ze te praten, maar ze zeggen dat mijn dieren hun een worst zullen wezen. En ik kreeg het advies om zelf ook maar op mijn tellen te passen."

Een nieuwe Rus wijst soms mensen hun plaats zonder dat hij daar zelf duidelijk beter van wordt. Zomaar, om zijn ego te strelen.

Kenmerk 5. Aanvallen van nobele woede of gesluierde agressie

Een nieuwe Rus in normale toestand wordt gekenmerkt door nobele woede en het verlangen naar rechtvaardigheid. In welke situaties toont deze vurige strijder zijn vechtkunst?

Om de haverklap doen zich in zijn leven situaties voor die zo ergerlijk zijn dat elke zichzelf respecterende nouveau riche zijn mond wel open móet doen.

Een voorbeeld. Een onnozel modepopje aan de zijde van een nieuwe Rus snatert dat dit seizoen de onderbroeken van Versace in de mode zijn. Hoe kun je je mond houden na zo'n mededeling, beste mensen?! Nee kind, je hebt er ook niks van begrepen:

de onderbroeken (niet de onderbroeken maar de strings) van Versace werden twee seizoenen geleden al gedragen. Vandaag is het Gucci, Gucci en nog eens Gucci!

Een nieuwe Rus en de dienstverleningssector, dat is ook een verhaal apart. Beeft, obers! Huivert, verkoopsters! Wat is het toch leuk om als je uitgaat een relletje in een restaurant te veroorzaken:

"Wat zet u me nou voor? Wat is dat voor smerigs? Hier stond dat er groenten bij het vlees zaten! Waar zijn die? Noemt u dát groenten?!"

Waarna ze op hoge poten aan al hun vrienden (die braaf meepraten en grote ogen opzetten) verslag uitbrengen van 'dat vreselijke restaurant'. En dat wal-ge-lij-ke gerecht fotograferen en op hun blog zetten (aan nieuwe Russen op het net is een aparte paragraaf gewijd), terwijl ze gretig de stroom meelevende reacties in ontvangst nemen.

In feite zijn dit soort problemen meestal niets om je druk over te maken. Ik kreeg laatst in een populair Italiaans restaurant inktvis die op schoenzool leek. Nou en? De kok is ook maar een mens. En die verraderlijke ellendelingen van een inktvissen in het kokende water moet je ook voortdurend in de gaten houden. Ik deelde de ober beleefd mee dat ik dit niet kon eten. Ze verontschuldigden zich en ik bestelde een ander gerecht. Voor dat rampzalige zeemonster heb ik uiteraard geen cent betaald. En daarmee was de kwestie afgehandeld. Trouwens, het personeel van de meeste hedendaagse eetgelegenheden is geneigd om ordeverstoringen uit de weg te gaan: de concurrentie in deze wereld is moordend...

De standaardtactiek van een strenge doch rechtvaardige nieuwe Rus is die van beloning en straf:

"Nou, gisteren waren we in een prima restaurant, geweldig eten, geweldige bediening, maar hier..."

Dit soort mensen gedraagt zich als de jood uit de bekende anekdote:

"Als er een synagoge is waar ik heenga, moet er ook een synagoge zijn waar ik niet heenga."

De wereld van de nieuwe Rus kent geen grijstinten, hij wordt meer dan enig ander geleid door het principe van de binaire opposities: zijn oordeel is of lyrisch, of vernederend. Zulke simpele manipulaties geven je het gevoel dat je een machtig persoon bent, die kan naar believen straffen en vergeven.

Kenmerk 6. De nieuwe Rus houdt van een feestje

Nieuwe Russen zijn eigenlijk mensen die maar niet volwassen willen worden. Ze zijn meestal niet op hun achterhoofd gevallen, bijdehand en vindingrijk. Precies dezelfde eigenschappen die kinderen vaak vertonen.

De blijdschap die zo iemand met anderen deelt is zo naïef, en de aanleiding kan zo vergezocht zijn dat je niet meteen begrijpt waarom hij zo enthousiast is.

De vrouw van een rijke man gaat bijvoorbeeld naar haar favoriete kledingwinkel om mitaines te kopen. (Het nut van dit geraffineerde accessoire is op z'n minst te betwisten. In mijn Sovjetjeugd werden vieze tricot handschoenen zonder vingers (of met afgeknipte vingers) gedragen door de groenteverkoopsters. Och, hadden ze maar echte handschoenen gehad! Tot op de dag van vandaag zie ik voor me hoe ze het wisselgeld uittelden met hun vieze vingers, de nagels afgekloven en bedekt met resten bordeauxrode nagellak.)

Maar de mitaines die ze in de catalogus had gezien zijn er niet. Een ramp! De wereld vergaat! Ze zagen er zo schattig uit en waren zo schappelijk geprijsd, 150 euro of zoiets. Wat nu? De Schone Jonkvrouw wordt bleek, ze raakt onwel. Maar dan is er de redding, net als in het sprookje. De fee annex verkoopster tovert ergens een paar nog veel betere mitaines vandaan, die ze vergeten waren in de catalogus op te nemen. En ze zijn nog goedkoper ook, slechts 127 euro en 50 cent. De koopster vliegt huiswaarts, opgetild door haar succes. Het is feest. Ze laat haar wonderschone aanwinst aan iedereen zien. Iedereen moet blij zijn voor haar! Ze heeft even weinig nodig om gelukkig te zijn als om een rel te ontketenen. Wat een geluksvogels zijn het ook!

(Natuurlijk weet ze heel goed dat ze voor dat geld iets veel voornamers had kunnen kopen. Maar iedereen begrijpt tenslotte: wie meer dan 100 euro uitgeeft aan een paar handschoenen heeft veel bereikt in het leven en is tot veel in staat.)

Een nieuwe Rus heeft diep van binnen voortdurend behoefte aan een feestje. En dan niet een gewoon feestje zoals je dat bij de intelligentsia ziet: vrienden die bij elkaar komen, het maakt niet zoveel uit waar. En zulke interessante gesprekken! En N. had zo'n originele opvatting over het probleem. Wie wordt er blij van zulke avondjes? Wat valt er daar te pronken?

Nee, achter de feesten van nieuwe Russen gaat een hele industrie schuil: koks, decorateurs, zangers, artiesten. O, die ballonnen, servetten, kerstengeltjes! Wat schitteren ze vrolijk in de ogen van onze rijkaards. Wat zijn die volwassen kinderen blij met hun maskerade! Wat houden ze van gekostumeerde bals, helemaal in de geest van de kooplieden van weleer (het jaar 1913 is er niks bij).

Extra leuk wordt het als je een eersteklas beroemdheid uitnodigt.

Een van de beste Engelse zangeressen, Amy Winehouse, is aan de drugs geraakt. Haar liefhebberij is door de tabloids wereldwijd van de daken geschreeuwd. Foto's waarop ze zich van haar onaantrekkelijkste kant liet zien werden door Jan en alleman openbaar gemaakt. Toch heeft ze in deze periode van haar leven opgetreden op een privé-feestje van een Russische baas. Hij heeft Winehouse opgelapt, naar Rusland gehaald, haar laten optreden voor zijn gasten en haar een fabelachtig honorarium betaald: ja zo gaat dat bij Russische kooplieden!

Trouwens, om dit soort verschijnselen te beschrijven hebben we in onze taal een fantastisch nieuw woord: exclusief. Je hebt viltlaarzen en je hebt *designers' boots* van handgevilte schapenwol met exclusief borduurwerk. Voel het verschil!

Kenmerk 7. Alleen voor uitverkorenen

Elke zichzelf respecterende nieuwe Rus heeft niet alleen twee synagogen: een waar hij heen gaat, en een waar hij niet heen gaat. Hij heeft ook mensen die hij niet wil zien in 'zijn' synagoge. (En hij kan zich niet voorstellen dat er mensen zijn die daar misschien ook niet heen willen, mensen die koud noch warm worden van de weelderige opsmuk van zijn heiligdom.)

Hij verkneukelt zich wanneer hij in gedachten een lijst opstelt van mensen die zijn sanctuarium niet mogen betreden. Wat zijn de kenmerken van de mensen die hij hier niet wil zien? Ik weet het niet. De criteria kunnen bijzonder grillig zijn: van het hebben van onvoldoende vermogen, uiteraard, tot een voorliefde voor kleding van de verkeerde ontwerper of van het verkeerde seizoen.

Mannelijke nieuwe Russen bedenken voor zichzelf mannelijke vormen van vertier, zoals exclusieve tripjes om te gaan vissen in, zeg, maagdelijke Scandinavische meren met kristalhelder water. Of jachtpartijen op Keniase buffels. Het belangrijkste is dat de activiteit buiten het bereik ligt van gewone stervelingen die niet behoren tot de schare van uitverkorenen.

Hiermee brengt de nieuwe Rus wat afwisseling aan in zijn vrije tijd. En verbergt hij zowel voor anderen als voor zichzelf de hoofdzaak: hij verveelt zich. Ieder mens wordt moe van eentonigheid. Het beeld van het vogeltje dat verdrietig in zijn gouden kooitje zit, laat je niet meer los. Maar zo zijn de regels.

Kenmerk 8. Het spel met de ongeschreven regels, of narigheid in het badhuis

Nieuwe Russen spelen meer dan anderen volgens regels. (Opmerkelijk genoeg is er ook een andere sociale klasse die zich aan een heel lange en gedetailleerde lijst van mores dient te houden: de criminelen. Normen in dit milieu worden 'mores' genoemd. Als je je in het criminele milieu niet aan de regels houdt, kun je bijzonder wreed gestraft worden, en soms moet je het zelfs met je leven bekopen.)

Uit angst te worden verdreven uit de schare van uitverkorenen, probeert een nieuwe Rus te voldoen aan de normen van zijn milieu.

Het volgende verhaal werd me verteld door Lev Moisejevitsj Sjtsjeglov, een bekende seksuoloog uit Sint-Petersburg.

Er kwam een keer een man op zijn spreekuur met normale potentieproblemen. De dokter begon hem vragen te stellen in welk soort situaties zijn probleem de kop op stak. De patiënt verduidelijkte:

"Lev Moisejevitsj, u begrijpt mij niet: met mijn vrouw heb ik nergens last van, en met mijn vriendin ook niet..."

"Waarom bent u dan hier gekomen?"

"Ik heb zakenpartners begrijpt u wel, en elke succesvolle transactie wordt gevierd in de VIP-sauna. (Ach, wat houden ze toch allemaal van VIP: VIPs only, VIP party's, VIP namenlijsten... — M.K.) We laten daar altijd meisjes komen. Maar met hen lukt het me dus niet."

"???!!!"

Het zakengezelschap bleek zich na elke succesvolle transactie in de bewuste VIP-sauna spontaan over te geven aan groepsseks. De 'ongelukkige' was echter totaal niet in staat om onder het toeziend oog van het hooggeëerd publiek seks te hebben met prostituees.

"Maar wat wilt u dan ook? Dat zijn gezonde psychosomatische reacties! Wees blij! Dan blijft u daar toch weg, of houdt u zich op z'n minst afzijdig van de seks?"

"Ik kan daar niet wegblijven, en me ook niet afzijdig houden," antwoordde de arme ziel, "Ik heb zoveel concurrenten. Als ik het spel niet volgens de regels speel, zullen mijn partners andere leveranciers vinden (die met hen naar de sauna gaan — M.K.), en dan is het voor mij einde verhaal."

Sjtsjeglov schreef het zakenslachtoffer stimulerende middelen voor: hij wilde niet dat deze man en zijn gezin aan de bedelstaf zouden geraken. En besefte daarbij hoe belangrijk in ons wanordelijke leven de rol is die de subculturen spelen, elk met hun eigen spelregels.

Stel dat een of andere professor niet aan een banket verschijnt omdat hij een promotie heeft. Of ziek is, of gewoon niet kan komen. Prima toch. Of een arbeider die niet kan komen naar een jubileumviering van zijn fabrieksafdeling. Wat zou het?..

Maar deze man... Triest...

Kenmerk 9. Het onnodige nodig hebben

De bekende Russische schrijver Lev Tolstoj komt in zijn verhaal 'Heeft de mens veel grond nodig?' tot de eenduidige conclusie: de mens heeft slechts de drie *arsjin* grond nodig, waar hij begraven zal worden. Tolstoj was, zoals elke negentiende-eeuwse liberaal, een felle tegenstander van luxe (als graaf had hij genoeg gezien van de leefstijl van zijn broeders in de adel en van de

kooplieden). Waarschijnlijk zouden wij zijn protesten nu wat
aan de hevige kant vinden. Maar het heeft toch wel zin om na
te denken over wat de mens in dit leven eigenlijk nodig heeft.

Lyrische uitweiding, of Grisja Perelman
als de spiegel van de Russische liberale ideeën
in de negentiende eeuw.

Op de foto zie je een verkiezingsposter van de Oekraïense
politicus Sergej Tigipko:

[En mijn pensioen is met 7 grivna omhooggegaan!
31 oktober stem ik op
DE REGIONALEN OF TIGIPKO! — *noot vertaler*]

De propagandamakers moeten in alle krochten van het internet gezocht hebben naar een expressieve foto van een oude behoeftige gepensioneerde. En die hebben ze gevonden. Het plaatje grijpt aan, dat zeker. Je ziet een ongeschoren, morsige man in lompen. Alleen is daar geen behoeftige afgebeeld en ook geen oude man en al helemaal geen gepensioneerde, maar de Sint-Petersburgse wiskundige en miljonair Grigori Perelman.

Toen er op internet een bewijs verscheen voor het vermoeden van Poincaré, een van de zeven belangrijkste opgaven die volgens de wiskundigengenootschappen wereldwijd nog in deze eeuw moesten worden opgelost, schudde de wetenschappelijke wereld op haar grondvesten. Nog verbaasder was men door het karakter van de man die dit millenniumprobleem had opgelost.

De uitwerking was informeel ondertekend met 'Grisja Perelman' en was door hem op een bekende wetenschappelijke website gezet. (Er werd nog een poging gedaan tot het claimen van de oplossing door een stel achterbakse Chinezen die er als de kippen bij waren omdat ze meteen doorhadden dat het hier ging om een ontdekking van wereldformaat. Maar dat is ze niet gelukt: Grisja zelf of iemand die het goed met hem voor had, heeft zijn auteursrechten verdedigd.)

Wat was dat dan voor iemand, die Grisja Perelman? Daar probeerde men nu achter te komen. Hij bleek op een bekende Petersburgse middelbare wiskundeschool te hebben gezeten. Daarna had hij aan de Petersburgse Universiteit gestudeerd. Stond bekend als een begaafd mathematicus. Had gewerkt in de VS en was toen teruggekeerd naar Rusland. Een tijdje later vertrok hij bij het wiskundig instituut, hetzij op eigen initiatief, hetzij omdat hij ontslagen werd. Na zijn vertrek raakte het genie bij dit instituut min of meer in het vergeetboek: ze probeerden hem in elk geval niet terug te krijgen bij de wetenschap. Zo was er dus een einde gekomen aan de officiële carrière van de vooraanstaande wiskundige.

Hij installeerde zich in zijn tweekamerappartement in een van de blokkenflats van de Petersburgse nieuwbouwwijk Koeptsjino. Nu konden niets en niemand hem meer afleiden van zijn wetenschappelijke bezigheden. Zijn bejaarde moeder, van wier pensioen hij al die jaren geleefd moet hebben, liet hem met rust. Pauzeren deed Grigori alleen om naar de dichtstbijzijnde buurtsuper te wandelen voor eenvoudige boodschappen als eieren, brood en melk. Hij liet zijn baard groeien en knipte zijn haar niet meer. Zijn nagels waren vies, evenals zijn afgedragen kleren.

Het meesterbrein weigerde de miljoen dollar die het Amerikaanse Clay-instituut had uitgeloofd voor de ontdekking. Er voer een schok door het land en er kwam een hetze op gang. De arme man werd door iedereen aangevallen: van armlastigen die jaloers op hem waren tot alweer die nieuwe Russen, voor wie het materiële het hoogste goed is. Medewerkers van liefdadigheidsorganisaties berekenden hoeveel landgenoten voor dit geld een operatie in het buitenland konden krijgen. Ze vroegen de geniale wiskundige om zijn prijs aan hun fondsen te doneren. Iedereen had wel wat te spuien in de richting van de kersverse miljonair. Hij had zelfs zijn eigen flatgenoten uit hun balans gebracht. Ze hadden daar al jaren te kampen met kakkerlakken die zich methodisch over het hele gebouw verspreid hadden vanuit een vast epicentrum, dat, zo besloten zij nu, het appartement van de morsige miljonair annex kluizenaar Grisja was.

Als Grisja Perelman minder naïef was geweest, had hij een hele theorie aan zijn kluizenaarsleven kunnen hangen. Kluizenaars zijn tegenwoordig heel populair in het religieuze milieu van Russisch-orthodoxen. Een intreden in een strenge kloosterorde wordt gezien als een heldendaad. Als Perelman officieel had verklaard dat hij afzag van aardse zaken en dat hij zijn leven wilde wijden aan God en de wetenschap, de uren dat hij niet sliep verdelend tussen de wiskunde en het verheerlijken van God in zijn gebeden, dan was hij tenminste nog door een deel van de maatschappij gesteund. Maar nu was hij moederziel alleen.

Nu ik vertel over die dwaze Perelman moet ik onwillekeurig denken aan het verhaal over Aleksej Boelanov, de huzaar die tot een van de strengste kloosterordes toetrad in *De twaalf stoelen*, de onsterfelijke roman van Ilf en Petrov. Dit personage had een prototype dat echt had bestaan. In de versie van bovengenoemde humoristen werd de oude monnik Euplios (voor de wereld Boelanov) het graf waarin hij vredig leefde uitgejaagd door een legertje luizen. Dan heeft onze Grisja het beter gedaan: zijn kakkerlakken hebben hem vooralsnog geen duimbreed van zijn plaats gekregen.

De wiskundige maakt echter geen gebruik van de mogelijkheid die het lot hem op een presenteerblaadje aanreikt, en haalt zich daarmee de woede van zijn landgenoten op de hals.

Ach, we zijn de liberale denkbeelden van de negentiende eeuw vergeten. Wij vinden Perelman een dwaas. En hij is misschien wel de laatste persoon die de ideeën van Lev Tolstoj consequent in de praktijk brengt.

De Russen van vandaag beschouwen armoede als een schande, waarschijnlijk meer dan enig ander volk. Bewust afzien van rijkdom vinden wij domweg absurd en onbegrijpelijk.

Hoe kunt u in hemelsnaam leven van melk, brood en eieren, meneer Perelman, als u drie keer per dag ganzenlever met een dikke laag zwarte kaviaar kunt eten?

Vergeten zijn ze, de idealen die de grote Russische schrijvers en liberalen decennialang propageerden. Lev Tolstoj is voor ons nu een naïeve ouwe gek. Wat kunnen ons zijn preken schelen, de uitverkoop komt er weer aan, de restaurants zijn open en dure vakantieparken zijn binnen handbereik. Ouwe malloot...

Maar nog even Grisja Perelman. Natuurlijk is het weerzinwekkend als je je lichaam zo slecht verzorgt. Maar in onze ogen is het afzien van luxe nog vreemder. En wat is luxe? Dingen kopen die je niet echt nodig hebt.

* * *

De basiseigenschap van elke willekeurige Russische nouveau riche is pronkzucht, zoals ik al schreef. Dus moet je niet alleen dingen kopen die je *niet echt* nodig hebt, maar vooral dingen die je *echt niet* nodig hebt. Op die simpele wijze demonstreert iemand dat hij goed in de slappe was zit.

Natuurlijk, wat voor de een overbodig is, is voor de ander een eerste levensbehoefte. In Duitsland bijvoorbeeld zijn het vooral de boeren die zich in jeeps verplaatsen, omdat ze alle uithoeken van hun geaccidenteerde land moeten bereiken. Voor de rationele Duitsers spreekt het vanzelf: een superkrachtige auto is geen noodzakelijk transportmiddel voor de files in de stad, en je kunt hem nauwelijks kwijt als er weinig parkeerplaatsen zijn, een probleem waar elke grote stad last van heeft. Het onderhoud van een grote dure auto kost veel geld. Voor een behoorlijke verzekering moet je elk jaar een aardige duit neertellen. Waarom zou je al die moeite doen?

Zo denkt een rationeel iemand. Maar rationele overwegingen, daar zijn we hier niet zo van.

Iemand die in de stad woont maar een auto koopt van meer dan 200 pk om daarmee in de file te gaan staan, laat zich leiden door andere overwegingen. Daarvan zijn alleen de veiligheidsoverwegingen rationeel: het is inderdaad zo dat bij sommige ongelukken de grote, zware auto's er beter van af komen. (Maar in de Russische psychologie is de angst voor mogelijke risico's maar weinig ontwikkeld. Wij leven volgens het principe 'op goed geluk'. Hier spelen andere overwegingen.)

Verder is het alleen maar onhandig. Behalve één aspect. Het gevoel dat je een hele meneer (mevrouw) bent. Je rijdt rond terwijl je vanuit de hoogte op de anderen neerkijkt. En dan rijd je maar met dertig kilometer per uur. En dan neem je maar teveel plaats in op de weg. En dan heb je alleen maar een krik in je gigantische achterbak liggen. Nou en? Het plezier van onze nieuwe Rus draait om iets anders: om het gevoel dat hij beschikt over het lot.

Wij lopen 's winters op dure naaldhakken, wij wonen heerlijk in onze paleizen, we betalen honderden euro's voor een bezoekje aan de kapper. We zijn blij als een kind met al deze dingen. Op de ranglijst van waardevolle zaken staan onnodige spullen voor een nieuwe Rus op nummer één: zonder deze spullen zou het geen nieuwe Rus zijn maar gewoon een rijke man.

Het volgende punt gaat over de rijstijl van nieuwe Russen. Maar rijden op z'n 'nieuw-Russisch' is aanzienlijk prettiger als niet alleen de chauffeur maar ook de auto klaar is voor een manifestatie van het imago.

De auto moet sterk zijn en duur. Dat snapt een kind. Liefst met geblindeerde ramen, want niemand mag met zijn blikken de grootheid die zich voor het stuur genesteld heeft verstoren. Laat ze maar denken: wat zou dat voor toffe sprookjesprins zijn die dat stalen ros berijdt?

Het is goed als de auto xenon koplampen heeft (die verblinden de tegenliggers), die enkele malen groter zijn dan noodzakelijk. Van die lampen waarmee je een heel theater zou kunnen verlichten.

De vergulde bumper en het embleem van de fabrikant schitteren vrolijk in het zonlicht.

Een airbrush tekening, dat is natuurlijk het summum. Wat is het toch fijn om je te onderscheiden van de anderen nadat je een fortuin hebt neergeteld voor een tekening van vlammen die als tongen de portieren van je auto proberen te verslinden. Of voor een afbeelding van een tafereeltje uit het hoge noorden met een schattige, pluizige, blauwogige wolf op de voorgrond. Ook erg cool zijn spiderman of een draak die zijn vleugels uitspreidt over de hele breedte van de portieren. Maar een rondborstige schone slaat natuurlijk alles, als je tenminste niet homoseksueel bent.

Kinderen bekladden hun schooltassen en schriften. Nieuwe Russen hun auto's.

Kenmerk 10. De nieuwe Rus achter het stuur, of de verkeersregels voor uitverkorenen

Ik heb veel hoogst fatsoenlijke mensen in mijn kennissenkring die mij op hun erewoord verzekeren dat ze gek zijn op autorijden. Ik heb niet echt een reden om deze beste mensen te beschuldigen van onoprechtheid. Maar het valt me uiterst moeilijk ze te geloven. Ik geef het maar toe: het eerste wat ik ga doen als ik rijk ben is een chauffeur huren. Eentje die betrouwbaar, professioneel, ervaren en voorzichtig is. Ik zal een chauffeurscasting houden. En ik zal Michael Schumacher himself afwijzen als blijkt dat hij niet voorzichtig genoeg rijdt. Eerlijk gezegd denk ik dat Schumacher in zijn gebruiksvriendelijke en op alle fronten geperfectioneerde bolide niet eens zoveel kans zou maken op een rijksweg als de Priozerski in de provincie Leningrad. Hij zou eens zo'n vijftig kilometer moeten trachten te rijden over de kuilenrijke tweebaansweg, met de grote stroom mee van auto's die door onze eenvoudige, manhaftige chauffeurs worden bestuurd. Want autorijden over de wegen van ons grenzeloze land vergt manhaftigheid en maximale toewijding.

Toen ik net de grens over was van Rusland naar Finland, kwam ik in het grensstadje Imatra. Ik reed op een voorrangsweg, maar toen ik zag dat er uit een zijweg een glimmende Mercedes aankwam, remde ik automatisch. Ik was geen Rus geweest als ik dat niet gedaan had. Een normale Russische chauffeur remt altijd wanneer hij iemand ziet aankomen uit een richting die geen voorrang heeft, zelfs als hij weet dat hij de regels niet overtreedt. Vooral als deze 'iemand' in een dure auto rijdt. (Brutaal rijgedrag op Russische wegen zie je bij twee soorten chauffeurs: die van peperdure auto's, die niet om het geld malen dat ze moeten neertellen voor reparaties of verzekeringen, en die van de allergoedkoopste auto's, die niet om hun auto malen. En zoals ik al schreef: over het risico op een dodelijk ongeluk denken we om de een of andere reden liever niet na.) Een nieuwe Rus zal, zelfs als hij vanaf een zijweg de hoofdweg oprijdt, nooit remmen.

Bij ons wordt niet volgens officiële regels gereden maar volgens officieuze regels. Ik zal waarschijnlijk de tegenwerping krijgen dat het niet alleen de rijken zijn die de verkeersregels overtreden. Dat is zo. Maar ik durf daartegenin te brengen dat een agressieve rijstijl meer inherent is aan dit soort mensen.

Of zou ik ze misschien ten onrechte veroordelen? Misschien zijn die jakkerende tegenliggers wel helden die iemand te hulp snellen? Misschien wordt elk van deze wegpiraten thuis wel opgewacht door een zieke grootmoeder, die ligt te creperen van een zware hartaanval? Tja, ik vrees van niet. Als er al iemand op hem wacht, is het zeker niet zijn eerbiedwaardige zieke baboesjka, maar een kerngezonde blondine met volle siliconenborsten.

Op een goede dag viel bij mij het kwartje: als mensen volgens officieuze regels rijden, dan moeten we deze officieuze regels bevorderen tot officiële regels. Afgelopen met de verwarring!

We kunnen dan zo'n geïllustreerd foldertje uitgeven: 'Verkeersregels voor dure auto's' (met bijgevoegd een lijst van automerken). Daarin wordt bijvoorbeeld officieel gesteld dat alle dieren gelijk zijn, maar sommige meer gelijk dan anderen, daarom mogen ze aan de verkeerde kant van de weg rijden en worden de regels juist overtreden door degenen die niet snel de greppel in rijden bij het zien van een auto die op de genoemde lijst voorkomt. De auto's van de lijst kunnen voorzien worden van speciale stickers.

Kenmerk 11. Nabootsing van de westerse mentaliteit zoals zij zich die voorstellen

Onder nieuwe Russen vind je waarschijnlijk meer westerlingen dan slavofielen. Dat is ook niet verwonderlijk: ze bootsen het rijke westen na, of wat ze denken dat dat dan is. In werkelijkheid heeft hun levensstijl meer weg van die van de oosterse oliebaronnen. Maar niemand die ze dat vertelt.

Een paar jaar geleden kwam de Amerikaanse film *The devil wears Prada* uit. De film gaat over de moraal in de modewereld aan de hand van de relatie tussen Miranda Priestly, hoofdredactrice van een glossy modeblad en haar assistente. Evelina Chromtsjenko, hoofdredactrice van het tijdschrift *Offitsiel* en mode-expert, heeft voor de Russische filmversie Miranda Priestly's stem gedubd. In een interview verklaarde Chromtsjenko dat ze volledig partij koos voor haar personage. Grappig genoeg deden de makers van de film dat nu juist niet, de moraal van de film ligt er namelijk dik bovenop: noch voor geld, noch voor maatschappelijke status mag je je menselijke waardigheid laten aantasten. Maar Miranda is juist degene die zich schuldig maakt aan morele vernedering van haar ondergeschikten: zo gooit ze als ze op de redactie binnenkomt zonder iets te zeggen haar jas op het bureau van haar assistente (als een directeur mij dat zou flikken, zou ik meteen mijn ontslag indienen).

Chromtsjenko laat zich kennelijk niet inspireren door het karakter van de assistente, die haar carrièreperspectieven uiteindelijk vaarwel zegde en ontslag nam om een baan te vinden die haar makkelijker viel. Haar kwelgeest werd door een van de personages openlijk voor sadiste uitgemaakt. Om de een of andere reden hebben nieuwe Russen wel oog voor de paleizen waar de miljonairs wonen, maar willen ze niets weten van het feit dat diezelfde rijkaards in het westen, om maar iets te zeggen, de studie van begaafde kinderen uit arme gezinnen financieren.

Het zijn slechts zeer selecte aspecten van de westerse levensstijl die deze mensen inspireren.

Kenmerk 12. De nieuwe Rus positioneert zichzelf altijd als harde werker

Als je een nieuwe Rus vraagt hoe hij zo succesvol heeft kunnen worden, krijg je geen verhaal over steekpenningen, machinaties en zo meer. Hij zal zeggen:

"Keihard zwoegen, meer niet."

Hoeveel succesverhalen (een buitengewoon modieus genre deze dagen!) heb ik in mijn leven niet moeten aanhoren, met details over het leven in de begintijd van de grote onderneming, zoals: 'We sliepen 's nachts op het kantoor, dat bestond uit twee kamers in een flatje in het gehucht Soekino-Zajtsevo, in de provincie Rjazan'; 'Dagenlang heb ik de stad afgelopen met een roestige stuiver die ik van een vriend had geleend'; 'Criminelen hebben onze eerste winst afgepakt, maar we zijn niet afgeweken van de ingeslagen weg'; 'Ik overnachtte met vrouw en kinderen in een berghok achter de fabriekshal, we sliepen onder onze winterjassen. Er liepen daar muizen (ratten, katten, reusachtige hagedissen) over onze hoofden'. Ik pink een onwillekeurig traantje weg bij het horen van zulke ontboezemingen.

De belangrijkste rechtvaardiging van een nieuwe Rus: je hebt er geen flauw benul van hoe hard ik gewerkt heb om de man te worden die ik nu ben! Maar in het algemeen is moeheid geen graadmeter voor arbeid. Het werk van een zakkenroller vergt ook veel inspanning, uithoudingsvermogen en behendigheid. Dus.

De anderen, bijvoorbeeld schoolleerkrachten of chirurgen (de niet-plastische dan) leven blijkbaar sober omdat ze weinig werken. Interessant idee.

Kenmerk 13. De nieuwe Rus verbergt altijd zijn echte problemen

De belangrijkste opgave van een nieuwe Rus is onder alle omstandigheden zijn gezicht strak te houden. In hun wereldje leren ze om niet te klagen en hun problemen met niemand te delen.

Ze lijken niet te weten dat een mens gelukkig kan zijn in een gammele Sovjetflat en ongelukkig in een villa aan de Middellandse zee (denk maar aan het ongelukkige leven van Christina Onassis, de miljardairsdochter). Dat de hoge positie van de man voor zijn vrouw geen gelukkig leven hoeft te betekenen, want je leeft met de man en niet met zijn maatschappelijke status. Dat permanent vakantie vieren gaat vervelen als je het niet afwisselt met werken. Dat exclusieve kleding en auto's alleen mooi zijn als je iemand hebt die je daarmee de ogen kunt uitsteken.

Het imago van de stoere hengst ligt als een vloek op de

schouders van de nieuwe Rus. Maar wat doe je eraan? Dat zijn de harde regels van het spel in hun wereld, waar velen zich zomaar in storten zonder te beschikken over de vereiste middelen.

Lyrische uitweiding, of 'valse' nieuwe Russen

Een nieuwe Rus komt bij een oude jood en vraagt:
"Pappa, geef me eens wat geld."

Mop

Door hun verlangen te pronken met een status die ze in werkelijkheid ontberen, zijn veel mensen genoodzaakt te showen met 'nieuw-Russische' attributen waar ze zelf geen geld voor hebben. Een echte nieuwe Rus geeft immers nergens zijn laatste centen aan uit, omdat hij geen laatste centen heeft en nooit zal hebben. Deze mensen hebben geld teveel.

Ik ken mensen zonder een vast, hoog inkomen, die het klaarspelen om tegelijkertijd een hypotheek en een krediet voor een dure auto te betalen. En dan heb ik nog niet de leningen meegerekend voor 'kleinere zaken' als een bontjas, een vaatwasmachine, meubilair etc.

Het Russische volk is dol op het nabootsen van uiteenlopende voorbeelden. Ook die waarvan de morele waarde te betwijfelen valt.

Zo worden de 'valse' nieuwe Russen geboren: mensen zonder behoorlijke materiële reserves (zie het motto hierboven), die tot alles bereid zijn om maar te kunnen schitteren onder de mensen en iedereen stof in de ogen te doen waaien. Ze lachen en ogen tevreden met het leven. Maar ik ken geen mens die zou lachen bij het zien van hun bankrekeningen.

Een kennis van mij, zo iemand die ook diep in de schulden zit, schepte op dat hij een t-shirt van 12.000 roebel had gekocht. Helaas heb ik het niet gezien en ik zal ook nooit meer te weten komen wat er zo bijzonder aan dat t-shirt was: diamanten? Originele tekeningen van Van Gogh? Een handtekening van Poesjkin?

Kenmerk 14. Een moment van openhartigheid

Het waarheidsserum voor de leden van deze bevolkingsgroep is, jawel, alcohol. Had je iets anders verwacht? We zijn in Rusland, mensen.

Onder invloed van alcohol worden er een paar choquerende en vooral nieuwe dingen duidelijk:

1. Geld is niet de enige geluksfactor.

2. Ik heb veel onfatsoenlijke mensen om me heen.

3. Ach, ik heb zo'n behoefte aan een gesprek van mens tot mens.

Hecht echter geen geloof aan de ontboezemingen van een nieuwe Rus. De volgende morgen wordt hij wakker met hoofdpijn en met een strakker gezicht dan ooit. Als je geen goede vriend van hem bent, blijf dan nu bij hem uit de buurt: nieuwe Russen houden niet van mensen voor wie ze een keer hun masker hebben afgeworpen.

Kenmerk 15. Een nieuwe Rus gedraagt zich raar in het buitenland

Stel je eens voor: een *boutique* (wat een prachtig woord is dat toch!) die bezocht wordt door een of andere Arabische oliesjeik.

Zijn zijden soepjurk wappert onder de ventilator. De ringen aan zijn vingers schitteren in het elektrische licht. Hij laat de creaties van Parijse couturiers door zijn gesoigneerde handen glijden en brabbelt wat in zijn onbegrijpelijke taaltje. Zijn baard ruikt aangenaam: je durft er niet aan te denken hoeveel hij uitgeeft aan de verzorging ervan...

Hij spreekt de verkoopsters aan in gebroken Engels. En de verkoopsters, die geld ruiken, komen steeds aanzetten met nieuwe attributen van het westerse leven zoals de locale oliebaron zich dat voorstelt.

De kledingzaken in bepaalde plaatsen aan de Franse Côte d'Azur zijn tegenwoordig dag en nacht open. Nieuwe Russen geven tonnen uit aan spullen die hen, in hun ogen, dichter bij het aanbeden Westen kunnen brengen. Het ligt voor de hand dat hoe dichter ze dat 'naderen', hoe meer ze de plaatselijke bevolking doen denken aan een invasie van onaangepaste buitenlanders.

Ze grabbelen naar enorme ringen uit de laatste catalogi van bekende juweliershuizen. Elk paar schoenen dat ze hebben kost een vermogen. Westerlingen kijken geamuseerd naar de meelijwekkende bokkensprongen die de oliebaronnen maken. Overigens worden immigranten niet goed ontvangen in de beschaafde wereld, hoezeer ze ook hun best doen.

Wie probeert hij dan eigenlijk te imponeren met al dat klatergoud? Het ligt voor de hand: dat zijn wij, zijn jaloerse landgenoten, in wier van verbijstering opengesperde ogen hij zijn spiegelbeeld wil zien. Om het professioneel uit te drukken: wij zijn de doelgroep van hun pr-campagnes.

En wat als wij er niet zijn, op de plaatsen waar zij lopen te paraderen en te schitteren? Dan is er godzijdank nog internet. Aan het internetgedrag van verschillende Russen is een apart hoofdstuk gewijd.

Bescheiden conclusie

Nieuwe Russen zijn mensen die alle denkbare en ondenkbare communicatieregels overtreden. Maar de logische vraag werpt zich op: het is dan wel een fout volkje, maar waar staan zij dan en waar staan wij?

Ik moet hier even wat vertellen over de regels om hogerop te komen in Rusland (en ik vrees niet alleen in Rusland). Iemand die een goede positie op de sociale ladder wil krijgen, houdt zich voornamelijk aan de regels als hij te maken heeft met mensen in wier hulp hij geïnteresseerd is. Hij onderhoudt contacten a) omdat het niet anders kan en b) omdat hij daar voordeel uit haalt. Hij begint pas met het overtreden van de regels wanneer hij een bepaalde plaats in de sociale hiërarchie heeft bereikt. Anders gezegd: als hij eenmaal een bepaalde positie heeft behaald en een zeker minimum aan materiële reserves heeft vergaard, besluit hij dat er voor hem geen regels meer bestaan. En dat niet alleen, nee, ook van de wet trekt hij zich niets aan. Deze ongewone positie blijkt hij, verbijsterend genoeg, ongestraft te kunnen aanhouden.

Als een nieuwe Rus bijvoorbeeld chef van een huisvestingskantoor wordt, voelt hij zich de Grote Verschrikkelijke Heerser van het Warme Water en de Verwarming...

Het popidool Philipp Kirkorov heeft in een uitbarsting van drift een keer een vrouw in elkaar geslagen, een regisseuse van Kanaal 1. En toen? Toen niets. Hij werd niet veroordeeld. Hij hoefde niet te zitten, al staat er duidelijk in het Wetboek van Strafrecht dat dat de straf is voor een dergelijk misdrijf. Nee, het was een lachertje: hij trok zich een paar dagen terug in een Israelische inrichting en plengde wat tranen voor de camera. Waarschijnlijk heeft hij het slachtoffer ook wat betaald. En alles was weer koek en ei. Het schandaal was in de kiem gesmoord. Nu schittert zijn gezicht weer op alle televisiekanalen. De feministe

Maria Arbatova merkte geheel terecht op: wij hebben een kastenstelsel zoals in India: voor de onaanraakbaren gelden andere normen dan voor de Brahmanen. Ik zou geen nieuwe Rus willen zijn. Maar voordelig is het wel. Heerlijk toch als je kunt zeggen dat alle dieren gelijk zijn, maar sommige... Vooral als je behoort tot die 'sommigen'.

Ondertussen verspeelde Hollywoodster Mel Gibson een paar goede contracten en viel hij in totale ongenade, nadat er alleen nog maar informatie naar de pers gelekt was over geweld en bedreigingen aan het adres van zijn vriendin...

In zekere mate laat het gedrag van onze nieuwbakken kooplieden van het eerste gilde zich toch verklaren door de ervaring van 1917. Ze herinneren zich hoe ze destijds werden uitgekleed. De situatie in Rusland is vrijwel nooit stabiel geweest. Daarom proberen mensen, bevangen door consumentenhysterie, de luxe in zich op te zuigen alsof ze een lange periode van honger voor de boeg hebben.

P.S. Een kennis van mij heeft een geweldige baan gevonden: een keer of twee per maand spreekt ze in het café af met een zakenman en vertelt hem dan (voor geld) over de nieuwste literaire titels die ze gelezen heeft, toneelstukken die ze gezien heeft en concerten die ze bezocht heeft. De gelukkige zakenman gaat vervolgens geïnspireerde praatjes houden met culturele mensen. Als een van hen, zal ik maar zeggen.

Sommige idealistisch ingestelde leden van de intelligentsia vinden dat een goede tendens. Een vriendin van mij reageerde zelfs als volgt:

"De term 'nieuwe Rus' is hopeloos achterhaald. We hoeven hem tegenwoordig eigenlijk alleen nog te gebruiken voor die wilde, rijke krankzinnigen die ongecontroleerd rijk werden in de begintijd van de perestrojka. Maar de rijken van vandaag zijn anders. Kijk nou, ze zijn zelfs geïnteresseerd in cultuur."

In feite onderscheidt een nieuwe Rus zich van een gewone rijke Rus door zijn verlangen te pronken met de dingen die aanzien oogsten.

En dat kan een auto van een hip merk zijn maar ook een hoog cultureel niveau, dat hij hoopt te kunnen kopen op dezelfde manier als veel andere dingen in zijn leven.

Ik durf te wedden met mijn idealistische vriendin: ze zijn nooit weggeweest. Ook al hebben ze tegenwoordig niet aan elke vinger een halve kilo ringen, zijn de bordeauxrode colberts de deur uitgedaan en de enorme telefoons uit de begintijd van de mobiele communicatie vervangen door elegante compacte toestelletjes.

VERMAAK, OF DE RUS
IN HET HEMELSE RIJK

Als er iets is waar wij kaas van hebben gegeten, dan is het plezier maken. Hoe vaak hoor ik mijn landgenoten niet zeggen:
"Ik heb zin in een feestje..."

Deze zin wordt uitgesproken met een zweem van weemoed en hoop en met het verlangen dat feest op de een of andere manier te organiseren.

Voor de westerse mens is een feest een welverdiende beloning na een week lang hard werken. Voor ons is een feest iets anders. Het is een toestand waarin je altijd wilt verkeren. Het leven van andere, gelukkiger mensen komt ons voor als een droomkasteel, een plaats waar aan de vrolijkheid geen einde komt. Dáár willen we heen, om niet te hoeven denken aan onze problemen en... aan de kou.

De fantasie over een feest heeft voor ons in veel opzichten te maken met de kou buiten. Je wilt de straat niet op. Of beter: je wilt naar een andere straat, waar het Venetiaanse carnaval eeuwig hoogtij viert, met maskers, confettiknallers en bonte, luchtige kleren. En dat er geen eind komt aan de uitgelaten vrolijkheid.

Ons land staat nog niet eens in de top vijftig van rijkste landen. Toch denk ik dat we de nummer één van de wereld zijn wat betreft het aantal restaurants, cafés, clubs (met name nachtclubs: je krijgt de indruk dat de halve stad nooit slaapt, doordeweeks, noch in het weekend), bars en bowlingbanen per hoofd van de bevolking (inclusief zuigelingen, krachteloze invaliden en seniele bejaarden). En zelfs New York, dat bezongen wordt als de stad die nooit slaapt, kan Petersburg en Moskou in zijn eeuwige waaktoestand niet verslaan, dat staat vast.

Lyrische uitweiding. Waarmee ze hier geld verdienen

Het televisiespelletje *Wat? Waar? Wanneer?* werd voor het eerst uitgezonden in het midden van de jaren zeventig van de vorige eeuw. Het was bedacht door de getalenteerde televisiepresentator Vladimir Vorosjilov, die er tot de laatste aflevering de scepter zwaaide.

Voor de perestrojka bestonden de prijzen in deze intellectuelenstrijd uit boeken, het eeuwige tekort in het Land der Sovjets.

Toen Vorosjilov het programma in de huidige vorm een intellectueel casino noemde, en zei dat het de enige plaats was waar je met je verstand geld kon verdienen, sloeg dat in als een bom. Velen weigerden zelfs nog te spelen, verontwaardigd over een dergelijke heiligschennis. Geld in plaats van boeken (geestelijke waarden!) voor hersengymnastiek?! Tsss!

Vorosjilov bleek, zoals dat wel vaker voorkwam, een ziener. Niet zonder bitterheid denken we: ja, in feite is dit spel misschien wel de enige mogelijkheid om (een beetje) rijk te worden door louter je verstand te gebruiken.

Geld verdienen doen we hier met verschillende delen van de hersenen, bijvoorbeeld met het deel dat de listigheid en vindingrijkheid aanstuurt (ik weet niet waar dat zich bevindt). Een aantal mensen lukt het om geld te verdienen met de handen. En met de andere delen, ach, je begrijpt zelf wel welke organen daarmee worden aangestuurd. De mogelijkheden om hiermee een centje bij te verdienen raken nooit uitgeput.

Maar het verstand?

De eenvoudige weg naar succes (je hebt een goede opleiding gedaan, je vindt een goede baan, je maakt carrière) ziet er niet al te realistisch uit (zie het hoofdstuk over persoonlijke relaties op het werk). Maar uit deze treurige gedachte kun je een blijde conclusie trekken. Je kunt dus alles krijgen, en wel meteen. Daar waar het niet strak georganiseerd is, is ruimte voor een loterij. Een feestje is altijd mogelijk. En dat hoeft geen logische afsluiting van titanisch gezwoeg en rechtschapen arbeid te zijn. (Zoals in alle ontwikkelingslanden eindigt rechtschapen arbeid hier in een behoeftige oude dag).

Je hoeft dus niet in de rij te staan voor de viering van het leven. En vaak is het niet eens nodig om je ellebogen te gebruiken.

Hoe dan ook is het Hemelse Rijk een van de belangrijkste grootheden van de Russische cultuur en het leven in Rusland. Dat is zo'n gelukzalige plaats, waar iedereen het goed heeft. De hof van Eden, zo ongeveer. In verschillende periodes van onze geschiedenis had het verschillende namen: van 'de hemel bezaaid met diamanten' tot 'het communistisch paradijs'. Maar dat heeft niets veranderd aan wat het inhoudt. Elke sukkel droomt van het paradijs: van de idealist Tsjernysjevski tot een willekeurige alcoholist van de straat. En laat niemand in de war raken van het feit dat ik hier de steunpilaar van het Russische negentiende-eeuwse humanisme en een aan lager wal geraakte zuiplap in één adem noem. Zij worden verbonden door één ding: voor beiden doemt vaag de weg op naar het Hemelse Rijk op aarde (wat trouwens in principe niet mogelijk is). De fijnzinnige Tsjernysjevski, die diepgaand over het leven filosofeerde, stelde het zich zo'n beetje voor als het eiland Utopia. En de zatlap, zul je vragen? Hoe denkt hij dat het er uitziet? Hij heeft zijn hersenen al lang gelden kapot gezopen (als hij die al had). Ja, veel van die mensen gaan niet gebukt onder enig intellect: hun streven om zich een weg te banen naar het paradijs is een kwestie van instinct. En daardoor nog sterker.

Chemische afhankelijkheid. Drie in één: een sociaal leven, tijdsinvulling en een goedkoop reisje naar het Hemelse Rijk.

"Die Duitsers zijn zo grappig", lachte een kennis (en dat was zeker geen dronkelap), die pas terug was gekomen van een verblijf in Duitsland. "Ze schenken de wijn in. Daarna nippen ze, ze snuiven wat. Dan rollen ze met hun ogen van genot en roepen met veel och en ach: 'Wat een bouquet!'"

Nee, dat is bepaald niet onze manier van doen. Zelfs mensen die weinig drinken en dure alcoholische dranken consumeren, doen daar niet aan mee.

Bouquet, ha! Laat me niet lachen. Het gaat niet om het bouquet. Het gaat om het effect. Dat weet elke brugklasser!

Wat denk je, wat voor bouquet heeft meidoornlikeur? Een meidoornboeket zeker, wat anders? En anjer-eau-de-cologne, dat spreekt vanzelf, een hele bos anjers. Dat is allemaal zo klaar als een klontje.

Alcoholisme in Rusland is niet alleen een ziekte. Het is een wereld op zich, een subcultuur. Geen cultuur dus (over de drinkcultuur valt het ons meestal moeilijk te praten), maar een subcultuur.

Ik moet vaak lachen om westerse beroemdheden die vertellen hoezeer ze hebben geworsteld met hun eigen alcoholprobleem. Een westerse alcoholist in een haveloos pak met een glas Veuve Clicquot in de hand werkt op z'n minst op de lachspieren. Alleen Mickey Rourke heeft misschien nog wat weg van onze alcoholisten. Maar zelfs dat is met moeite te zien.

Onze alcoholist onthult niet publiekelijk zijn verslaving: die is niet te verbergen. Je weet toch al van een kilometer afstand met wie je te maken hebt. Door de geur.

Als ik kijk naar de menselijke wrakken die soms met een waanzinnige en tegelijkertijd geconcentreerde blik op straat voorbij slenteren, kan ik het niet laten mezelf de simpele vraag te stellen: hoe? Hoe kan een mens in zo'n leven verzeild raken? Want ze zijn toch niet geboren met die verschrikkelijke tronies en in die stinkende kleren?!

Nee, dat zijn ze niet. Ze zijn niet allemaal ter wereld gekomen in verschrikkelijke gezinnen waar sterke drank een even grote plaats in het dagelijks leven inneemt als brood. Velen van hen hebben zelf gehuiverd van afkeer wanneer ze langs een groepje zatlappen liepen: nee, zo word ik nooit. Maar daarna is er iets gebeurd. Er kwamen mensen die geestdriftig over drank praatten en ze in hun gezelschap opnamen, maar alleen op voorwaarde van eenzelfde geëxalteerde houding tegenover drank. Dat is allemaal te begrijpen: dronkenschap was in het oude Rusland iets om over op te scheppen en een uiting van jeugdige overmoed. Daar is veel over geschreven... Dus daar hoeven we het hier niet over te hebben, net zo min als er te discussiëren valt over de voor- en nadelen van drank.

Maar wat voelt een bewoner van de goot? Hij begrijpt per slot van rekening waar hij zich bevindt. En is zich ervan bewust

dat dat niet bepaald de beste plaats op de wereld is. Hoe rechtvaardigt hij zichzelf? Heel eenvoudig.

Nou goed, ik heb wel eens tussen de vuilnisbakken geslapen.
Maar wie niet? Niets aan de hand, de situatie is onder controle.
En verder is ook alles in orde, we leven, zoals iedereen. Vorige
week vrijdag nog thee gedronken met mijn moeder. Een potje
rode bosbessenjam erbij. En ja, ik drink. Wie drinkt er niet in
dit land?

Russische alcoholici omschrijven hun bezigheden vaak met
de term 'relaxen':

"Gisteren met de jongens zo lekker gerelaxt."

'Lekker gerelaxt', dat wil zeggen: twee etmalen onafgebroken
gedronken, het tapijt versjacherd en ook de laatste lamp, die
met veel moeite van de muur kwam. Een beetje herrie geschopt,
wat gevochten. Iemand zat iemand achterna met een mes. De
buren belden de politie. Vasja werd gearresteerd. Daarna verder
gegaan. Lullig voor Vasja natuurlijk. Maar relaxen moet je toch.
Had de rest dan moeten kwijnen van verdriet omdat Vasja er
niet bij was?

Maar als je het nuchter bekijkt, wat valt er te relaxen? Geen
van de deelnemers van het feestje werkt. En als er iemand werkt,
dan alleen in kortstondige betrekkingen. Waarvan moet je dan
uitrusten? Ik zeg het zonder na te denken: van het gemis van het
Hemelse Rijk in het hier en nu, dat je in de armen sluit zodra
je een klein bedrag hebt neergeteld voor goedkope alcohol of
een of ander surrogaat. (De mogelijkheden om in de armen te
worden gesloten door het Hemelse Rijk zijn, anders dan bijvoorbeeld het aanbod goede banen, ongelimiteerd.) Blijheid,
durf en een gevoel van harmonie vergezellen de Russische alcoholist waar hij ook gaat. Zoals een bewoner van een ingeslapen
gehucht in de Russische rimboe eerlijk antwoordde op de vraag
wat hij zou doen als de plaatselijke winkel de deuren zou sluiten:

"Dan nemen we toch zelfstook!"

Drank is een feest dat je altijd bij je hebt. Hemingway kan de boom in met z'n Parijs!

Anders dan veel mensen ben ik niet van mening dat 'zatlappen' in Rusland zielig worden gevonden of gespaard worden. In Rusland begrijpen we ze en beschouwen ze niet als iets ongewoons. Zelfs mensen die geen alcoholisten hebben onder hun kennissen, noch in hun straat, flat of onder hun familieleden, accepteren de zatlappen als een onvermijdelijk deel van de entourage. Een alcoholist die op het pad van deze mensen komt is als een kolossale, lelijke, door houtworm aangevreten kast. Je kunt hem niet verkopen en ook niet weggooien (veel te zwaar), dus je moet hem dulden. Wie in zijn directe omgeving met een alcoholist te maken heeft, kan zijn lol wel op want het Hemelse Rijk in zakformaat van sommige dronkelappen bestaat uit pesterijen jegens zijn naasten. Wie in dat rijk verkeert mag alles! Daar zijn *alle* dieren meer gelijk dan andere!

In Rusland houden ze niet van alcoholisten, maar iedereen begrijpt hun noden.

Ik was laatst in de apotheek getuige van het volgende schouwspel. Voor mij in de rij stonden twee zuipschuiten. Eerst strooide de ene uit een vieze, eeltige knuist een handvol kleingeld uit voor de verkoopster. De verkoopster harkte de muntjes zonder iets te zeggen en zonder ze te tellen bij elkaar en gaf de ongelukkige een flesje meidoornlikeur (een geneeskrachtige plant hoor!). De tweede martelaar gooide voor de sleutelbewaarster van de poort van het Hemelse Rijk een verfrommeld briefje van tien roebel en wat muntjes neer. De verkoopster gaf hem twee flesjes van de felbegeerde likeur. Bij het hele tafereel had geen van de drie een woord gesproken. Goed, van de eerste klant was het duidelijk. Maar hoe kon ze raden wat de tweede nodig had? Hij had toch ook voor aspirine of paracetamol kunnen komen? Ik heb mezelf het antwoord gegeven: als hij niet voor de likeur was gekomen, had hij waarschijnlijk wel gezegd wat hij nodig had.

Zulke mensen worden hier dus woordeloos begrepen. Een kennis van mij zei:

"Ik heb er altijd van gedroomd om met een vrouw te trouwen die me zonder woorden zou begrijpen."

Vóór mijn ontmoeting met die dronkelappen en die verkoopster, begreep ik niet wat dat was: begrijpen zonder woorden!

Wie is de alcoholist zonder zijn verslaving? Niemand. Een saai, oninteressant mens. De drank brengt gezelschap, opwinding, bezigheden in zijn leven en de mogelijkheid om systematisch het Hemelse Rijk te bezoeken. Drank creëert clubjes van gelijkgestemden, zorgt voor gespreksthema's en wakkert gevoelens aan.

En hoeveel plaatjes we ook te zien krijgen van dronkelappen die op straat aan onderkoeling zijn gestorven, hoeveel weerzinwekkende alcoholistenwoningen ons ook getoond worden, hun maakt het allemaal niks uit.

Ten eerste denken ze: dit gaat niet over mij.

Ten tweede, alcohol bekleedt de afgebladderde muren met zijde, belegt het dak met gouden pannen en geeft de gezichten van je drinkmaten een onaardse charme.

Dronkenschap maakt veel mogelijk, ook al geldt het bij een gepleegde misdaad volgens het Wetboek van Strafrecht als verzwarende omstandigheid. Alcohol heeft een prettige eigenschap: het spul zet de hersenen van degene die het inneemt automatisch in de modus van een gesprek van mens tot mens. Bij iemand die wat op heeft, staat de knop 'gesprek van mens tot mens' permanent ingeschakeld. Bovendien wordt onbestraft en ongelimiteerd gebruik van deze intieme knop gerechtvaardigd door de kennelijke staat.

Agressie wordt een dronkaard niet vergeven, maar overdreven openhartigheid en loslippigheid wel.

Sommige mensen móeten zelfs drinken om in deze gespreksmodus te komen: voor bijzonder geremde landgenoten (vooral mannen) is drinken daarvoor de enige manier.

Het gesprek van mens tot mens 'bij een flesje'

Sommige Russen zijn zo gespannen dat ik eerlijk gezegd soms denk: ach, vriend, ik zou er wat voor geven om te weten wat jouw ziel (mits aanwezig) zo kwelt. Iemand zou jou eens flink vol moeten gieten...

Van een Rus kun je gemakkelijk de volgende bekentenis te horen krijgen:

"We hebben samen een fles achterovergeslagen en eens goed met elkaar gepraat."

Het hoeft hier helemaal niet te gaan over de bezigheden van een alcoholist: dat zijn zieke en afhankelijke mensen. 'Bij een flesje' kun je hier niet alleen over het lot van een werknemer beslissen maar ook over dat van het hele bedrijf (en niet per se in negatieve zin). 'Bij een flesje' kan iemand vertellen dat hij eigenlijk ongelukkig is, ook al woont hij in een kast van een huis. 'Bij een flesje' heeft een kennis van mij, een zakenman die niet echt uitblinkt in rechtschapenheid, snikkend bekend:

"Ik ben een klootzak, ik ben een slecht mens".

De fles ontmaskert alle vormen van bedrog, net zo als de nacht dat doet in Boelgakovs roman *De meester en Margarita*. Sommige mensen zijn zelfs meer dan bereid om zelf eens goed door te halen, omdat alcohol in Rusland de rol van waarheidsserum speelt.

Maar dan treedt de nuchterheid in en daarmee ook wel

eens een zware kater. De alcoholisten bestrijden die volgens de methode 'vuur met vuur', maar de gewone mensen kampen met hoofdpijn en zijn boos op de persoon in zichzelf die gisteren zo openhartig was, of ze maken juist een aangename balans op van de bijeenkomst of het feestje (als ze nog weten wat er gebeurd is natuurlijk).

Met de nuchterheid valt de persoon die gisteren nog klaagde over zijn eigen verdorvenheid, weer in zijn oude patroon. Hij was gewoon even ontspannen, openhartigheid maakt ontspannen. En is vervolgens weer de man geworden die hij was.

Eigenlijk kun je deze paragraaf evengoed onderbrengen in het hoofdstuk over de relaties tussen de seksen, want bij vrouwen is een gesprek van mens tot mens 'bij een flesje' een minder prettig verschijnsel en van veel twijfelachtiger signatuur. Alcoholisme bij vrouwen wordt sowieso meer veroordeeld, ondanks dat het hier veel voorkomt. Daar word je dan ook van verdacht als je als vrouw 'bij een flesje' praat, tenzij dat lichte wijn is, of 0,7 liter wodka met z'n vijven. Vrouwen in Rusland zijn vanzelf al snel openhartig, daar hebben ze helemaal geen stimulans voor nodig en daarom denkt men meteen aan alcoholmisbruik: het gesprek is het excuus om te kunnen drinken en niet andersom.

Films voor intellectuelen

De onzalige gezondheidsfreaks die wél luisteren naar de verslavingsspecialisten, brengen hun vrije tijd door met andere dingen.

Ik heb het steeds maar over nieuwe Russen en allerhande alcoholisten. Maar de intelligentsia? Wat doen deze mensen in hun vrije tijd? Die hebben het nog het moeilijkst. De clubs vertonen domme shows en suffe muziek. De televisie (hieraan wordt een apart hoofdstuk gewijd) heeft een weldenkend mens niets interessants te bieden.

Blijven over: de concertzalen, waar je even het rumoer kan ontvluchten; je kunt naar lezingen gaan met de titel *Art deco in de architectuur* of *Dadaïsme als extreme vorm van postmodernisme*; in de stad worden aan de lopende band arthouse films vertoond; en in kleine clubs heb je optredens van niet-commerciële muzikanten. Als ik al die intellectuele escapades van beschaafde mensen zo bekijk, moet ik meteen denken aan een liedje van Okoedzjava:

> *De slimmerik loopt kringetjes, eenzaam en alleen,*
> *Voor hem gaat er niks boven eenzaamheid*
> *Hij laat zich zomaar vangen, en er is er geen*
> *Die straks ontkomt aan de grote jachtpartij.*

Geen onvertogen woord trouwens over onze televisie: die heeft wel degelijk aandacht voor de culturele bovenlaag! Voor de intelligentsia bestaan er kanaal 'Kultura' en, jawel, de nachtprogramma's. Als je je geest wilt voeden zonder de deur uit te gaan, nou, dan betaal je voor dit gratis plezier met een slapeloze nacht: een behoorlijke film wordt hier niet vertoond vóór één — twee uur 's nachts. Geestelijke ontplooiing vergt inspanning en zelfopoffering, dames en heren der intelligentsia! Eerst neem je een handvol bittere pillen in de vorm van een paar soaps over de lotgevallen van geblondeerde heldinnen, dan een van de gewrochten van Jackie Chan. En pas daarna...

De televisie krijgt een eigen hoofdstuk. Maar het verhaal over de kwintessens van cultuur op het gebied van elitefilm vertel ik in dit hoofdstuk, want vermaak voor intellectuelen krijgt (in de ogen van veel televisiemakers) bij uitstek gestalte in het programma *Apocrief*.

Alleen al de naam geeft aan dat deze vesting voor gewone stervelingen maar moeilijk te nemen is. Het onderwerp van het programma is bijvoorbeeld 'Bubers palimpsest' of 'Hermeneutische problemen in het licht van nieuwe informatie'. De deelnemers van het programma jongleren met zinnen als:

"O, een bekend archetype!"

"Nee, dat is bepaald niet het paradigma van Sartre!"

"Neem me niet kwalijk, maar dat ligt nou precies in zijn coördinatensysteem."

"Mmja, een ietwat existentiële benadering..."

"Maar als je het bekijkt vanuit semiotisch oogpunt."

"Mijn God, dat is bepaald niet zuiver semantisch."

"In het kader van het huidige literaire proces..."

De tranen springen me in de ogen. Dat zijn ze nou, de intelligentsia, dat zijn ze, de steunpilaren van de humanitaire wetenschap. Dat zijn ze, illustere critici en literatuurwetenschappers, die zo nodig een kritische analyse moeten maken van een willekeurig kritisch werk naar aanleiding van een ander kritisch werk. En de stoffige klassieke auteurs die zich van toegankelijke taal bedienden, hebben afgedaan.

Wie het niet begrijpt, behoort niet tot de intelligentsia. En wie in slaap valt bij de cadans van hun gepraat, behoort al helemaal niet tot de intelligentsia. Want voor mensen met hersens kan zoiets niet saai zijn!

Lyrische uitweiding, of het gesprek met een bewoner van een ivoren toren

Iemand die het vocabulaire beheerst waarvan ik in de vorige paragraaf voorbeelden gaf, kan zich God voelen. En hij kan zijn bovenaardse status ook nog eens etaleren tegenover anderen.

Het is zoiets als het spierballenrollen bij sporters en het gerinkel van de muntjes in de zakken van nieuwe Russen.

Zulke intellectuelen voelen zich de discipelen van de liberale intelligentsia van de eervorige eeuw. Maar in werkelijkheid zijn het doodgewone snobs, pseudo-intellectuelen (die bestaan evengoed als 'valse' nieuwe Russen, die de uiterlijke kenmerken vertonen van de sociale groep waartoe ze willen behoren — althans, zoals ze die zelf voor ogen hebben), wier belangrijkste bezigheid bestaat uit het etaleren van het intellect, waarvan het bestaan overigens alleszins te betwijfelen valt.

Ik ben een keer zo stom geweest een synopsis van een van mijn boeken voor te leggen aan een Moskouse uitgever. Eigenlijk was er nog niet eens sprake van dat iemand mijn tekst zou gaan lezen. Ik belde om het e-mailadres te vragen waar ik het overzicht heen kon sturen.

De uitgever zei met welluidende stem:

"Stuurt u het document maar naar info@..."

"Voor zover ik weet zijn dit soort e-mailadressen bij bedrijven een vergaarbak voor van alles en nog wat. Ik wil liever niet dat mijn synopsis automatisch in de spamfolder terechtkomt."

Tot mijn verbazing gaf de uitgever eerlijk toe:

"Dat klopt. Van alles wat er op dit adres binnenkomt, wordt er niet meer dan 1 procent in behandeling genomen (Lees: o procent — M.K.)."

"Maar hoe komt uw uitgeverij dan aan manuscripten?"

"Eh... wij maken onbekende namen bekend..."

"Maar als een onbekende u iets stuurt naar het adres dat u mij net gaf, zal hij dus sterven in anonimiteit."

"Maar hij had al eerder bekend kunnen zijn." (Waar is de logica? — M.K.)

"Ahaaa," zeg ik.

Op dat moment begreep ik dat ik te maken had met een

leider van de schare ivorentorenbewoners. Zo'n Michael, de aanvoerder der engelen, van wie de kans klein is dat hij zijn heilige der
heiligen openstelt voor iemand van buitenaf, ook al zou dit een
kruising tussen Michail Lermontov en Fjodor Dostojevski zijn.

Het literair-journalistieke wereldje is defensief en offensief
tegelijk. Erbinnen is iedereen vol lof over elkaar, los van of je
talent hebt of niet. En ieder die daarbuiten valt, krijgt klappen.
Ook los van of hij talent heeft of niet. De leider geeft zijn kudde
soms een hapje extra, maar soms hebben ze ook genoeg aan
loftuitingen alleen.

Misschien heb ik het mis, maar ik vind eigenlijk dat ook
de literaire arbeid die ik met liefde verricht financieel beloond
moet worden. Ja toch zeker? Als je werk je plezier en voldoening
verschaft, zou die dan niet betaald hoeven worden? Om de een
of andere reden denken sommige mensen: betalen, dat doe je
alleen aan mensen die lopen te zweten met een houweel in de
hand of die op zijn minst in de houtkap werkzaam zijn (al zullen
er mensen zijn die ook uit dit soort werk voldoening halen).

Ik zette mijn leerzame gesprek met de uitgever voort, want
ik begreep dat ik beet had: ik zou het gesprek in mijn boek
zetten. En ik blaatte:

"O, nou, ik heb anders al het een en ander op mijn naam
staan."

Ik gaf een opsomming. Wat zou die zak nu te zeggen hebben?

Hij leefde op. Ik voelde dat hij op het punt stond zijn hele
intellect in de strijd te gooien.

"Ik heb het idee dat u geld wilt verdienen."

Als ik het niet wist! Nu zou ik een preek krijgen over de
toewijding aan de zaak (zie het hoofdstuk over de normen en
waarden van Russische werkgevers).

De uitgever vervolgde:

"Voor onze auteurs komt het geld op de dertigste plaats. (Waar vindt hij zulke heiligen? — M.K.). Er zijn toch al eerder boeken van u uitgegeven? Gaat u dan naar de mensen toe die uw werk al eerder hebben gedrukt. Ik heb het gevoel dat u weinig ervaring heeft in het omgaan met boekuitgevers. In onze wereld draait het om loyaliteit aan de uitgeverij."

Toe maar. Hij betaalt niet alleen geen geld, maar eist ook nog loyaliteit!

Ik kreeg er steeds meer plezier in en besloot terug te komen op het vorige onderwerp: hoe onbekende namen bekend worden:

"Kijkt u eens, Lev Tolstoj heeft ook een tijd gekend dat niemand wist wie hij was. Hoe is hij dan bekend geworden?"

"Kent u de biografie van Lev Tolstoj?" Nu viel het kwartje: ik praatte met een gek. Ik ken de biografie van Tolstoj, maar om me nog even verder te verkneukelen antwoordde ik:

"Nee, die ken ik niet." Wat zou hij nu gaan zeggen?

"Kijk, de biografie van de beroemde schrijver werd pas interessant nadat zijn eerste geniale werken waren gepubliceerd. (Wat een originele gedachte! — M.K.)

"Eh..."

"Denkt u eens na over de relatie oorzaak — gevolg."

Ik beloofde na te denken en mijn synopsis op te sturen. Ik moet jammerlijk toegeven: geen van deze beloften ben ik nagekomen. En ik heb geen greintje spijt.

Al met al doet deze vertegenwoordiger van de intellectuele elite me sterk denken aan de hoofdpersoon van het geweldige verhaal *Tuk* van Sjoeksjin. Daarin neemt een oppervlakkig belezen en brutale dorpeling een examen af bij een uit de stad gearriveerde academicus om diens eruditie te testen. En er barst een applaus los onder zijn dorpsgenoten:

"Je hebt hem tuk," zeggen ze.

Avonden op een hoeve nabij de vuilnisbelt

Er zijn overigens ook aanhangers van meer onschuldige soorten vermaak, dat het gevoel van eigenwaarde van je gesprekspartner niet aantast.

Ik heb een heel hoofdstuk gewijd aan de zeden en gewoonten van nieuwe Russen, maar de nu volgende exotische vorm van vermaak beschrijf ik apart, omdat hij niet past in het lijstje van kenmerkende uitingen van deze sociale gemeenschap. Toch kan ik dit verschijnsel ook niet links laten liggen.

Op televisie worden vaak reportages uitgezonden over het leven van straatarme mensen. Wat het meest opvalt aan deze observaties van het leven aan de zelfkant is het feit dat veel bedelaars en zwervers niet minder bleken te verdienen dan succesvolle programmeurs. Goed, een normaal mens begrijpt niet hoe je jezelf kunt toestaan zo vies te ruiken en je zo weinig te wassen, met zo'n salaris nota bene. Maar ja, je kunt niet in iemands hart kijken. De alcoholisten zien er trouwens ook weerzinwekkend uit en stinken zonder dat het ze een cent kost. (De categorieën alcoholisten en bedelaars overlappen elkaar voor een groot deel.)

Als rijke mensen van verveling niet meer weten hoe ze het hebben, verzinnen ze voor zichzelf iets *wel heel speciaals*. Een gekostumeerd bal of een Ferrarirace kun je in deze zware tijden moeilijk iets *wel heel speciaals* noemen. Nee, het kan veel extremer. Oligarchenvrouwen die zich vervelen, verkleden zich bijvoorbeeld als bedelaars en doen een wedstrijdje wie er op een dag het meeste geld ophaalt.

Er bestaat een originele excursie: een rondleiding door het riool. Dit amusement à la Gavroche is niet duur en razend populair. Geen wonder: het is zo heerlijk om onder de stront terug te keren naar de bewoonde wereld, alles af te wassen, met volle teugen de lavendelgeuren van je bad op te snuiven en tegen jezelf te zeggen: het leven is mooi. En bovendien, als ons een nieuw 1917 te wachten staat hoef je je geen zorgen te maken: het riool is zo erg nog niet (je kunt je erin verstoppen voor het geval dat) en op straat kun je op allerlei manieren aan geld komen om te eten. Daarvan stijgt je zelfwaardering alleen maar meer: terwijl je in je jacuzzi ligt, denk je dat je klaar bent voor de ontberingen van morgen, als de bom valt.

Hun culturele en morele niveau loopt mijlenver achter bij het niveau van hun bankrekening. Maar zo'n combinatie staat mooi wel garant voor een heleboel plezier en kwajongensstreken!

De wereldkeuken

Ik weet nog niet of ik er blij om moet zijn of niet, maar we gaan steeds minder bij elkaar op bezoek. De tijden van gezellige avondjes in de keuken (in de literatuur worden die vaak 'dissidentenkeukens' genoemd) behoren tot het verleden. In sommige situaties is een uitnodiging om op bezoek te komen misplaatst. Niet alleen in het milieu van de welgestelden. Als iemand bijvoorbeeld op de Veteranenprospect (in het uiterste zuidwesten van Sint-Petersburg) woont, dan kan hij het niet echt maken om vrienden uit te nodigen (ook sommige heel goede vrienden), ook al bewoont hij op die Veteranenprospect een compleet paleis. Een overdadig feestmaal trekt ook niet zo. Tegenwoordig is het veel gebruikelijker om je vrienden te ontmoeten in restaurants en cafés, liefst in het centrum als de leden van het gezelschap in verschillende uithoeken van de stad wonen. Als dat niet zo is, vindt de ontmoeting plaats in een van de eettenten in de buurt. Een uitzondering, hoe paradoxaal ook, is de verjaardag, wanneer het feestmaal voor het hele gezelschap door het feestvarken zelf betaald moet worden. Dat is bepaald geen goedkoop grapje voor een Rus met een gemiddeld inkomen en daarom heeft hij het volste recht zijn vrienden bij zich thuis uit te nodigen. Daar heeft men begrip voor.

Een gezelschap van vrienden waar ieder voor zichzelf betaalt, komt dus bij elkaar in openbare eetgelegenheden. De restaurant-cultuur is de laatste vijftien à twintig jaar zo opgebloeid dat het je gaat duizelen van het grote aanbod.

In de Sovjettijd was een restaurant iets waar je niet gemak-kelijk binnen kon komen, omdat er maar zo weinig waren. Tot op de dag van vandaag herinner ik me hoe ik meer dan eens bij de ingang van een van die schaarse etablissementen met mijn vrienden stond te wachten tot er een ongehaast gezelschap last van het geweten zou krijgen en voor ons het felbegeerde tafeltje zou vrijmaken.

Het menu blonk ook al niet uit in verscheidenheid. Het aan-bod bestond uit Sovjetgerechten, geworteld in de traditionele Russische keuken. Borsjtsj, soljanka, vlees (of vis) met aardappels en natuurlijk, de ongekroonde koning van de maaltijd in Rus-land en de Sovjet-Unie: de stolitsjny-salade (in de volksmond vaker salade Olivier genoemd). (Een medewerker van het restau-rant van Hotel Europa aan de Nevski prospekt vertelde me dat er in de roerige jaren negentig een keer een bende gangsters het restaurant bezocht. Toen ze zagen dat de stolitsjny-salade op het menu ontbrak, lieten ze die speciaal voor hun gezelschap berei-den. Ondertussen zwaaiend met hun pistolen. Ach, hoe groot en patriottisch is de liefde van de Rus voor de traditionele keuken. Daar is niets verbazingwekkends aan, want die gangsters waren mensen van mijn generatie: bestond er voor ons, kinderen van de Grote Stagnatie, een grotere gastronomische zaligheid dan een salade Olivier, weggespoeld met Pepsicola?)

Tegenwoordig zijn het de duurdere etablissementen,

waarvan het grootste deel van de cliëntèle uit buitenlanders bestaat, die zich specialiseren in de Russische keuken; daarnaast de kleine, naamloze bedrijfscafés of eettentjes in de buurt van de grote industrie- en bedrijventerreinen, waar werknemers en ambtenaren komen lunchen, en tenslotte de fastfoodrestaurants. De Russische keuken, die de meeste Russen trouwens thuis wel het liefst hebben, is dus in ballingschap. En dan niet in de betekenis die de geëmigreerde schrijvers Pjotr Weil en Aleksandr Genis aan het woord 'ballingschap' gaven in hun fantastische kookboekje *De Russische keuken in ballingschap.*

De Rus van nu hunkert als hij gezellig met zijn vrienden afspreekt naar een ietwat 'culinairder' hapje.

Met de ontwikkeling van het kapitalisme verscheen in ons land, zoals overal ter wereld, de culinaire mode. Nog maar zes, zeven jaar geleden stond het best hip om met je gezelschap te lunchen in een Chinees restaurantje. Maar tegenwoordig klinkt het zelfs in een relatief eenvoudig milieu een beetje fout om te zeggen "laten we naar de Chinees gaan". Dat we de Chinese keuken niet meer hip vinden komt niet doordat het eten goedkoop of ongezond is, of doordat de liefhebbers van deze keuken duistere vermoedens zijn gaan koesteren (lekker hoor bij jullie, maar God weet in welke olie jullie bakken, die kan wel een week oud zijn). Het is gewoon niet meer hip, dat is alles.

Een gezelschap van mensen met een gemiddeld inkomen (en minder: tegenwoordig kunnen in de grote steden ook mensen die het minder ruim hebben zich af en toe een bezoekje aan een restaurant veroorloven) kiest iets uit de wereldkeuken.

Helemaal hot zijn Japanse restaurants, je staat versteld hoeveel er daar tegenwoordig van zijn en op welke plaatsen ze zitten. In een nieuwe grootstedelijke buitenwijk vol opeengestapelde betonnen dozen zal de een of andere dynamische horecaondernemer geheid een sushibar neerzetten. En wat nog verbazingwekkender is: binnen de kortste keren zal die tent worden platgelopen door de bewoners van de omringende flats. Tegenwoordig is een Japans restaurant een al even alledaags element van het stadslandschap als het smoezelige 24-uurs drank- en tabakswinkeltje.

Ik heb alleen wel een probleem: het lukt me maar niet om met stokjes te eten. En dat terwijl het zo trendy is: niet alleen om naar een Japans restaurant te gaan maar om dan ook met stokjes zo'n rolletje te pakken, dat in de sojasaus te dopen en het in z'n geheel naar je mond te brengen. Maar op dit punt ben ik niet gevoelig voor de eisen van de mode: ik raak zo gestresst van het gevecht met mijn nieuwe bestek, dat ik mijn eten niet meer proef. Dus kunnen ze de pot op met hun stokjes. Ik ben wel een modeslaaf, maar dit gaat me te ver. En hoe dan ook, leve Japan! (Ze zijn dan wel niet blij met ons omdat ze een paar eilanden van de Koerilen willen hebben. Maar wij blijven van ze houden!).

De Italiaanse tenten komen op de tweede plaats. Daarna waarschijnlijk de Mexicaanse. Trouwens, in Petersburg zijn er ook Indiase restaurants, en Thaise en Joodse en Georgische en Armeense. Noem maar op! Wie niet in aanraking wil komen met vreemde keukens is nog geen patriot. Die gaat ook niet op zoek naar een restaurant met Russische gerechten op het menu. Die gaat naar een koffiehuis en bestelt een gebakje met koffie of thee.

Reizen

De bard Vladimir Toerianski schreef lang geleden een simpel liedje met de volgende woorden: 'Ik zou lang door het land willen zwerven...'. Tegenwoordig kunnen we niet alleen door ons eigen land zwerven maar ook door andere landen. Wat we dan ook vol overgave doen, want de wijde wereld reikt gelukkig verder dan onze eigen landsgrenzen. De keuze is zo gevarieerd dat je je zelfs kunt voorstellen dat er gekken zijn die rondreizen organiseren langs oude monumenten in Iran, Pakistan of Somalië.

Van een homogene massa grijze fossielen die stilletjes rondscharrelden achter het IJzeren Gordijn, zijn we veranderd in een stel levenslustige reizigers, die elke gelegenheid te baat nemen om de grens over te steken.

Buitenlandse vakanties van Russen zijn onder te verdelen in drie hoofdtypes:

1. Zee- en zonvakanties
2. Leerzame vakanties
3. Shopvakanties

Er is eigenlijk nog een speciaal soort vakantie die je bij nieuwe Russen tegenkomt: het type 'demonstratieve shopvakantie'. Over de manier waarop deze mensen hun tijd in het buitenland doorbrengen, heb ik al geschreven. En nieuwe Russen zijn met relatief weinig, daarom zal ik hun manier van vakantievieren hier niet meetellen.

Bij Russen die goedkoop bruin willen worden, is Egypte natuurlijk het populairst. De relatief lage prijs voor een reisje naar dit Afrikaanse land zet ons aan tot buitengewone moed. De Rus laat zich in het geheel niet afschrikken door verhalen in de trant van 'Ga toch niet naar Afrika, zomaar voor de lol'. Wat maakt het uit dat ze daar de president hebben afgezet, wat maakt het uit dat ze er burgeroorlog hebben. Wat maakt het uit dat er in Afrika haaien zijn die mensen hun handen en voeten afbijten. En waarschijnlijk zijn er ook nog gorilla's en kwaaie krokodillen. De Rus heeft ook al geen boodschap aan het feit dat de plaatselijke touringcarchauffeurs er een dusdanige rijstijl op nahouden dat er systematisch toeristen sneuvelen, want je weet: wij vrezen stormen noch ijzige koude. Mensen die de tien plagen van Egypte doorstaan zijn ook niet vies van een vakantie

in Turkije, dat net als Egypte vooral zee, zon, lekker eten en
strandvertier te bieden heeft.

De meer bemiddelde toerist uit de categorie 'zon en zee'
kiest voor exotische landen: na een krap etmaal vliegen ont-
vouwt zich voor je neus de schoonheid van Thailand. De arme
plaatselijke bevolking is bereid de blanken alles ter beschikking
te stellen: van de diensten van hun hotels tot hun eigen tengere
lichamen. Exotiek betovert. Een plaatselijke maffioos uit een
oord als Nefteskvazjinsk vindt het leuk om na zijn vakantie foto's
op internet te zetten waarop hijzelf, gekleed in shorts met Hawa-
iprint, troont op een olifant, zijn pafferige beentjes bungelend
aan weerskanten van het dier. Aan de manier waarop de Rus zich
uitleeft op internet is een apart hoofdstuk gewijd.

Exotische landen, vooral die waarvan de plaatselijke bevolking uiterlijk sterk afwijkt van de Slaven (bij voorkeur tot een
ander ras behoort) en in armoede leeft, bieden de Rus de heerlij-
ke mogelijkheid om zich de blanke meneer te voelen. Dit is een
genoegen dat hij thuis niet zomaar elke dag kan beleven. (Over
de houding van de Russen tegenover andere volken vertel ik in
een ander hoofdstuk.)

Ook de leerzame reizen vragen veel uithoudingsvermogen
en een goede gezondheid. Wat tegenwoordig in trek is, zijn
goedkope busreizen: met een gids en twee chauffeurs die bij
toerbeurt werken, bezoeken dertig geharde reizigers in een dag
of tien zo'n tien Europese landen. Met duizelingwekkende snelheid flitsen bezienswaardigheden als de Eiffeltoren, het Colos-
seum, de Reichstag en de Weense Staatsopera aan hun ogen
voorbij. Mijn vriendin verheugt zich hardop:

"Ik ga zo'n geweldige reis maken: acht landen in twee weken.
En maar drie keer overnachten in de bus! En helemaal niet duur."

Kun je je voorstellen wat dat inhoudt, een nacht in een
bus? Mij persoonlijk lijkt het een verschrikking: een bus die,

met een nachtbrakende chauffeur aan het stuur, zo'n tien uur achtereen door de buitenlandse nacht jakkert. Binnen slapen (voor zover dat lukt) in half zittende houding (dat wil zeggen, met de rugleuning iets naar achteren) een dertigtal mensen van beiderlei kunne in de leeftijd van pakweg zeven tot zeventig. Maar daar staat tegenover dat het goedkoop en leerzaam is. Voor een dergelijke beproeving opteren vaak de onvermogende, geharde leden van de intelligentsia zoals artsen, ingenieurs en universiteitsdocenten.

Meer vermogende landgenoten die in het bezit zijn van een rijbewijs, huren een auto en stippelen ingewikkelde routes uit door verschillende naburige landen.

De 'winkelvakantie', ook wel *'shop tour'* genoemd, komt tegenwoordig minder vaak voor dan tijdens de bloei van de perestrojka, toen kleine handelaars uit Rusland (dikwijls diezelfde, overgekwalificeerde artsen, ingenieurs en docenten) heen en weer vlogen naar Turkije en Polen met dichtgetapete turkentassen.

Het Russisch heeft er een nieuw woord bij: *'sjoeb-tour'* (niet te verwarren met *'shop tour'*!). Dit houdt in dat je naar Griekenland reist om goedkope bontjassen te kopen. Het is fantastisch als het je lukt om twee of drie doorsnee 'lapjesnertsen' (voor jezelf en op bestelling voor anderen) te bemachtigen voor een eurootje of vijfhonderd, terwijl je meteen het land van de souvlaki en sirtaki kunt bewonderen.

We moeten vaststellen dat ons volk steeds minder graag door eigen land zwerft. Daar zijn twee redenen voor:

1. Een vakantie in Rusland is niet altijd goedkoper, vaak zelfs duurder dan een buitenlandse vakantie.

2. Russen willen buitenlandse lucht inademen. Je weet maar nooit: straks gaan ze het IJzeren Gordijn weer herstellen. Met de instabiliteit die ons land kenmerkt is alles mogelijk.

Een gezonde geest...

Ik ben altijd heel tevreden dat ik tot de tien procent van de Russen behoor die een deel van zijn vrije tijd aan sport besteedt. De regering slaat alarm: onze burgers drinken en roken steeds meer, ze doen steeds minder aan sport. Op de nationale televisiekanalen florert de propaganda in de vorm van shows als *De IJstijd* en *Dansen met de sterren*, waarin filmsterren, popiconen en televisiepersoonlijkheden in paren met professionele dansers en kunstschaatsers een activiteit beoefenen die hun vreemd is. Hun betraande gezichten na een valpartij op het ijs gaan er steeds sympathieker uitzien. En en passant wordt er meteen propaganda gemaakt voor een gezondere leefstijl. Kunstschaatsen is inmiddels uitgeroepen tot glamoursport.

Meer mensen zijn de ijsbaan gaan bezoeken en de ijsbanen zelf zijn ook in aantal toegenomen. Of het Russische volk na een dergelijke massapropaganda ook een gezonde leefstijl is gaan aanhangen, is niet bekend.

Ondanks het geweeklaag over de fysieke degeneratie van het volk, kennen de hoofdsteden een toename van fitnessclubs, niet alleen van enkele clubs maar van hele ketens. Allemaal houden ze het hoofd boven water (sommige zelfs heel behoorlijk), door abonnementen te verkopen, weliswaar met korting, maar voor langere termijn.

De fitnesssoorten, met name die voor vrouwen, vermenigvuldigen zich niet minder snel dan de clubs. Mijn Amerikaanse kennis wilde me een keer uitleggen wat het verschil was tussen pilates en callanetics. Ze was heel verbaasd toen bleek dat ik heel goed wist wat het verschil was en dat ik dat zelfs aan den lijve had ondervonden.

Als je maar wilt, kun je zelfs met een laag inkomen gemakkelijk een geschikte manier vinden om je spieren los te maken.

Ik kan Rusland bepaald geen land van dikzakken noemen: de cultus van een gezond lichaam kennen we hier niet, maar wel die van een slank lichaam. Over de afslankgekte zal ik meer vertellen in het hoofdstuk over de relatie tussen de seksen.

De Rus op internet,
of one-man-show on line

Het is vast waar wat ze zeggen: veel mensen houden er van anderen te begluren. We hebben het er alleen nooit over dat een aanzienlijk deel van de mensheid het ook heerlijk vindt om zijn eigen leven aan anderen te laten zien. En dan begrijpelijkerwijs het beste (of gefantaseerde) deel daarvan. Dit idee is in tegenspraak met wat ik eerder vertelde over de gedachte dat je, als je bij een Rus in de smaak wilt vallen, niet moet opscheppen en goed moet luisteren. Maar in deze paragraaf gaat het niet over *real life* contact maar over de manier waarop we ons uitleven op internet, zal ik maar zeggen.

Sociale netwerken

Binnenkort is het zover, lijkt het wel, dat iemand die niet geregistreerd is op 'Klasgenoten' en/of 'V Kontakte', automatisch beschouwd zal worden als non-existent.

De Russische sociale netwerken zijn tegenwoordig voor vrijwel elke Rus een uitlaatklep. Het aantal mensen dat op zo'n site een profiel heeft loopt in de tientallen miljoenen. Hier wordt informatie uitgewisseld, worden kennissen uit een ver verleden teruggevonden (ik ben relatief kort geleden opgespoord door twee meisjes met wie ik een jaar of 25 geleden altijd ging zwemmen in een riviertje bij het dorp Rosjtsjino. Of meisjes, wat heet...), maken mensen kennis met elkaar, organiseren ze clubjes op basis van gemeenschappelijke interesses, nodigen ze elkaar uit voor culturele evenementen en trainingen, maken ze ruzies, afspraakjes, verkopen ze nieuwe en tweedehands kleding... Je kunt het zo gek niet bedenken of het gebeurt elke dag op het net.

Ik geef eerlijk toe: ik pluis met veel plezier de profielen uit van allerlei mensen op het sociale netwerk 'V Kontakte'. Welbeschouwd bevredig ik mijn verlangen om te gluren, maar ik voel me er niet schuldig over: de eigenaren van de profielen maken immers zelf de informatie openbaar.

Ik ben tot de conclusie gekomen dat de afbeeldingen, uitspraken, filmpjes en persoonlijke informatie die iemand op zijn pagina etaleert, steevast in een van deze twee categorieën vallen:

1. Alles wat de profieleigenaar dierbaar is.

2. Alles wat betrekking heeft op de manier waarop de profieleigenaar wil overkomen, op zichzelf dan wel op zijn omgeving.

Je hebt twee soorten profielen bij 'V Kontakte': de voorgeschreven zakelijke en de openlijk narcistische.

In het eerste geval wordt de pagina aangemaakt om te kunnen communiceren (zakelijk of niet-zakelijk), iets te verkopen of gewoon, om jezelf te profileren, omdat het tegenwoordig normaal is om een profiel te hebben.

Het profiel uit de tweede categorie is een waar feest voor de narcist. Hierin doen man en vrouw, jong en oud niet voor elkaar onder.

Zo prijken op de narcistische profielen van pubers het (vaak voorbijgaande) lidmaatschap van informele jongerengroepen: hiphopkleding, gothic kapsels, hip geklede groepjes jongelui, foto's van idolen en een paar honderd audiobestanden. De honderden artiestennamen zeggen een volwassene niets: ze zijn onderdeel van de code die hoort bij het lidmaatschap van de progressieve jongerenscene. Sommige jonge landgenoten hebben meerdere profielen, bij wijze van oefening in narcisme: kennelijk past de informatie die ze over zichzelf willen delen niet op één pagina. Elk profiel heeft zijn eigen avatar, die niets gemeen heeft met het werkelijke uiterlijk van de eigenaar, en een pseudoniem dat je soms de haren te berge doet rijzen: Dark Princess, King of Gods, Black Lord enzovoorts.

De wat oudere en minder gecompliceerde jongeren posten foto's van feestjes in nachtclubs, waarvan we er zoals ik al schreef heel veel hebben, haast meer dan supermarkten. Vanaf deze plaatjes lachen jeugd en schoonheid je toe. Waar vliegen ze toch heen, die knappe jonge goden en godinnen, en waar komen opeens al die kerels met buikjes vandaan en die rondborstige tantes, die de hoofdrol spelen op het belangrijkste feest voor wie niet jong meer is: het bedrijfsfeestje (waarover zo dadelijk meer)? O jeugd, waarheen zijt gij geweken..?

De narcistische profielen bieden een vermakelijker schouwspel naarmate de persoon rijper is. Een veelvoorkomende creatie is het profiel uit de categorie 'Gelukkige moeder, echtgenote en professional'.

Vaak horen die profielen bij vrouwen die stevig in het leven staan, die hoofd van de boekhouding van een bedrijf zijn, bijvoorbeeld. Over hun werk schrijven ze braaf onder het kopje 'werk': 'Bouwtrustinvest for best Limited BV' — hoofd boekhouding (laatste twintig jaar).

Dan volgen tegeltjeswijsheden van het type: 'Je weet pas hoe oprecht je liefde is als je samen leeft, niet als je gescheiden bent'.

De fotoalbums op dit soort profielen kun je indelen in vijf categorieën: het gezin thuis, het gezin op vakantie, de kinderen, de bedrijfsfeestjes en het intieme album 'Mijn fotosessie'. Het leven is geslaagd. Het gezin thuis (of op de datsja) wordt meestal afgebeeld aan een rijk gedekte tafel of tijdens een picknick (soms nog in het stadium dat de sjasjlik aan de spies wordt geregen). We zien alleen maar vredige, soms zelfs glunderende gezichten. Vooral de echtgenoot, want elke idioot moet kunnen zien dat hij zo'n vrouw voor geen ander zal inruilen. Op de vakantiefoto's vind je de volgende standaardingrediënten: de zee, de echtgenoot, het strand, de vrouw in kwestie op slippers versierd met namaakedelstenen, poserend voor een fontein (paleis, waterval). In het album 'Kinderen' zie je meisjes met gekamde haartjes en grote haarspelden, soms gekleed in een jurk met hoepelrok. De jongens zien eruit als of ze naar een gekostumeerd bal gaan (met colbertje en vlinderdas) en soms in sportkleren (als ze aan sport doen, al dan niet succesvol).

De foto's van bedrijfsfeestjes schitteren ook al door eentonigheid: een dikke laag make-up, glitters, priemende borsten in decolletés die de schuchtere managers en boekhoudsters op werkdagen niet durven te laten zien, wat ook heel verstandig is: je mag je collega's niet afleiden van de strenge arbeidsroutine. En dit is de belangrijkste foto van de bedrijfsfeestjes: een stuk of vijf collega's van het vrouwelijk geslacht uit verschillende gewichtsklassen staan op een rij met hun glazen champagne geheven; allen steevast met het decolleté, de glitters en het blije gezicht (soms met kronen van glitterfolie of pluchen konijnenoren).

Maar de meeste lol beleef je aan het intieme album 'Mijn fotosessie': een feest van ventilatoren, wijd wapperende (of superstrakke) kleren en Photoshop. Zulke weelderige fotoseries worden gemaakt met een therapeutisch doel: zichzelf bewijzen nog altijd minstens even mooi en sexy te zijn als vroeger. God zegene Photoshop: dat programma biedt onze toch al goddelijke vrouwen werkelijk onbegrensde mogelijkheden om hun charmes te perfectioneren. Ik zag een keer een fotomontage waarop een chef boekhouding me vanuit het hart van een gerbera uitnodigend toelachte. (Deze zeldzaam mooie plaatjes worden vrijwel altijd voorzien van commentaar van enthousiaste vriendinnen, in de trant van: 'Beauty!' of 'Je wordt steeds jonger en mooier, Vasilisa...'.)

Een andere dame, heel toevallig ook boekhouder, had een fotosessie gemaakt in een laat stadium van haar zwangerschap. De foto's waren duidelijk geïnspireerd op die van Hollywoodster Demi Moore, lang geleden in het blad Vanity Fair. De Russin was alleen preutser. De ventilator in de fotostudio blies het gazen gewaad rond haar reusachtige buik mooi bol. Het schouwspel was vervuld van een beangstigende erotiek: de uitdagende gezichtsuitdrukking van deze medewerkster uit de financiële sector bracht een mens op wel heel trieste gedachten.

Fotosessies in adamskostuum zijn niet eens zo'n heel zeldzaam verschijnsel in de sociale media. Het is vooral leuk om dit soort series te bekijken als ze gemaakt zijn in huiselijke sfeer, zal ik maar zeggen, met behulp van de voorhanden zijnde designstukken uit het interieur, als daar zijn: het favoriete tapijt uit 1978, het oude behang met geometrisch patroon, de deken met luipaardprint. (Op de site van de bekende internetgemeenschap *Freaks school* worden aan de lopende band dit soort foto's gepubliceerd, gedownload vanaf datingsites en van sociale media, voorzien van spottende commentaren. Dit berooft de verleidsters echter niet van hun ongebreidelde fantasie.)

Het mannelijke narcistische profiel ziet er iets anders uit. Er zijn veel foto's die je kunt scharen onder de noemer 'Echte MAN'. De hoofdthema's zijn hier: vistochtjes, drinkgelagen met vrienden en sport. Blije gezichten, ontblote bovenlichamen, halters in de hand of pasgevangen vissen of flesjes bier, al naar gelang de thematiek van het album. Mannen houden er god weet waarom van om allerlei strijdhoudingen aan te nemen tegen de achtergrond van een bezienswaardigheid.

Waarom trouwen Russen eigenlijk, krijgen ze kinderen, gaan ze op vakantie in het buitenland en vieren ze diverse feesten en bedrijfsuitjes? Het dient allemaal één enkel doel: om snoeverige foto's op de sociale media te plaatsen.

Helaas komt het beeld dat geschetst wordt in het eigen profiel doorgaans niet geheel overeen met de werkelijkheid. Neem de man van een vriendin van mij: terwijl hij al een nieuwe vriendin had, zette hij om zijn oplettende vrouw niet te alarmeren een heel fotoalbum met de titel 'mijn lieve echtgenote' op zijn pagina. Een andere vriendin begon, toen ze er lucht van kreeg dat haar man een minnares had, met een benijdenswaardige vastberadenheid foto's van haar en haar man te posten: samen bij een gedekte tafel, in de natuur of in de foyer van het theater, met de verrukte gezichtsuitdrukking die hoort bij een gelukkig gezinsleven. Maar in persoonlijke gesprekken schold ze deze grijnzende meneer uit voor 'valse schoft' en 'oude viezerik'.

In de sociale media lijkt de Rus op de Amerikaan, die zich strikt houdt aan de regel van *'keep smiling'*: hij zet alleen het beste deel van zijn leven op zijn pagina. Volgens mij is dit niet in strijd met onze traditie van zieligdoenerij. Er is immers nog een regel: die van de ongepaste emotionele uitbarsting. Klagen in de sociale media is net zoiets als in huilen uitbarsten in de metro. Al heb ik een kennis die doodleuk in haar status kan zetten: 'stilte, eenzaamheid, nog 100 roebel in mijn portemonnee. Zo zal het mijn hele leven wel blijven...'. Maar dat is eerder een exotisch verschijnsel. Overigens, sinds ze deze status heeft gedeeld, krijgt ze hulp van sympathiserende landgenoten. De mensen zijn meelevend.

Al met zijn de profielen op de sociale media een onuitputtelijke bron van informatie voor deskundigen op het gebied van retrospectieve psychoanalyse. Jammer eigenlijk dat Freud het internet in Rusland niet meer heeft meegemaakt!

De Rus in de blogosfeer

Maar het summum is natuurlijk niet de sociale media, waarin weinig ruimte is voor zelfexpressie op het literaire en journalistieke vlak. Voor de echte geestelijke striptease is er een fantastisch medium opgericht: de blog.

Het fenomeen van de blogosfeer is nog onderhevig aan diepgaand en grondig onderzoek, waarvoor in dit boek geen plaats is. Ik zal me beperken tot een onvolledige lijst van zeer typische weblogs die al vele jaren worden bijgehouden door mijn landgenoten.

De blogosfeer is een hele wereld op zich, die de onbekende bekend kan maken en de bekende nog bekender. Één woord in een blogpost of in een bijbehorend commentaar kan dodelijk zijn of levens redden.

De blogosfeer is op dit moment het enige massamedium dat niet gecensureerd wordt. Blogs zijn een barometer van de publieke opinie en geestesgesteldheid, net als de drukpers dat was tijdens de perestrojka en glasnost.

Een elektronisch dagboek is natuurlijk een nog openhartiger *one-man-show*. Hier is het moeilijk om iets te verbergen. Kun je op je sociale profiel nog met gephotoshopte afbeeldingen een supersprankelend en sexy profiel creëren, op een regelmatig bijgehouden blog is het (ervan uitgaande dat je niet alleen foto's maar ook tekst publiceert) moeilijk je werkelijke gezicht te verbergen.

Er zijn heel wat mensen in Rusland die inmiddels landelijke beroemdheden zijn en die bij www.livejournal.ru hun carrière zijn begonnen, toen niemand nog wist wie ze waren. Er zijn legio manieren om op internet de aandacht op jezelf te vestigen. Ik bespreek een aantal van de meest kenmerkende soorten elektronische dagboeken:

1. Blogs van relschoppers. Het doel van de auteurs is door te provoceren alle aandacht te vestigen op hun eigen persoon.

Journalist en schrijver Aleksandr Nikonov heeft bijvoorbeeld een keer in een van zijn posts voorgesteld om alle ongeneeslijk zieken en invaliden te vernietigen, hij typeerde ze als ballast op de schouders van de maatschappij. Nikonov is slim genoeg om de reactie op zo'n uitspraak te voorzien: de blogosfeer ontplofte. En dat was precies waarop de auteur van het boek *Het eind van het feminisme, of waarin de vrouw verschilt van de mens* zat te wachten. De rating van zijn blog schoot omhoog.

De bekende designer Artemi Lebedev geeft in zijn weblog ook niet veel blijk van menslievendheid. Hij behandelt zijn 'elektronische' vrienden zonder een greintje warmte en respect. Elke post op zijn blog is in zekere mate een provocatie (of provocerende reclame). Obsceen taalgebruik is in zijn dagboek al even standaard als provocaties. Soms zijn zijn notities buitengewoon laconiek. Neem de kop *Aan de massamedia*, die wordt gevolgd door: 'Ik heb net een boer gelaten'. Denk je dat zo'n mededeling geen commentaar behoeft? Vergeet het maar: zo'n verklaring trekt al gauw tweehonderd opmerkingen van lezers.

2. Vrouwenblogs. Eigenlijk deel ik de mensheid liever niet in op basis van geslachtskenmerken, maar tegen de werkelijkheid kun je niet op.

Vrouwenblogs heb je in twee soorten: de protestblogs en de blogs uit de reeds bekende serie 'Gelukkige moeder, echtgenote en professional'. Een typisch vrouwelijk protestblog is het dagboek van de Moskouse journaliste Natalja Radoelova, die je gerust een van de boegbeelden van het Russische feminisme kunt noemen. Ze schrijft over de verhouding der seksen, huiselijk geweld tegen weerloze vrouwen en kinderen en over seksediscriminatie.

In de categorie 'Gelukkige moeder, echtgenote en professional' scoort één blog bijzonder hoog. Het wordt geschreven door Jekaterina Velikina, die alleen als moeder en echtgenote was begonnen, maar nu ook nog professional is: Velikina behoort tot het clubje mensen die dankzij hun weblog bekend zijn geworden. Ze is nu redacteur van een tijdschrift en die aanstelling kun je beslist geen toeval noemen. Het dagboek van Velikina is, in tegenstelling tot de autobiografische schrijfsels in de stijl van de genoemde profielen van 'V Kontakte', buitengewoon scherpzinnig, vol van zelfspot en hoogst elegante schuttingtaal (dit taalverschijnsel krijgt ook een eigen hoofdstuk). Helaas wordt het gros van de vrouwelijke 'gezinsblogs' niet gehinderd door enige subtiliteit. Het is altijd hetzelfde liedje: de kinderen zijn kampioenen, de man een droomprins, het werk een sprookje: 'Gisteren heb ik het met Kolja gehad over de geheimen van familiegeluk. En we beseften: het belangrijkste geheim is de liefde. Want we hebben onze liefde door zoveel beproevingen heen gedragen. En we zijn nog steeds samen, bla bla.'

3. Blogs van beroemdheden, die worden gemaakt om de eigen persoon populair te maken en om de evenementen aan te kondigen waaraan de auteur deelneemt. Sommige bekende Russen die geld hebben huren literaire werkezels in om een autobiografie te schrijven, maar ook om een weblog bij te houden. In elk geval streeft de weblog van een beroemdheid niet een 'menselijk' doel na (jezelf uiten en prangende kwesties delen) maar draait het hier om PR: het creëren van een halfgod en deze nader tot het 'gewone' internetvolk brengen in de gedaante zoals hij zichzelf graag ziet. Dit beeld van de bloggende godheid die ter aarde is neergedaald komt heel sterk naar voren in het dagboek van de ondernemer Oleg Tinkov. 'Mijn vrienden en ik hebben ons kostelijk vermaakt: we hebben een jachttripje gemaakt en iets te diep in het glaasje gekeken'. Of een post over hoe hij tijdens zijn studie kennismaakte met zijn toekomstige vrouw, die dezelfde roots had als hij, een

meisje uit een mijnwerkersstadje. Dan volgen de foto's van zijn vrouw, die er alleszins uitziet als een fotomodel. Zelfs het boek dat Tinkov heeft geschreven heet *Ik ben net als iedereen*. Maar de boodschap die de titel uitdraagt is niet echt overtuigend. De Amerikaanse schrijver Francis Scott Fitzgerald schreef dat rijke mensen niet lijken op jou en mij. Klopt, beaamden zijn tijdgenoten scherp, zij hebben meer geld. Dat is waar. Het is niet belangrijk dat de beroemdheid al dan niet verschilt van ons, gewone stervelingen. Het gaat erom dat je jezelf geen imago moet aanmeten via een blog. In een blog moet je niks speciaals doen. Je moet jezelf zijn. Misschien kun je er iets publiceren waar in de pers geen ruimte voor was. Evenementen aankondigen, de wederwaardigheden van het leven bespreken. Maar daarin moet je jezelf zijn.

4. Blogs van rechtschapen mensen. Als je deze dagboeken leest, word je altijd blij: ze bestaan nog, de rechtschapen mensen die in staat zijn zich eerlijk uit te spreken via een ongecensureerd medium. Het is makkelijk en ook leuk om in de blogosfeer gelijkgestemden te vinden. Natuurlijk zie je de ogen van je virtuele geestverwant niet schitteren, hij heeft geen geur, zijn kleding roept geen enthousiasme op noch ergernis. Maar het is beter zo'n bondgenoot te hebben dan helemaal geen.

5. Blogs van dichters en schrijvers. Vooral bij de dichters begrijp ik het wel: het is tegenwoordig moeilijk om een bundel gedichten te publiceren (als het niet op eigen rekening is) en te verspreiden. De poëtische hausse van de jaren zestig is verstomd. De dichteressen Alja Koedrjasjeva en Vera Polozkova staan bovenaan in de ratings.

6. Blogs van patriotten. Onder deze noemer kun je een vrij groot deel van de weblogs scharen: van de blogs waarvan de auteurs oprecht begaan zijn met het lot van het land, tot de agressieve klerikalisten en nationalisten, die provocerende teksten posten met vragen als: 'Hoe geef je je kind een Russische

opvoeding?' (Ik schrijf nooit commentaren bij blogs van nationalisten, maar ik heb de neiging om te schrijven: trek hem vetleren laarzen en een boerenhemd aan en druk hem een trekharmonica in de handen. Je krijgt waar je om vraagt.)

7. Blogs van reizigers. Die foto's, daar droom je gewoon bij weg. Als ik geld had, zou ik zelf al die landen bezoeken...

8. Culinaire blogs. Om deze dikke punt van de blogotaart kun je niet heen. Je hebt gewone, mooie en exotische culinaire blogs. Opmerkelijk genoeg komt juist in het culinaire dagboek de persoonlijkheid van de auteur bijzonder duidelijk naar voren.

In de gewone blogs wordt verteld over gewone gerechten, misschien met een originele draai eraan. Sjtsji, maar dan met basilicum. Salade Olivier met tong in plaats van rundvlees of worst, dat soort dingen. De foto's zijn vrij amateuristisch. Dit soort blogs rieken naar de ongedwongen warmte van de huiselijke haard. En naar de gelukkige echtgenote, moeder en professional.

De schrijfsters (het zijn meestal vrouwen) van de 'mooie' culinaire blogs zijn uitgerust met goede fotoapparatuur waarmee ze echte kunstwerkjes maken, als is het meestal meer fotografische dan culinaire kunst.

De categorie exotische culinaire blogs loopt naadloos over in een heel interessante categorie weblogs: de wederwaardigheden van emigranten. In deze blogs worden gerechten aangedragen die Russisch noch traditioneel zijn. De ingrediënten zijn bij de winkel om de hoek niet te krijgen. Verwacht hier geen saladevinaigrette met haring in plaats van de gewone augurken, of krab met kool in plaats van rijst, want het doel van de auteurs van dit soort weblogs is eerder om PR te maken dan om culinaire informatie te delen. Zo heb je Veronika Belotserkovskaja, uitgever en miljonairsvrouw, die het grootste deel van de tijd in het buitenland woont en een blog heeft dat duidelijk niet bedoeld is voor dames met een kleine portemonnee. Op haar blog leer je hoe je truffels en ganzenlever moet bereiden. En zo zijn er nog een hoop culinaire blogs van voormalige landgenoten, die zich de keukens van hun nieuwe land hebben eigen gemaakt en langzamerhand opgaan in hun cultuur, dagelijks leven en mentaliteit. Veel culinaire bloggers zijn echtgenotes van buitenlanders. Hun weblogs zijn erg opschepperig. Qua opschepperij zijn ze niet te vergelijken met de profielen van de plaatselijke gelukkige echtgenotes, moeders en professionals. Want dit zijn geen gewone gelukkige echtgenotes, moeders en professionals, het zijn buitenlandse gelukkige echtgenotes, moeders en professionals. De echtgenoot krijgt steevast het bijvoeglijk naamwoord 'fijn' mee. In elke regel schemert het door: de mannen daar zijn niet de horken die je in Rusland hebt. 'Ik heb voor het avondeten kikkerbilletjes à la Provençale gemaakt. Mijn man vond het heel lekker!' Of: 'Jean (Rodrigo, Vishvanathan) en ik hebben door Parijs (Madrid, Bombay) gezworven, we kwamen bij een café waar hij vaak kwam toen hij nog studeerde aan de Sorbonne (de Madrileense Academie van Schone Kunsten, het Rabindranath Tagore Instituut voor Lichamelijke Opvoeding in Bombay). We bestelden mosselen met gebakken aardappelen (jamón, masala). Nog nooit zoiets lekkers geproefd!' (Foto's van de voorkant het café, van het uitzicht vanuit het café, van onze ex-landgenote met een uitdrukking van stille voldoening op het gezicht).

Het belangrijkste doel van een Russische emigré op internet (en niet alleen op internet) is ons, zijn voormalige landgenoten, te laten zien dat

a) zijn leven in het buitenland op alle fronten is geslaagd.

b) wij, inwoners van Rusland, ons in onze stoutste dromen geen voorstelling kunnen maken van zulke heerlijkheden.

EMIGRATIE

In de vorige eeuw heeft Rusland drie grote emigratiegolven gekend: in de jaren twintig, zeventig en negentig. Bovendien sijpelden er ook in de periodes daartussen zo af en toe wat Russen naar buiten, met kleine stroompjes tegelijk. Over de oorzaken van dit treurige feit is al heel wat geschreven. Die zijn duidelijk.

Het vertrek van, inmiddels voormalige, landgenoten uit Rusland doet me altijd denken aan het eind van een sprookje: een prinselijke bruiloft, de gelukkige gezichten van het bruidspaar en... verhaaltje uit. Dat ze het daar beter hebben dan wij, wordt stilzwijgend aangenomen. Het sprookje veronderstelt dat de prinselijke bruiloft wordt gevolgd door een al even prinselijk leven, en vervolgens 'leefden ze nog lang en gelukkig en als ze niet gestorven zijn dan leven ze nu nog'. De details worden weggelaten.

Wij thuisblijvers, en ook zij die vertrekken, denken dat zij niet zomaar op zoek gaan naar een beter leven; elke emigrant blijft het gevoel houden dat hij op het buitenlandse vliegveld wordt opgewacht door zichzelf, alleen dan beter in alle opzichten: rijker, succesvoller, slanker en sportiever zo je wilt. Het westen wordt beschouwd als de ketel uit het sprookje *Het gebochelde paardje*: als je je als gewone jongen of onopvallend meisje daarin onderdompelt, kom je eruit als koene jongeling of schone jonkvrouw.

Ik weet niet wat ze werkelijk voelen, de bloggers die niet zozeer hun leven als wel hun nieuwe westerse zelf in de schijn-werpers zetten, maar op hun weblogs zijn ze non-stop in de zevende hemel. En met hun man zijn ze zo blij, en met de win-kels en met de huisdieren en met het eten... Soms krijg je de indruk dat de schrijvers van deze dagboeken in Rusland honger leden, of niks anders aten dan boekweitpap met augurken.

Ik herinner me de emigraties van de jaren negentig: een eindeloze aaneenschakeling van afscheid, tranen, uitzwaaien. We begrepen toen natuurlijk al wel dat we onze vrienden en familieleden niet naar een andere dimensie lieten gaan waaruit geen terugkeer mogelijk was, of naar een ander leven waar je elkaar niet kon opzoeken. Maar het voelde gewoon leeg en ook wel somber.

De emigranten gedroegen zich verschillend: sommigen huilden ook; ze konden zich maar nauwelijks een beeld vormen van de plaats waar ze naartoe gingen en lieten zich leiden door een redeloze angst en de hunkering om te verhuizen. Anderen voerden een clowneske afscheidsshow op met de titel 'Goddank ga ik weg uit deze shit'.

Het is eigenlijk allemaal heel rationeel te verklaren: het leven daar is alleen beter voor de mensen die heel zeker weten wat ze daar gaan doen. En die er helemaal klaar voor zijn: of ze nou zullen teren op een uitkering, of op het hoge salaris van een buitenlandse computerprogrammeur.

De belangrijkste, echt choquerende ontdekking voor de Rus in het buitenland bestaat daarin dat al zijn hebbelijkheden met hem meereizen, gewoon door het groene poortje van de douane en zonder extra plaats in te nemen in de koffer. Een neuroot blijft een neuroot, een viezerik blijft een viezerik, een idioot blijft een idioot. We denken alleen dat de hogere levensstandaard in de westerse landen de problemen van de immigranten meestal onzichtbaar maakt. En dat is nu juist koren op de molen voor de dikdoende emigranten. Want de show die onze voormalige (maar diep van binnen eeuwige) Rus in het buitenland opvoert, is bedoeld voor ons, de achterblijvers. Ja ja. Aan de wandel op hoge hakken, met diamanten en een Yorkshire terriër over een boulevard in Saint-Tropez, achter de computer in een chic interieur, op de foto met een betoverende glimlach tegen de achtergrond van de Niagara falls (zandverstuivingen in de Negev woestijn, de Reichstag). Hij heeft een Pontiac gekocht! Nee maar, we slaan afgunstig de handen ineen. Dat de Pontiac tien jaar oud is, tweehonderd dollar kostte en de hele tijd kapot gaat... sssst, beste mensen, dat mogen wij achterblijvers absoluut niet weten.

Wie van de Russen is er niet gelukkig in Rusland? Iemand die zeker weet:

a) dat de dingen die hem zo tegenstaan in Rusland niet aanwezig zijn in het land waarheen hij verhuist;

b) wat hij daar gaat doen;

c) dat hij daar welkom is als hij voor een bepaalde baan gaat. Of dat deze baan na een zekere inspanning haalbaar is.

Ik ben voor een rationele benadering van emigratie. In tegenstelling tot sommige patriotten (en niet eens alleen de onderbuikgevallen), stel ik voor: ieder kan een willekeurig land uitkiezen om in te wonen. Als je droomt van de verzengende hitte in de bergen van Afghanistan, prima. Wil je een frisse alpenweide in Zwitserland, mij best. Maar Afghanistan en Zwitserland moeten je dan wel graag zien komen in hun bergen en alpenweiden.

Als je bijvoorbeeld geen dronkaards op straat wilt zien hangen, is Israël alleszins te doen.

En de droom om zonder donsjack of bontjas (al zou dat ook best een kick geven) over straat te kunnen, zal uitkomen in San-Francisco.

Als een Russisch dichter zichzelf een tweede Nekrasov voelt, dan is er voor zijn naar publiek hunkerende muze in het westen niets te eten en waarschijnlijk ook niets te doen.

Veel emigranten zijn zwaar teleurgesteld wanneer ze beseffen dat een salaris van tweeduizend dollar, dat zelfs voor Moskou niet eens zo beroerd is, in de VS niet meer betekent dan een hongerloontje dat toekomt aan middelmatige computerprogrammeurs of aan caissières in nare supermarkten, die bovendien alleen maar werken om hun ziektekostenverzekering te kunnen betalen.

Het is bijzonder grappig om te kijken naar de hotemetoten van een groot Russisch (en dus gedeeltelijk of totaal crimineel) bedrijf, die er de ballen van snappen waarom hun zaak in het westen maar geen voet aan de grond wil krijgen. Het is een paradox: kennelijk is het niet nodig smeergeld uit te delen aan medewerkers van de gezondheidsinspectie, brandweerlieden of ambtenaren van het stadsdeelkantoor. Alles gaat er eerlijk aan toe, maar toch krijg je geen voet aan de grond. Misschien dat alle niches in de markt al zijn vervuld, of wie weet is de lucht die om het westerse zakenleven hangt voor een Russische zakenman puur vergif.

Ik herinner me dat een in Lvov geboren Amerikaan voor mijn ogen in tranen uitbarstte en zei:

"In Lvov was ik directeur van een fabriek, een hele fabriek

dus he! Iedereen stond in de rij om me een hand te geven. Maar hier ben ik degene die anderen handen moet geven..."

Wat had je dan verwacht? Werd je toen je nog in Lvov woonde opgebeld vanuit Washington met de vraag of je een fabriek wilde gaan leiden? Nee. Maar veel emigranten houden om de een of andere reden vast aan de veronderstelling dat ze in het buitenland hetzelfde werk gaan doen als in Rusland. Door deze illusie krijgen veel Russisch geschoolde alfawetenschappers en dokters het zwaar voor de kiezen:

"In Rusland kwam de gouverneur bij mij op spreekuur, maar hier wil geen enkele instantie mijn diploma erkennen!"

Of:

"In Rusland was ik docent en hield ik me bezig met het werk van Toergenev, terwijl ik hier voor andermans kinderen moet zorgen..."

Tja.

Russen in het westen doen soms een brutale poging de plaatselijke bevolking hun eigen spelregels op te dringen. Een voorbeeld: je kunt bij ons (vooralsnog) zeggen dat je atheïst bent. Maar als iemand in het westen eerlijk bekent dat hij niet in God gelooft, wordt hij onbetrouwbaar gevonden en in staat geacht tot immoreel gedrag. De vrouw van Stephen Hawking, een van de bekendste theoretische natuurkundigen ter wereld, beweerde bij haar echtscheiding dat haar man overtuigd atheïst was. Op die manier wilde ze een schaduw werpen op zijn reputatie. Toen een Amerikaanse burgemeester van een klein stadje publiekelijk opbiechtte dat hij niet in God geloofde, werd hem het werken door zijn landgenoten onmogelijk gemaakt.

Onder Russische mannen is het dan weer de norm dat je absoluut niet toegeeft dat homoseksualiteit een gewone seksuele oriëntatie is en je mag vooral niet zeggen dat ze nu eenmaal zijn zoals ze zijn. (Het is homo's in Rusland niet aan te raden om te zeggen dat ze op mannen vallen zonder eerst grondig (en liefst lange tijd) het gezelschap bestudeerd te hebben. Hierover vertel ik later meer.) Hoe raar het ook overkomt op een moderne westerling, bij ons is het volkomen normaal om te vragen:

"Wat was dat voor flikker die daar voorbijkwam?"

Welnu, als je zo'n vraag in bijvoorbeeld Amerika stelt, graaf je je eigen graf, net als wanneer je bekent dat je atheïst bent. Intolerantie wordt daar door iedereen voor zichzelf gehouden, diep weggestopt. Die arme immigranten, die hier rustig uiting konden geven aan hun antipathie tegen 'zwarten', jodenvolk, flikkers, geitenneukers en ander 'uitschot', krijgen daar in Amerika voor op hun donder. De Afro-Amerikanen hebben het niet alleen voor elkaar gekregen dat ze geen negers meer worden genoemd, zelfs het Russische woord voor zwarte hebben ze geleerd. Mijn kennissen in de VS zeggen dingen als:

"Hier in de buurt woont een mijnwerkster..."

Of:

"Mijn baas is een *chocolate*..."

Zoals ik al schreef is vriendschap in Rusland zo'n beetje het summum van de menselijke relaties. Jammer genoeg worden dat de vriendschapsbanden na een vertrek naar het buitenland onontkoombaar zwakker. En zijn er in het buitenland wel net zulke vrienden te vinden, die ook docent zijn, die ook letterkundige zijn, die ook alles weten van Toergenev (of desnoods van Tolstoj)? En als die er zijn, nemen ze je dan op in hun midden? En krijgen wij van onze Toergenevkenners per e-mail, telefoon of Skype net zo veel liefde als in Rusland, toen we elkaar bijna elke dag zagen op het werk?

Nemen wij in onze knusse wereldjes eigenlijk immigranten op uit armere landen zoals de Kaukasische en Centraal-Aziatische republieken? Wij, hoogopgeleide docenten, onderwijsassistenten en leraren van allerlei pluimage moeten er hier in de grote stad al twee keer over nadenken of het wel de moeite waard is om vrienden te worden met mensen uit Kaloega of zelfs Tver, ook niet bepaald Verweggistan. Dus wat verwachten we dan van Engelsen, Amerikanen en Zweden?

Ja, de Rus in het westen heeft het niet makkelijk, en daarom zet hij al zijn prestaties, van het risotto leren maken volgens traditioneel recept tot de aanschaf van een Siamese kat, systematisch uiteen in het 'live journal'. En als bijvoorbeeld de vrienden van manlief op bezoek komen, *zijn* landgenoten dus, dan is het een maand van tevoren al groot feest. 'Paul, een vriend van mijn Richard, een geweldige erudiete man die een *enorm* bedrijf heeft (hij verkoopt onroerend goed over de hele lengte van de kust) zei dat hij nergens zulke Texaanse steaks heeft gegeten als bij mij.' En zo beginnen wij in Rusland te denken dat daar hemels manna wordt uitgestrooid over onze arme hoofden. Maar toch, mijn god wat zijn ze grappig, die ex-landgenoten van mij. Fijn ook dat onze mening over hen nog altijd zo'n belangrijke rol speelt in hun leven, ondanks dat we gescheiden worden door bergen, dalen, tijd- en klimaatzones, vijandelijke en bevriende staten, onmetelijke oceanen, diepe rivieren en zilte zeeën.

JONG BIER MOET GISTEN

Zoals Andrej Makarevitsj het kort en krachtig verwoordde: ze zijn niet zoals wij. Er is hier een heel aparte jonge generatie ontstaan. Ik vind ze leuk. Juist omdat ze niet zoals wij zijn. Door de relatieve snelheid waarmee de sociale omwentelingen elkaar opvolgden is er sowieso een aanzienlijk verschil tussen de leden van verschillende generaties. Ik durf te stellen dat de generatiekloven in Rusland dieper zijn dan in andere landen. De twintigste eeuw bracht aanvankelijk een verlichte, ontwikkelde en aristocratische intelligentsia voort, die werd opgevolgd door fanatieke en principiële revolutionairen, van wie er vele gaandeweg veranderden in de beulen van hun eigen generatie. De dooi tijdens Chroesjtsjov bracht de stormachtige generatie van 'zestigers', waar ik altijd bij heb willen horen. De kinderen van de helderogige meisjes en jongens van de jaren zestig zijn degenen die rustig hun jeugd hebben doorgebracht in de jaren zeventig en tachtig. De jaren negentig, waarin ik mijn adolescentie beleefde, worden herinnerd als een aaneenschakeling van maatschappelijke rampen, het bonnenstelsel en de hoop op een stralende toekomst, die iedereen voelde behalve de jongeren. De laatste jaren wordt de Russische jeugd verweten passief in de politiek te staan en verslavingen onder hun generatiegenoten te verspreiden. Samen met de vrijheid hebben ook alle mogelijke verdovende middelen het land stormenderhand veroverd.

De leden van de oudere generatie jammeren graag:

"Wie gaan het straks van ons overnemen? Die cynici, die maar één God kennen: het gouden kalf? Die gamefreaks die nergens voor warm lopen behalve voor virtuele gevechten? Die onverschillige snotneuzen, die nog niet eens voor hun eigen rechten opkomen? Waar zijn de studentenrellen? Waar zijn de aanvaringen tussen boze jongeren en de politie?

Eigenlijk kennen wij hier geen studentenleven zoals dat bestaat in westerse democratieën. De generaties vanaf de jaren zeventig tot nu ogen over het algemeen tamelijk amorf. Niet dat ik daarover wil oordelen. Het getuigt van het feit dat het volk moe is van revoluties: de ervaring van de voorgaande generaties heeft bij de jongeren tot een denkwijze geleid waarvan in de Sovjettijd de inwoners van de 'landen van het losgeslagen kapitalisme' werden beticht: ieder voor zich en God voor ons allen. Gek genoeg zie ik in zo'n instelling juist meer waarde. Die is niet gericht op het becommentariëren van andermans privé-leven op partijvergaderingen. De jongeren zijn tot de conclusie gekomen dat revoluties in ons land niet leiden tot grote veranderingen in de goede richting. Dus zijn ze overgeschakeld op het leven van hier en nu. Zonder fanatisme of sociale gedrevenheid. Wel wordt van tijd tot tijd een poging gedaan ze in verschillende maatschappelijke bewegingen te drijven. Maar dit soort acties van de oudere generatie lopen nooit ergens op uit. Ze zijn niet zoals wij. Wij zijn niet zoals zij.

Wat wil de jeugd van tegenwoordig? De oudjes mopperen

dat de tere kinderzieltjes geen behoefte hebben aan heldendaden.
Nou, gelukkig maar. Een met lauwerkransen omgeven schietgat
van een mitrailleur (ik wil de betekenis van Aleksandr Matro-
sovs heldendaad geenszins bagatelliseren!) is voor onze kinderen
geen aantrekkelijk vooruitzicht. Maar waar zijn ze dan wel mee
bezig, die lange, slanke meisjes met hun glimlach die vele jaren
onaards geluk belooft en die jongens, die soms liever gamen of
bier drinken in mannelijk gezelschap dan omgaan met de leden
van het schone geslacht?

Subculturen

Door de wanorde en instabiliteit en het traditionele wantrouwen jegens welke officiële instantie dan ook (over dit trekje van
de nationale mentaliteit vertel ik later meer), is er een veelheid
aan subculturen ontstaan, van die kleine, knusse wereldjes met
hun eigen wetten en hun eigen werk- en feestdagen. De huidige
Russische maatschappij doet sterk denken aan volksgerechten
als *okrosjka*, *soljanka* of koude *svekolnik*: soepen met zeer uiteenlopende en op het eerste gezicht slecht bij elkaar passende ingrediënten. In de zoetig smakende kwas drijven stukjes
aardappel, gekookte worst, ei en een lente-uitje voor wat extra
kruidigheid. Daar houden wij van! En als de bourgeois zijn
neus optrekt bij het zien van sommige Russische gerechten,
dan is dat maar zo!

Ogen de volwassenen meer als een homogene massa – wij
verschillen vooral van elkaar op inkomensniveau — de jonge-
rengemeenschap is een echte lappendeken van subculturen, met
elk hun onderscheidende kenmerken, hun rolmodellen en hun
gedragsregels.

De leden van dit soort groepjes zijn druk met het creëren

van gemeenschappen op netwerksites en blogs. Soms zijn deze groepen opengesteld voor nieuwe leden, maar soms moeten kandidaten voor lidmaatschap van het een of andere geheime broederschap worden goedgekeurd door de oprichters van de groep. De oprichters van een nieuwe groep op een sociale site als 'V kontakte', kunnen opereren onder pseudoniemen van het type 'Grootmeester van de Orde', of 'Black Joe'. Sommige jongerenclubs hebben een jargon dat alleen voor de leden te verstaan is. Zo kunnen de fans van een of ander internetspel zich uitdrukken met speciale termen die alleen zij begrijpen. Hun zeges en nederlagen staan ook mijlenver af van de problemen in de realiteit waar wij gewone stervelingen mee worstelen.

Welke goden vereren onze kinderen?

Toen ik eens door de ontelbare profielen van 'V kontakte' aan het bladeren was, stuitte ik op een gemeenschap van piercing- en tatoeageliefhebbers. De voorzitter is een tenger uitziende knul die actief is in de organisatie van het belangrijkste evenement voor aanhangers van deze subcultuur: het jaarlijkse Piercing- en Tattoofestival. Zijn profiel is een ware ode aan het sadomasochisme. Die tatoeages, oké. Maar deze jongen had het gepresteerd om in zijn onderlip een opening van zo'n twee centimeter doorsnee te maken, dat hij beschaafd dichtstopt met een wit kurkje, om de mensen niet aan het schrikken te maken (de horror uit *Fight Club* van Chuck Palahniuk, maar dan in het echt!). In gezelschap van gelijkgestemden doet hij zijn kurk uit en steekt zijn tong door het gat. Deze acrobaat verdient zijn (dik belegde) boterham met het virtuoos doorboren van andermans tepels en clitorissen. Een andere vorm van vertier in deze subcultuur is ophanging. Hierbij worden door de huid van de rug metalen haakjes geslagen en vervolgens laat je je optillen aan deze geïmproviseerde strop. Een hemels genoegen. (Je beleeft natuurlijk nog extra genot als je ook je tepels en geslachtsorganen laat doorboren). Dit is een van de extremere *scenes*.

Je hebt ook wat eenvoudigere gemeenschappen: fans van acteurs van allerlei pluimage, films, games, kattenrassen, wielersport, autoraces, boeken, het spelletje Maffia, Afrikaanse vlechtjes, porno, BDSM, verschillende religies, atheïsme, bergbeklimmen en Indiase tempeldansen. Al even vaak verklaren Russische jongeren zich satanist, emo, goth en homo. Bij de laatste volkstelling in 2010 gaven veel jongeren als etnische achtergrond op 'emo', 'goth', 'punk' en dergelijke. Flauw. Maar persoonlijk vind ik deze tendens verheugend: een bepaald deel van de jongeren ziet de wereld onderverdeeld in subculturen in plaats van in godsdiensten en etnische groepen. Je kunt de mensheid natuurlijk beter niet onderverdelen op basis van dit soort kenmerken, maar het is wel zo dat een afstammeling van een of ander volk zo wordt geboren, terwijl een subcultuur iets is waar je zelf voor kiest...

Kinderen leven zich uit. Ze willen opvallen en origineel overkomen. Gelukkig maakt het leven van vandaag dat voor hen mogelijk. Elke jongerengroepering is een apart volkje met zijn eigen wetten en zijn eigen taal.

En ook vandaag weer jagen ze de volwassenen de stuipen op het lijf, net als de oudere generatie in de jaren zestig van de vorige eeuw de stuipen op het lijf werden gejaagd door de hippies met hun communes en het Woodstock festival, het symbool van hun beweging.

Als je ze zo bekijkt, tenger, 'flesh tunnels' in hun oren en hun haar in alle kleuren van de regenboog, dan begrijp je niet waar die veertigjarige mevrouwen en meneren met hun overgewicht vandaan komen, die de avond voor de televisie doorbrengen met een boterham met worst.

Homo ludus

Er is nog iets waar ik de jongeren vreselijk om benijd: de keur aan mogelijkheden die ze in deze maatschappij hebben om hun vrije tijd in te vullen. Als je in mijn jeugd hunkerde naar wat verstrooiing, was je vooral aangewezen op discotheken in militaire scholen. Niet ver van mijn huis plachten mijn leeftijdsgenoten uit hun dak te gaan in de club van de weeffabriek 'Wederopbloei'.

Vandaag de dag nemen de nachtclubs de benedenverdiepingen van een gebouw in, niet alleen in de nieuwe wijken maar ook in de oude stad. Je kunt je bijvoorbeeld uitleven in een tent met een groots klinkende naam als 'Las Vegas'. Die zou zich zomaar kunnen bevinden op de uitgekochte benedenverdieping van een woonflatje op een Onderzeeërkapitein Koezminstraat of een Boulevard der Enthousiasten. Je kunt ook naar een club gaan met de nietszeggende naam 'Platform'. De beste intellecten van het moderne Rusland zijn dag en nacht aan het werk in de uitgaansindustrie. Jongeren dromen van een baan als art director van een nachtclub. (Dat klinkt ook best aantrekkelijk: het doet denken aan het Latijnse gezegde *ars longa vita brevis*.) Designers leven zich uit met de vormgeving van dit soort clubs: in Petersburg kun je er een vinden in popartstijl, volgehangen met werk van Andy Warhol, maar er is ook een club die is vormgegeven naar het interieur van een traditionele Russische 'izba'.

De jeugd trekt nacht aan nacht van de ene club naar de andere, ze wisselen graag van omgeving maar geven verder niet veel om de entourage: het publiek in de 'Russische izba' verschilt maar weinig van de bezoekers van de popartcitadel.

Ze dansen op muziek die wij volwassenen niet kennen. Hun koningen zijn de dj's: dat is onder jongeren, net als art director, een heel prestigieus beroep.

Uiterlijk

De jeugd is over het geheel genomen democratischer dan de oudere generatie. Ze kennen minder belang toe aan statussymbolen. Zo kan de dochter van een directeur van een groot bedrijf over straat gaan in spijkerbroek, stevige schoenen en een donsjas. Terwijl de zoon van dezelfde man, zolang zijn vader hem nog niet voor de zaak heeft geëngageerd, kan rondlopen in een gescheurd T-shirt, met aan zijn vinger een ring met een doodshoofd.

Jongeren kiezen uit twee kledingstijlen: sportief (voor elke dag) en clubstijl (voor bij het uitgaan). Laatstgenoemde vereist veel bloot bij de meisjes. Sommige mensen laten zich afschrikken door deze kledingstijlen. Het is soms ook wel raar om tijdens een college gapende decolletés en blote ruggen te zien. Voor een dergelijke manifestatie van seksualiteit, en dat nog wel bij nacht en ontij, zouden westerse feministes dit lustobject aan stukken scheuren. Maar de relaties tussen de seksen in Rusland ontwikkelen zich op hun eigen manier.

Als je in Spanje over straat loopt, valt op hoeveel vrouwen met overgewicht er zijn. Dat weerhoudt ze er niet van uitdagend te paraderen met blote buiken en navelpiercings. In de New Yorkse metro heb ik een dame gezien van een kilo of honderdvijftig in een kort spijkerbroekje, met cellulitis waar je u tegen zegt. Ze schaamde zich totaal niet voor haar uiterlijk: het is warm, dus draag je een korte broek. En haar figuur... zo was ze nu eenmaal geschapen.

In Rusland, zeker onder jongeren, kom je zo'n filosofische houding tegenover het eigen lichaam haast niet tegen. Ik ken meisjes die zowat elke dag naar de sportschool gaan om hun natuurlijke aanleg voor molligheid onzichtbaar te maken voor hun omgeving. Ik denk dat een Russische vrouw eerder zal bekennen dat ze moeder is van vier buitenechtelijke kinderen die ze als baby heeft weggegeven, dan dat ze cellulitis op haar heupen heeft.

Ik ga zelf ook naar de sportschool. Soms stel ik me voor dat een heel deel van de uitvoerige memoires die ik op mijn oude dag zal schrijven, getiteld zal zijn 'De strijd met de eigen kont'.

Punt vijf in het paspoort en onze buik zijn onze strijdarena's. Ik heb wel eens een buitenlandse televisiepredikant horen vertellen dat de menselijke ziel een slagveld voor lichte en duistere krachten is. Ha ha. Hij is nooit vrouw geweest en heeft nooit in Rusland gewoond. Want wij weten waar de echte strijd woedt.

Jonge meisjes zijn gulzige afnemers van boeken van het genre 'Wat kun je nog eens eten om slank te worden'. Sommige arme studentes kunnen maar nauwelijks de eindjes aan elkaar knopen, ze hebben maar net genoeg geld om van te eten. Maar dat maakt ze geen greintje minder geobsedeerd met hun figuur, en met de mooie dag wanneer hun taille zo volmaakt is geworden dat ze hem onbedekt kunnen laten, nadat ze eerst zo'n modieus ringetje in hun navel hebben gestoken.

Onze media houden de leden van beide seksen een bepaalde uiterlijke norm voor ogen, die wordt versterkt door reclame en populaire tv-shows: iemand hoeft niet slim, ontwikkeld of aardig te zijn. Maar hij moet wel jong, slank, mooi en succesvol zijn. Vreemde combinatie. Maar het is ook weer een van onze paradoxen.

Je moest eens weten tot wat voor gehonger deze norm de jonge Russische meisjes drijft. Om op hun voorbeeld te kunnen lijken zijn veel meisjes bereid om niets anders tot zich te nemen dan ingestraald water. De hoop op een relatie vervliegt evenredig met de kilo's die ze aankomen. Alleen bijzonder vermetele, zelfverzekerde oudere vrouwen kunnen zich veroorloven hun partner van repliek te dienen op de volgende manier:

Partner: "Je bent wat aangekomen lieverd. Kijk eens naar

de Wc-eendreclame, zie je wat een mooie vrouw daar met een wattenstokje onder de rand van de toiletpot heen en weer gaat? Waarom ben je niet zoals zij, lieverd?! Waarom?!!" (Wrijft driftig met zijn dikke vingers over zijn zwetende kale hoofd. Zijn reusachtige buik gaat nerveus op en neer. Je voelt dat hij klaar is om zich in een nieuw avontuur te storten, omdat hij zeker weet dat hij achter de ijzeren deur van hun appartement wordt opgewacht door een ongeduldige menigte fotomodellen.)

De vrouw: "Het is makkelijk om van jonge en slanke vrouwen te houden. Probeer maar eens te houden van een dikke en niet meer zo jonge vrouw."

Daar kan de man niets tegenin brengen. Hij houdt op met dromen.

Jonge mensen kunnen zich zoiets van hun leven niet permitteren. Zij moeten een ingetrokken navel hebben met een ringetje erdoorheen. Een glamourfiguur is een lust voor het mannenoog. (Och, die ontblote schoudertjes, ruggetjes, buikjes, borstjes). En dan hebben we het maar koud; wie mooi wil zijn moet pijn lijden. Een meisje mag hier niet lelijk zijn.

De jonge mannen, die tot een leeftijdscategorie behoren waar het aantal mannen ongeveer gelijk is aan het aantal vrouwen, moeten vooralsnog ook aan flink hoge eisen voldoen. De jongelui hebben de leeftijd nog niet bereikt dat ze zich kunnen permitteren pronkend met bierbuik door het leven te gaan, en daarom schrijven ze zich in bij sportscholen waar zorgzame trainers een programma opstellen voor het oppompen van hun spieren. Het resultaat van dit soort activiteiten is een borstkas cup B (tussen zulke mannenborsten zou een dikke ketting met massief kruis super staan, of desnoods een medaillon met Egyptische thematiek), een lekker rond kontje en stevige heupen.

Natuurlijk is de jeugd heterogeen, maar de hoge eisen waaraan het uiterlijk moet voldoen lijken voor iedereen te gelden.

En de ziel? Deze vrijheidslievende, speelse schepsels denken toch niet alleen maar aan seks, hun uiterlijk en het uitgaansleven?

Wat lezen ze? Wat leren ze?

Een vriendin van mij maakt zich druk over haar dochter:
"Mijn God! Je wilt niet weten wat die leest!"
"Wat leest ze dan?"
"Ik weet het niet. Fantasyboeken van schrijvers die ik niet ken."
"Wees blij dat ze leest."
De vriendin is niet overtuigd.
"Nee, Masja, ik weet toch hoe ik moest huilen om het lot van die arme Rémi van *Alleen op de Wereld* van Malot. En in de zevende klas was ik totaal ondersteboven van *De man die lacht*."

In de Sovjettijd bestond de literatuur van de verbeelding voornamelijk uit sciencefiction.

De boeken van de Engelse schrijver Tolkien leerden wij kennen aan het begin van de perestrojka. Toen bleek dat de verbeeldingsliteratuur ook uit gewone fantasieën kon bestaan. En dat de sprookjesachtige wereld van de personages niet per se uitgerust hoefde te zijn met allerlei technische gadgets die aantoonden hoe ver de wetenschap over twee of drie eeuwen zou zijn. In de communistische tijd wilde elke sciencefictionauteur een ziener zijn zoals Jules Verne, die de komst van de onderzeeër voorspelde.

We hebben nog altijd heel veel clubs van Tolkienfans waarvan de leden zich verkleden als hobbits en andere beesten en ze verschillende thematische veldslagen organiseren ter verovering van mythische ringen.

Het is waar, kinderen lezen niet wat wij lazen. Het is nog tot daaraan toe dat met het verdwijnen van de Toergenjeviaanse meisjes ook Toergenjev zelf is verdwenen (of was het andersom?). Maar zijn plaats is ingenomen door aliens en vampiers in alle soorten en maten. De grenzen van de werkelijkheid zijn vervaagd, kinderen zijn nog maar weinig geïnteresseerd in psychologisch proza en de werken van de romantici laten ze koud. De grenzen van ordinaire fantasieën zijn daarentegen opgeschoven: draken vliegen, honden praten, vampiers lijden. De laatste tijd waarschuw ik mijn studenten van tevoren als ik ze de opdracht geef een recensie te schrijven:

"Schrijf in godsnaam niet alleen recensies over Stephenie Meyers onsterfelijke meesterwerk *Twilight.*"

Hoeveel recensies ik vervolgens wel niet krijg in de trant van: 'De mooie Bella had haar liefde gevonden. Maar haar geliefde bleek helaas een vampier. Dappere Bella gaf haar droom niet op. De geliefden doorstonden samen vele beproevingen en kwamen uiteindelijk bij elkaar. Het boek laat zien dat je aan je liefde moet vasthouden, dan breekt de tijd van geluk aan.'

Het is begrijpelijk dat de erotisch gekleurde hype rondom vampiers en weerwolven de moderne criticus elke mogelijkheid tot recenseren ontneemt: de jeugd bestaat immers in het algemeen niet uit deskundigen op het gebied van literatuur. Voor veel van hen is zelfs die ouwe Sherlock Holmes een nogal saaie verschijning. Geen wonder, uit zijn ogen schieten geen rode lichtstralen, hij slaat geen giftige nagels uit en er schiet ook al geen steekvlam uit zijn aarsopening. Dooie boel hoor.

Het ligt niet in mijn aard om paniekerig te doen: ach, de jeugd van tegenwoordig is zo vreselijk! Ach, wat een geestelijke armoede, och, ze hebben geen moraal. Wij waren destijds kuise meisjes in witte sitsen jurkjes met goudblonde vlechten op de rug. Zij zijn anders. Ze raken sneller moe dan wij. Ze hebben meer mogelijkheden om hun vrije tijd in te vullen. Ze vinden het moeilijk om zich in te stellen op het langzame verteltempo van de Russische klassieken.

Mijn zoon leest boeken van auteurs waar ik nog nooit van gehoord heb. Wat doe je eraan?

We worden wat dit betreft meegesleurd door een westerse tendens: het bestaan van een groot aantal deskundigen op beperkt terrein, die veel over niets weten en niets over alles. De humanitair geschoolde bèta is in Rusland een uitstervende soort. Een Russische programmeur beduimelt tegenwoordig alleen nog de bladzijden van iets thrillerachtigs over de levens van draken.

De bewering dat Rusland van het meest lezende land is veranderd in het minst lezende land, lijkt mij al te panisch. Ik vind het moeilijk te geloven dat er bij ons minder gelezen wordt dan in Congo of Ethiopië, dat regelmatig in hongersnood verkeert (en wat moeten ze dan met geestelijk voedsel?).

We hebben nog een maatschappelijke *boom* waarover om de een of andere reden niet geschreven wordt in onze media, terwijl die toch graag onnodige paniek zaaien. Dat is de *boom* in het onderwijs.

Wat studeren ze tegenwoordig? Heel wat anders dan wij. Alle beroepen waarvoor je gestudeerd moest hebben steunden in ons land hoofdzakelijk op drie vakken: arts, leraar en ingenieur. (Er waren geloof ik ook nog beroepen als jurist, of taalkundige. Maar een vijfjarige studie taalkunde of rechten eindigde vaak in een baan op een lager niveau.) Toen ik klaar was met mijn middelbare school, maakte ik mijn keuze op basis van uitsluiting. Ik dacht toen dat ik zeker geen arts was en ook geen leraar. Dus werd het ingenieur. Want ja mensen, daar moest je het mee doen. (Ik heb me daarin uiteindelijk behoorlijk vergist: nu besef ik dat ik veel meer een leraar ben en zelfs meer arts dan ingenieur.)

Wat ze nu studeren, daar kun je werkelijk niet bij met je verstand: management in honderd varianten, marketing, reclame, maatschappelijke betrekkingen. God weet wat dat is. Zelfs mijn progressieve ouders, zoals dat tegenwoordig heet, begrijpen niets van deze bonte stoet van universitaire studies. Want vroeger zongen we: 'de dokter helpt ons te genezen en de meester leert ons lezen'. De arts ondersteunt de gezondheid, de leraar de kennis en ingenieurs ontwerpen ons materiële goed. Dan ga je je afvragen wat deskundigen op het gebied van maatschappelijke betrekkingen eigenlijk produceren. Iemands reputatie? Waarin laat die zich meten en wie meet die? Een willekeurige pr-deskundige zal grif antwoorden: uiteindelijk gaat het om de winst van het bedrijf. Maar hoe leg je dat uit aan een niet-ingewijde...

Wie zit er in de collegebanken?

Toen het hoger onderwijs in Rusland niet meer een pure staatsaangelegenheid was, begon iedereen her en der particuliere onderwijsinstellingen op te richten. Alle vertrouwde hogere onderwijsinstellingen werden universiteiten. Dat geeft niet alleen een bepaald pakket privileges, maar ook het aangenaam kloppende gevoel in je borst van het besef dat je niet zomaar ergens studeert of werkt, maar aan de *universiteit* voor papier- en cellulosetechnologie of aan de *universiteit* voor koeltechniek. Het woord 'universiteit' komt trouwens van het woord 'universeel': dat wilde zeggen dat je op zo'n instelling zeer uiteenlopende kennis kon opdoen.

Kun je een studie universeel noemen als deze alle aspecten van het gebruiken en ontwerpen van communicatiemiddelen behandelt? Ik betwijfel het. Maar ook daar werd snel wat op gevonden. Op en top technische universiteiten openden een humanitaire faculteit. Op plaatsen waar van oudsher ingenieurs en andere techneuten werden klaargestoomd, studeren nu dus uitheemse en bonte vogels als juristen, managers (over raadselachtige beroepen gesproken!) en reclamespecialisten. Deze afdelingen zijn meestal niet gratis. Ze werden destijds in allerijl opgericht om concurrenten voor te zijn. Deskundigen op het gebied van de geschiedenis van de Communistische Partij en het wetenschappelijk communisme bekwaamden zich als de wiedeweerga in het reclamevak (dit was niet nieuw voor hen, het Sovjetsysteem had voortdurend reclame nodig), marketing en rechten. En begonnen college te geven aan jongelui met geld.

Wie zijn ze, die moderne studenten, die totaal andere studies doen en willen doen dan wij vroeger deden?

Laten we beginnen te zeggen dat het er veel zijn. Heel veel. In Petersburg zijn er op het gebied van hoger onderwijs bijvoorbeeld al meer particuliere dan staatsinstellingen. En ook de staatsinstellingen richten steeds weer nieuwe specialismen op. Parallel aan de demografische crisis kennen sommige instituten en universiteiten zelfs een studententekort.

De droom van de communistische romantici is uitgekomen. In de collegebanken hebben keukenmeiden plaatsgenomen die maar één droom lijken te hebben: het land te leiden. De brede toegankelijkheid van het hoger onderwijs heeft diegenen de collegezaal in geloodst die er de voorgaande jaren in principe geen toegang toe hadden.

Wie in de jaren zeventig en tachtig van de vorige eeuw in studeerde, kan zich de studenten herinneren die vanuit de kolchozen en fabrieken werden gestuurd. Deze mensen gingen met tegenzin naar de colleges, meestal deden ze avondstudies. In de pauzes verdwenen ze soms. Wanneer ze terugkwamen roken ze naar bier: toentertijd waren er in de stad een heleboel bierkiosken die de populaire alcoholische drank op tap hadden.

Nu is alles anders. Het zijn vaak de zwakkere, ongemotiveerde studenten die proberen wijzer te worden tijdens de dagcolleges: de studie wordt betaald door hun ouders. Een voltijdopleiding is de duurste studievorm. De gratis studieplaatsen van een voltijdopleiding (met name bij de populaire vakken) worden meestal vergeven in ruil voor steekpenningen (een sleutel die vele deuren opent en die ik later zal bespreken), die ook door de onbaatzuchtige ouders betaald worden. Dus de motivatie van dit soort studenten is niet hoog. Ze zouden hier waarschijnlijk helemaal niet hebben gezeten als hun ouders niet in staat waren geweest om te betalen (Rusland kent nog geen populair, dat wil zeggen voordelig leensysteem voor studenten), en de corruptie niet zo alomvattend zou zijn geweest.

Een bekende van me die wiskundige analyse geeft op een technische hogeschool (pardon, universiteit) vertelde hoe ze een tentamen afnam van een student, een familielid van de rector van de universiteit, voor wie het nodige betaald was aan steekpenningen. Ze was gewaarschuwd dat ze op die dag bij hem een hertentamen af moest nemen. Bang om zich de woede van de rector op de hals te halen gaf de docente deze toekomstige technische grootheid een eenvoudig sommetje om op te lossen (niveau — matige middelbare schoolleerling):

"Wat is $(-1)^3$ (-1 tot de derde)?"

De snelle student kwam meteen met een oplossing:

"3?"

"Nee, denk nog eens na."

"O, ⅓?"

"Niet zo snel, even nadenken nog."

"O, ik weet het: ½!"

De professor doctor wiskundige analyse, specialist op het gebied van integraalvergelijkingen, was verbijsterd. En zoiets zou straks de titel van ingenieur dragen!

Wanneer ik college geef aan studenten van de avond- en deeltijdvariant, voel ik daarentegen een soort bevlogenheid. Ik word daar niet opgewacht door proletariërs die van hogerhand in de collegebanken zijn neergezet. Dit zijn mensen van wie de meeste zelf voor hun studie betalen. Dat heeft een positieve invloed op hun instelling. Zulke studenten nemen elk woord als een spons in zich op, ze hebben veel vragen en hunkeren ernaar hun toekomstige vak onder de knie te krijgen. Vaak zijn het mensen die het niet makkelijk hebben in hun leven. Ik zie meisjes die een baan hebben als caissière in een grote winkelketen: hun dienst duurt twaalf uur, daarom kunnen ze niet alle colleges bijwonen en schrijven ze de aantekeningen over van hun medestudenten. En geloof het of niet, maar zo'n meid die een hele dag loopt te sloven, voelt niet alleen het verlangen maar heeft ook nog voldoende puf om te studeren. Deze jongeren beseffen hoe weinig voldoening het schenkt om achter de kassa te zitten, achter de toonbank te staan of telefonische verkooppraatjes te houden. Juist bij hen is de honger naar kennis van het gezicht te lezen.

Het leven is harder geworden voor mensen die geen zin hebben om hun brood te verdienen met klusjes als het opknappen van een woning, iets waar het land helemaal bezeten van is (en waarover straks meer). Een universiteitsdiploma (het maakt vaak niet eens uit voor welk vak) is een soort indicator geworden van een niet al te laag IQ. Werkgevers denken dat als een salesmanager van, zeg, kantoorartikelen, hoog opgeleid is (al was het op het gebied van raketbouw), hij dan meer balpennen en gummetjes zal verkopen. Als je niet hoogopgeleid bent en je hebt geen eigen onderneming waar je jezelf in dienst neemt, ben je een kleurloze en onaantrekkelijke speler op de markt, en daarom probeert iedereen op de universiteit te komen: van secretaresses tot huisvrouwen, die bang zijn dat het gezin op een kwade dag zonder kostwinner komt te zitten. Een universitaire opleiding is tegenwoordig haast een minimumeis van de werkgever. Alleen als je die felbegeerde bul in je bezit hebt, kun je uitzien naar een baan waaraan je schonen handen overhoudt en nog een beetje geld ook.

Ik kijk soms met gemengde gevoelens naar mijn studenten, die moe van een volle werkdag bij mij komen om hun geest te voeden. Aan de ene kant bewonder ik ze, zoals ik al schreef. Ik vind ze vaak sympathiek en sommige zijn begaafd en gebruiken hun hersens. Maar van anderen denk ik dat het hoger onderwijs niet aan hen besteed is. Ze willen pr-deskundige worden. Ze weten wie Sam Black is, maar hebben bijvoorbeeld niet de romans van Ilf en Petrov gelezen (en hebben zelfs geen idee wie dat zijn). En je kunt ze beter ook niet vragen wie Orwell was. Oké, Nabokov kennen ze allemaal. Drie keer raden welk boek ze uit en te na kennen. *De gave*? *Pnin*? *De verdediging van Loezjin*? Ik dacht het niet. Natuurlijk, het is *Lolita*, in hun beleving een hoogst onbetamelijke roman over een pedofiel (pikant onderwerp!).

Ik vraag al heel lang niet meer aan mijn studenten welk boek van Vladimir Nabokov ze hebben gelezen, omdat ik van tevoren weet wat het antwoord is:

"*Lolita*". (Gelach, sommigen slaan de ogen neer en de meest schroomvalligen beginnen te blozen.)

(Maargoed, ik denk dan ook dat deze roman, die de schrijver wereldberoemd heeft gemaakt, door de meeste lezers vroeger en nu, binnen en buiten Rusland, beschouwd wordt als een verbijsterend erotisch werk terwijl niemand het sarcasme van de auteur opmerkt...)

Nee, natuurlijk zijn er nog steeds heel wat lezende mensen in Rusland, ook jongeren. Er zijn veel uitgeverijen, die enorme holdings oprichten met filialen in verschillende steden. Weliswaar drukken ze hun boeken in oplages die niet te vergelijken zijn met die van tijdens de Sovjet-Unie. Maar het aanbod van titels is dan ook groot...

Toch is het niveau van een zaal studenten in de praktijk vaak bedroevend. Vroeger hadden docenten een lichtend voorbeeld tot hun beschikking in de vorm van de 'bleke jongeling' met de vurige blik van alle boeken die hij gelezen had. Nu kan zo'n blik vurig zijn van iets totaal anders: van het verlangen het vak onder de knie te krijgen en om zich te voegen in het bestaande systeem door een vaste, goed betaalde baan te vinden. Zij studeren niet om tot grote wetenschappelijke hoogtes te stijgen of om de schoonheid van de goddelijke Russische letteren te ervaren; ze verlangen eerst en vooral naar kennis waarmee ze een succesvolle (lees: goed betaalde) werker kunnen worden.

Het is een ander soort mensen, ze zijn met veel, ze zijn pragmatischer. Ze doen totaal andere dingen in hun vrije tijd, ze werken hard, ze zijn onderworpen aan de eisen van deze tijd en ze geven op een totaal andere manier structuur aan hun leven.

De computer als venster op de wereld

Seksuologen hebben vastgesteld dat er een bijzondere soort jongeren is ontstaan. Het zijn heel vreemde, luie mensen. Nee, ze kunnen het best goed doen op hun werk of in hun studie (zie boven). Maar al hun vrije tijd brengen ze door achter de computer. Als het gaat om geliefde vormen van vermaak staan computergames bij hen op nummer één. Daarna volgt bijvoorbeeld cafébezoek met vrienden. Seks en de omgang met het andere geslacht komen pas op de derde (bij sommigen zelfs vijfde!) plaats.

De jeugd (met name de mannen) van tegenwoordig houdt

er niet van zich in te spannen voor een relatie. Hun reële leven wordt armer, terwijl hun virtuele wereld groeit.

Over de geneugten en de gevaren van internet kun je een apart boek schrijven.

Maar dit nieuwe type mens, of beter: type jongere, mag hier niet onbesproken blijven. Het zijn niet alleen de games, waar ze dagen en nachten van hun vrije tijd aan kwijt zijn, elke keer weer blij wanneer ze de strijd winnen van een leger tot de tanden toe bewapende insecten of zo iets; internet is een plaats waar je kunt zijn wie je wilt zijn. De sfeer van anonimiteit lokt, fascineert en prikkelt.

Een puistige knul kan actief zijn op seksfora onder de bijnaam 'Ilja Muromets', waar hij zichzelf afschildert als een seksgoeroe. Een werkloze kan zich voordoen als een tweede Bill Gates. En een armoedzaaier kan adviezen geven over de gunstigste manier om geld te investeren waarbij hij voorbeelden put uit eigen ervaring. Dit is een plek waar mensen beroemd worden, kijk maar naar de zanger Pjotr Nalitsj, die zijn eigen nepclip op internet zette. Hier kun je literaire en niet-literaire werken (zoals Grisja Perelman dat deed) publiceren. En erkenning krijgen, of als voorheen je dagen slijten in anonimiteit. Hier kun je een gelukkige relatie krijgen. Of niet, maar dan tenminste een poging daartoe ondernemen.

Ook het weblog is veranderd van een gewoon elektronisch dagboek in een middel om te communiceren, de eigen (en andermans) ideeën te promoten en de grote massa te informeren. Het is een plek geworden waar je je kunt beklagen over een onrechtvaardige situatie of waar je om geld kunt vragen.

Het web is voor veel jongeren veranderd van een werkplek en informatiebron in een hele wereld, prachtig, interessant, welriekend bijna.

De satiricus Michail Zjvanetski heeft een keer, uit onvrede

met het IJzeren Gordijn, bij de televisie voorgesteld een programma te maken met de naam 'Club Filmreizen', waarbij je als kijker de deining van de zee kon voelen en de geur van exotische bloemen kon opsnuiven. Het is frappant: we kunnen tegenwoordig probleemloos overal naartoe reizen, maar de computer heeft voor velen de functie van dat programma overgenomene voelt de spetters zeewater bijna echt op je gezicht.

Patriottisme, of het ongelovige verre westen

In 1988 vroeg mijn lerares geschiedenis aan de klas:
"Wat is het verschil tussen patriottisme en Sovjetpatriottisme?"

De klas wist zich geen raad met de stupiditeit van de vraag. Ze gaf zelf het antwoord:

"Patriottisme is liefde voor het vaderland, Sovjetpatriottisme is liefde voor het Sovjetvaderland."

Mijn klasgenoten Igor en Edik, toekomstig staatsburgers van respectievelijk de VS en Israël, hinnikten brutaal. Ik geloof dat Igor zelfs met zijn vinger een draaiend gebaar maakte tegen zijn slaap, toen de lerares zich naar het bord keerde. Het waren al relatief softe tijden.

Het Sovjetvaderland is niet meer. Waar moeten we heen met ons onverbruikte Sovjetpatriottisme?

De jongere generatie is vrij kosmopolitisch. Voor hen is het bijvoorbeeld normaal om af te studeren in Rusland en zich verder te specialiseren als promovendus in Engeland. Het oude Russische spreekwoord: de vis zoekt waar het dieper is, de mens waar het beter is, gaat zeker over hen. Velen worden gelokt door een baan in het westen, zeker als er goed voor betaald wordt. Niet zonder jaloezie zei een van mijn studenten:

"Mijn klasgenote heeft het nu goed voor elkaar: ze acteert in Hongaarse pornofilms."

Een jaar of vijfentwintig geleden zouden ze hem alleen al om deze uitspraak streng in de gaten zijn gaan houden. Natuurlijk is er niks goeds aan acteren spelen in films voor 18+. Maar ook daarover spreken jongeren tegenwoordig makkelijk.

In veel opzichten is de pragmatische manier waarop men het eigen land benadert een teken dat de globalisatie ook onze contreien bereikt heeft.

Dus, hoe zit het met de liefde voor het vaderland, al is dat geen Sovjetvaderland meer? Hoe ziet die liefde eruit? Als je onder patriottisme 'boerenhemden en vetlaarzen' verstaat, kun je niet echt zeggen dat dat wijd verbreid is onder de Russische jeugd. Zoals Bill Clinton de situatie zou duiden: 'The economy, stupid'. Overpeinzingen over de lotsbestemming van Rusland, hoe briljant ze ook mogen zijn, kosten veel energie en tijd. (Vasisuali Lochankin was er hele dagen en nachten mee bezig.) Dat snoept een groot deel af van de mogelijkheden die de huidige tijd ons, hoe mondjesmaat dan ook, biedt om geld te verdienen. Of je zet je in voor het lot van het vaderland, je sluit je aan bij een nieuwe Unie van Aartsengel Michael, je verplaatst je met de benenwagen en eet drie keer per dag aardappels zonder boter. Of je zet je noeste arbeid niet in voor de toekomst van het land maar voor een of andere inhalige, gemene werkgever, en je eet aardappels met vlees en boter (misschien zelfs met kaviaar) en hebt op z'n minst een Hyundai Accent voor de deur staan. Sommigen zien kans om een zwarte outfit, gemillimeterd haar en hoge schoenen te combineren met een baan die wat oplevert. Maar dat is maar weinigen gegeven.

Veel jongeren houden van Rusland op een manier die ik sympathiek vind, Rusland is voor hen een plek waar de landschappen prachtig zijn, en de mensen om je heen je eigen vertrouwde taal spreken. Ik hou wel van hun patriottisme, die gespeend is van enige hysterie. Foto's van uitstapjes in de buurt worden met evenveel plezier op internet gezet als die van vakanties naar Thailand.

Andere oevers

Vroeger, in de dagen van mijn jeugd, toen het IJzeren Gordijn nog maar net was geweken (en ook toen het nog hing) werd die zeldzame geluksvogels die over de grenzen van het imperium waren gevlogen steevast gevraagd:

"En wat heb je meegebracht?"

Ik moet bekennen dat ikzelf bijvoorbeeld altijd de neiging had om deze vraag als eerste te stellen, eerder nog dan het meer culturele:

"En hoe vond je het Louvre, is de Hermitage inderdaad beter?"

Of:

"Is het waar dat de landschappen in Thailand zo mooi zijn?"

Nu vind ik het helemaal niet meer interessant om te weten wie er wat heeft meegenomen uit het buitenland. En mij vraagt ook nooit iemand daarnaar. Oké, ik koop graag spijkerbroeken in Amerika, bij ons kun je haast niet dezelfde kwaliteit vinden voor zo'n lage prijs. En mijn vriendin brengt schoenen mee uit Europa, ze koopt ze liever daar. Maar we praten alleen zijdelings over wat we allemaal gekocht hebben. Alleen als we echt iets heel ongewoons hebben meegebracht, is het onderwerp van gesprek.

Maar ook de landschappen en bezienswaardigheden kunnen me niet bijzonder boeien. Waarom zou ik behoefte hebben aan 'seks op z'n Russisch', wat inhoudt dat je toekijkt hoe anderen zich uitleven, terwijl ik er zelf naartoe zou kunnen gaan zo de portemonnee het toeliet? Tegenwoordig zijn we geïnteresseerd in het praktische aspect van de reis: heeft het zin om een reisbureau in de hand te nemen of is het makkelijker om je reis zelf te regelen? Waar is het hotel met de gunstigste prijs-kwaliteitverhouding? Moet je een auto huren?

Jongeren verbazen mij in positieve zin met hoe makke-lijk ze voor iets te porren zijn en hoe knap ze uit de voeten kunnen met de toeristische logistiek, zal ik maar zeggen: ze organiseren de meest ingewikkelde routes, door de Schen-genlanden bijvoorbeeld, waarbij ze met duizelingwekkende snelheid van slaapplaats of transportmiddel wisselen. Voor hen zijn dingen normaal waar wij niet eens van droomden, wij, de met oogkleppen getooide kinderen van het zieltogende Sovjetimperium.

Ze mountainbiken, zweven in de lucht, duiken af naar de zeebodem en racen van sneeuwhellingen af. Ze kunnen letterlijk alle wegen bewandelen met welk middel ook. Het is volgens mij te danken aan de mogelijkheid om wat van de wereld te zien dat onze jeugd nu minder vatbaar is voor de idiote invloeden van nationalisme en andere onzin: hoe meer landen en gebruiken je kent, hoe minder je de behoefte hebt om in je eigen cocon te blijven zitten.

Schade en schande?

En weer hoor ik het afgezaagde gezeur: die afschuwelijke jongeren van tegenwoordig! Waar gaat het heen met de wereld!

Veel leden van de oudere generaties kunnen geen afstand doen van de seksuele revolutie, die Rusland niet meteen na de uitvinding van de pil, maar iets later dan de rest van de wereld overspoelde met buitengewoon veel kracht. Natuurlijk waren de normen en waarden in de jaren zestig van de vorige eeuw niet dezelfde als vroeger (trouwens, Rusland kende in de jaren twintig al een uitbarsting van seksuele vrijheid. Denk maar aan Aleksandra Kollontaj met haar theorie van het glas water). Maar de televisie en film waren als vanouds preuts. Nu erotiek en porno voor iedereen toegankelijk zijn, denken velen dat de jeugd zinloos ten onder gaat in de poel van seksueel vermaak. Ja, er is een vrije moraal. En ja, sommige jongeren beschouwen de grove seksuele orgieën die de pornografie hun voorschotelt als de norm voor de omgang tussen de seksen. Maar over het geheel genomen verandert er niets wezenlijks: mensen trouwen, zetten nakomelingen op de wereld (de intensiviteit van dit proces hangt gewoonlijk samen met de economische cijfers) en sterven als trouwe (of ontrouwe) echtgenoten.

Helaas is er samen met de vrijheid ook een enorme golf verdovende middelen over Rusland uitgestort. Was dronkenschap bij ons altijd al iets waar niemand van opkeek, de drugsgebruiker was in het begin een exotisch verschijnsel. Jammer genoeg kun je dat nu ook niet meer zeggen. Alleen al in Sint-Petersburg worden er volgens de meest bescheiden berekeningen in meer dan veertig medische instellingen drugsverslaafden behandeld. Helaas zijn de meeste van hen jonge mensen. Het grootste deel van hen wordt niet ouder dan dertig jaar. Dit is allemaal heel treurig en het is volkomen terecht dat de oudere generatie zich hier zorgen over maakt. Het is de verschrikkelijke tol voor de vrijheid, die we hadden kunnen zien aankomen: Rusland is nu eenmaal een land waar de van genotsmiddelen afhankelijke mens altijd een onaangenaam maar alledaags element is geweest van het straatbeeld in stad en dorp.

Bescheiden conclusie

Ik probeer mezelf altijd verre te houden van de mensen die klagen over de vreselijke jeugd van tegenwoordig. Ze zouden niet kunnen werken, ze zouden niets weten, ze zouden niets willen. En bij ons was dat allemaal anders, bla bla. Zulke mensen geven alleen maar blijk van hun eigen bekrompen geest en van hun jaloezie op de jeugdigheid, schoonheid en het sterke gestel van jongeren.

Ik las laatst een dergelijke *cri de coeur* in een artikel van een journalist die ik vroeger heel graag las: de nieuwe generatie kan niet schrijven, jongeren zijn niet in staat de essentie van iets te vatten. Ik begreep meteen dat de auteur van het artikel had afgedaan als creatieve persoonlijkheid. Met zo'n tekst laat iemand zien dat hij op professioneel gebied mislukt is. En ik kreeg gelijk: alle latere schrijfsels van deze man bewezen mijn hypothese.

DE RUSSISCHE TELEVISIE,
OF MONSTERS IN VRIJHEID

Een bijzonder indringend en aanwezig onderdeel van ons leven is de televisie. Persoonlijk voel ik een bijna fysiek onbehagen bij de meeste programma's. Daarom kijk ik niet zo vaak. En daar voel ik me beter bij.

Maar pas geleden was ik snipverkouden, ik zat bijna twee weken met koorts op de bank. De letters op mijn computerscherm dansten voor mijn troebele ogen. Lezen kon ik ook niet. Maar mijn rusteloze geest had voortdurend behoefte aan... ik weet niet waaraan: aan verstrooiing, aan geestelijk voedsel. In elk geval deed ik iets wat ik nooit deed: ik zette de televisie aan.

Uiteraard heeft dit hoofdstuk niet tot stand kunnen komen zonder wat ik toen gezien heb.

Maar wat had mijn neef gelijk, toen hij op een mooie dag ontdekte dat als je de televisie in de berging zet, de plaats die door het vervloekte ding werd ingenomen weer vrijkomt. Na deze simpele constatering heeft hij de daad bij het woord gevoegd. (Ik weet niet waarom hij hem niet helemaal weggegooid heeft: in de berging neemt het ding toch ook ruimte in). Het leven is er beter op geworden, volgens hem. Natuurlijk bereikte mijn neef als gevolg van deze actie niet dezelfde staat van verlichting als Aleksej Boelanov, de huzaar die kluizenaar werd uit de roman *Twaalf stoelen* van Ilf en Petrov. Maar dat zijn leven erop voor-uitging staat buiten kijf.

Toen ik na bijna twee weken voor de buis te hebben gezeten, mismoedig in het café verscheen voor een afspraak met mijn geleerde vriendinnen, was ik zo dom om op te biechten dat ik televisie had gekeken. En dat er niks aan was geweest. Ze keken me aan alsof ik de idealen van de intelligentsia verkwanseld had en zeiden:

"Waarom moest je dan zo nodig kijken!"

Ik schaamde me diep. Ik besefte dat ik een regel had overtre-den die ik in dit boek nog niet besproken heb: een ontwikkeld mens kan in Rusland beter geen televisie kijken. Of specifieker: je kunt beter zeggen dat je helemaal geen tv kijkt of dat je dat vervloekte ding in de berging hebt gezet (zo'n actie wordt met respect bejegend) dan dat je zo onnozel bent om te vertellen dat ze het gisteren in het programma *Laat maar praten* over dit en dit hadden, of dat ze dat en dat hebben laten zien. Beken-nen dat je televisie kijkt, om het even welk programma, staat in sommige kringen gelijk aan zelfmoord, tenzij het nachtfilms zijn (er zijn maar weinig mensen die het uithouden tot dat tijdstip) of sommige programma's op de zender 'Kultura' en 'Mijn pla-neet'. Goed, als je je echt niet kunt inhouden kun je zeggen dat je met een half oog gekeken hebt naar *RosBiznesKonsulting* of het doorlopende nieuwsprogramma *Vesti*. Televisie is een soort porno geworden: kijken mag, maar als je jezelf als een beschaafd en ontwikkeld mens beschouwt, kun je dat beter niet toegeven.

Maar ik had het al toegegeven. En er bleek nog een 'principe van de pornoliefhebber' van kracht te zijn: als je een 'film voor

18+' kijkt, zeg dan niet dat je dat leuk vindt, of nog erger, opwin-
dend. Zeg: ik keek om wetenschappelijke redenen, omdat ik een
proefschrift schrijf (of desnoods een lezing voor een conferentie
voorbereid) over bijvoorbeeld 'De evolutie van vrouwenbeel-
den in de pornografie op de drempel van de eenentwintigste
eeuw'. Zo ook vertelde ik mijn vriendinnen dat ik van plan was
een heel hoofdstuk in mijn boek te wijden aan onze televisie.
Dus nu, geachte lezer, rest mij niets anders dan dit hoofdstuk te
schrijven, om te voorkomen dat ik de reputatie krijg van iemand
die ongevefakete orgasmes krijgt van onze televisieprogramma's.

Het belangrijkste principe van de hedendaagse
Russische televisie.

Als je kijkt naar het weerbericht van het Russisch meteorolo-
gisch instituut, krijg je vaak het gevoel dat je in een absurdistisch
toneelstuk zit. Ze zeggen: morgen wordt het zonnig. Je kijkt uit
het raam. Over de hele horizon is de hemel bedekt met dikke
zwarte wolken. Rusland heeft geen al te prettig klimaat: willen
de meelevende meteorologen hun landgenoten opvrolijken met
een optimistische weersverwachting? Ook al kun je met één blik
uit je eigen raam zien dat er een storm aankomt? Soms lijkt het
alsof het Russisch Hydrometeorologisch Centrum geen ramen
heeft.

Op dezelfde manier lijkt het alsof de makers van veel televisieprogramma's zich in ruimtes zonder ramen bevinden. Of
ze verkeren in een milieu van een, eh, vreemd soort mensen. Of
ze maken bewust programma's voor een publiek met een lager
intellectueel en cultureel niveau dan zijzelf.

De moderne Russische televisie stoelt in het maken van
programma's voor het volk en het uitzenden daarvan op prime

time, op het principe van de schijnbare onwetendheid (waar ik het al eerder over had). Natuurlijk leven de televisiemakers onder de mensen en niet in ivoren torens. Toch laten ze ons iedere dag dingen zien die doen denken aan rare sprookjes die werkelijkheid zijn geworden, of aan een absurdistisch toneelstuk.

Thematische uitweiding, of de drie principes van Hearst

De krantenmagnaat Randalph Hearst deed in de vorige eeuw in de VS goede zaken en gaf veel succesvolle tijdschriften uit. Een van de trucs die hij uitvond om de aandacht van zo veel mogelijk lezers te trekken, is de naar hemzelf genoemde stelregel van drie principes.

Volgens Hearst zouden de krantenteksten die de meeste lezers trokken minimaal één van de drie bij vrijwel ieder mens aanwezige instincten aanspreken:

1. Het voortplantingsinstinct
2. Het instinct tot zelfbehoud.
3. IJdelheid.

Op verkenning met de drie principes van Hearst

De Russische televisie is vergeven van deze drie principes. Het lijkt wel alsof elk project van tevoren wordt geanalyseerd om te checken of er toch zeker twee van de drie punten aanwezig zijn van Hearsts stelregel.

Goed, we hebben intellectuele programma's van het soort *Wat? Waar? Wanneer?* en *Eigen spel*. En na middernacht kun je soms een echt goede film kijken.

Maar het grootste deel van de ether, zeker op de doordeweekse avonden, is gevuld met producten van een totaal ander allooi. We klagen:

"Zoveel zenders en nog valt er niks te kijken."

Natuurlijk is er niemand die ons dwingt om dat ding aan te zetten. En op internet kun je alles kijken wat je wilt. Maar ik moet toegeven dat ik 's avonds onder het koken graag met een schuin oog naar de tv kijk, als er iets goeds op is.

Overigens denken de makers dat tegenwoordig elk succesvol programma een gevoelige snaar raakt in de Russische ziel van een doorsnee burgerman. Dat is helaas ook een karaktertrek van met macht beklede Russen: ze voelen zich hoger, slimmer en verlichter dan hun publiek, terwijl ze bewust op een lager niveau te werk gaan.

'Laten we trouwen'

Het aangaan van een liefdesrelatie is een opgave die niet is weggelegd voor mensen met zwakke zenuwen. Er zijn in Rusland veel eenzame zielen die ernaar verlangen hun wederhelft te vinden. En laat Kanaal 1 daar nu net iets voor hebben.

Drie leuke en verschillende vrouwen: Vasilisa Volodina, astrologe; Larisa Goezejeva, actrice, presentatrice en gewoon een lust voor het oog; en Roza Sjabitova, professioneel koppelaarster: gedrieën stellen ze in een mum van tijd koppels samen uit een poule van wel heel vreemde mensen.

De show die ze presenteren ziet er soms uit als een groteske fantasie, maar soms is het ook ronduit eng. De programma's zijn afwisselend: de ene keer kiest de bruidegom zijn levenspartner uit drie pretendenten, de andere keer doet de bruid dat.

De gedachte is eigenlijk wel goed: ik ben altijd blij als het een eenzame figuur lukt om een relatie te krijgen. Maar och, och wat een gruwel.

Een gruwel zijn de meisjes met hun erotische outfits, een gruwel hun gapende decolletés en hun blote armen en benen of het nu zomer of winter is, een gruwel zijn de jongens die vertellen wat voor iemand ze in het echtelijk bed willen hebben en in de keuken, een gruwel de vrienden die de hoofdpersonen vergezellen. En dan de presentatrices, die jagen mij meer angst aan dan de eerste de beste boeman.

Volodina, die wiskunde gestudeerd heeft, toch een van de nuchterste vakken, vertegenwoordigt volgens de opzet van het programma de huidige trend van alles wat mystiek is. Ze communiceert niet met zomaar iemand, maar met de oneindigheid zelve. En haar verlangen tot communiceren met de hogere krachten blijft niet zonder antwoord. Soms vertelt de waterman haar iets, dan weer is het Saturnus. Ontzagwekkende planeten, constellaties, ja soms zelfs hele melkwegstelsels blijken haar te vertellen waarom Vasja Poepkin uit Krasnodar nooit gelukkig zal zijn met Nastja Batarejkina uit Korjazjma. De kwestie blijkt beslist te worden op het hoogste niveau, in het sterrenbeeld Steenbok. En over een uitspraak van het heelal kan niet gecorrespondeerd worden. Tenminste, Volodina zegt het op zo'n toon dat je daarvan uitgaat.

In het programma staan Larisa Goezejeva en Roza Sjabitova symbool voor de vrouwen van Rusland: slim (in Rusland heersen specifieke ideeën over het vrouwelijk verstand en wat dat is: het is vanzelfsprekend een lager en ander verstand dan het mannelijke) en daardoor nog onderdaniger, ze weten hoe ze een man moeten behagen. Voor hun uitspraken zouden ze in elk fatsoenlijk land door de feministen worden verscheurd. Maar bij ons houden ze niet van feministen, zeker de mensen die niet weten wat dat zijn (later meer over de vrouwenbeweging in Rusland).

Daarom kijken wij, eenvoudige Russische burgers, na een zware doordeweekse werkdag hoe de kittige managers van andermans lot hun goede werk verrichten. Daarom vertelt Goezejeva dat de vrouw de man moet dienen en dat dat haar goed zal doen (een interessante vraag is dan wie de man zelf moet dienen. De Sovjet-Unie? Rusland?) Sjabitova overtuigt de dames van dertig jaar en ouder ervan dat je op deze gevorderde leeftijd snel moet gaan trouwen. Nadat ze door haar man bont en blauw was geslagen kwam Sjabitova tot inkeer en besefte ze dat als een man zich gewelddadig gedraagt tegenover een vrouw, zij, serpent dat ze is, hem dus te weinig warmte en vrouwelijke liefde heeft gegeven...

De kandidaten, die erop gebrand zijn om de aandacht te trekken van het andere geslacht, zingen veel, ze dansen, lezen zelfgeschreven gedichten voor en verrichten voor het oog van de kijker zoveel afschrikwekkende handelingen dat je naar adem moet happen.

'Laat maar praten'

Terwijl het programma *Laten we trouwen* in één keer twee behoeften van de Rus bevredigt: de behoefte aan mystiek en die aan een relatie (Goezejeva en Sjabitova weten dat ieder mens zonder levenspartner al op jonge leeftijd reddeloos verloren is), is het programma *Laat maar praten* goed voor twee van de principes van Hearst: hier spelen én de neiging om je te vergapen aan de ellende van een ander, én de behoefte om bevestigd te zien dat je zelf de slechtste niet bent en dat je het ook nog niet zo slecht getroffen hebt. En zo kan ieder mens in navolging van de Franse schrijver Jean-Paul Sartre aan het eind van het programma de conclusie trekken: '*L'enver, c'est les autres*'.

Het programma begint altijd met een bloedstollend verhaal.

Toen Vanja uit het dorp Soekino-Zajtsevo niet thuis was, is zijn huis met daarin zijn drie minderjarige dochters vlammen opge-gaan.

"Vanja, vertel eens, waarom was je niet thuis?" vraagt de pre-sentator Andrej Malachov met indringende stem.

"Ik was op mijn werk natuurlijk," antwoordt Vanja, een man met een door drank aangetast gezicht.

Dan beginnen de gasten in de studio, onder wie steevast een afgevaardigde van de Staatsdoema of ten minste van de Gemeen-telijke Doema van Moskou, een gevierd advocaat, een artiest en nog iemand met een min of meer bekend gezicht, te emmeren:

"Vanja, hoe kon je dat nu doen? Guttegutteguttegut, wat bezielde je? O o o, wat erg!"

De diamanten aan hun vingers en in hun oren schitteren, hun parelwitte tanden blikkeren, hun haren glanzen zijdezacht als in de shampooreclame.

"Ach Vanja, Vanja toch... je bent toch vader!"

In de volgende aflevering laten ze ons ene Angela Perepe-toejkina zien, die haar pasgeboren baby bij het vuilnis had gezet. En daarna halen ze een vrouwtje naar voren uit provincie X, die via de rechtbank alimentatie wil afdwingen van haar dochter, die ze tien jaar geleden in een dronken bui op straat had gezet. En zo komt er geen einde aan...

"Pjotr Petrovitsj, hoe heeft u dat nou kunnen doen? U bent toch vader!"

"Angelika Romualdovna, waar haalde u het lef vandaan, u bent toch moeder?"

"Ibrahim Soelejmanovitsj, houdt u nu van uw vrouw of niet?"

Ja, ze houden van hun kinderen, hun vrouwen en hun man-nen. Het komt alleen wel eens voor dat ze er eentje doodsteken, wurgen, naakt in de vrieskou op straat zetten, verbranden, ver-krachten, kort en klein slaan, of, de meest menselijke onder hen, alleen maar bestelen. Dat is alles. Die dingen komen toch in elk gezin voor?

Ik kan hier niet anders dan Daniil Charms citeren, die opgroeide in een intellectueel gezin, weinig had meegemaakt, niet keek naar *Laat maar praten* maar in plaats daarvan kleine meesterwerkjes schreef die hij presenteerde als zwarte humor en absurdistisch theater:

"Zonder op te scheppen kan ik wel zeggen dat toen Volodja me een oorvijg gaf en me in het gezicht spuwde, ik hem zo'n pak slaag heb gegeven dat het hem lang zou heugen. Pas daarna heb ik hem met de primus geslagen, en met de strijkbout sloeg ik hem die avond. Dus hij stierf echt niet meteen. Het is ook geen bewijs dat ik hem overdag nog zijn voet heb afgerukt. Hij leefde toen nog. En Andrjoesja heb ik gewoon uit inertie gedood, ook dat kan ik mezelf niet aanrekenen. Waarom moesten Andrjoesja en Jelizaveta Antonovna me dan ook in handen vallen? Ze hadden geen reden om zo van achter de deur tevoorschijn te springen. Ze beschuldigen me van bloeddorstigheid, ze zeggen dat ik bloed heb gedronken, maar dat is niet waar: ik heb de bloedplassen en -vlekken opgelikt. Het is een natuurlijke behoefte van de mens om de sporen uit te wissen van zijn misdaad, al is die nog zo onbeduidend. En Jelizaveta Antonovna heb ik ook niet verkracht. Ten eerste was ze geen maagd meer, en ten tweede had ik met een lijk van doen en had ze dus niets te klagen. En wat dan nog, dat ze hoogzwanger was? Het kind heb ik er dan ook maar uitgetrokken. Dat het überhaupt nooit onder de levenden is geweest op deze wereld, daar kan ik ook niks aan doen. Ik ben niet degene die zijn hoofd heeft afgerukt, dat kwam door zijn dunne hals. Hij was niet geschapen voor dit leven. Het is waar dat ik hun hond met mijn laars over de grond heb uitgesmeerd. Maar het is wel erg cynisch om mij te beschuldigen van moord op een hond, terwijl pal daarnaast drie mensenlevens vernietigd zijn, zal ik maar zeggen.

Het kind niet meegerekend. Goed dan, in dit alles (daar kan ik in meegaan) kun je wel enige wreedheid van mijn kant bespeuren. Maar dat het feit dat ik heb zitten poepen op mijn slachtoffers als een misdaad wordt beschouwd, neem me niet kwalijk, maar dat is toch wel absurd. Poepen is een natuurlijke behoefte en dus geenszins crimineel. Kortom, ik begrijp de bezorgdheid van mijn advocaat, maar ik hoop toch op volledige vrijspraak."

Zo'n ontboezeming, eenvoudig van vorm en huiveringwekkend van inhoud, zou zomaar kunnen voorbijkomen in *Laat maar praten*. Het gaat er vooral om dat wij, kijkers, zoiets zonder een spoortje ironie moeten accepteren

Ik ben iemand die niet zonder sarcasme kan kijken naar bekende Russen die in diepe ernst zitten te praten met een type dat zijn kinderen heeft overgeleverd aan de vlammen, honden, wolven, kannibalen, krokodillen, comprachicos, illegale orgaanchirurgen en ander uitschot. Als ik een van die vele kindermoordenaars was zou ik een citaat opvoeren van diezelfde Daniil Charms:

"Kijk, sommige mensen zeggen dat kinderen onschuldig zijn. Dat zal best, maar ze zijn wel buitengewoon weerzinwekkend. Zeker wanneer ze dansen. Kinderen vergiftigen is wreed, maar je moet toch íets met ze doen!"

Wat jammer dat moordenaars de Sovjetklassieken niet lezen of aan hun kinderen voorlezen...

Wat jammer dat wij klaarstaan om te oordelen over dingen die niet zo gemakkelijk te beoordelen zijn. Om ons geslaagd te voelen, kijken we naar allerhande monsters of halfmensen die proberen uit te leggen waarom hij of zij... Trouwens, deze kwestie hield ook Fjodor Dostojevski bezig, de schrijver die meevoelde met de vernederden en vertrapten. Hij toonde medelijden met de alcoholist Marmeladov, die met zijn eigen dronkenschap zijn hele gezin te gronde had gericht...

'Leugendetector'

Russen zijn, zoals ik al schreef, een noordelijk, beheerst volk. We zijn een natie van angstige mensen, op onze hoede en argwanend. Als een filosoof uit de oudheid trekken we alles in twijfel.

Maar daar krijgen wij, neurotisch en angstig als we zijn, van de televisie een waardevol geschenk aangereikt in de vorm van het programma *Leugendetector*. (Laten we ervan uitgaan dat dit programma, evenals de bovengenoemde, niet in scène is gezet door een stelletje mislukte acteurs).

De hoofdpersonen verdienen geld door vragen te beantwoorden over hun leven. Het waarheidsgehalte van hun antwoorden wordt gecontroleerd met een leugendetector. Ach wat smult de natie ervan om haar landgenoten God weet wat te zien vertellen ten overstaan van het hooggeachte vaderland. Het zou toch fantastisch zijn om ons allemaal verplicht aan de leugendetector te leggen. En ons zo onder de mensen te begeven. Altijd. Want tot nu toe gaat het wel altijd om futiliteiten: je datsja registreren, een watermeter installeren... Je moet het groot aanpakken, net als in het programma, dat al eeuwen gepresenteerd wordt door Andrej Malachov.

Ach, hoe bereidwillig zijn onze bescheiden landgenoten het vaderland van alles toe te vertrouwen, en dat niet eens voor het geld, maar om het spelletje te kunnen winnen.

Elke deelnemer van het programma heeft een steungroep. Meestal zijn dit familieleden die hun solidariteit betuigen met het slachtoffer, dat vastgebonden zit aan dat vreemde apparaat dat op een elektrische stoel lijkt.

De emoties lopen op en de vragen worden schokkender:

"Voelt u afkeer in de nabijheid van uw vrouw?" vroegen ze een man. In de steungroep zat zijn vrouw, mak als een lammetje en duidelijk opgevoed in de school van Goezejeva en Sjabitova.

"Ja," antwoordde de kandidaat oprecht. In plaats van dat zijn vrouw hem haar laars in zijn smoel smeet en opstapte om nooit meer terug te komen, bleef ze hem onverstoorbaar knikjes van steun en medeleven toewerpen.

Een andere, in alle opzichten sympathieke dame kreeg de vraag:

"Heeft uw man u ooit geprobeerd te vermoorden?"

Haar levensgezel, die in de zaal zat, glimlachte teder naar zijn geliefde. Natuurlijk is een poging tot moord een kleinigheid. Dat overkomt elk huwelijk wel eens.

Deze vrouw, een maatschappelijk werkster, maakte op mij een onuitwisbare indruk, doordat ze de meest uiteenlopende seksuele handelingen onderging die anderen maar ook zijzelf bij haar verrichtten. Het hele land, van Kaliningrad tot Vladivostok, kwam te weten dat deze respectabele moeder van twee dochters zichzelf seksueel bevredigde met behulp van huishoudelijke voorwerpen, en ook dat ze verkracht was, maar dat kennelijk niet met behulp van huishoudelijke voorwerpen.

Toen de dochter van deze heldin had gehoord dat haar moeder slachtoffer was geweest van verkrachting, vroeg ze haar moeder simpelweg:

"Mamma, was ik al geboren toen je verkracht werd?"

Niet 'wat erg', niet 'arme Mamma', maar of ze al geboren was ja of nee. Wat natuurlijk heel belangrijk is om te weten.

Nu schiet me weer een citaat te binnen, dit keer uit de film *Een woord voor de arme huzaar* van Eldar Rjazanov. In dit programma zie je mensen voorbijkomen die je 'furies en andere hetaeren' zou kunnen noemen.

Leugendetector levert het bewijs voor wat ik vaststelde over het gedrag van mijn landgenoten op sociale netwerksites. Op de foto zie je een gelukkig gezin. Maar zet een willekeurig persoon aan de leugendetector en je krijgt een totaal tegenovergesteld plaatje. Het lijk in de kast is niet alleen bij Engelsen een vast element van de huisraad.

Dames en heren, laten we elke Rus een zakformaat leugendetector geven. En als er niet genoeg leugens zijn voor alle detectors, dan kunnen we ook alle kantoren voor volkshuisvesting uitrusten met deze apparaatjes. Zodat we iedereen die over zijn woonplaats liegt, kunnen ontmaskeren.

Concerten

In het algemeen komt onze televisie tegemoet aan de behoeftes van de burger. Ze begrijpen daar hoe zwaar ons leven is. En om het wat op te vrolijken, hebben ze de ether gelardeerd met amusement, zoals je een lamsbout opfleurt met knoflook.

Steeds weer dezelfde sterren vullen de ether met steeds weer dezelfde liedjes. Ik snap gewoon niet waar ze de tijd vandaan halen om aan de opnames van al die concerten mee te doen. Ik ben bijna gaan geloven in het bestaan van dubbelgangers.

We worden inmiddels onpasselijk bij het zien van hun blije gezichten, maar we hebben niets te kiezen. Het is of Kirkorov, of Baskov en consorten, of helemaal niets.

Sinds de komiek Petrosjan en zijn gezelschap de zender 'Rossia 1' bezet, is ook daar geen ruimte meer voor enige andere humor.

En er is geen sprankje hoop, ook al spelen schoolkinderen nu het computerspel 'Petrosjansjina', waar de verliezer voor straf naar theater 'De lachspiegel' gestuurd wordt, waar hij grapjes moet maken op een podium.

'Programma Maximum' en meer

Televisiecoryfeeën vinden dat het leven van de Rus niet over rozen hoeft te gaan. Om deze eenvoudige doelstelling te bereiken bestaan er twee soorten tv-programma's:

1. Programma's in de trant van 'De verschrikkingen van onze stad';
2. Programma's in de trant van 'Wat een leventje!'

Je kunt het zo gek niet bedenken of ze laten het zien in *Programma Maximum*: weer iemand die iemand afslacht, of ophangt. Iemand die mishandelt, of iemand die steelt.

Als je de meeste onderwerpen eens goed bekijkt, zie je dat de programma's eigenlijk helemaal nergens over gaan. De een beschuldigt de ander van iets, de een verdenkt de ander van iets. Als die drie principes van Hearst maar volledig gevolgd worden. In het eerste type programma's worden de instincten tot voortplanting en tot zelfbehoud genadeloos uitgebuit.

Een programma als *Je gelooft het niet!* op zender NTV profiteert dan weer van de ijdelheid van de mensen. Hier draait alles om de jetset en het goede leven, dat zich concentreert rond het centrum van Moskou en de Roebljovboulevard.

De kijkers voelen afgunst. Ze voelen zich overdonderd, ook al zijn de afleveringen armzalig en meestal verstoken van enige inhoud. De zangeres Irina Allegrova woont heel eenzaam in een reusachtig huis even buiten Moskou en slaapt daar al even eenzaam in een reusachtig bed onder een deken met luipaardprint. Een of andere ster ligt in scheiding met haar man (zijn vrouw), een ander is naar de plastisch chirurg geweest en heeft zijn oogleden (benen, handen, buik, borst, achterwerk) laten straktrekken. Dodelijk saai. Als de presentator er niet zo opgewonden bij praatte, zou je er zo bij in slaap vallen.

Opgejaagd door het verlangen naar hoge kijkcijfers vergeten

de makers van dit soort programma's de eenvoudige lessen die we geleerd hebben van de revolutie van 1917: in Rusland mag je niet zo schaamteloos en openlijk pronken met wat je hebt!

In de veronderstelling dat hun veel, zo niet alles is toegestaan, leveren deze programmamakers een product dat niet past bij de nationale identiteit. De mensen beseffen dat je in Rusland hooguit in het programma *Wat? Waar? Wanneer?* iets met je eigen verstand kunt bereiken, daarom benijden ze de rijken op een kwaadaardige en wanhopige manier. Deze duistere jaloezie is een negatieve emotie met een grote destructieve kracht. Bij ons steek je vaak makkelijker de nieuwe villa van je buurman in brand dan dat je een soortgelijk huis voor jezelf bouwt. Misdaad is natuurlijk altijd fout, maar de fantasie over brandstichting is aanzienlijk gemakkelijker uit te voeren dan die over het bouwen van een huis.

'Mystieke' televisie

Mystieke programma's zijn in te delen in twee categorieën:

1. Expliciete mystiek: buitenaardse wezens, profeten en paragnosten;
2. Verhalen over wonderbaarlijke genezingen.

Zoals ik eerder al schreef, is de macht van het irrationele over onze geesten tegenwoordig sterker dan ooit. We worden regelrecht binnenstebuiten gekeerd door waarzeggers, tovenaars, wonderdokters en andere lieve mensen die altijd klaarstaan om mensen in nood een helpende hand te bieden.

De term obscurantisme, die in de Sovjetperiode in zwang was, is nu definitief in het vergeetboek geraakt, en de meeste mensen weten niet eens wat het betekent. Het geloof in het bovennatuurlijke is tegenwoordig niet alleen voorbehouden aan de lagere sociale klassen (zoals gebruikelijk), zelfs hogeropgeleiden doen eraan mee.

Lyrische uitweiding, of hoe ik onverwachts de weldoener van een gezin ben geworden

Een goede vriendin die ik nog van school ken, droomde ervan om te trouwen. Toen ze de vijfendertig passeerde, veranderde de droom in een obsessie. Ik begreep het en leefde met haar mee. Mijn medelijden werd sterker door wat ze allemaal meemaakte, dat geheel in de geest was van het Russische spreekwoord 'vervloekte koeien hebben korte hoorns': hoe heviger mijn vriendin ernaar verlangde om te trouwen, hoe slechter ze werd behandeld door de mannen die ze al bijna als huwelijkskandidaat beschouwde.

Toen ging ik naar Israël. Ik stelde haar zelf voor om een briefje in de Klaagmuur te stoppen waarop ik God zou vragen om haar eindelijk eens aan de man te helpen.

Eenmaal in Jeruzalem ging ik voor mijn bezoek aan het heiligdom aan tafel zitten om het briefje aan God met de verzoeken voor mezelf en voor mijn zielige vriendin op te schrijven. Het werden niet minder dan twee kantjes, klein geschreven en in het Russisch. Ik weet niet of de Heer in Israël Russisch begrijpt. Maar ik ken behalve Engels geen buitenlandse talen. Het lukt me maar niet om van mijn Israëlische kennissen te weten te komen welke taal God nader staat: die van Poesjkin of die van Shakespeare. Dus schreef ik het briefje maar in de taal waarin ik mijn wensen het makkelijkst kon uitdrukken.

Om een lang verhaal kort te maken, het is nu drie jaar later en geen van mijn verzoeken is verhoord. Op één na: de wens dat mijn vriendin snel een relatie zou krijgen.

Ik was nog geen maand terug of een van de klanten van het huwelijksbureau waar ze zich had ingeschreven gaf haar te kennen dat hij wilde trouwen. Kwade, ongelovige tongen beweren dat het toeval is. Want er was geen plek waar ze haar ware Jacob niet zocht: op internet, bij allerlei evenementen en bij het bewuste huwelijksbureau.

Maar mijn vriendin beschouwt me voor altijd als de heilige die haar een gezin heeft bezorgd. Ik spreek haar niet tegen, waarom zou ik?

Als ik bij haar thuis aan tafel zit, voel ik bijna fysiek hoe het aureool rond mijn hoofd aan het stralen is. Langs de rand van het aureool staat geschreven: 'Weldoener'.

Deze geschiedenis is heel typerend voor een trekje van de moderne Russische mentaliteit, namelijk dat men liever in iets bovennatuurlijks gelooft dan een rationele verklaring voor iets wil vinden. Twintig jaren zonder Sovjetmacht hebben ons van overtuigde materialisten veranderd in serieuze idealisten die overal symbolen, voortekenen en profetieën in zien.

Dit is precies het publiek waar de mystieke programma's op mikken. Een van de bekendste Russische tv-zenders heeft als slogan 'Mystiek op één'. Maar programma's over het bovennatuurlijke waar de Rus zo van houdt, kun je ook nog op vele andere kanalen zien. Een inwoner van een dorp in de provincie Rjazan laat een landingsplaats van buitenaardse wezens zien die zich pal naast zijn kippenren bevindt. Ondertussen getuigt het uiterlijk van dit personage niet zozeer van doorlopend contact met vertegenwoordigers van vreemde beschavingen, als wel van permanent gebruik van spiritualiën waarvan het percentage hoog is en de kwaliteit laag.

Een ziekelijk ogende vrouw uit de stad is genezen met hulp van kosmische straling. Terwijl haar man spontaan uit de dood is opgestaan. Nu vertelt hij over zijn indrukken van wat hij aan gene zijde gezien heeft, waaraan hij een kort maar zinrijk bezoek heeft afgelegd.

Dit is allemaal nog kinderspel vergeleken met het programma *De strijd der paragnosten*, waarin mensen die de indruk wekken nauwelijks te kunnen lezen en schrijven de toekomst voorspellen en naar het verleden gissen, onder luid gerinkel van hun reusachtige oorbellen en sjamanenarmbanden. Tja, de mogelijkheden van de televisie zijn groot en de goedgelovigheid van ons volk kent geen grenzen.

De satirische schrijver Michail Zjvanetski maakte nog in de Sovjettijd, toen er alom totale schaarste heerste, de grap dat het verdwijnen van oude producten omgekeerd evenredig verliep aan het verschijnen van nieuwe medicijnen. Je hoeft die uitspraak vandaag maar een beetje aan te passen: het duurder worden van oude medicijnen en het verschijnen van nieuwe volksmethoden verlopen ook omgekeerd evenredig met elkaar.

Rusland heeft nooit eerder zo'n massale opmars van de volksgeneeskunde gekend. Op Kanaal 1 (de belangrijkste nationale zender) was het programma *Malachov+* nog niet afgelopen of we kregen er *Gezondheid!* bij. Natuurlijk zeggen de presentatoren van dit soort programma's altijd dat de methoden van de volksgeneeskunde slechts een aanvulling zijn op de reguliere methoden. Maar vervolgens breekt er zo'n bacchanaal aan dat je oren ervan klapperen. Gennadi Malachov vertelde een keer dat zijn vrouw een flesje van zijn geneeskrachtige, gearomatiseerde urine (wat eenieder die een gezond leven leidt in de kast heeft staan!) verwarde met een flesje parfum. En wat zou het ook? Je kunt hier alles gebruiken als medicijn: van havermout tot paardenvijgen. Als het maar goedkoop en makkelijk te verkrijgen is.

De pers heeft een breed assortiment medische publicaties

in pocketformaat in de aanbieding. De brieven van lezers, door henzelf geschreven of door de redactie, staan bol van de recepten voor wondermiddelen. Je vindt hier geraspte huishoudzeep die je, om van je hernia af te komen, op je onderrug moet leggen, tot en met een aftreksel van luizen tegen een slechte spijsvertering en urine tegen alle kwalen. Kampioen in de categorie volksmiddeltjes brouwen vind ik toch wel de inwoner van een provincieplaatsje die vogelmuur at, een onkruid dat hij uit zijn eigen tuin en uit alle omringende tuinen haalde (ik stel me voor hoe hij 's nachts door vreemde tuinen sloop op jacht naar dit kruidje) en waarmee hij van kanker zou zijn genezen..!

Internet staat niet alleen bol van de recepten voor volksmiddeltjes, maar ook met filmpjes waarop mensen figureren die zelfs voor onze volksgeneeskundige televisieprogramma's onvoorstelbaar excentriek moeten zijn. Er is een dokter, een heel populaire nog ook, die als middel tegen aambeien adviseert om een komkommer in de anus te duwen. Natuurlijk krijg je dan veel vragen, zoals: moet je hiervoor dan eerst het steeltje erafhalen? Of: kun je de komkommers na de behandeling nog gebruiken waarvoor ze primair bedoeld zijn? Zijn komkommers met bobbeltjes ook geschikt? Want stel je voor, straks worden alle darmspecialisten omvergelopen door de slachtoffers van deze veelvoorkomende kwaal, met klachten over scheuren in hun achterste. Of bestaat er tegen deze scheuren ook nog een of ander middeltje? Misschien kun je de door stroeve komkommers ontstane beschadigingen wel genezen met een gladde groente?

Dezelfde expert op het gebied van goedkope en makkelijk beschikbare geneeswijzen adviseert mensen met overgewicht om zich in het tapijt te rollen en vervolgens te proberen zich uit de greep van het wollen gevaarte te bevrijden. Een tapijt is in bijna ieder Sovjethuishouden aanwezig en je hoeft bovendien geen geld te verspillen aan fitnessclubs.

Het belangrijkste: als iemand adviseert om in plaats van dure medicijnen je toevlucht te nemen tot komkommers, salie of urine, dan betekent dat dat hij eerlijk is. En dat hij niet betaald wordt om verborgen reclame te maken voor een of ander farmaceutisch concern. Een volksgenezer kun je op zijn woord geloven!

Series

De series, die op *prime time* worden uitgezonden, kun je ook opsplitsen in twee categorieën:
1. Series voor jongeren;
2. Series voor ouderen.

De eerste tonen die plaatsen waar de jonge mensen volgens de scenarioschrijvers hun tijd doorbrengen, bijvoorbeeld het kantoor of de studentenflat.

Maar dat is het nou juist: de jeugd werkt inderdaad veel en sommige studenten wonen ook wel in studentenflats, maar het clichématige uiterlijk en gedrag in de langlopende series zijn niet gebaseerd op de werkelijkheid maar op het eeuwige principe van schijnbare onwetendheid, waardoor het creatieve deel van de Russische televisiemakers zich laten leiden.

Kantoormedewerksters gaan naar hun werk in bijzonder sexy kleding en zijn opgemaakt alsof ze uitgaan. Veel collega's hebben een relatie met elkaar, wat ze voortdurend laten merken zonder hun werkplek te verlaten. De toon en intonatie van de gesprekken hebben meer met de straat van doen dan met een kantoor van een solide onderneming.

De studentenflatbewoners doen in uiterlijk en gespreksonderwerpen meer denken aan bordeelbewoonsters die hun tijd verdrijven met eten, seks en roddels, dan aan studenten van een vooraanstaande universiteit, waar een studie behoorlijk veel energie en tijd kost.

Natuurlijk, entertainment moet er zijn, maar deze series scheppen een denkbeeldige werkelijkheid die de jeugd niet veel goeds zal leren en die ze een verkeerde voorstelling geeft van het leven.

In de series van het tweede type komt altijd een geplaagde, geblondeerde heldin voor die ten langen leste het geluk vindt. Een schurkachtige zakenman die uit alle macht probeert de eerlijke zakenman te gronde te richten. (Het recht zegeviert altijd). Dan is er nog een hele reeks standaardpersonages, die na wat te worden bijgeverfd overstappen van de ene langlopende dramaserie naar de andere. Bijvoorbeeld het wijze oude dorpsmoedertje dat de snikkende blondine diepzinnige adviezen geeft:

"Niet huilen liefje. Ik voel het aan mijn hart: alles komt goed."

De dialoog vindt plaats in het interieur van een traditionele *izba* compleet met iconen, geborduurde handdoeken en misschien zelfs een samovar. De duidelijk in de studio gebouwde *izba* doet meer denken aan het gestileerde huis van een nieuwe Rus dan aan de dorpswoning van een eenvoudige gepensioneerde vrouw.

Soms kan zo'n serie, om extra origineel te zijn, gaan over het dagelijks leven van primitieve zigeuners, om maar iets te noemen.

Natuurlijk verschilt waar ook ter wereld de werkelijkheid in televisieseries behoorlijk van het echte leven, maar onze series zijn zo onwaarschijnlijk eentonig dat ze door een en dezelfde scenarioschrijver geschreven zouden kunnen zijn. De politieserie *Onopgelost* is razend populair geworden doordat de geschetste taferelen zo dicht bij het echte leven stonden. De hoofdpersoon, een charmante politieagent van een van de Moskouse burelen, gebruikt opsporingsmethoden die niet toegestaan zijn, neemt steekpenningen aan en rijdt in een auto die hij van zijn leven niet met zijn eigen geld zou kunnen bekostigen.

Maar over het algemeen is hij geen slechterik: het zijn niet de arme gepensioneerden die hij schoffeert, maar gewetenloze zakenlieden. Van alleenstaande moeders neemt hij geen steekpenningen aan, integendeel, hij is in staat oprechte gevoelens te koesteren voor het een of andere eerzame en weerloze slachtoffer van een misdrijf. En haar hulp te bieden die niet door de officiele wet wordt ingegeven maar door de mores van de criminele wereld.

Onopgelost verbeeldt een nog steeds heel typisch trekje van de huidige Russische mentaliteit: de droom van Robin Hood, de held die opkwam voor de armen en rechtelozen, die niet handelt volgens de wet, maar naar zijn eigen opvattingen over wat rechtvaardig is.

* * *

Na de perestrojka is de Russische televisie veranderd van een publicitair middel in een bron van vermaak. Ze jaagt schrik aan, maakt vrolijk en stemt optimistisch: je kunt vrijwel voor nop genezen, je toekomst te weten komen en soms zelfs een partner vinden.

SMEERGELD

Onze naaste buren, de Finnen, noemen Rusland geërgerd 'het land van de corruptie'. In Finland, dat hooguit tweehonderd kilometer van Sint-Petersburg ligt, bestaat geen corruptie. Bij ons wel degelijk. Soms zelfs tot vreugde van de burgers van dat buurland.

De Fin Paavo Salonen bracht zijn minderjarige zoon in de kofferbak van zijn eigen auto over de grens van Finland naar Rusland. Hij had de jongen bij zijn moeder ontvoerd, die daarna een lang gerechtelijk proces voerde om de voogdij over haar kind te krijgen. Salonen was aangenaam verrast toen hij merkte dat geld in Rusland vele deuren opent. Deze vreugde deelde hij met journalisten.

Steekpenningen vergezellen de Russen van de wieg tot het graf. Ze helpen hen met het oplossen van tal van problemen.

Een van mijn hoogbejaarde familieleden die in New-York woont overkwam iets ergs. Haar nieren begaven het. Ze moest om de andere dag naar een dialysecentrum. Zolang ze in het ziekenhuis lag, dichtbij haar huis, kreeg ze die zware behandeling daar. Maar na haar ontslag, toen de vrouw niet langer patiënt van het ziekenhuis was, moest ze voor de dialyse naar de andere kant van de stad. Dat betekende bijna twee keer een uur in de file. De oude vrouw raakte vreselijk vermoeid, niet alleen door de behandeling, maar ook door de reis. Vanwaar dat ongemak? Simpel, ze was nu niet meer patiënt in het ziekenhuis en voor mensen als zij was er een behandeling in het dialysecentrum. Een dergelijke situatie kan ook bij ons voorkomen. En iedere Rus die een beetje een geweten heeft vraagt dan:

"Wat, hebben ze niet geprobeerd met het ziekenhuis tot een akkoord te komen?"

Wanneer een Amerikaan zo'n vraag hoort, rollen bij hem de ogen uit het hoofd: iemand moet aan de dialyse, dus die krijgt hij daar waar de ziektekostenverzekering bepaalt dat die gegeven wordt.

De Rus sputtert verontwaardigd:

"Maar dat is toch zielig voor die oude vrouw?"

Ja. Maar als ze de procedure in dit centrum aangeboden krijgt, hoe krijg je haar dan op een andere plaats? In deze situatie treedt bij Russen de nationale mentaliteit in werking: hoe kunnen we deze onaangename wet omzeilen? Immers, de strengheid van de Russische wetten wordt gecompenseerd door de vrijheid ze niet te hoeven naleven.

Een Rus zou, zodra hij wist van het ongemak dat een dierbare van hem bedreigt, meteen naar een leidinggevende van de dialyseafdeling van het dichtbijgelegen ziekenhuis gaan en hem voorstellen tot een vergelijk te komen. Op dat moment zou hij er niet bij stilstaan dat als zijn familielid de behandeling buiten de verzekeringsvoorwaarden om dicht bij huis krijgt, hij de plaats van iemand anders bezet houdt. Hij zou alleen maar aan het welzijn van zijn familie denken. Ook dat is een karakteristieke eigenschap van de Russen: alles draait om het heil van zijn dierbaren en verwanten. Je eigen hemd zit het dichtst op je lichaam, zegt een Russisch spreekwoord.

Wij zouden zonder veel nadenken de artsen smeergeld bieden, in de wetenschap dat de geneeskunde grotendeels leeft van de geschenken van de zieken. En het is zeer waarschijnlijk dat het ons lukt 'iets te regelen', zoals we dat meestal noemen. Op deze manier worden bij ons heel wat problemen opgelost. Dit voorval bewijst de paradoxale rol van het aanbieden van geschenken in Rusland.

Smeergeld is in Rusland bijna een sociaal-cultureel fenomeen. Voor de een is het een bron van welvaart en zelfvertrouwen, voor de ander een onderwerp van haat en kritiek. Maar ieder van ons heeft in zijn leven wel eens steekpenningen gegeven. De grote Russische satirici Gogol en Saltykov-Sjtsjedrin voerden strijd tegen de smeergeldpraktijk. We zijn nu bijna twee eeuwen verder, maar de situatie is onveranderd.

Waarom dus de corruptie in Rusland uitroeien als dat zo ontzettend moeilijk is, zo niet onmogelijk?

Ongelukkigerwijs gaat het hier om een volksmentaliteit. Een Rus kan zich geen voorstelling maken van een zuiver zakelijke relatie. Hij blijft hardnekkig proberen er iets persoonlijks aan toe te voegen: iets positiefs of iets negatiefs. (Immers, iemand die je lomp behandelt, verwacht in wezen een menselijke, geïrriteerde reactie van je, daarmee is hij dus ook uit op persoonlijk emotioneel contact.) Wat betekent smeergeld voor een Rus? (Ik heb het nu over degene die het geeft.) Het is de garantie voor het succes van zijn zaak.

Ik ga niet met lege handen mijn kind op de kleuterschool inschrijven. Ik doe heus niets onwettigs. En die plaats op school is me al toegewezen. Maar ik wil een garantie! Het cadeau dat ik aan de schoolleider geef, maakt een eind aan de onzekerheid: het versterkt de betrouwbaarheid van de belofte die het hoofd van de kleuterschool me heeft gedaan. Russen zijn zich altijd bewust van het feit dat ze, als ze niet betalen, gepasseerd kunnen worden door iemand die dat wel heeft gedaan. En als een Rus dan betaalt, wordt hij alweer gekweld door de volgende vraag: zal hij niet gepasseerd worden door iemand die meer heeft betaald?

Zo kan iemand die helemaal geen smeergeld verwacht, het zomaar toegestopt krijgen. Hij weigert en de mensen protesteren want ga maar na: met steekpenningen — geld waarvoor niemand een reçuutje geeft en een akkoord dat door niemand ondertekend wordt — verplicht je als het ware degene die zich om laat kopen. Uiteindelijk gaat de goede gever naar huis, gelukkig en met een gerust hart. Alles zal worden gedaan zoals het moet. Hij maakt zich nergens ongerust over. Het spreekwoord zegt immers: je kunt pas rijden als je de motor gesmeerd hebt.

Mensen die steekpenningen aannemen, zelfs als ze het aanvankelijk niet van plan waren, raken ethisch en moreel gedesoriënteerd. Het is hier bijvoorbeeld normaal om artsen wat toe te stoppen: een dokter met een salaris van 500 tot 700 dollar parkeert zijn Porsche Cayenne, die meer dan een ton kost, soepeltjes voor zijn dierbare ziekenhuis. Dat verbaast niemand. Het ergert velen. Maar diezelfde verontwaardigde patiënten of hun familieleden brengen voor hem de begeerde envelopjes mee. Dat maakt mensen bang: stel dat ze niet betalen, zou hij dan de operatie wel goed uitvoeren? Bewijs daarna maar eens dat het een medische fout was. Maar als je betaald hebt, dan is je geweten zuiver: je hebt alles gedaan wat je kon voor de goede afloop van de zaak. Zelfs wanneer een arts iemand niet heeft kunnen of willen redden nadat je hem betaald hebt, dan heb jij in ieder geval gedaan wat je kon doen. Als alles verkeerd uitpakt en jij hebt de dokter niet op tijd wat toegestopt, dan gaat je geweten knagen: was de situatie anders geweest met wat extra geld?

Ik begrijp dat het nogal schokkend is om deze afwegingen te lezen. Maar het is een heel gewone gedachtegang van een Rus: als je je erkentelijkheid niet toont, helpt hij je een volgende keer misschien niet of doet hij zijn werk slecht. Bij ons leiden steekpenningen vaak niet tot bijzondere diensten, maar tot het uitvoeren van professionele plichten die exact omschreven staan in de officiële instructies.

Iemand die steekpenningen aanneemt wordt minder veroordeeld dan iemand die ze zelf afdwingt. Een familielid van me lag in het ziekenhuis. Een arts deed op de zaal zijn rondgang en ik merkte dat hij een patiënte, een oudere, ernstig zieke vrouw, grof bejegende. Ik vroeg mijn familielid waarom hij zich dit veroorloofde. Ze zei:

"Dat is wel duidelijk. Ze heeft hem nog niets toegestopt."

Een rechter is niet slecht als hij smeergeld ontvangt en vervolgens zijn werk doet in overeenstemming met de wet; wél als het smeergeld bepalend is voor zijn vonnis.

Als maatregel in de strijd tegen de corruptie wordt wel eens voorgesteld de salarissen te verhogen. Dan klinken uitroepen als:

"Ach, de medewerkers van de Rijksverkeersinspectie krijgen zulke lage lonen! Kijk, als ze de salarissen verhogen zullen ze zich zeker bewust worden van de echte taak van hun organisatie: de verkeersveiligheid op de weg waarborgen en die niet vervangen voor iets anders, dat wil zeggen voor zelfverrijking."

Of:

"Zijn de salarissen van leraren aan het hoger onderwijs en artsen soms rechtvaardig? Als we die verhogen, zullen ze..."

Wie zo praat is of hypocriet, of hij begrijpt de Russische mentaliteit niet. Je om laten kopen is een kwestie van karakter, van moraal, niet van de portemonnee. Wanneer iemand zich aangewend heeft geschenken aan te nemen, dan zal een officieel hoog salaris hem daar niet van afbrengen. Iemand die psychologisch zo in elkaar zit dat hij smeergeld aanneemt, verwacht juist dat bij een hoger salaris meer steekpenningen horen.

(In een klein stadje in het noorden hadden ze besloten de strijd aan te gaan met de corruptie binnen de Rijksverkeersinspectie. Een aantal medewerkers van de organisatie ging in staking. Algauw nam het grootste deel van de medewerkers van de Rijksverkeersinspectie in die stad ontslag: vanuit hun standpunt bekeken had hun werk alle betekenis verloren. Natuurlijk, het officiële salaris in die diensttak is niet hoog, daar kun je niet royaal van leven. Maar neem van mij aan, zelfs een salarisverhoging zal niet leiden tot het verdwijnen van de corruptie, geen enkel salaris weegt op tegen de stroom van enveloppen met 'kostbare prijzen'.

De manier van denken van veel Russische werkgevers, en in bepaalde gevallen ook van de overheid wanneer die de rol van broodheer op zich neemt, noem ik het 'restauranthouderssyndroom'. Een restauranthouder betaalt de kelners vaak heel lage lonen in de wetenschap dat de rest wel via fooien binnenkomt.

Wanneer een arts, een miljonair of een leraar als een kelner begint te denken, betekent dat dat er iets in hem veranderd is en dat geen enkel officieel salaris hem zal tegenhouden. Alleen de gevangenis zal dat doen. Maar welke chef zal de kip met de gouden eieren aan de rechterlijke macht uitleveren: veel restauranthouders dwingen hun kelners de fooien met hen te delen!

Lyrische uitweiding over de jacht, of hoe wij omgaan met de medewerkers van de Rijksverkeersinspectiedienst

Natuurlijk geloof ik dat ze op de wegen van het onmetelijke Rusland te vinden zijn: manhaftige medewerkers van de

Rijksverkeersinspectiedienst, met eerlijke gezichten. Ik geloof dat er onder hen aardig wat zijn die begaan zijn met de verkeersveiligheid. Juist die begaanheid bracht hen ertoe bij de Rijksverkeersinspectiedienst te gaan werken.

Ik heb ze alleen helaas nooit ontmoet. Wat natuurlijk niet betekent dat ze in de natuur niet voorkomen. Daar komen ze wél voor! Dat geloof ik echt! Dat er nooit een Amoertijger mijn pad gekruist heeft, betekent nog niet dat je hem hier niet hebt. Iedereen weet dat die dieren in Rusland voorkomen. Om ze te beschermen is er zelfs een forum opgericht waar ook Leonardo di Caprio aan meedoet. En als ik persoonlijk nooit op deze zeldzame dieren stuit, is dat mijn probleem.

De psychologie van de agent van de verkeerspolitie is eenvoudig: hij gaat niet naar zijn werk, hij gaat op jacht. Is het dier waarop de jager jaagt, ergens aan schuldig? Nee. Het enige waaraan het schuldig is, is dat de jager wil eten. Wat is de taak van de jager? Vallen zetten en de prooi volgen. Wat is de taak van de prooi? Zorgen dat hij niet gezien wordt door de jager, de klemmen ontwijken en geen haartje van zijn dure huid verliezen.

Dus de valstrikken zijn gezet. Er zijn borden opgehangen die niemand ziet: ze hangen of veel te ver weg, of veel te hoog boven de rijbaan. Gisteren draaide je die straat nog in, maar vandaag is het opeens eenrichtingsverkeer. En zij zitten al klaar, de lieverds, met hun kleine salaris en hun grote buitenhuizen. Te wachten op smeergeld...

Als dieren wat minder dom waren en elkaar waarschuwden voor de listen van de jagers, dan zouden ze niet zo vaak hun slachtoffer worden. Wij zijn goddank wezens met verstand, en in staat te bespreken wat de beste manier is om de willekeur van de verkeerspolitie te bestrijden.

Als een aantal autoliefhebbers (of beroepschauffeurs) bij

elkaar zitten en iemand brengt het gesprek op het thema 'Mijn strijd. Hoe ik een verkeersjuut beet had', hebben ze gespreksstof voor een hele avond.

Aan het woord is een stevige veertiger:

"Het is me zelfs een keer gelukt om er vijfduizend van af te praten."

De anderen aan tafel verbergen hun enthousiasme niet:

"Ga weg Sergej, hoe kreeg je dat voor elkaar?"

"Ik had in totaal tienduizend bij me. Ik zei tegen hem: 'Pak aan wat ik heb, of ik lever mijn rijbewijs in. Ze begrepen dat er niets te halen viel en gingen akkoord."

Iedereen bewondert Sergej om zijn slimme zet. Maar de Russische *Decamerone* gaat verder. Een bijdehante dame pocht:

"Ik heb bij de rechter gelijk gekregen: ik bewees het hof dat het bord 'verboden in te rijden' niet volgens de regels was opgehangen. Ik was de volgende dag terug gegaan naar de plaats van het ongeluk en had overal foto's van gemaakt."

Wat zullen we nu beleven! Het gezelschap is er even stil van: iemand die zijn gelijk kreeg door de weg van de wet te bewandelen. Dat gebeurt niet iedere dag in Rusland. Dan neemt iemand anders het woord:

"Bij de rechtbank moet je maar afwachten. Wat eruit komt weet je niet. Tot die tijd moet je het met een tijdelijk rijbewijs doen. Je krijgt er de zenuwen van. Ik ga mijn rijbewijs niet op het spel zetten: ik kan echt geen halfjaar zonder, ik heb de auto nodig voor mijn werk."

De tafel knikt goedkeurend. De agenten weten heel goed: de werk- en gezinsomstandigheden zijn voor veel chauffeurs dusdanig dat ze niet zonder rijbewijs kunnen. En daar maken ze gebruik van.

Een man met een filosofische inslag mengt zich in het gesprek:

"Je moet rustig een gesprek met ze beginnen. Vertel ze iets interessants, de jongens hebben een zwaar en saai beroep. Ze houden wel van wat afleiding."

Aha! Afgesproken: de haasjes bespreken de communicatie-problemen met de wolven. Hoe kan de haas het leven van de wolf interessanter maken?

Maar de filosofische gesprekspartner heeft wel gelijk. Ik als prooi ben niet altijd even oplettend en ben meer dan eens met een aan flarden gescheurde vacht uit de klauwen van de jager geglipt.

Maar ik ben een homo sapiens en niet een of andere laagontwikkelde haas, daarom heb ik een complete strategie uitgewerkt om met de wolven om te gaan.

Mijn moeder heeft me van jongs af ingeprent:

1. Laat nooit in het bijzijn van lompe, laagopgeleide mannen het achterste van je tong zien.

2. Schep nooit op tegen lompe, laagopgeleide mannen.

3. Beklaag je nooit over je bittere lot tegenover lompe, laag-opgeleide mannen.

De door mij ontwikkelde methode voor vrouwelijke com-municatie met de medewerkers van de verkeerspolitie breekt met al deze regels.

Het geval wil dat er onder de medewerkers van de Russische verkeerspolitie een heel eigen *gentlemen's code* heerst: je mag vrouwen wel kaalplukken, maar niet zo onbeschoft en schaam-teloos als mannen.

Want volgens deze geüniformeerde lieden die barsten van de vooroordelen, zijn vrouwen zwakke, onnozele en kwetsbare wezens, het hoge ambt van chauffeur niet waardig. Zij rede-neren: wat kan zo'n beklagenswaardig schepsel ertoe brengen achter het stuur te gaan zitten? Alleen heel zware levensomstan-digheden. Wie het geld niet heeft om een rijbewijs af te kopen en ook niet zonder het document kan, moet leren zich uit nare situaties te redden.

Ik werd een keer staande gehouden door een agent van de Rijksverkeersinspectie. Het was het bekende liedje: opeens hing er een verbodsbord waar gisteren nog geen spoor van te bekennen was.

Ik zeg het meteen: ik heb geen slecht verkeerspolitiepotentieel: ik lijk niet op Sofia Loren (alleen in dit geval betreur ik dat niet), ik ben ver boven de dertig en ik heb geen dure auto. Ik lijk in niets op het jonge oligarchenliefje dat in een sportieve Mercedes scheurt, ik lijk niet op zijn rijpere echtgenote, die rondrijdt in een degelijke en veilige Japanse jeep, en ook niet op een zakenman in een dure sedan met getinte ramen. Ik kan dus medelijden en belangstelling wekken.

Wat zeg ik tegen de agent wanneer hij gedecideerd het formulier invult voor het inhouden van het rijbewijs?

Ik zing het afgezaagde deuntje en vertel over mijn zware leven: mijn bescheiden loontje, mijn minderjarige kind en mijn moeder die ik naar de datsja moet brengen. Het is allemaal waar. Maar mijn gesprekspartner is niet overtuigd. Voorlopig. Maar hij stopt wel een minuut met schrijven, hij aarzelt al een beetje, dus is nog niet alles verloren. (Hoera, zijn vesting trilt!). Maar de ordebewaarder versaagt niet en speelt de volgende troef:

"Hoe kwam u aan het geld voor die datsja? (Ach, hij verdenkt me nog steeds van rijkdom, ik moet hem tegen iedere prijs van het tegendeel overtuigen.)

Ik antwoord bedroefd:

"Die is van mijn grootvader, God hebbe zijn ziel, hij heeft hem nog in 1956 gebouwd." (Ook dit is waar.)

De man antwoordt:

"Maar die auto hebt u toch ook ergens vandaan?"

Hoera! Nu heb ik zijn belangstelling:

"Ik ben journalist en een bekend iemand heeft me betaald voor het schrijven van zijn memoires." (Dit is eveneens waar.)

Na een kort gesprek over de zware werkweek van een literaire werkezel en journalist in één, gaat het tarief naar beneden. Ik ben de verkeersagenten dankbaar: zij hebben mij leren afdingen.

En ik, arme, eenzame literaire werkezel, rijd verder, bijna in tranen maar met mijn trofee in mijn handen: mijn eigen rijbewijs!

De dialoog zoals boven beschreven, heb ik vier keer opgevoerd: twee keer sleepte ik er een grote korting uit en twee keer lieten ze me gratis gaan!

Absurd? In Rusland is de verhouding tussen de gever en de nemer van steekpenningen een ingewikkeld drama, vol verwijten, verdenkingen en een bizarre vertrouwelijkheid. Een echte dans met passie. Spanje is er niks bij.

Wie zijn we zonder smeergeld? Een saai hoopje wetsgetrouwe grijze fossielen, die geen idee hebben van de extase na de overwinning van de zoveelste barrière, die niet beseffen hoe gelukkig een mens kan worden met deze gebruikelijke financiële inkomsten. Een kennis van me die een eigen bedrijf heeft, een oude rot in de omgang met ambtenaren op alle niveaus, van medewerkers van de districtsadministratie tot brandweerlieden, is vol optimisme. Volgens hem beleeft Rusland zijn moment van triomf. Iedere Rus is vandaag de dag immers vrij zijn plan te trekken, ongehinderd in zijn keuze van de stappen die hij wil zetten.

"Zoek naar stappen en je zult niets te kort komen." stelt deze man.

Hij is blij, want hij weet precies welke gaatjes je wanneer moet openpeuteren om weer een dam te laten instorten in de machtige rivier van zijn onderneming, een handel in houten lepeltjes, broches en matroesjka's.

* * *

Na de dood van Stalin zei Anna Achmatova dat nu de ene helft van het volk de andere helft in de ogen zou kijken.

Vandaag zijn we goddank niet onder te verdelen in beulen en slachtoffers, maar wel in mensen die steekpenningen geven en mensen die ze aannemen.

De profetie van Achmatova kwam niet uit: de slachtoffers hebben hun beulen nooit in de ogen kunnen kijken.

MAN EN VROUW

In Rusland is de relatie tussen de seksen een ingewikkeld verhaal, niet alleen omdat dit Rusland is, een onoverzichtelijk land zonder duidelijk systeem. Om de gedragsregels te begrijpen moet je hier een leven lang wonen. Maar eigenlijk is de relatie tussen de seksen in ieder land ter wereld wel gestoeld op principes die zich niet altijd in woorden laten vangen. Zo steken mensen nu eenmaal in elkaar.

Het privé-leven is eigenlijk iets verrukkelijks. Hier kun je je straffeloos en volkomen legaal laten leiden door hetgeen waardoor het merendeel van mijn landgenoten zich op hun werk laat sturen: persoonlijke verhoudingen, sympathieën, grillen en indrukken. In de verhouding tussen de seksen is geen plaats voor regels om effectief management te voeren. Het is bij uitstek het terrein waar we ons kunnen uitleven in onze honger naar intimiteit, een gevoel dat ons geen moment rust gunt, of we nu aan de lopende band staan, achter de computer zitten of bij de hoogovens werken. Maar het is ook een terrein waar onvoorstelbare problemen kunnen ontstaan die we op ons werk in de verste verte niet kennen. De zoveelste paradox in het Russische leven.

Voorstanders van de ooit zo populaire filosofie van het Euraziatisme beweren dat Rusland een eigen ontwikkelingslijn volgt, die voor een groot deel bepaald wordt door zijn geografische ligging. Het land heeft een Aziatisch en een Europees deel, daarom is de cultuur gebaseerd op een synthese van de Europese en de Aziatische mentaliteit. Volgens mij komt juist op het gebied van relaties die vreemde mix van westers en oosters bewustzijn tot uiting.

Ik stuitte toevallig op een boekje met de intrigerende titel *Mannen Komen Van Mars, Vrouwen Van Venus*. Dus jullie zeggen: zij zijn van Mars en wij van Venus? Als het over Rusland gaat, dan denk je veel te gering over de omvang van de catastrofe. In ons land kun je gerust spreken van twee totaal verschillende universa met elk hun eigen wetten: de Russische mannenwereld en de Russische vrouwenwereld.

De Russische vrouwenwereld

Onwillekeurig huiver ik als ik nadenk ik over de rampen die mijn land heeft moeten doormaken gedurende de twintigste eeuw, als ik bedenk hoeveel het er waren en hoeveel bloed er daarbij vergoten is. Ik noem ze niet allemaal: de revolutie van 1905, de Eerste Wereldoorlog in 1914, twee revoluties in 1917, de burgeroorlog van 1918 tot 1922, de Stalinistische repressie in de periode van 1929 tot 1953, de Tweede Wereldoorlog van 1941 tot 1945, drie emigratiegolven, (na 1917, in de jaren zeventig en in de jaren negentig). Daarbij komt nog een veelheid aan relatief kleine oorlogsconflicten als de oorlog in Afghanistan, de Tsjetsjeense acties en de strijd tegen de dissidenten in de jaren zeventig van de vorige eeuw. Die historische wendingen hebben vooral de mannen geraakt. En dan voornamelijk de besten van hen. Een oorlogsveteraan zei tegen mij:

"Het moreel van de compagnieën daalt meteen na de eerste aanval, omdat daarin de beste, dapperste, sterkste, de meest vastberaden en opofferingsgezinde mensen omkomen."

Hoeveel van die aanvallen zijn er niet geweest...

In het hedendaagse Rusland is een man een kostbaarheid. En op deze waarheid berust het systeem van de onderlinge verhoudingen tussen de leden van verschillende seksen.

Vrouwen zijn ook veranderd. Wanneer ik *Donkere Lanen* herlees, de bundel onsterfelijke verhalen van Ivan Boenin, valt me één ding elke keer weer op: het hele collier van kleine meesterwerkjes is geregen aan die ene lange draad van het mannelijk lijden: lijden door onbeantwoorde liefde, door zoektochten naar de ideale vrouw, door de kwelling van vrouwelijke ontrouw. De vrouwenwereld bij Boenin ziet er schitterend uit, niet altijd een en al geluk, maar steevast verleidelijk en mysterieus. Waarom zij? Hoe kon ze? Deze vragen kwelden de al niet meer zo jonge en ongelukkig verliefde schrijver toen hij deze verhalen schreef. Boenin kende het Rusland van voor de revolutie en de eerste jaren na de Oktoberrevolutie. Hij heeft Rusland nooit gezien onder de bolsjewieken. En hij kon niet bevroeden hoe de verhouding tussen de geslachten daar zou veranderen.

Eens hoorde ik een leeftijdgenoot iets bekennen waar ik echt perplex van stond. Hij zei:

"Jullie vrouwen boffen maar. Jullie gaan zo gemakkelijk met elkaar om, het gemak waarmee jullie hulp vragen en van elkaar aanvaarden..."

Hoorde ik dat goed? Een Russische man die vrouwen benijdt? Wel heb je ooit!

Het punt is dat er in al die jaren die Ivan Boenin niet meer heeft meegemaakt, veel veranderd is. Het beeld van de feekserige, verraderlijke en verleidelijke femme fatale is op de een of andere manier vervaagd. Er zijn nog wel wat feeksen en femmes fatales die in staat zijn met een onnavolgbare willekeur het leven van een man te verwoesten, net zoals de heldin in het verhaal *Eerste maandag van de vasten* deed. Maar een feeks is daarbij ook zo'n schaars artikel geworden dat een Petersburgse psycholoog een complete wetenschap 'Feeksologie' ontwikkelde, waarover hij in eigen trainingen onderwijst. En er is vraag naar de trainingen, omdat de vrouwen veranderd zijn. Veranderd in positieve zin. Zo positief dat er ook minder vergezochte trainingen voor vrouwen in de mode zijn gekomen, waarvan je het centrale thema kunt omschrijven als: 'Hoe je als vrouw dit zware leven kunt aanpakken' (Trouwens, feeksologie leert je precies hetzelfde, alleen de middelen om je doel te bereiken zijn wat anders).

Ook ik heb kortgeleden zo'n training bezocht. De psycholoog die de training leidde, verzocht de deelneemsters zich in tweetallen op te splitsen en de goede kanten van het vrouw-zijn te bespreken. Het eerste waaraan ik dacht was natuurlijk de sieraden die ik zo graag draag. Maar nee, ook de verkeersinspecteur met wie ik kortgeleden in een ingewikkelde discussie verwikkeld was geraakt (zie het vorige hoofdstuk), was getooid met een brede gouden armband, die op de maat meebewoog bij het invullen van het bekeuringsformulier. (Wetsdienaren onderscheiden zich sowieso door een voorliefde voor gouden opsmuk. Ik herinner me dat ik bij een districtspost van de politie langs ging voor een nieuw paspoort. In het kantoortje zat een jonge agent die behalve een trouwring nog drie zegelringen en een brede gouden armband droeg.) Dus ook dat hebben ze van ons afgekeken. Ik zocht verder. Ik dacht aan de onbetwiste en onvoorwaardelijke vreugde van het moederschap.

Nog dieper graven leverde niets op. Mijn gesprekspartner

barstte los in een geëxalteerde redevoering over de schoonheid die vrouwen bezitten en wat een geluk het is verantwoordelijkheden van zich af te kunnen schuiven en die op de schouders van de mannen te leggen. Tja...

Na even nadenken begreep ik dat je in de Russische situatie niet moet praten over wat goed of slecht is aan het vrouw-zijn, maar over wat dat eigenlijk is: de wereld van de vrouw. Want hij bestaat, en wij vrouwen draaien daar allemaal op de een of andere manier in rond.

De klassieke literatuur van de negentiende eeuw negeerde de wereld van de vrouw niet. Sterker nog, ze schiep veel opmerkelijke en onvergetelijke vrouwelijke karakters, die nog altijd bij de lezers een storm van de meest uiteenlopende emoties oproepen. Maar al die vrouwen werden geplaagd door traditionele vrouwenproblemen: de man, de kinderen en moeilijkheden in de familie. Ze fluisterden hartstochtelijk in hun boudoirs, huilden in armoedige kamertjes en mansardes en snikten aan elkaars boezem. De meest vreselijke details van hun leven werden besproken 'onder het werk', oftewel bij het borduren of breien. Toen de vrouwen eenmaal gingen werken in de betekenis waarin wij het woord nu opvatten, werd het helemaal erg: je hoeft maar te denken aan de hartverscheurende verhalen van Mamin-Sibirjak.

De revolutie heeft het vrouwen mogelijk gemaakt te gaan studeren.

Daar is alles mee begonnen. De vrouwen zijn veranderd. En sinds die ene dag weten de mannen niet meer wat ze kunnen verwachten van die lieve, aandoenlijke, soms betraande moederkloeken, wier handen voorheen het breiwerk (borduurwerk, patchwork) geen seconde loslieten.

In die tijd was Hemingway in de mode. De mannen imiteerden hem en zijn zwijgzame, in wollen truien gestoken helden.

Deze gereserveerde, betrouwbare en manhaftige man in zijn ruige, grof gebreide truien, zat steevast te springen om een metgezellin. En daarin werd door de schrijver voorzien. Zij was bij voorkeur blond, had lange benen en vage bezigheden. Alleen van de heldin in *A farewell to arms* kan ik me herinneren dat ze zich als verpleegster verdienstelijk maakte. Het beroep van de overige heldinnen is duister en voor het verhaal van geen enkele betekenis.

De vriendinnen van de Zestigers wachtten op hun mannen thuis, of in het beste geval aan de voet van de berg waar hun levensgezellen tegenop geklauterd waren, en mijmerden hoopvol dat de lawines hun geliefden niet zouden treffen. Aan de andere kant beten ze zich in het echte leven volhardend vast in het graniet van een technische wetenschap, er waren toen immers veel fysici en maar weinig lyrici. Het beeld van de romantische vrouwelijke geleerde was vreemd, maar wel voorstelbaar. Je kon haar zelfs in het echt tegenkomen.

Ada (Ariadna) Jakoesjeva, een ontroerende bard pur sang uit de jaren zestig (en ook de eerste vrouw van Joeri Vizbor, een van de boegbeelden van de Russische singer-songwriters), schreef het inmiddels bijna vergeten lied *Jongens,* dat bij uitstek een manifest van de vrouw in die tijd zou kunnen zijn:

> *De jongens hangen straks weer aan de lijn,*
> *En komen langs, toevallig, man voor man*
> *Ze praten graag en veel, als 't even kan*
> *Over de zaken waar ze druk mee zijn.*
>
> *De jongens zijn weer heftig aan het woord;*
> *Ik doe mijn best om geen geluid te maken,*
> *Want als de jongens praten over zaken*
> *Dan willen ze niet graag worden gestoord.*

't Gaat altijd over werk... maar zeg 's even
Ze zitten potverdorie wel bij mij!
Dat komt omdat ik hun liefhebberij
Al lange tijd geleden heb vergeven.

Dus bak ik maar weer piepers op 't fornuis
En denk ik, ook al zien ze me niet staan,
Ik wil toch niet dat ze naar elders gaan,
Ik zie ze zo graag komen bij mij thuis.

Jawel, als de jongens over iets praten moet je ze niet storen. De sympathieke Ada Jakoesjeva studeerde even goed als diezelfde jongens aan het Pedagogisch Instituut. Ze werkte daarna op voet van gelijkheid als journalist voor de radio. Maar ze was bereid zwijgend aardappels te bakken, als de jongens maar bij *haar* bij elkaar kwamen. Want straks ga je je in het gesprek mengen en dan blijkt iemand anders de aardappels lekkerder te kunnen bereiden... Dat risico kon je in die jaren niet lopen.

In films uit de jaren zestig is een van de belangrijkste thema's 'de echte mannenvriendschap', waarbinnen de personages met elkaar communiceren via onuitgesproken gedachten, gesprekken over wetenschap en — hoogst zelden — een mannelijk traantje.

De vrouwenvriendschap kwam volledig tot uitdrukking in de literatuur en later ook op het doek. Ik heb het over een ander soort vriendschap dan het samen wachten tot de geliefde zich losmaakte van zijn mannenzaken, of de gesprekken over hoe je het huishouden zo kon doen dat de levenspartner tevreden was (hoewel het een noch het ander iets is om je voor te schamen. Er zijn gewoon nog veel andere interessante en nuttige zaken).

In ieder geval, als vrouwenvriendschap al bestond, was ze in de verste verte niet te vergelijken met mannenvriendschap. Die vogeltjes die maar van één ding droomden, een huiselijk nestje, hadden nooit verheven woorden kunnen uitspreken als: 'Maar heeft hij een schat en kruis ik hun pad, dan verdwijn ik uit beeld: drie is teveel.'

Wie niet gelooft dat vrouwenvriendschap ook nu nog bestaat, nu het standbeeld van de held in zijn ruige trui voorgoed van zijn voetstuk gestort is en de brokstukken zijn opgelost in de atmosfeer van het nieuwe tijdperk, adviseer ik eens op een zaterdagavond naar een populair en niet al te duur restaurant in Sint-Petersburg te gaan.

Op zaterdag horen daar natuurlijk verliefde stelletjes te zitten: je kent dat wel, wanneer hij haar hand neemt en zij hem met verliefde ogen aankijkt en van pure hartstocht niet merkt dat de mouw van haar bloes in de visgelei hangt. Ja, zulke stellen bestaan, en het zijn er heel wat. Maar je zult zeker ook gezelschappen zien van minimaal twee vrouwen, maar nog waarschijnlijker: drie of meer. Ze zijn geanimeerd met elkaar in gesprek. Ze luisteren aandachtig naar degene die aan het woord is, en leveren geëmotioneerd commentaar. Waar hebben ze het over?

Heel wat mannen zullen grif antwoorden:

"Over wie de grootste heeft en wie het langste kan. We weten heus wel waar die meiden allemaal over praten."

Natuurlijk, ook daar kunnen we het over hebben. Maar ik durf te wedden dat ze het over werkgerelateerde problemen hebben, zoals de arbeidsverhoudingen. Hoogstwaarschijnlijk vertelt de spreekster over obstakels die in de voortgang van het nieuwe project naar voren kwamen. En haar gesprekspartners delen hun ervaringen, voelen mee en geven adviezen. Dat is het meest waarschijnlijke gespreksthema, vooral als het gaat om de meer ontwikkelde inwoonsters van de grote steden. Dan volgen vakanties, impressies van verschillende evenementen en problemen met de kinderen, in die volgorde. Ook de toestand

in het land kan een onderwerp zijn. Hoe hoger het opleidings-
niveau van het gezelschap, des te kleiner de kans dat het gesprek
over mannen gaat. Als de gesprekspartners tegen de dertig lopen
wordt de kans op gesprekken over relaties nog kleiner.

De Amerikaanse serie *Sex and the City*, die herhaaldelijk
en met onveranderlijk succes op verschillende kanalen van de
Russische tv te zien was, biedt mannen de mogelijkheid een
blik te werpen achter de schermen van de vrouwenwereld. De
vier heldinnen, succesvolle en zeer geëmancipeerde inwoonsters
van New York, doen niets anders dan in hun zoektocht naar
geluk intieme relaties aan te gaan met verschillende partners en
die te bespreken aan een cafétafeltje. Russische mannen die de
moed kunnen opbrengen ten minste één aflevering van die serie
te bekijken, slikken niet zelden alle gebeurtenissen voor zoete
koek: ze vinden de hoofdpersonen losbandig, hun leven zou
alleen maar uit seks bestaan. Oké, de vriendinnen uit *Sex and
the City* hebben het niet over de sociaal-politieke presidentsbe-
sluiten in de VS. Maar het lijkt me toch onwaarschijnlijk dat die
serie letterlijk genomen moet worden, elke aflevering op zich
toont een bepaalde situatie die zich in een leven kan voordoen
en een manier om eruit te komen. Je kunt de kijkers toch niet
iedere aflevering nieuwe heldinnen voorschotelen! Dus nemen
de vier heldinnen al die wanordelijke seksuele relaties zelf voor
hun rekening.

De sfeer binnen het stabiele vrouwelijk gezelschap in *Sex
and the City* is daarentegen heel realistisch neergezet. Ik durf
wel te zeggen geheel in de geest van het moderne Rusland. Nu
de actualiteit van het probleem tot onze cineasten is doorgedrongen zijn ze de afgelopen jaren met een aantal series
gekomen die in opzet precies lijken op de producties van hun
overzeese collega's. Maar die films kunnen niet tippen aan het
origineel.

* * *

In de meer patriarchale tijden waren de man en het gezin een ondersteuning voor de vrouw. De gezinnen waren groot, er werden veel kinderen geboren, daardoor bleef er weinig tijd over voor de omgang met andere leden van het schone geslacht. Bovendien waren de communicatiemiddelen veel schaarser.

Aangenomen werd dat vrouwen elkaar als potentiële concurrenten voor de mannelijke aandacht zagen. Uit die gedachte volgt het gangbare Russische gezegde: vrouwenvriendschap bestaat niet.

Het is allemaal veranderd.

Vrouwen ontmoeten elkaar dus 's avonds in het café. (Tegenwoordig is de keus aan openbare eetgelegenheden groot, vooral in de grote steden. De prijzen zijn redelijk. En zoals ik al eerder schreef, gaan mensen tegenwoordig hoogst zelden bij elkaar op visite.) Hoe communiceren ze met elkaar? Is deze communicatie aan regels gebonden? En hoe kun je eraan deelnemen?

Een paar vuistregels:

1. Je moet complimenten geven. Vriendinnen zijn royaal met complimenten. Ze zijn vaker casual gekleed dan sjiek. Je kunt zelfs gewoon een spijkerbroek aantrekken. Maar wanneer ze naar een *ladies' night* in een restaurant gaan, doen vrouwen toch wel hun best iets feestelijks aan te trekken. Van onderen kan dat bijvoorbeeld de in Rusland eeuwig populaire spijkerbroek zijn. Maar van boven dan geen coltrui, maar een fleurig bloesje met een gilet. De vriendinnen begroeten iemand die binnenkomt met, let wel, oprechte complimenten. (Op dit kenmerk van de omgang tussen vrouwen wijst ook Kate Fox in haar boek *Watching the English. Hidden Rules of Behaviour*.) Complimenten klinken ongeveer zo:

"Meiden, kijk toch eens hoe mooi Natasja eruitziet!"
Of:
"Ljoedka hoe krijg je het voor elkaar om zo af te vallen!"
Of:
"Katja, dat kapsel maakt je twintig jaar jonger. Waarom heb je het niet eerder zo laten knippen?"

Het is interessant dat de meeste commentaren op vrouwen-foto's op de sociale netwerken door vrouwen worden geschreven. De commentaren onderscheiden zich door een hoog euforisch gehalte en een buitengewoon enthousiaste toon:

"Je ziet er fantastisch uit!"
Of:
"Cover girl!"
Of gewoon:
"Wauw!"

Nogmaals: deze complimenten worden oprecht en zonder dubbelhartigheid uitgesproken. Vrouwen maken elkaar op die manier blij en vijzelen elkaars zelfvertrouwen op.

Ik kan het niet laten om op dit punt even over de mannen te beginnen. Het is onvoorstelbaar dat een mannengezelschap iemand die erbij komt verwelkomt met uitroepen als:

"Vasja wat ben je toch een stuk!"
Of:
"Waar heb je die te gekke spijkerbroek vandaan?"
Of:
"Waar laat jij je knippen en hoeveel kost dat?"

In Rusland is zo'n omgangsstijl onder mannen onaanvaard-baar. Homoseksuelen kunnen zich dat permitteren (hoe we daarmee omgaan is een hoofdstuk apart). Iemand die openlijk voor zijn geaardheid uitkomt, heeft niets te verliezen. Hij kan zelfs een ander aanklampen met:

"Jeetje, Vova, wat heb jij een goddelijk hemdje! (Voelt gretig met zijn tere vingertjes.) Wat een fijn stofje. Vertel, vertel, waar heb je dat gekocht?"

Geloof me, ook de hetero's staan meestal niet onverschillig tegenover kleding, maar ze brengen hun belangstelling ietwat anders tot uitdrukking: beschroomd en terloops. Geen enkele man wordt verwelkomd met een storm van enthousiasme over zijn uiterlijk. In de loop van het gesprek kan de een zachtjes tegen de ander zeggen (meestal wanneer ze dicht bij elkaar aan tafel zitten):

"Hee Serjoga, wat heb je een toffe spijkerbroek. Waar heb je die vandaan?"

Voor deze vraag moet je een goed moment uitkiezen, dat is een regel onder mannen. Een uitzondering wordt misschien gevormd door de *scene* van metroseksuelen, maar 'echte mannen' (en ook veel vrouwen) verdenken hen van homoseksualiteit. Bovendien vinden vrouwen dat een man niet overdreven veel aandacht aan zijn uiterlijk moet besteden als hij daarmee het belang van gezin en werk veronachtzaamt.

2. Je schakelt over op de modus van het *bijzondere* gesprek van mens tot mens. Ik schreef al dat de Russische vrouw een wezen is dat te allen tijde klaar staat om een gesprek van mens tot mens aan te gaan. Zo'n gesprek kan tussen twee vrouwen zelfs in de lift ontstaan, bijvoorbeeld tussen de zestiende en de eerste etage.

Vriendinnen luisteren *extra* geïnteresseerd en betrokken. Iemand die geen oprechte belangstelling toont voor het verhaal van haar gesprekspartner, wordt mogelijk een volgende keer niet uitgenodigd in het gezelschap: onverschilligheid tegenover andermans problemen wordt onder Russische vriendinnen afgestraft. Een gesprek van vrouw tot vrouw onderscheidt zich van dat van man tot man in het feit dat er geen drank aan te pas hoeft te komen om het op gang te brengen.

3. Het onderwerp van gesprek moet voor iedereen interessant zijn. Die opdracht is gemakkelijk te volbrengen wanneer vrouwen bij elkaar komen op basis van een gemeenschappelijk aspect: ze zijn collega's of ex-collega's, zaten bij elkaar in de klas op school of tijdens de studie. Daardoor heeft een gezelschap meteen eenzelfde intellectueel niveau. Zo ontmoet ik mijn collega's bijvoorbeeld apart en bespreek met hen problemen die met het werk te maken hebben. Mijn schoolvriendinnen ontmoet ik weer op een ander moment en met hen bespreek ik andere onderwerpen. Vrouwengezelschappen zijn over het algemeen tamelijk tolerant, maar je wordt wel buitengesloten als je je aan de ene groep opdringt met een gespreksonderwerp dat thuishoort bij een andere sociale groep.

Een voorbeeld: een schoolvriendin van mij trouwde en werd huisvrouw. Nadat ze twee keer over een culinair onderwerp was begonnen (een onderwerp dat wij in ons gezelschap uiterst zorgvuldig proberen te mijden), nodigden we haar niet meer uit voor onze reguliere bijeenkomsten. Het vonnis: persoonlijke degradatie. Huisvrouwen, dat is niet ons soort mensen.

Wreed. Het leven in Rusland leert ons wreedheid en geen tolerantie.

Als jij huisvrouw bent en je bent geïnteresseerd in huis en gezin, wees dan zo goed om een gezelschap van soortgenoten te zoeken. Interessant is dat feeksen ook samenscholen (grappig dat dat woord geen equivalent kent in andere talen. Het Engelse *bitch* geeft niet precies weer waar het voor staat). Wereldproblemen bespreken ze niet. Het is een speciaal soort vrouwen dat zich alleen bekommert om praktische methoden om een plekje onder de zon te veroveren. Ze doen niet aan zelfreflectie en zijn enkel en alleen op concreet resultaat gericht. Een feeks gaat nooit tijd steken in iets dat haar geen voordeel oplevert. Gesprekken tussen feeksen zijn niet openhartig: dat slag vrouwen stelt in geen enkele vriendinnengroep een bijzonder vertrouwen en ziet zo'n groep als een plek waar je kunt relaxen en honderduit kletsen. Intellectuelen, die ingesteld zijn op openhartigheid en gesprekken over wereldproblemen, zullen nooit een feeks opnemen in hun midden.

4. Je moet extreem eerlijk zijn. Vrouwen voelen het voortreffelijk aan als iets vals is, zeker wanneer het iemand van het schone geslacht betreft. Iemand die door buitensporig gezeur probeert medelijden te wekken of juist ongehoord opschepperig is, wordt vaak uit het gezelschap verbannen. De levensomstandigheden waarover je het hebt moeten realistisch beschreven worden, met uiterste nauwkeurigheid. Dan krijg je van de groep wat je verwacht: steun en waardering.

5. Sluit je niet te snel aan bij een groep. Wanneer een vrouw aan een baan begint (dit geldt vooral voor plaatsen waar het team alleen uit vrouwen bestaat: een middelbare school bijvoorbeeld), en ziet dat daar zich een knus, vrouwelijk gezelschap heeft gevormd, moet ze zich daar niet meteen bijvoegen. Mannengezelschappen zijn over het algemeen opener, hoewel ook gereserveerder. Vrouwen moeten vaak lang wennen aan een nieuwkomer. Mogelijk is hun vriendengroep al compleet en is er eenvoudigweg geen plaats meer voor nog een deelneemster.

Overigens kun je in een gezelschap met Russische vrouwen maar beter voorzichtigheid en vleierij aan de dag leggen, ondanks het feit dat zij, zoals ik al schreef, constant gericht zijn op een gesprek van mens tot mens. Het probleem met een openhartig gesprek in Rusland is dat het praktisch net zo'n obligaat fenomeen is als de gebruikelijke Amerikaanse glimlach. Het is geheel vrijblijvend. Maar als je er niet in meegaat, wek je terughoudendheid en waakzaamheid.

6. Als ze je accepteren, mag je blij zijn. Als je als 'compatibel'

uit de test bent gekomen, zul je van je vriendinnen een enorme hoeveelheid warmte en steun ondervinden. Er heeft zich in Rusland namelijk een nieuw type vrouw ontwikkeld, dat geen westers equivalent heeft.

Lyrische uitweiding. Het nieuwe type vrouw

Sommige sociologen vergelijken een tegenwoordig vrij veelvoorkomend gezinstype in Rusland met de arme zwarte gezinnen in de VS. Daar steunt iedereen op de moeder, die zich kapot werkt en ook nog de zorg voor een stuk of wat afhankelijke wezens heeft. Waaronder soms niet alleen haar minderjarige spruiten, maar ook haar man, die als een vast deel van het interieur op de divan voor de televisie ligt, in plaats van zijn deel bij te dragen aan het onderhoud van het gezin.

In interviews met succesvolle Afro-Amerikanen worden vaak verhalen uit hun jeugd naar voren gebracht die veel op elkaar lijken:

"Alles wat ik heb bereikt, heb ik vooral aan mijn moeder te danken. Ze had vijf kinderen, allemaal van verschillende vaders. Mama werkte als schoonmaakster op drie verschillende plaatsen, was dag en nacht in touw. Maar ze had altijd voor ieder van ons een goed woord. Ze vertelde me altijd dat ze in mij geloofde.

(Dank u mama. Het publiek in de zaal, dat voor de uitreiking van de Oscars is bijeengekomen, applaudisseert. De camera zwenkt naar een dikke Afro-Amerikaanse in de zaal.)

Dit soort gezinnen komt voornamelijk voor in de arme, laagopgeleide lagen van de maatschappij, niet zelden in het milieu van kleurlingen. Bij ons wordt de laagopgeleide vrouw die een aantal kinderen opvoedt zonder vader, als een schepsel beschouwd, een gevallen schepsel vooral. Dit komt niet heel veel voor, omdat een groot gezin in Rusland een zeldzaam verschijnsel is. Des te vaker zien we in Rusland de hoogopgeleide stadsbewoonster, moeder van een of twee kinderen, die in fiere eenzaamheid of in de aanwezigheid van een onzichtbare echtgenoot de zorg voor haar gezin draagt.

Vrouwen die dertig, vijfendertig jaar zijn en in wier leven nooit een min of meer permanente echtgenoot of partner is gekomen, worden bij ons bejegend met medelijden, dat nog groter wordt wanneer ze een kind heeft, of twee. (Wanneer er meer dan twee kinderen zijn, wordt de moeder als kinderrijk beschouwd en tegenover deze categorie landgenoten neemt men een totaal andere houding aan, en niet de meest warme. Hierover meer in het hoofdstuk over het gezin.)

Velen zijn de periode van de Perestrojka nog niet vergeten, toen je moest overleven met de zorg voor je gezin op je nek. In die jaren veranderden vrouwen van ingenieur in verkoopmedewerkster, zetten zelf een handeltje op, volgden economische studies, leerden talen, ja, wat deden ze niet. Het talent om met elkaar mee te voelen en de mensen die het zwaar hadden te ondersteunen groeide in die jaren uit tot een nieuw, ongekend niveau.

Er verscheen een nieuw, zelfstandig soort vrouw, die de man vooral als seksuele partner nodig had, als ze niet frigide was. Alle overige taken fikste ze zelf wel. Dit soort vrouwen werd door de feministen op handen gedragen. Maar hier slaat de verwarring opnieuw toe: juist in Rusland, waar de vrouwen door het leven zelf tot zelfstandigheid worden gedwongen, komen situaties voor waarin het bijzonder moeilijk is om het zonder man te stellen (en laat de extreme feministen me voor deze woorden maar aan stukken scheuren!). De situatie beschrijf ik verderop.

* * *

Het nieuwe type vrouwen gaat graag met elkaar om en vormt spontaan groepen om elkaar te steunen: het 'instituut steungroepen' dat door de satireschrijver Chuck Palahniuk in zijn *Fight Club* zo sarcastisch wordt omschreven (met dit soort onderling hulpbetoon worden Amerikanen die in de problemen zijn gekomen kennelijk overvoerd) is in Rusland zwak ontwikkeld. Maar de maatschappij heeft ze hard nodig, dat is duidelijk.

De vriendinnensteungroep kan zowel uit getrouwde als uit ongetrouwde vrouwen bestaan. De huwelijken die sommigen hebben kunnen geslaagd zijn of niet. Dat speelt tegenwoordig in de vriendschappelijke omgang geen rol.

Als het intellectueel niveau en de belangstellingssfeer voldoen aan de onuitgesproken eisen van de groep, zullen de leden heel wat van elkaars eigenschappen verdraagzaam en begripvol tegemoettreden. Er kan bijvoorbeeld best een lesbienne bij zitten, of meer dan één. Ook als zij geen relatie heeft met één van de groepsleden. Of een vrouw die zich vreemd kleedt (zolang het de grenzen niet overschrijdt van wat geaccepteerd wordt door de klasse waartoe de vriendinnen behoren). Of iemand die extreem druk is (of overdreven flegmatisch). Het belangrijkste is dat je je gedraagt volgens de regels. Dan wordt je zelfs huilerigheid vergeven, of mateloze spraakzaamheid.

Mogelijk zien lezers dit deel als een lofzang op de Russische vrouw. Dat is ook weer niet zo. Er zijn genoeg gemene, oneerlijke, kwaadaardige en krankzinnige vrouwen in Rusland. Die kom je ook tegen onder de leden van het schone (of eigenlijk wat minder schone) geslacht in elk ander land. En zelfstandig zijn we geworden door historische omstandigheden, dat is een lang proces geweest. Mij deprimeert dat niet: ik heb altijd gestreefd naar onafhankelijkheid. Ook toen ik nog geen idee had van hoe

mijn leven eruit zou gaan zien, bouwde ik aan mijn zelfstandigheid. Ook mijn moeder, een typische vertegenwoordigster van
de nieuwe generatie vrouwen, heeft me van jongs af ingeprent
dat ik alles zelf moest doen en dat ik van niemand afhankelijk
mocht zijn.

Vrouwen vragen gemakkelijk hulp: niet alleen aan vriendinnen maar ook aan professionele psychologen. Daarom worden
psychologische trainingen ook vooral door vrouwen bezocht.

De Russische mannenwereld

Die kennis van mij gaf dus toe dat hij vrouwen benijdde, om de
warme sfeer en de wederzijdse hulp die de wereld van de vrouw
kenmerkt.

Hoe steekt de wereld van de man dan in elkaar? Meteen
schiet me een citaat te binnen uit een van de vaste onderwerpen
in het televisieprogramma *Ons Rusland*: 'Tsjeljabinskse boeren
zijn zo ruig...'. Russische mannen zijn zo ruig...

Inderdaad, Russische mannen zijn zo op het oog heel wat
ruiger dan Russische vrouwen. Toch komen de 'manhaftige en
weinig spraakzame' mannetjesdieren die de eindeloze vlakten
van Rusland bevolken er in het Westen bepaald niet goed vanaf.
Er zijn veel bureaus en sites die zich bezig houden met het
selecteren van Russische vrouwen voor buitenlanders. Om de
een of andere reden heb ik nog nooit gehoord van vrouwen in
andere landen die ernaar hunkeren hun leven te verbinden met
dat van Russische mannen. Er is natuurlijk de geschiedenis van
de hartstochtelijke, complexe, maar over het geheel genomen
gelukkige liefde tussen Marina Vlady en Vladimir Vysotski (oké,
Vlady had behalve de Franse ook de Russische nationaliteit).
Christina, de dochter van Aristoteles Onassis sloot ook een

huwelijk met de Russische Sergej Kaoezov. Maar het was niet het huwelijk dat haar geluk bracht, maar de succesvolle zaken die Kaoezov met het Westen deed. In het Westen koestert men weinig vleiende meningen over onze mannen, ze worden als lomperiken en luilakken beschouwd. Maar zijn ze echt zo slecht als buitenlanders denken?

Enkele jaren geleden was ik het daar nog mee eens geweest. Maar met het verschijnen van enige levenservaring ontstond ook de overtuiging dat er in Rusland aan mannen nog zwaardere eisen gesteld worden dan aan vrouwen.

Dat wordt in de volgende regels voor de mannenwereld goed duidelijk:

1. Terughoudendheid. Ik ga niet de talrijke genderonderzoeken citeren die vertellen over hoe meisjes vanaf hun kindertijd leren empathisch, lief en weerloos te zijn, en jongetjes gereserveerd, niet te spraakzaam en ongevoelig.

Maar je kunt je eigenlijk moeilijk voorstellen dat een mannengezelschap, eveneens bijeen aan een cafétafeltje, blij en onstuimig een nieuwkomer verwelkomt. Mannen drukken beheerst elkaars hand.

Van het gezicht valt bij de meeste Russische mannen onmogelijk iets af te lezen. De eis om gereserveerd te zijn hangt in de lucht: zelfs mijn schoolgaande zoon, die ik naarstig de gelijkheid van de seksen inprent, arriveert bij de deur van onze flat met een stalen gezicht. Maar hij is de drempel nog niet over of hij kan in tranen uitbarsten als er op school iets vervelends is gebeurd dat hem gekwetst heeft. Mannengezelschap kan praktische hulp geven, maar psychologische ondersteuning? Het lijkt me sterk. Het is moeilijk je een niet-dronken iemand voor te stellen die een ander, ook nuchter, geruststelt met de woorden:

"Niet huilen, Kolja, alles komt goed."

Veel mannen hebben alcohol nodig om tot een gesprek van mens tot mens te komen, omdat die de psychologische barrières uitvlakt die de maatschappij opwerpt.

2. Een zekere ruwheid. Mannen gaan, zelfs als ze tot de ontwikkelde kringen behoren, ruwer met elkaar om als ze onder elkaar zijn, dan wanneer er vrouwen bij zijn. Grofheid en het gebruik van onwelvoeglijke taal, dat is het overheersende beeld van de echte man in het Russisch bewustzijn.

3. Een gesprek over problemen ontstaat bij toeval. Een lid van een vrouwengezelschap kan een gesprek bijvoorbeeld als volgt beginnen:

"Meiden ik zit zo in de puree, vertel me eens wat ik moet doen."

Een man die de moed bij elkaar geraapt heeft om een kwestie die hem uit de slaap houdt met zijn vrienden te delen, begint ongeveer zo:

"Jongens, ik heb toch zoiets grappigs..."

Hij zal waarschijnlijk niet meteen met de deur in huis vallen. Eerst moeten ze allemaal wat gedronken hebben, misschien wat gegeten, ergens over hebben zitten ouwehoeren. En pas dan...

4. Het bespreken van mannenzaken. Iemand die van zijn vrouw gaat scheiden en zich zorgen maakt over de verdeling van de spullen door de rechter, moet in het kader van het 'mannengesprek' een verplicht programma afwerken, bijvoorbeeld het vermogen van de motor van een nieuw automodel dat Mercedes uitgebracht heeft. Ondertussen kan hij in een Zjigoeli van tien jaar oud rijden. Mannengezelschap onderscheidt zich zelden door fijngevoeligheid en empathie. Hoe slecht een lid van het gezelschap er ook aan toe kan zijn, iemand die een gesprek over de nieuwe successen van de techniek begint, zal waarschijnlijk door niemand veroordeeld worden. In die zin is een vrouwengezelschap heel wat wreder: zij kunnen iemand uitstoten die

over onbelangrijke zaken praat op een moment dat een ander serieuze problemen heeft.

5. Dronkenschap. Het kan niet van alle mannen gezegd worden, maar dronkenschap als norm voor sociaal gedrag is in veel opzichten bepalend voor de gedragsregels in mannengezelschappen. Excessieve drinkgelagen zijn veelal de norm. Iemand die vrolijk met flessen drank aan komt slepen die hij in de avondwinkel gekocht heeft, hoor je minimaal te begroeten met een vergenoegde glimlach. Je krijgt bijval als je uitroept:

"Ah, super! Goed zo, Serjoga!"

Vrouwen kunnen in gezelschap gemakkelijk alcohol weigeren, gewoon omdat ze geen zin hebben in drank. Mannen doen er goed aan de oorzaak uit te leggen, door bijvoorbeeld te zeggen dat hun maagzweer opspeelt, dat ze nog moeten rijden of dat ze een voedselvergiftiging hebben. Verstokte alcoholisten generen zich vaak de echte reden te noemen waarom ze niet meezuipen, daarom verwijzen ze ook vaak naar een slechte gezondheid en chronische ziekte. Dit is nog zo'n paradox in het Russisch bewustzijn: iemand die met de anderen mee drinkt, bewijst dat erbij hoort. Niet-drinkers zijn verdacht. Maar als je een zuiplap bent wordt het al wat ongemakkelijk, hoewel, zoals ik al schreef: we houden er niet van, maar begrijpen het wel.

6. Mannenvertier. Is het voor vrouwen al voldoende om sushi te eten in een simpel restaurantje, mannen nemen bij lange na geen genoegen met dergelijke elementaire geneugten. Hun gezelschap kan naar een biljart- of voetbalwedstrijd gaan of een sportcafé bezoeken. Nog beter is het om met de club uit vissen te gaan. Overigens kun je vissen ook wel een sociaal-cultureel fenomeen van Rusland noemen. Niet voor niets maakte de regisseur Rogozjkin de bijzonder populaire komedies *Bijzonderheden van de nationale jacht*, en *Bijzonderheden van de nationale hengelsport*, die enigszins grotesk, maar volkomen waarheidsgetrouw

de bijzonderheden van de Russische mannenwereld laat zien en het daarmee gepaard gaande 'puur mannelijke vertier'.

Die vriend dus, die de vrouwen zo benijdde om hun vriendschappen, heeft gelijk. Bij ons is de kans klein dat een man psychische steun van zijn soortgenoten krijgt, zelfs niet als het zijn oudste en trouwste vrienden zijn.

7. Het dragen van een masker. Deze regel vloeit voort uit de verplichting altijd gereserveerd te zijn. Op een gegeven moment is terughoudendheid zozeer een deel van de mannelijke natuur, dat wanneer de een of andere omstandigheid een man dwingt zijn ware karakter te tonen, zijn hele omgeving perplex is. Ik ken een ingenieur die zich alleen in gesprekken over voetbal of auto's mengde, zelfs op verjaardagen (hij was in staat meteen na het eten zijn mobiel te raadplegen om op internet de uitslagen van de laatste wedstrijd op te zoeken). Hij was erg terughoudend en zwijgzaam. Zijn gezicht was absoluut ondoorgrondelijk. Later hoorde ik dat zijn vrouw een erfelijke psychische ziekte had die steeds erger werd en dat hij haar heel trouw opzocht in het ziekenhuis en betaalde voor de behandeling. Maar in gezelschap kwam onze held alleen tot leven wanneer het over voetbal ging.

Een jaar of drie verstreken. Ik kwam opnieuw in dat gezelschap terecht. De gereserveerde ridder was er niet meer bij. De heer des huizes klaagde:

"Dima is dus van zijn vrouw gescheiden toen ze zo ziek was dat ze hem niet meer herkende. De artsen zeiden dat ze niet meer beter zou worden. Daarna is hij door een heel bazig mens aan de haak geslagen, en zij verbiedt hem met zijn vrienden om te gaan. Nu komt hij alleen nog voor zijn werk de deur uit, hij is doodsbenauwd voor zijn vrouw."

"????"

"Wij dachten nog wel dat hij heel sterk was en onafhankelijk. Maar dat bleek een masker te zijn."

Meestal gaat achter het masker van terughoudendheid een zachte, zwakke en gevoelige natuur schuil. De maatschappelijke moraal eist van de man dat hij het beeld van superman, die geen problemen kent, cultiveert. De lage gemiddelde levensverwachting van mannen in Rusland (de meesten halen de zestig niet) wordt door de meeste onderzoekers in verband gebracht met alcoholisme, dat veel voorkomt onder Russische mannen. Maar sommigen stellen dat ook de dwang noodzaak om emoties binnen te houden de levenskracht ruïneert en leidt tot een voortijdig heengaan.

Een botsing van werelden

De verhouding tussen mannen en vrouwen in Rusland kun je geen *War of the Worlds* noemen, om met de woorden van Herbert Wells te spreken. Maar van een botsing tussen twee systemen met verschillende spelregels kunnen we wel degelijk spreken. Wat betreft de oorzaken van deze botsing zijn de bittere woorden van de feministe Maria Arbatova van toepassing: 'De hele vaderlandse moraal leunt zo zwaar op het tekort aan mannen, die in de vorige generaties afgeschoten werden en in de gevangenis gezet, dat iedere willekeurige man die tussen twee vrouwen terechtkomt, zich als een zeepbel opblaast en triomfen beleeft onder volledige goedkeuring van de maatschappij.'

Een simpele vraag: wanneer voelt een Russische man zich man? In gezelschap van mannen, onder het genot van mannengesprekken en mannenvertier. Kijk, een vrouwengezelschap neemt gemakkelijk en zelfs met onverholen belangstelling iemand in haar gelederen op die gek is van autoraces, smeedkunst of lid is van een club van whiskyliefhebbers. Als het intellectuele niveau en de interessesfeer maar niet in tegenspraak zijn met de eisen

van het gezelschap (zie het hoofdstuk over de Russische vrouwenwereld). Maar denk maar niet dat mannen zo verdraagzaam
zijn tegenover iemand die sokjes breit, borduurwerk priegelt of
zich bezighoudt met patchwork. Dat kan alleen maar een flikker zijn, zullen ze denken. Naast zo iemand voelen ze zich geen
man. Voelen onze mannen zich wel man naast vrouwen? Naast
iemand die hij leuk vindt of van wie hij houdt? Ik betwijfel het.
Die prettige gewaarwording schept een andere wereld, de wereld
van de man.

Waar voelt een Russische vrouw zich vrouw? Naast een
man. Geen enkele warme vrouwenvriendschap schenkt haar
dat gevoel. Maar het is veel gemakkelijker je aan te sluiten bij
een groep goede vriendinnen dan deel te worden van de mannenwereld. Zeker in Rusland.

Zoals de Finse journaliste Anna-Lena Lauren schreef: 'Het
is bepaald niet sjiek om een alleenstaande jonge vrouw in Rusland te zijn.' Alleenstaande vrouwen, zeker die in de onderklas-
se, klagen openlijk over het ontbreken van een man of partner.
Russische kennismakingssites staan bomvol met profielen van
vrouwen, wel vier keer zo veel als van mannen. We moeten wel
erkennen dat Rusland een land is van mooie, goed opgeleide,
werkende vrouwen. En een land waar een tekort is aan werkende
en niet-drinkende mannen. Arbatova heeft gelijk.

Een schaars, maar gewild artikel kan zich gedragen zoals het
maar wil, zelfs als het niet van de beste kwaliteit is: er zullen toch
altijd liefhebbers op afkomen. Of liefhebsters.

Het is interessant hoe Russische mannen vrouwen beoordelen. De gebruikelijke setting: een bar of een restaurant. Een
gezelschap van drie aangeschoten mannen tussen de dertig en de
veertig. Ze zijn alle drie kalend, wat aan de zware kant: van Alain
Delon, wiens naam in Rusland lang geleden een soortnaam werd
en symbool stond voor de onberispelijke mannelijke schoonheid,

heeft geen van hen iets weg. De één verklaart langs zijn neus weg (zie de gedragsregels voor mannengezelschap):

"Zeg, gister was die Spaanse actrice, hoe heet ze, Penelope Cruz op tv. Ik heb haar eens bekeken, wat heeft die een platte kont."

De gesprekspartners knikken begrijpend. Goed, een van hen springt in de bres voor de favoriete actrice van Pedro Almodovar:

"Maar het lijkt me wel een aardig mens, best sympathiek."

Het gesprek over de uiterlijke pluspunten van filmsterren nadert ondertussen de actieve fase: het blijkt dat een andere deelnemer van het gesprek op vrouwen valt die 'niet zulke grote tieten hebben als Sofia Loren'. Nu trekken Penelope Cruz en Sofia Loren zich de weelderige haren uit het hoofd. Hoe bestaat het, dat ze niet in de smaak vallen bij twee verkoopmanagers en een kleine ondernemer uit het ingesneeuwde Rusland? Hoe moeten ze nu verder?

Even serieus: dat zal de filmsterren natuurlijk een worst wezen. Maar ons, Russische vrouwen... Nee, de vrouwen van deze stoere minnaars, lijken mogelijk weinig op een covergirl. Maar wij moeten niet vergeten dat de eisen die aan ons uiterlijk gesteld worden, extreem hoog zijn. Mijn eigen vader zei tegen mij:

"Masja, als je wilt trouwen, moet je beslist afvallen."

Dat je hoe dan ook wilt trouwen, dat is in Rusland een normale zaak. Mijn vader zei dat tegen me omdat hij van me hield en zich zorgen maakte over mijn lot. Hij begreep dat alleen de allerbesten de race winnen om de belangrijke titel van 'Getrouwde Vrouw'. Dat hoeft weliswaar niet te betekenen dat hun ook de beste mannen ten deel vallen.

Hoe klaagt een Russische vrouw over haar levenspartner? Tegenover haar vriendinnen (de steungroep) kan ze hem voor rotte vis uitmaken en daarbij vulgaire taal niet uit de weg gaan (Russische schuttingtaal is een wereld op zich, waarover ik verderop nog schrijf), maar het *leitmotiv* is steeds hetzelfde: waarom doe je zo tegen mij, terwijl ik zo aardig ben en het je zo graag naar de zin maak? Wat moet ik doen om de situatie te veranderen?

Een man klaagt anders (als hij al de moed kan opbrengen om dat te doen). De hoofdgedachte is hier: het wordt tijd dat wicht voor een ander te verruilen. Een Russische man denkt altijd, ook al is hij 80, invalide en impotent: ik ben nog steeds een superheld. Vandaar ook dat ze Sofia Loren zo beoordelen, omdat ze niet gewend zijn om afgewezen te worden. Terwijl ze haar dus wél kunnen afwijzen als haar boezem niet de goede afmetingen heeft.

In werkelijkheid is het vooral de oppervlakkige blik vanuit de vrouwenwereld zelf die bijgesteld moet worden.

Schapen in wolfskleren

Eigenlijk zijn de eisen die in Rusland aan mannen gesteld worden helemaal niet lager dan die aan vrouwen. Ze zijn alleen anders. En ze gaan niet zozeer over het uiterlijk als wel over de sociale status en de manifestatie daarvan.

Lyrische uitweiding.
De manifestatie van de sociale status

Je loopt door de straten van een grote Russische stad. Denk je dat je omringd bent door een bonte, gemêleerde menige? Dat is niet helemaal zo. Je bent niet omringd door gewone mensen, maar door symbolen. Ja vroeger, in de Sovjettijd, toen waren wij een homogene grijze massa in donkere jassen en met saaie schoenen. Nu zijn we net zo divers als de hele wereld is. En ieder van ons demonstreert met zijn voorkomen, bewust of onbewust, zijn welvaartsniveau, de sociale klasse waartoe hij behoort en zijn geestesgesteldheid.

Hoe zien de belangrijkste symbolen eruit waarmee de ene Rus zijn sociale status etaleert tegenover de andere?

Een nertsmantel. Onze winters zijn lang, maar God wat jammer dat ze niet het hele jaar duren. Want als je 's zomers ook nog in je nertsmantel loopt, word je al gauw voor gek verklaard!

Kijk daar hangt hij in de kast, de warme schoonheid met de gladde vacht. Niet getreurd vrienden, zijn tijd komt wel weer! Straks komt hij uit zijn gevangenis en zullen wij iedereen laten zien dat we er warmpjes bijzitten!

Kortgeleden liep ik toevallig een bontwinkel in: het regende en dat was de eerste deur die ik op mijn weg vond. Ik schrok. Voor mij strekten zich drie zalen uit, tot de nok toe vol nertsjassen. Er hingen korte en lange jassen, effen en gevlekte, met en zonder glimmende gespen en met en zonder capuchon. In mijn verbeelding zag ik een massa lieve nertsjes die opofferingsgezind hun eigen vacht ten geschenke aan Russische schonen gaven. Brrr, wat een verschrikking. Maar waar halen ze nog zo'n hoeveelheid vandaan?

Tja, door de vraag ontstaat nu eenmaal het aanbod. In de Russische en buitenlandse bossen komen immers duizenden warme, donzige dieren voor. Waarom de nerts? Ten eerste, die is duur. Ten tweede is hij warm en onverslijtbaar. Ten derde is een nertsmantel niet alleen een kledingstuk, maar een symbool. (Dat is de traditie die is ontstaan in onze barre streken). Het symbool van succes en materiële welstand en liefde van mannen voor vrouwen. Een vrouw met een nertsmantel toonde tot voor kort aan de wereld: ik ben geslaagd in het leven. Voor een dergelijk genoegen zijn velen bereid een langlopend krediet af te sluiten.

De laatste tijd echter zijn de donzige schoonheden klapwiekend met hun bonten vleugels langzaam van de hogere sociale kringen afgedaald naar de lagere. Nu kun je op de roltrap in de metro de tijd doden met het tellen van nertsen in de tegemoetkomende rij. Doordat dit symbool van een geslaagd leven zo betaalbaar is geworden, komen velen in een lastig parket: je kunt wel overstappen op sabeldier of chinchilla, maar wat als die ook opeens goedkoper worden?

(Even tussendoor: treurig genoeg zijn de protesten van dierenbeschermers tegen het dragen van echt bont in Rusland niet erg relevant. Het is hier koud. En echt bont houdt je goed warm, zeker als er een wollen voering in zit. In Petersburg zijn nog verschillende achtergebleven types zoals ik, die zich warm houden met een gewatteerde jas. Maar mijn ex-man heeft zijn jonge jaren in Tsjita doorgebracht. De stad waarheen eeuwenlang, tot in de tsarentijd, misdadigers en andere de regering onwelgevallige elementen verbannen werden. 's Winters staat er een ijzige wind, die de aarde in een ijzige, sneeuwloze woestijn verandert. In die contreien kun je alleen warm worden in een jas van natuurlijk bont. Daar dienen de kuddes nertsen en andere edele dieren pas echt een goede zaak.)

Nu zal er iemand zeggen: "Maria, je bent jaloers op onze bontjassen, daarom schrijf je zulke dingen over de succesvolle burgers die wij zijn." Nee, ik ben niet jaloers. En ik heb ook genoeg geld voor een bontjas. Ik laat met mijn uiterlijk gewoon andere dingen zien. Maar daarover later.

Een dure sedan-business class of een jeep met getinte ramen. Goede kennissen van mij, een kinderloos echtpaar van dertig, kochten een kolossale, dure Japanse jeep. En dus ook met alles erop en eraan: getinte ramen, een luxe audiosysteem, een dure verzekering, et cetera. Ze sloten een torenhoge lening af. Twee derde van hun maandinkomen wordt door de auto opgeslokt.

"Jullie zijn gek," zeg ik, "jullie wonen in een communale woning met een stel idioten als buren! Jullie zouden eerst jullie woningprobleem moeten oplossen."

"Ja, nouja. Maar een hypotheek is veel te duur en duurt te lang. We kunnen onszelf beter blij maken met een goeie auto. Die lening is voor hooguit vijf jaar!"

"Waarom maakt de auto jullie blij? Jullie rijden toch voornamelijk in de spits van en naar je werk. Waar hebben jullie die auto voor nodig? Om ermee in de tweede versnelling te sukkelen? Ook met het parkeren geeft zo'n enorme bak geweldige problemen. Auto's met getinte ramen worden in veel andere landen niet eens toegelaten."

"Jij snapt niet hoeveel we van hem houden. Als ik achter het stuur zit voel ik me persoonlijk zo gelukkig. En er is niemand die me aangaapt!"

In wezen gaat het niet over liefde. Het gaat over sociale status. Een van de kenmerken van de Russische mentaliteit is het verlangen een welvaart te etaleren die er niet is. Of wel, maar dan in mindere mate.

Niet al te rijke mensen zetten alles op alles, ze trekken hun riem een paar gaatjes strakker en sluiten wurgende leningen af, om de attributen van hun vermeende succes te laten zien, in de vorm van de genoemde nertsjassen en jeeps. Iedereen moet jaloers op ons zijn, als ze maar niet doorhebben hoeveel het ons kost!

Ongewone kleren 'van een zeldzame schoonheid'. Bij tijd en wijle loop je over een winters trottoir dat bedekt is met een laag ijs en je weet niet hoe je op de been moet blijven. En dan doemt Zij op. Opzichtige laarzen met torenhoge naaldhakken.

Een kort jasje en tussen het jasje en de spijkerbroek met lage taille een strook bloot. Een hoed heeft ze niet op. Mama mia! Die is tegen de avond door onderkoeling overleden. Of niet, misschien verschijnt er wel een paard om haar in volle galop naar een warm huisje te brengen. Joost mag weten wat er in het hoofd omgaat van deze kleumende draagster van de raadselachtige Russische ziel.

Zulke slecht bij het weer passende kleding is een demonstratie van de onuitsprekelijke schoonheid waar de Russische vrouw volgens de ongeschreven regels tot elke prijs haar best voor doet. Zij ziet er altijd schitterend uit, is eeuwig bereid het kritische mannelijke oog te strelen en staat continu in de startblokken om zich hals over kop in een nieuwe relatie te storten (zie het hoofdstuk over de verhoudingen tussen de seksen).

Kleding 'van een zeldzame schoonheid' bestaat er overigens in twee soorten:

1. De bovengenoemde: oncomfortabel, niet per se passend bij het seizoen, maar wel wondermooi! Zulke kleren *moeten* wel smaakvol zijn.

2. Oncomfortabel, niet passend bij het seizoen en ook nog eens smakeloos. Deze 'tak van sport' wordt in intellectuele kringen 'een lurex bloesje met netkousen' genoemd. Die bestaat daaruit dat er een goedkoop vuurvogelpak van Chinees-Turkse makelij op de markt wordt gekocht en is bedoeld voor vrouwen uit de lagere kringen om mannen uit dezelfde kringen het hoofd op hol te brengen. Het goedkope pleziertje is een en al blingbling. De kroon op deze schoonheid is een ander welvaartssymbool: een met peroxide gebleekt kapsel. Zulke vrouwen krijgen een genadeloze make-over in het programma *Modevonnis* op Kanaal 1.

Een Yorkshire- of een toy-terrier onder de arm. Als ik een klein hondje was en ze zouden me onder de arm dragen, dan zou ik mijn baasje bij de eerste de beste gelegenheid doodbijten. Het kleine diertje wordt overal mee naartoe gedragen, naar de supermarkt bijvoorbeeld. Het wordt door de elleboog van het baasje tegen haar zij aangedrukt, terwijl ze met haar vrije hand het karretje voor zich uitduwt, dat uitpuilt van de levensmiddelen.

Wat doe ik hier in vredesnaam, denkt het kleine, prijzige hondje van het modieuze ras. Zat ik maar thuis op mijn zachte bankje. Of dartelde ik maar over het gazon. Maar nee! Het arme beest heeft geen benul van sociale status. Honden zijn ongelukkige wezens die geen verstand hebben van de sociale hiërarchie, daarom snappen ze niet dat ze een welvaartsartikel zijn, een pleziertje voor de baas en de voorbijgangers. (Weliswaar krijgen die voorbijgangers die proberen te brabbelen tegen het dure hummeltje met een haarspeldje en een jasje, vaak een ijzige blik van de eigenares toegeworpen, zo van ga zelf een hond kopen!) Zo'n delicate Russische Paris Hilton stapt parmantig door de winkel, haar oogappel tegen zich aangedrukt, terwijl ze met een lege blik om zich heen gaapt. Nog slechter vergaat het de honden in restaurants en rokerige nachtclubs, waar de snoetjes met strikjes ronddarren in wolken tabaks- en marihuanarook.

Een vriendin van mij is beroepsmuzikant en lid van een ensemble dat oude muziek uitvoert. Op een keer werden ze gevraagd voor een muziekoptreden bij een schoonheidswedstrijd. Over het podium schreden rijzige schoonheden. Om de een of andere reden droeg ieder van hen een hondje op de arm. Op een gegeven moment drong het tot de muzikanten door dat het niet om een schoonheidswedstrijd voor mensen ging, maar voor terriërs! De donzige, gedweeë hummeltjes waren in nertsmanteltjes gestoken en droegen haarspeldjes met briljanten...

Smoezelige joggingbroeken, of de kerel die het allemaal niet uitmaakt. Eigenlijk maakt het hem wel uit, maar hij is een Russische kerel. Een echte. In Rusland. Hier is hij thuis. Hij is niet rijk. Hij is niet al te tevreden met zijn leven. Maar hij is thuis, daarom kan hij zich kleden zoals hij wil. Of zich niet kleden. Rijken, intellectuelen, etnische minderheden, ze zijn allemaal te gast in Zijn huis.

Attributen van de intelligentsia. Mijn collega, een professor, kreeg van haar man de hierboven genoemde 'hit van het seizoen': een nertsmantel. Hoera? Nou nee: haar collega's begrepen het niet. Ja, ze spraken lovende woorden, maar niet zonder ironie:

"Nina, nu ben je een echte nieuwe Rus!"

Russische intellectuelen houden niet van rijken. Niet zozeer uit jaloezie, als wel uit verontwaardiging over de schreeuwende rechtsongelijkheid in Rusland en het schuldgevoel tegenover degenen die met moeite de eindjes aan elkaar knopen.

Nina begon zich te verontschuldigen:

"Maar jullie weten toch ook wel hoe warm, licht en sterk een bontjas is."

Ze stokte: ze besefte dat ze iets aan het promoten was wat de meeste van haar collega's niet kunnen betalen. Nina zat in een gecompliceerde situatie, hoe je het ook wendt of keert.

Nu moet je niet denken dat de Russische intellectueel zich niet druk maakt over zijn uiterlijk. Hij is niet wereldvreemd. Hij volgt zelfs de mode. Maar lieve lezers, jullie begrijpen dat ik, niet zomaar iemand, maar journalist en docent aan het hoger onderwijs, zelf ook niet alles aantrek:

1. Een slobberige joggingbroek: ik ben geen lompe boer.
2. Een nertsmantel: ik ben geen nieuwe Rus.
3. Netkousen en een glimmende bloes: ik kan niet tegen openlijk vertoon van seksualiteit, ik ben een hoogst verfijnd wezen.

4. Spijkerbroeken met een lage taille: zie punt 3. Bovendien heb ik een zwembandje.

Ik draag kwaliteit, iets van linnen, keperstof of katoen. Ik ga degelijk gekleed. Ik heb een eenvoudig kapsel. Gouden sieraden draag ik met tegenzin: sorry vrienden, ik weet het: intellectuelen hebben een voorkeur voor zilver.

Ik draag een spijkerbroek en zelden een rok. Kant, dat is niets voor mij, ik ben meer van het geestesleven.

Ik ben niet zoals de anderen. Als je me ziet, zul je dat meteen doorhebben. Ik draag een sjaaltje in dezelfde tint als mijn blouse en het stempel van vooraanstaand intellectueel op mijn voorhoofd.

* * *

De Russische man is een wezen dat geplaagd wordt door tegenstrijdigheden die hem letterlijk verscheuren. Patriarchale normen schrijven hem vijf eigenschappen van een echte man voor:

1. Een laatdunkende houding tegenover vrouwen, mogelijk gemaakt door het mannentekort.

2. Een hoge positie die ontzag afdwingt.

3. Een salaris dat ruimschoots voorziet in alle behoeften van het gezin:

"Ik heb haar verboden te werken. Laat haar het huis en de kinderen maar op orde houden (en mocht haar huishouden een rommeltje zijn, dan mag ze levend gevild worden — M.K.).Wat moet ik met die stuivers die zij verdient?"

4. Macht over zijn verliefde partner.

5. Succes hebben en geen problemen.

De ellende is alleen dat je uitsluitend met punt 1 overtuigend kan overkomen op je omgeving (en dat al niet altijd).

Juist de vrouwen stichten een enorme verwarring onder de mannen. De slachtoffers van de patriarchale normen hunkeren naar de mooie dag dat Zij in een straal zonnelicht verschijnt. Klein en fijn, met vlasblonde krullen, blauwe ogen, en roze lipjes. Teer, gedwee, schuchter, zachtaardig en liefst met een niet al te hoge functie (wie wil er nou een leidinggevende als echtgenote... die zijn pas bazig. Een normale man kan daar niet tegen!)

Onze vrouwen moeten daar dus mee om weten te gaan. Je had eens moeten zien wat voor komedie een kennisje van me voor haar sullige echtgenoot opvoerde! Toen ik bij hen op visite was, leek het alsof ze elk moment kon uitbarsten in het lied uit de komische musical *Ali Baba en de veertig rovers*:

"Mee-eester, wat ies er van uw dienst?"

Goed, haar salaris zal haar man, die zelf een slecht betaalde baan heeft, wel accepteren. Dat is zeker. (Hij gedraagt zich als de eigenaar van een boorgat in Koeweit en de bezitter van een paleis aan de Côte d'Azur.) Ook haar zachtmoedigheid en onderdanigheid worden geduld. Maar haar academische graad en haar kennis van drie vreemde talen waaronder Japans, dat denk ik niet. Ze heeft het tenminste knap voor hem weten te verbergen, en hangt ondertussen voor het zoveelste jaar het wichtje van de arbeidersflat uit. Ik moet wel zeggen dat ik haar benijd om haar acteertalent.

De ideale vrouw voor Rusland is de zachtmoedige, huiselijke Goeltsjataj, die alles op alles zet om voor haar echtgenoot te verbergen dat ze al twintig jaar leiding geeft aan een kolossaal hoogovenbedrijf.

Onze mannen verkeren volgens mij overigens in een nog deplorabeler psychologische toestand. Ten eerste omdat ze zich, zoals ik al schreef, vooralsnog niet kunnen verenigen in een vriendensteungroep. Ze wenden zich zelden tot professionele hulp, een psycholoog of een psychoanalyticus. Maar de maatschappij stelt hoge eisen aan hem: hij moet zijn gezin onderhouden en koelbloedig zijn (een emotionele man is bij ons meteen een hystericus) en het belangrijkste: een man heeft het recht niet een fiasco te lijden. Vrouwen kunnen gewoon pech hebben. Een man die in de nesten zit, wordt door de publieke opinie in de categorie 'mislukkelingen' neergezet.

In zijn hart droomt de Russische man van een vrouw die hem zal begrijpen, naar hem luistert en niet veroordeelt, die dus het huishouden combineert met de rol van psychoanalytica, consulteren van een professional wordt immers afgekeurd. Ada Baskina vertelt in haar boek *Say cheeeese!*, dat gaat over de zeden en gewoontes van Amerikanen, het verhaal van een haar bekende Amerikaan die zijn mooie, succesvolle en jonge landgenote verruilde voor een oudere, minder aantrekkelijke Russin. Hij was simpelweg overrompeld door de aandacht waarmee ze naar hem luisterde en door haar bereidwilligheid op zijn problemen in te gaan. Een Russische vrouw die tegenover de man de hoge maatschappelijke normen in acht neemt en tegelijkertijd een toegewijde en begripvolle vriend en psychoanalyticus is, voelt zich volkomen op haar gemak. Ze is zelfs in staat haar echtgenoot te manipuleren.

Ik kan het niet laten hier opnieuw Anna-Lena Lauren te citeren: 'De vrouwen zelf protesteren zelden. Ze begrijpen eigenlijk niet waar de leden van een vrouwenbeweging naar streven. "Wij zijn ook de baas over de mannen. De kunst is de man te laten denken dat hij de beslissing neemt."'

* * *

De strategie van Russische vrouwen om een man aan de haak te slaan zou ik 'lachjes en huppeltjes' willen noemen. Mannen prikken als vanouds zo door onze façade heen en maken de uitgezette strikken onklaar. Maar zo is het spel: de een zet het masker op, de ander ontmaskert.

In de houding van mannen tegenover vrouwen manifesteert zich duidelijk de essentie van Rusland, die niet helemaal Westers en niet helemaal Oosters is. Aan de ene kant werken en studeren vrouwen in Rusland (en willen dat ook) op gelijke voet met mannen. Aan de andere kant moeten wij thuis onze 'vrouwelijke' plichten vervullen. Nog altijd raken veel Russische mannen met een behoorlijke opleiding in verwarring van een vrouw die verstand heeft van politiek. Zelfs vrouwelijke afgevaardigden van de Staatsdoema worden door sommige van hun collega's beschouwd als aardige, fleurige en welriekende boeketten, die hier en daar in de zittingszaal zijn neergezet.

Ik deed met een aantal kennissen mee aan 'De tien van de vrouwen', een run van tien kilometer door de straten van de stad, een demonstratie van onze zelfstandigheid. De deelneem-sters aan de run werden door een of andere ambtenaar van het stadskantoor verwelkomd. Vanaf de tribune schalde het over het hele Paleisplein:

"Meisjes, schoonheden, zorg dat je zo mooi blijft!"

(De minder mooie meiden mochten zich verhangen.) Voor deze zielenpiet was dit de kern van het evenement. Hij had besloten: ze lopen om gezond en mooi te worden. Om ons mannen nog meer te behagen. Het mannelijk oog te strelen, zal ik maar zeggen. Is er dan nog een ander doel?

De Amerikaanse schrijfster Stacey Shiff merkt op dat Russen niet geneigd zijn tot samenwerken. Helaas is dat zo, omdat samenwerking uitgaat van gelijkheid. Veel Russische mannen begrijpen niet dat gelijkheid tussen de seksen mogelijk is. Als een man van oudsher het grootste deel van het huishoudelijk werk doet (en mogelijk zelfs niet zonder plezier), schaamt hij zich dat toe te geven. Voor de maatschappij is hij geen Echte Man. (Zie de vijf eigenschappen van 'de echte man'.)

Eigenlijk komen er in ons onmetelijke land twee soorten mannen voor: echte en niet-echte.

De echte beantwoordt aan alle vijf bovenbeschreven eisen. De echte kan de niet-echte niet velen. Zeg nou zelf, hoe kun je zonder gezonde mannelijk afkeer kijken naar dat treurige wezen dat zijn vrouw helpt in het huishouden, met de kinderen babbelt of nog erger, niet van vissen houdt, noch van de banja, jagen of timmeren?

Onlangs bezocht ik de organisatie 'Soldatenmoeders'. De leden hiervan leggen uit hoe ziekelijke jongemannen vrijstelling voor militaire dienst kunnen krijgen en ook helpen ze gerechtigheid te krijgen voor rekruten die door oudere soldaten getreiterd worden of werden.

Enkele van de moeders werden aan het begin van de bijeenkomst verscheurd door tegenstrijdige gevoelens. Aan de ene kant is ons vanaf onze kindertijd ingeprent dat het leger stadse slapjanussen omtovert tot echte kerels en verdedigers van het Vaderland. Aan de andere kant maken de verschrikkelijke verhalen over pesterijen enigszins voorzichtig: 't is toch je kind.

Het optreden van een moeder wier zoon in 1995 in Tsjetsjenië omkwam, zaaide nog meer twijfel. Huilend vertelde ze hoe ze altijd gedroomd had van het grootbrengen van een echte kerel. Hoe het haar verwarde dat haar jongetje een zacht en inschikkelijk karakter had. Zijn karakter werd zijn dood: ondanks vele pogingen kon hij zijn moeder niet overtuigen van het feit dat de militaire dienst hem niets goeds bracht. Hij kwam met verlof uit de opleiding, onder de blauwe plekken van de aframmelingen. De moeder overreedde haar zoon opnieuw om toch in ieder geval de vooropleiding van 'niet-echte tot echte man' af te maken. Ze werd pas wakker geschud door zijn dood.

Lyrische uitweiding. Communicatieproblemen, of hoe ik Lolita werd

In de omschrijving van Nabokov was Lolita een vroegrijp en seksueel uitzonderlijk aantrekkelijk jong meisje: een zogeheten nymfijn van 13-14 jaar.

Ik kreeg pas een auto in mijn bezit toen ik de leeftijd van de eerste (en de tweede en de derde) zinnelijkheid al lang gepasseerd was: ik was 31. Ik had een zoon van zes en tegen die tijd had ik ook qua uiterlijk weinig weg van Lolita, mag ik wel zeggen. En daar maakte ik me niet erg druk over. Naïef, zo bleek.

Nu is het zo dat ik wel met trots kan zeggen (ik weet het: bij ons is pochen gevaarlijk, dat schreef ik zelf) dat ik zelden problemen heb in de omgang met mensen. Ik weet niet waarom: misschien is het een aangeboren eigenschap, of het is de levenservaring die ik in de vele jaren die ik hier leefde heb opgedaan.

De auto die ik aanschafte was oud en ging om de haverklap kapot. Als een auto kapot gaat, moet hij gerepareerd worden. Maar gezien het feit dat ik dat zelf niet kan, moet ik me tot de specialisten wenden. De eerste keer in mijn leven dat ik met automonteurs in aanraking kwam, veranderde mijn beeld van de wereld en verlaagde mijn gevoel van eigenwaarde tot het niveau van de plint, zoals we hier zeggen.

Door dit op het eerste gezicht kleine voorval, toonde het leven mij een heel ander gezicht. Het kantoor van de hoofdredacteur van een of ander periodiek krantje verlaat ik altijd met het gevoel dat ik een verstandig, sympathiek en getalenteerd persoon ben. Het hok van de automonteur verliet ik als een stupide, kale, hersenloze kip. Om eventuele vragen voor te zijn: nee, ze hebben me niet geslagen, de kleren niet van het lijf gerukt, of verkracht. Als vrouw was ik überhaupt niet aantrekkelijk voor hen. Ze haalden me moreel onderuit, zoals alleen een echte kerel een vrouw onderuit kan halen.

Ik loop even vooruit op het verhaal: het bedrag dat ik te horen kreeg voor de reparatie van de auto, is nooit lager geworden dan 10.000 roebel. Ik kon er niet tegenin gaan. Ze logen tegen me terwijl ze me recht in de ogen keken en tegelijkertijd dwars door me heen, zo leek het. En hoe verliep mijn gesprek met de automonteurs? Dat ging als volgt: ik vertelde dat de auto sputterde. Zij deden de kap omhoog. Keken er in. Veegden hun handen af.

"Tienduizend."

"Waarom zo duur? Kunt u het niet voor minder?"

"Hoe kan ik het voor minder doen? Ziet u dan niet dat de cylindernaaf vervangen moet worden? En die kun je niet vervangen zonder konische lager. En daarvoor moet ik de halve auto uit elkaar halen en de pakking, de filters, kabels, het slot, schroeven, sluitringen, spijkers, ringen, stangen en bladen vervangen... ze uitkalibreren, uitrechten, uitbalanceren en bijslijpen..."

Ik stond met mijn mond vol tanden. Ik wist natuurlijk dat dit verschijnsel in de mannenwereld der automonteurs 'het mokkel van het geld scheiden' wordt genoemd. Maar een patiënt wordt niet minder ziek wanneer hij weet hoe zijn ziekte heet. Hoe kon ik de blackout die me zo plotseling overviel de baas worden?

In gedachten analyseerde ik twee oplossingen:

1. Een man in mijn plaats naar de garage laten gaan. Op dat moment was dat in mijn leven helaas geen optie. (Enige tijd later rekenden ze in een identieke situatie mijn man 500 roebel, nadat ze eerder tegen mij een bedrag van 15.000 roebel genoemd hadden.)

2. Aan een uiterlijk werken dat automonteurs meer zou aanspreken. Zoals ze zeggen in de haarverfreclame: je toekomstige schoonmoeder zul je nooit worden, maar je kunt wel veranderen.

Trouwens, met mijn uiterlijke aantrekkelijkheid is het buitengewoon slecht gesteld. Ik moet mezelf geweld aandoen om iets
anders dan een spijkerbroek met trui ('s winters) of T-shirt ('s
zomers) aan te trekken.

Maar ik besefte dat mijn geld op het spel stond. Ik moest
aan mijn imago werken. Waarmee kon ik nu een goede indruk
maken op die lieden die zo graag onnozele vrouwen te gronde
richtten? Een ferme toon? Nee, dat wordt afgestraft. Je dient je
bescheiden op te stellen.

Net doen of je competent bent op het gebied van autotech-
niek? Dat ging mooi niet lukken. Een professional ruikt een
amateur op een kilometer afstand. En amateurs die zich professioneel voordoen zijn bijzonder irritant.

Dreigen? Dat behoort tot het arsenaal van de bandieten
en ik ben nu eenmaal een intellectuele vrouw van gemiddelde
lengte en lichaamsbouw.

Eureka! Ik besefte dat ik klein en fijn moest worden, zo
iemand waar echte kerels van dromen. Mmja, die opdracht was
niet een van de gemakkelijkste. Waar haalde ik zo'n gestalte
vandaan, slank als een den, met gouden krullen en een heldere
blik in de blauwe ogen? Ik kon op mijn kop gaan staan maar had
niets van dat alles. Maar goed, ik moest roeien met de riemen
die ik had en nam een manhaftig besluit.

Aldus moest uit het voorhanden zijnde materiaal —
gemiddelde lichaamsbouw, bruine, middelgrote ogen, een
strenge blik en donker krulhaar — het uiterlijk van Lolita in
elkaar geflanst worden. Naïef, onschuldig en verleidelijk. Uit de
krochten van mijn kast toverde ik een blauwe bloemetjesbroek
tevoorschijn (gelukkig was het buiten zomer) en een mooi wit
vestje van een zwierig model. Van mijn haar bouwde ik een
knotje zoals ze dat dragen op de Vaganova Balletacademie. Ik
ontdeed mij van mijn sieraden. Want je begrijpt: als er iets was

waarvan je Lolita onmogelijk kon verdenken was het rijkdom. Ik trok witte linnen schoentjes aan (begrijp me niet verkeerd, ik bereidde me niet voor op de dood, maar op de strijd). In deze outfit diende ik me aan in het bolwerk van de mannelijkheid.

Ik haalde diep adem en liep het kantoor van de administrateur binnen, degene die me gewoonlijk in één klap neersabelde met astronomische bedragen en verhalen over naven en stuurpennen.

Ik zeilde het vertrek binnen, glimlachte lief en kwebbelde:

"Hallo Vitja, oef, mag ik even gaan zitten?"

Ik liet me op de dichtstbijzijnde stoel vallen, greep naar mijn meisjeshart en piepte:

"Oei, zeg even niets tegen me, ik val zo flauw."

Mijn gezicht drukte een ingewikkelde mix uit van onschuld en het leed van de hele wereld.

"Wat nou weer?"

Nu begon ik op de wenende Magdalena te lijken, alleen dan zonder de weelderige, halfnaakte borsten en de daarover uitwaaierende kastanjebruine krullen.

"Vitenka, ik val flauw!"

De administrateur stond paf. Deze standvastigheid had hij duidelijk niet verwacht.

"Nou, u hebt er..." begon hij zijn gewone riedeltje.

Ik onderbrak hem en greep weer naar mijn meisjeshart:

"O Vitetsjka, ik heb het niet meer! Je brengt me tot de bedelstaf!

"Welnee, maakt u zich niet druk. Zo erg is het niet. We hebben een kleinigheid gerepareerd, in totaal duizend roebel."

Hoera! Gewonnen! (Ik had op drieduizend gerekend maar dat gaf ik niet toe, ik ben natuurlijk niet gek.)

De administrateur droeg me zowat naar de deur, alsof hij bang was dat ik door een voortijdig einde zou worden getroffen, tenger, argeloos en weerloos als ik was.

Op weg naar huis dacht ik aan wat een kennis me ooit geleerd had, een zakenvrouw die zelf niet jong meer was en niet aantrekkelijk, maar o zo slim en gehaaid:

"Masja, neem van mij aan: een vrouw moet er weerloos uitzien."

Dat imago hielp haar bij de lastige strategie van 'lachjes en huppeltjes', teneinde de mannen te verleiden. Nota bene: als er iemand niet weerloos was, was zij het wel. Sterker nog, ze was een roofzuchtig en zelfverzekerd persoon, om met de woorden van Zosjtsjenko te spreken.

Helaas, op weg naar huis realiseerde ik me somber dat ik alleen in stressvolle situaties en niet langer dan vier uur achterelkaar Lolita kon zijn. Tja, tegen je eigen natuur ben je machteloos. Als ik wat artistieker was geweest, zou mijn leven anders gelopen zijn. Dan zou ik deze regels geschreven hebben, starend vanuit het raam van mijn paleis naar de koraalriffen voor de kust van mijn eigen eiland in de Stille Oceaan. Waar het waarschijnlijk verder heel saai zou zijn. Eigenlijk niets voor mij met mijn ondernemende natuur.

De kennismaking

Hoe en waar komt in de uitgestrektheid van ons onbegrensde vaderland de kennismaking tussen de dapperen en schonen tot stand? Hier wringt de schoen. Ik koester oprechte bewondering voor de mannen en vrouwen die stoutmoedig nieuwe contacten aanknopen met leden van het andere geslacht. (Helemaal wanneer die contacten vervolgens uitgroeien tot iets groters.) Ik ben niet minder enthousiast over degenen die behoren tot een seksuele minderheid en in staat zijn een relatie aan te knopen met iemand van hetzelfde geslacht. Dat verbazingwekkende vermogen is niet ieder gegeven.

Daarom gaat er ook een zucht door het hele land: 'Mijn lief, hoe kan ik je ontmoeten?' Mannen verbergen soms dat ook zij het lef niet hebben om eindelijk een relatie te beginnen. Zoals de bard Timoer Sjaov zong: "Waar ben je, met je gespierde torso?" Ja, natuurlijk bestaan er bij ons clubs, ontmoetingsavonden, lezingen die door Jan en alleman worden bezocht, restaurants en genootschappen voor bergwandelen en alpinisme. Bovendien zwalken er door de straten types van allerlei pluimage. Maar die zul je niet benaderen en niet aanspreken. Want een man met klasse, gaat die soms te voet? Vind je die soms in de metro? Eigenlijk zou je even een experiment moeten doen: tel op de tegemoetkomende roltrap het aantal mannen en het aantal vrouwen. De verhouding is gemiddeld een op vijf. Mannen zijn in Rusland de belangrijkste veroorzakers van verkeersopstoppingen, aangezien ze te beroerd zijn om met het openbaar vervoer te gaan. Maar er zijn ook heel wat vrouwen die zeggen:

"Ik word misselijk in de metro. Ik sukkel liever twee uur in de file dan dat ik een half uur onder de grond doorbreng."

We worden geobsedeerd door prestigekwesties.

Maar waar maak je dan kennis met elkaar?

Hier zie je weer hoe verschillend deze vraag benaderd wordt. Ik schreef al eerder dat de Russische vrouw vrijwel altijd paraat staat voor een kennismaking: uitgedost en goed gesoigneerd vliegt ze het prachtige land van de liefde tegemoet. Ze heeft vooral aandacht voor haar eigen uiterlijk. Een man heeft ook vooral aandacht voor het uiterlijk van de vrouw en... voor zijn eigen materiële geslaagdheid. Wat als ze merkt dat ik geen miljonair ben, denkt onze held, terwijl hij het stof afklopt van zijn spijkerbroek van Chinese makelij. Treurig loopt hij naar zijn jeep, zijn levensdroom, en bedenkt dat nog tien jaar lang iedere maand zijn halve maandsalaris naar de afbetaling van de lening zal gaan. Even wordt zijn blik vertroebeld door tranen, hij bedenkt dat die prachtige, tot nu toe onbekende vrouw immers zal denken dat hij rijk is. De man begint spijt te krijgen van zijn dure auto. Want hij kent de verraderlijke natuur van de Russische vrouw: ze doet zich voor als een lammetje, maar eigenlijk is ze erop uit een nieuwe bontjas cadeau te krijgen. Waar haal je een fotomodel vandaan dat lief en onzelfzuchtig is?

Zoals ik al schreef zijn Russen achterdochtig. Zo zijn ze ook bang voor ons. Ten onrechte. Geheel ten onrechte.

Ja natuurlijk, wanneer je je ironie opzij zet, kun je zeggen dat in Rusland de liefde op dezelfde manier ontstaat als in ieder ander land: uit het ongrijpbare dat we chemie noemen. Waarom werd de blakende huwelijkskandidaat Vronski verliefd op de getrouwde Anna Karenina? Hij zag in haar gezicht *iets teders*. Ach, Tolstoj had zo gelijk! Op zo'n ontmoeting moeten mannen zowel als vrouwen soms lang wachten. En sommige mensen is het helemaal niet gegeven.

Waar maken we kennis?

Russen op datingsites

Mijn vriendin Lena, psycholoog van beroep, heeft een wetenschappelijke methode ontworpen voor het krijgen van een relatie. Haar devies: Kwantiteit leid vroeg of laat tot kwaliteit. Plaats van handeling: internet.

(Strikt genomen wordt de datingbusiness bij ons hoofdzakelijk door eigenaren van gespecialiseerde sites gevoerd, die, behalve het plaatsen van de gebruikelijke profielen, ook verschillende betaalde services aanbieden.)

Lena testte de methode zelf uit. Zij liet zich op verschillende kennismakingssites registreren. En ging niet zitten wachten tot iemand haar opmerkte. Dit is wat ze me vertelde:

"Je moet niet verwachten dat je meteen door honderden enthousiaste aanbidders wordt aangeschreven. In Rusland zijn de vrouwen op kennismakingssites in de meerderheid en ze stellen zich actiever en serieuzer op dan mannen, die meer toekijken en zich er zelfs meevermaken. Volgens mijn berekeningen worden meer dan de helft van de mannenprofielen op zulke sites ingenomen door sociofoben: liefhebbers van een beetje chatten op het net. In het echt is zo iemand met geen stok tot een afspraak te bewegen. Op de sites staan veel gekken, invaliden, liefhebbers van *one-night-stands*, oplichters en souteneurs."

"Mijn God!"

"Maar met wanhopen schiet je niks op. Rare vrouwen zijn er overigens ook genoeg. Hoewel minder dan mannen: de vrouwen zijn psychologisch wat stabieler... Ik deed het zo: ik plaatste mijn profiel met een mooie foto op drie sites en zat een half uur per dag op elk van die sites. Ik wachtte niet op een brief van mannen, ik schreef zelf. Enkelen antwoordden. En zo kreeg ik aanbidders!" vertelt de ondernemende Lena met trots.

Lena doorbreekt hier, zoals tegenwoordig ook veel andere Russische vrouwen doen, een van de fundamentele genderstereotypes: de man hoort de eerste stap te zetten. En veel mannen zijn geïmponeerd door haar actieve houding.

Lyrische uitweiding, of een Russische dekabristenvrouw van nu

De benaming 'dekabriste' voor een vrouw die haar beklagenswaardige man volgt in ongeluk en beproevingen, is bij ons al heel lang gangbaar. Maar de naam heeft weinig meer van doen met de echte dekabristenvrouwen, de vrouwen van de adellijke deelnemers aan de opstand in 1824, die hun beminden achterna reisden naar Siberië.

Het is het permanente tekort aan mannen dat mijn landgenotes aanzet tot vreemde heldendaden van dekabristisch kaliber.

Een lerares, gescheiden, moeder van een minderjarige dochter, hunkerde naar een relatie. Ze beschreef haar verlangen in een krantenadvertentie. Een gedetineerde reageerde. Onze dekabristenvrouw ging naar het kamp waar hij zat. Daar werden ze overvallen door de liefde. Ze trouwden, maar het huwelijk duurde niet lang. Niet omdat de echtenoot zijn uitverkorene teleurstelde. De vrouw was domweg overrompeld door de hoeveelheid begerenswaardige huwelijkskandidaten die daar in de gevangenis verbleven: de schoonheid en eerlijke ogen van een andere misdadiger deden haar hart smelten. Ze scheidde van de eerste en trouwde met de tweede.

Let wel: een dekabristenvrouw ziet haar man nooit als een misdadiger! En onze heldin hecht ook geen waarde aan het feit dat haar nieuwe echtgenoot veroordeeld is voor moord op en verkrachting van een jong meisje. Man en vrouw leven een week of twee per jaar gelukkig samen. Zijn tijd zit er goddank nog lang niet op. Kort geleden kreeg het stel een dochter. Welk lot wacht dat kleintje?

Op de site *Runet* is een enorm forum 'voor kampbewoners en celgenoten'. Daar bestaat ook de rubriek 'Ik wacht met smart', waar je de berichten kunt lezen van dekabristes die hun liefdesgeschiedenissen met elkaar delen:

"Ik wachtte dus op hem: ondertussen zagen we elkaar 3x lang en 1x kort, en dan smeekte ik de leiding om een ontmoeting. Eindelijk kwam hij dus vrij en eigenlijk ging het prima met ons, alleen het werk, dat was crisis. Ze namen hem nergens aan, maar

je moet ergens van leven, dus zat hij zo weer in de criminaliteit. Hij was 10 maanden vrij toen ze hem arresteerden. Ik wist niet wat ik moest doen, ik heb van alles overwogen en hij zegt ook, leef je eigen leven, ook al houdt hij waanzinnig veel van me. Ik heb er lang over nagedacht en besloot hem niet te laten vallen, we zouden alle problemen samen overwinnen. Dat was stukken makkelijker. Ik vertelde het hem en hij zei dat het een pak van zijn hart was. Hij zit al weer 2 maanden in het huis van bewaring, we denken dat hij eind november voor moet komen."

"We hebben elkaar buiten de gevangenis leren kennen, in een café. Hij maakte een hele goeie indruk op me. We hadden mekaar maar 1x gezien, alleen toen. Daarna verdween hij, maar hij belde een jaar later. Hij zei dat ie 5 jaar moest zitten. Ik was kapot, ik begrijp nog steeds niet waarom ik met hem om ben gaan. Hij zei de hele tijd, doe wat je hart je ingeeft. Ik had zelf niet door hoe sterk ik aan hem gehecht raakte. Na vijf maanden vroeg hij of ik langs wilde komen. Ik ging. Ik vond het allemaal heel erg raar en eng. Hij wilde trouwen maar ik zei nee. Hij over de rooie natuurlijk, zei dat hij naar een ander kamp zou gaan (dat kunnen ze regelen ofzo), verder weg, dat niets hem nog hier hield. Maar een paar dagen later zei hij dat hij helemaal nergens heen ging, dat hij bleef voor mij. We bleven contact houden en ik merkte zelf niet dat ik niet meer zonder hem kon, zonder zijn lieve stem en zijn bruine ogen. Onze afspraakjes zijn maar kort, lange krijgen we niet. Ik heb nu echt besloten dat ik op hem ga wachten. Hij heeft er nog maar 1 jaar opzitten, nog 4 te gaan."

Je bent knap als je een forum kunt vinden waarvan de deelnemers bestaan uit mannen wier vrouwen en liefjes in de gevangenis zitten.

Het huwelijk op zijn Russisch.
Gesloten in de hemel, dat wel

Russen winden zich wel op over het pragmatisme van de Amerikanen, die voor de huwelijksregistratie een contract sluiten.
'Hoe zit het met de liefde, wanneer je een document hebt waarin staat: in geval van scheiding gaat de samovar naar de echtgenoot, maar de gewezen echtgenote krijgt de lederen koffer.
Hoe zit het met de gevoelens?' roepen wij, romantisch ingestelde Russen. Als mensen van elkaar houden hebben ze alles
gemeenschappelijk, ze zijn samen één, en daarom behoren de
koffers en samovars tot het gemeenschappelijk bezit. Mannen
en vrouwen maken zich in gelijke mate druk over het cynisme
van huwelijkscontracten.

Ondertussen doorlopen zes van de tien huwelijken in Rusland de volgende vier geijkte etappes:

1. Sparen voor een luxueuze bruiloft. Het paar haast zich
niet met de registratie van het huwelijk, omdat het een Speciaal
en Onvergetelijk feest wil: een dure bruidsjurk (die velen later
op verschillende sites proberen te verkopen, zonder succes), een
pak voor de bruidegom (dat is al veel praktischer: je kunt het op
je werk dragen als daar een *dress code* heerst, op bedrijfsfeestjes of
op de bruiloft van je vrienden), een professioneel bruidsboeket,
een gehuurde limousine, een banket voor honderd gasten in
een restaurant, een (vaak ietwat platvloerse) ceremoniemeester
en een huwelijksreis (op z'n minst naar Turkije, maar liever nog
Bali). Het feest wordt niet zelden betaald van een krediet bij
de bank, tegen een hoog percentage en uitgesmeerd over een
periode van vijf jaar.

2. De luxueuze bruiloft. De gasten wordt verzocht geld te
geven in plaats van een cadeau, om de aanslag op het kapitaal
dat voor het feest is uitgetrokken te pareren, al was het maar

voor een deel. Vaak erkennen de jonggehuwden dat ze het bruiloftsfeest vooral voor de familie hebben gegeven. De leden van de oudere generatie willen vaak een bruiloft zien, omdat ze dit om de een of andere reden beschouwen als een garantie voor een gelukkig gezinsleven.

Deze feesten worden over de hele breedte van de bevolking gekenmerkt door massa's gasten, waaronder de familieleden van beide kanten, die elkaar slecht kennen.

Rijke mensen doen hun best een bekende artiest als ceremoniemeester te krijgen. De zanger Nikolaj Baskov bijvoorbeeld. En er moeten popsterren optreden. Een huwelijksfeest van de dochter of zoon van een oligarch waar sterren van het kaliber van Celine Dion optreden, is bij de geldelite een normaal verschijnsel. Het honorarium voor zo'n klus wordt getaxeerd op tientallen, niet zelden honderden duizenden dollars.

Iets bescheidener mensen proberen alles er niet zozeer sjiek als wel smaakvol uit te laten zien. De ceremoniemeester is gevonden op aanraden van kennissen of via reclame op het internet. De bruidsjurk ziet er niet chic uit, maar wel stijlvol. De bruidegom heeft een donker kostuum, dat hij later nog eens aan kan trekken (zie boven). In intellectuele vriendenkringen krijgen de jonggehuwden behalve geschenken van materiële aard ook snedige liedjes aangeboden, (op de melodie van bekende hits) en gedichten die over het verleden van de bruid en bruidegom vertellen en de toekomst 'voorspellen'. Opnames van dit soort optredens worden bewaard in het familiearchief en later aan de kinderen getoond.

Bruiloften in de armere kringen blinken uit in pretentieuze wansmaak. Het is alsof ze de oligarchische feesten proberen te imiteren, terwijl ze aanzienlijk minder te besteden hebben.

De bruid is gekleed in een slecht zittende jurk van wijduit staande synthetische stof, een vreemd hoedje en een schoudermanteltje van imitatienerts. Van onder haar hoofdtooi steken lokken die stijf staan van de lak.

Het ensemble van een drankzuchtig soort muzikanten speelt hits van Nikolaj Baskov. De maaltijd is traditioneel: krab- en aardappelsalades, plakken vlees, en vis-aspic. De ceremoniemeester haalt de namen van de bruid en bruidegom door elkaar. De familieleden van de bruidegom uit Saratov mogen de familieleden van de bruid uit Dnjepropetrovsk niet. Kortom, de concurrentie van Ellotsjka Sjtsjoekina met de dochter van Vanderbilt is er niets bij.

3. Slechte relatie, ruzies.

4. Scheiding, verdeling van het bezit.

Russische televisiezenders met een hang naar sensatie zenden vaak documentaires uit over hoe het bepaalde gezinnen is vergaan nadat deur van de echtelijke slaapkamer achter de bruid en bruidegom is dichtgetrokken.

"Hij/zij pakt de flat af..."

"Hij komt zijn alimentatieplicht niet na..."

"Hij heeft het kind ontvoerd en voor de buitenwereld verstopt..."

Bijzonder indrukwekkend zijn ook de vele geschiedenissen op tv over de huwelijken van onze landgenotes die smoorverliefd zijn op burgers van Syrië, Iran, Soedan en andere zonnige landen. De on-Russisch gepassioneerde echtgenoten komen in opstand tegen de voor hen ongebruikelijke manier van opvoeden. Uiteindelijk wordt de mentaliteitskloof hem teveel en hij ontvoert zijn kroost naar zijn eigen land. En daar is het zoeken naar een speld in een hooiberg...

Ach zeg nou zelf, wat moeten wij met huwelijkscontracten..?

De rampspoed van Viktor Sjenderovitsj,
of overspel op zijn Russisch

Niet zo heel veel jaar geleden werden op partijbijeenkomsten ontrouwe echtgenoten gebrandmerkt. Als argument tegen overspel werd aangevoerd: vandaag bedrieg je je vrouw, morgen het Vaderland. Tegenwoordig is zo'n argument hopeloos verouderd. Overspel wordt in sommige kringen als norm beschouwd, in andere als een staaltje van lef hebben. Over het geheel kun je zeggen dat de moderne Russische maatschappij tegenover overspel eenzelfde houding heeft als tegenover dronkenschap (zie boven): het is een onaangenaam, maar onvermijdelijk verschijnsel, waar sommige lichtzinnige types trots op zijn.

De opkomst van aids heeft de Amerikanen ontnuchterd, die zich nu voor hun hele leven beperken tot één seksuele partner en zich alleen maar bezig houden met het propaganderen van sterke huwelijken... Zo niet de Russen, hoewel we in Rusland aanzienlijk grotere problemen met aids hebben dan in Amerika. Russen vertrouwen, als altijd, op het geluk.

Eerlijk gezegd inspireert de massale propaganda voor het degelijke gezin al even weinig als de euforie over promiscuïteit, die hier ontstond na de komst van de anticonceptiepil en condooms, en na het verdwijnen van de partijbijeenkomsten en vergaderingen van het plaatselijke vakbondscomité.

Overigens is de seksuele sfeer waar ook ter wereld gebaseerd op een kortdurende gemoedstoestand, een blik, een geur, een aanraking, en zo hoort het ook te zijn. Daarin ligt haar complexiteit en tegelijkertijd haar charme...

Maar terug naar het overspel. Eigenlijk heb ik dit hoofdstuk lang voor ik aan dit boek begon al eens geprobeerd te schrijven. Ik ben dus al lang bezig met die ene vraag: wat zijn de kenmerken van onze huwelijkse ontrouw? Mja, bij ons wordt een regeringshoofd niet in de ban gedaan om een vluchtige relatie met een stagiaire, zoals in de VS. Onze vrouwen gaan niet de straat op met leuzen als: 'Gooi die ouwe viezerik uit de regering!' zoals de Italiaanse en Franse vrouwen die niet blij waren met het morele cv van Silvio Berlusconi. In Rusland hanteert men het eeuwige principe van de schijnbare onwetendheid. Iedereen weet alles, maar doet alsof zijn neus bloedt, en zo hoort het dus ook. Tja, mensen zondigen nu eenmaal, wat doe je eraan.

Dus de betwistbare en mij weinig sympathieke bewering 'Vandaag bedrieg je je vrouw, morgen het Vaderland', gaat tegenwoordig eerder over het Westen dan over ons.

En zoals gewoonlijk heeft het leven zelf me een onderwerp in de schoot geworpen dat mijn idee bevestigt.

De talentvolle schrijver, satiricus en oppositielid Viktor Sjenderovitsj bedroog zijn vrouw. En hoe! Met een prostituee. Het belastende filmpje waarop niet alleen zijn ontrouw was vastgelegd, maar ook zijn voorkeur voor publiekelijke seksuele geneugten en de openlijke bespreking daarvan, werd door zekere booswichten op internet gezet.

Ik moet zeggen, het was een weerzinwekkende vertoning.

Het was duidelijk dat de ontrouwe echtgenoot zich zou moeten verantwoorden. En hoe kreeg hij dat voor elkaar? Zoals de Amerikaanse televisiepresentator David Letterman, die voor de ogen van heel Amerika in zijn avondshow zijn vrouw bekende dat hij veelvuldige relaties met ondergeschikten gehad had en een liederlijk leven geleid had, zonder over de gevolgen na te denken? Mis.

Natuurlijk had zo'n biecht in de stijl van het schilderij 'Alweer een twee' uit de mond van een grijsaard het goed gedaan in een operette door zijn lachwekkendheid en ongeloofwaardigheid. Bovendien is bekend dat Letterman met zijn rug tegen de muur stond: iemand chanteerde hem en dreigde een boek te publiceren over zijn escapades. Eerbare puriteinse medeburgers zouden het Letterman nooit vergeven hebben, want de volgende stap zou natuurlijk zijn dat hij ook het Vaderland zou verraden. Dus hem restte maar één ding en dat was biechten, voordat iemand anders zijn vuile was voor de hele wereld buiten zou hangen.

Viktor Sjenderovitsj ging origineel te werk, maar wel geheel volgens de kenmerken van huwelijksbedrog op z'n Russisch.

Hier een paar kleine citaten uit de 'verantwoording' die hij op zijn blog postte: Sjenderovitsj schreef dat hij 'het recyclemeisje Katja' had genaaid, wat overigens 'niet bijzonder bevredigend' was, omdat 'de medewerkster in deze procedure' saai was, 'net als heel jullie zielige Gestapo'. Daarna volgden beschuldigingen aan het adres van de Russische regering van het feit dat die hem zwart probeerde te maken. Volgens hem was het feit dat een bekende publicist Katja genaaid had niets vergeleken bij de corruptie van de regering en het bloedvergieten dat ze daar aanrichtten.

Natuurlijk is het weerzinwekkend om iemands intieme handelingen op te nemen en al helemaal om zo'n huisgemaakte pornofilm op internet te zetten. Als je op zo'n goedkope manier compromitterende beelden maakt en daarmee iemands reputatie verwoest, ben je diep gezonken.

Maar Viktor Anatoljevitsj deed in die situatie helemaal niets vreemds. Het paste binnen het moderne Russische denken over het zedelijk aspect van overspel.

Och och, hij naaide haar mooi wel zonder plezier! Tsk tsk, wat een saaie prostituees verschaft de 'zielige Gestapo' de tegenstanders van de regering. Ook wij toeschouwers verveelden ons bij jullie pornofilm. Geef ons maar die seksscène tussen Mickey Rourke en Kim Basinger in de film *9 ½ Weeks*. Of Michael Douglas ofzo, als hij het doet met Sharon Stone in *Basic Instinct*. Laat

ons Brad Pitt bezig zien met Angelina Jolie, maar niet Sjenderovitsj met een of andere vage Katja!

Uitsluitend en alleen die opnames hadden Sjenderovitsj in
verwarring gebracht, want je vrouw bedriegen, dat doet iedereen
wel volgens hem. En zolang je niet gesnapt wordt ben je geen
dief. Hij werd gesnapt. Anderen niet. Maar daardoor worden ze
geen greintje betrouwbaarder als echtgenoot. Iemand die alleen
maar zijn vrouw bedroog werd erin geluisd door mensen die het
Vaderland bedriegen. 'Wie is er slechter?' vraagt de publicist.
Natuurlijk, de moordenaars en de corrupte politici zijn slechter.
Bovendien kun je voor moord en corruptie door de rechter worden veroordeeld, en voor ontrouw niet. Gelukkig zijn de vakbondscomités, partijcomités en kameradenrechtbanken vredig
ingeslapen. Overspel is tegenwoordig een privé-aangelegenheid.
Maar dat verandert niets aan de immoraliteit. Ook al doet iedereen in de omgeving van Viktor Anatoljevitsj eraan mee.

Alle mannen doen het. Bij ons is het verraad van een vriend
een aanzienlijk ernstiger misdaad dan het bedriegen van de
echtgenoot of echtgenote.

Lyrische uitweiding. Vriendschap. Is. Heilig.

Bij alle wanorde in onze gelederen bestaat er één waarheid die
door elke Rus wordt onderschreven, welke etnische achtergrond
hij ook heeft, in welke uithoek van het land hij ook woont en tot
welke sociale klasse hij ook behoort. En wel deze: Vriendschap
is Heilig. Dit credo wordt onderschreven door de aan lager wal
geraakte misdadiger (die lang geleden al zijn maten bij de politie
aangaf), maar ook door de intellectuele academicus en niet
minder door de arbeider. Natuurlijk kun je een slechte vriend
zijn en alle denkbare en ondenkbare morele regels met de voeten

treden, maar je vrienden afvallen, dat nooit. In het huwelijk mag het (je wordt zelfs begripvol bejegend, zoals ik al schreef) maar in een vriendschap niet. Niemand zal je begrijpen en niemand zal luisteren naar de argumenten waarmee je jezelf rechtvaardigt.

In het hoofdstuk over Russen op het werk schreef ik al hoe bij ons vriendschappelijke verhoudingen de plaats innemen van effectief management.

Maar vriendschap in Rusland reikt nog veel verder.

Eerlijk gezegd is ons talent voor vriendschap een van onze mooiste eigenschappen. Persoonlijk beschouw ik zuivere en ware vriendschap als een hogere vorm van menselijke verhoudingen, omdat het de enige relatie is waarin het lichamelijke geen enkele rol speelt.

Jammer genoeg berust deze benadering van de vriendschap niet op gevoel maar geheel op de ratio.

In de gevallen waarin een buitenlander een psychoanalyticus bezoekt, of een maatschappelijk werker of zelfs een arts of het arbeidsbureau, gaat een Rus in eerste instantie naar een vriend. Hij vraagt hem om raad in een moeilijke situatie, om hulp bij het oplossen van familieproblemen of het vinden van een baan, ja zelfs om een aanbeveling voor een geneeskundige behandeling ('ik herinner me dat jij vorig jaar ook zoiets had...').

Wij hebben veel goede psychoanalytici. Maar hun diensten zijn niet goedkoop en bovendien past het niet in de Russische traditie: zo'n manier van handelen staat bij ons voor zwakheid en hulpeloosheid. Bij ons bestaan wel allerlei sociale instellingen, maar ik kan niet zeggen dat daar ook maar één effectieve organisatie bij zit. Voor een geneeskundige behandeling moet je al jaren betalen (officieel en officieus (zie het hoofdstuk over smeergeld)), en niet zo weinig ook. Dan is het toch een stuk makkelijker je te wenden tot een vriend, die je niet verkeerd adviseert en ook geen geld vraagt?

In Rusland kun je je werk zo goed doen als je maar wilt, maar een vaste positie in een bedrijf wordt alleen gegarandeerd door goede persoonlijke betrekkingen met een invloedrijke leidinggevende.

Je kunt in Rusland onmogelijk leven zonder vrienden. Iemand die geen vriendschappelijke contacten heeft, is verdacht. We zullen er echter niet zo snel achterkomen dat hij geen vrienden heeft. Wil hij soms zelfmoord plegen, dat hij zo'n zware zonde zou erkennen?

Omgekeerd geldt ook: wie vrienden heeft is oké, ziet er aardig uit en wekt vertrouwen.

Wij slagen voor examens dankzij de uittreksels van vrienden, we zorgen voor ze als ze ziek zijn, we regelen een baan voor ze, we regelen voor onze vrienden dates met single mannen (vrouwen) die tot een huwelijk moeten leiden, we zoeken een arts voor ze en onderhandelen daarmee over het bedrag aan steekpenningen dat betaald moet worden voor de behandeling, we regelen voor hun kinderen een studieplaats (ook veelal met smeergeld) en we helpen ze aan een woning.

Wie zich verbaast over de loyaliteit en zelfs opofferingsgezindheid van de Russische vriendschap, geef ik altijd weer dezelfde raad: maak nooit misbruik van een goede, vriendschappelijke relatie met een Rus. Hulp moet je bij ons niet als vanzelfsprekend aanvaarden: 'ach, niets bijzonders, dat is hier toch heel gewoon', maar met innige dankbaarheid: 'Ja, ik zat vandaag behoorlijk in de problemen, ontzettend bedankt voor wat u voor me gedaan hebt. En geloof me, als er iets met u gebeurt, dan zal ik altijd, zeker, tot elke prijs...'

In Rusland houden ze niet van ondankbaarheid. Bij ons hoor je niet zelden de klacht: "Kijk wat ik voor hem gedaan heb, en hij..."

De anderen knikken begrijpend.

"Wat een ondankbaar varken."

Bedank met woorden, daden of cadeaus, wij zijn er gek op en weten ze te waarderen.

En tot slot: overspel hoort bij het leven. Maar er is niets ergers wat je kunt doen dan intiem zijn met de man van je vriendin of met de vrouw van je vriend. Iemand die zich zo gedraagt wordt door de Russische maatschappij hardvochtig aan de schandpaal genageld. En dan niet om veronachtzaming van de seksuele moraal, maar om het verraad van vriendschap, een zonde die zijn weerga niet heeft.

Seks op zijn Russisch, of een smekende brief aan Rocco Siffredi

Ik had een keer toegezegd een lezing te houden op een conferentie over genderproblematiek. Ik had zelfs al een onderwerp voor de lezing: iets over de ontwikkeling van het beeld van de vrouw in de pornografie. Ik begon die ontwikkeling dus te bestuderen aan de hand van pornofilms. Vroeger keek ik niet naar zulke films: ik vond het maar een saaie bezigheid en de verplichte opwinding van het kijken naar vervelende, mechanische seks heb ik nooit ervaren.

Aanvankelijk wist ik niet vanaf welke kant ik de omvangrijke en toch zo eentonige wereld van de 'films voor 18+' moest betreden. Ik vroeg het aan twee of drie bekenden die me meer ingewijd in deze kwestie leken. Ze raadden me aan me te verdiepen in het werk van de Italiaanse pornoster Rocco Siffredi, die overigens als een van de weinige pornoacteurs ook in gewone films speelt.

Dat deed ik. Ik werd getroffen door het prestatievermogen en de werklust van deze Italiaanse hengst. Het oeuvre was tamelijk veel van hetzelfde. Maar de pornoster had blijkbaar een briesje voelen waaien vanuit het voormalige Oostblok. Films waarin hij de hoofdrol speelt hebben titels als *Rocco overweldigt de Tsjechische republiek*, *Rocco overweldigt Sint Petersburg* en *Rocco overweldigt Praag*. Mijn eigen uithoudingsvermogen reikte echter niet verder dan het begin van een film over de lotgevallen van de jonge held in onze hoofdstad.

De opening van de film — nog niet pornografisch — raakte me diep. Helemaal aan het begin leest een armoedig uitziend meisje hardop een brief voor aan de internationale pornoster: kom bij ons Rocco, heel mijn hartje verlangt naar jou. Wat wil ik je verschrikkelijk graag zien, mijn lieve held (ik schoot zowat vol...). En o, wat een wonder, onze held uit het verre buitenland streek neer op Russische bodem om met zijn potentie de naar liefde hongerende Russische meisjes te verblijden. Wat waren ze gelukkig!

Je kunt eindeloos grappen maken over de primitieve, afgezaagde en kunstmatige aanpak die de scriptschrijver hanteert. Maar ergens viel ook een authentieke ondertoon te bespeuren. En mijn op de Russische werkelijkheid afgestemde gehoor is moeilijk te misleiden.

Het is nog net niet zo dat onze vrouwen zulke brieven aan zulke mensen schrijven! Maar ze reizen wel door witte sneeuw en zwarte moerassen naar mannen in kampen die ze nauwelijks kennen (Zie de paragraaf over de moderne dekabristenvrouwen).

Het punt is dat veel Russische genderproblemen juist door vrouwen veroorzaakt worden. Hoe idioot het scenario van die pornofilm ook is, het stemt wel tot nadenken. Laten we eens proberen de onzin uit die pornosoap voor waar aan te nemen. Een meisje uit een arm voormalig socialistisch land, mager en armoedig gekleed (in het begin van de film dan) schrijft een smekende brief aan een Italiaanse pornoster en miljonair. En hoopt naïef op een antwoord. Jullie, cynische kijkers, geloven niet dat de pornoster gehoor geeft aan haar smeekbede? Nou mooi wel! Hij is goed en edelmoedig! En bereid om met een complete landingseenheid neer te strijken, nog net niet op het Rode Plein, om de hunkerende Russische schonen met seks te plezieren! De meisjes zijn als kinderen zo blij. Er is een superheld naar hen toe gevlogen in een blauwe helikopter, die hen gratis heeft ge... Ik weet niet hoe het kan maar Rocco Siffredi heeft de Russische vrouwelijke geest heel goed aangevoeld. Zij trouwt met een misdadige kindermoordenaar en probeert met hem en de kinderen een gelukkig gezin op te bouwen (zie wederom de paragraaf over de moderne dekabristenvrouwen). Ze schrijft een brief aan een pornoster die honderden vrouwen, eh, afgewerkt heeft, als het geen duizenden zijn. En komt terecht in een festijn van... groepsseks. Kun je je een film voorstellen met de titel *Rocco overweldigt Helsinki* die begint met een brief van een treurige blauwogige Finse Päivi? Nee. Ten eerste omdat de Finse feministen de vrouwenjager aan stukken zullen scheuren. En ten tweede omdat zoiets gewoon onvoorstelbaar is.

Hoe losbandig ze misschien op het eerste gezicht ook lijken, Russische vrouwen begrijpen weinig van seks zonder verplichtingen. In weerwil van alle lachjes en huppeltjes. Russische mannen weten daarentegen heel goed wat dat inhoudt, seks zonder verplichtingen. Maar ze hebben niet de neiging tegenover hun partners van tevoren met verklaringen aan te komen van het soort: 'Schat, verwacht er nou maar niks van. Wij hebben een avondje seks zonder enige wederzijdse verplichting, dus doe niet teveel moeite. Het dure beddengoed dat je voor feestelijke gelegenheden hebt bewaard hoef je niet tevoorschijn te halen. Geef niet het hele voorschot op je salaris uit aan een nieuwe peignoir. En haal de verse gehaktballen en de aardappelsalade maar van tafel. Ik kom gewoon voor een wip.'

Niets daarvan. Een vriendin van me onderhield lange tijd een bemiddelde, weldoorvoede minnaar, eigenaar van een prima auto en een mooie flat. Hij had een geweldige eetlust en een voorliefde voor exquise hapjes. Die vriendin van mij is vrijwel de enige in mijn kennissenkring die over haar eigen prestaties in bed vertelt. En ik geloof haar: zoveel gevoel als ze in die verhalen legt, tot mijn eigen verlegenheid... Zij kan tot op de dag van vandaag maar niet begrijpen waarom haar prins haar na een paar maanden vroeg hem niet langer lastig te vallen met telefoontjes. Kookte ze misschien slecht? Had hij liever beddengoed met een ander patroontje? Moest ze misschien een duurdere peignoir kopen?

Ja, vroeger leerden de adellijke moeders hun dochters 'die verschrikking waaraan alleen de man genoegen beleeft' te dulden. Tegenwoordig kan vermoedelijk één op de twee Russinnen een boek schrijven met als titel *Fake het perfecte orgasme: tips van een ervaringsdeskundige*. Maar de andere helft hoeft dat niet te leren. Onze vrouwen zijn vaardig en onbevangen: van die eigenschappen was zelfs Rocco onder de indruk. En als je iemand mag geloven die uit ervaring spreekt, is hij het wel. Mannen maken ons blij, alleen al met het feit dat ze bestaan, wij geloven hen en wij willen hen ook heel graag blij maken. Te allen tijde.

Maar praten over seks, dat is hier *not done*. Opnieuw een citaat van Anna-Lena Lauren: 'Mijn Russische vriendinnen praten heel weinig over seks. De bedprestaties van echtgenoten en vriendjes zijn voor (Russische) vriendinnen niet zo'n gewild onderwerp van gesprek als bijvoorbeeld in Finland. Het is een raadsel: waarom doen Russische vrouwen zoveel moeite om er sexy uit te zien en praten ze ondertussen nooit over seks?'

De Finse heeft volkomen gelijk met haar observatie. Ooit zag ik een Finse film over vrouwen die op de gynaecologische afdeling van een ziekenhuis lagen. De patiënten besteedden

inderdaad heel veel tijd aan het bespreken van de erotische prestaties van hun echtgenoten. Ik weet nog dat de film me enorm
verbaasde. Hoewel ik hooguit tweeënhalf uur rijden van de Finse grens woon, worden zulke gesprekken bij ons stilzwijgend
beschouwd als een teken van losbandigheid, ja zelfs als het toppunt van platvloersheid. Bij ons kun je hooguit in een kring van
intimi, liefst met gebruik van eufemismen, bevestigen dat je met
deze of gene een intieme relatie hebt. Of ontkennen. En verder
zwijg je erover.

Oké, als de sfeer uitnodigt tot een heel open gesprek, (niet
te verwarren met het gewone 'gesprek van mens tot mens') dan
kun je misschien bekennen dat Ivan een beduidend betere minnaar is dan Pjotr en Vasili samen. Punt. Ik adviseer met klem je
hiertoe te beperken. Details over seksuele relaties worden meer
door mensen uit de laagste sociale klassen besproken, of door
heel jonge mensen, die nog maar net aan seks toe zijn en dan
hebben ze vast ook nog wat gedronken.

Ik heb een tamelijk intieme vriendin die voor zover ik weet
niet samenwoont of voor de wet getrouwd is. We kennen elkaar
bijna tien jaar en ontmoeten elkaar één of twee keer per maand.
We praten veel over werk, actualiteiten en geld. We bespreken
ook gemeenschappelijke kennissen. Maar ik ben me er heel goed
van bewust dat ik haar in geen geval iets kan vragen als: heb
je op 't ogenblik iemand? Of: wat doe je eraan om een relatie
te krijgen? Onbewust voel ik dat ze graag een vaste partner in
haar leven zou willen. Maar ernaar vragen is niet alleen pijnlijk,
het strookt ook niet met de culturele regels van hoogopgeleide
mensen. Als we ons al ergeren aan gejammer als: waar vind je
nog een normale man?! — hoe zouden we dan over seks kunnen
praten?

Ik veronderstel dat deze terughoudendheid voortkomt uit
het feit dat de Russen een noordelijk volk zijn. Oké, Finnen

wonen ook niet in het zuiden. Maar zij staan beduidend meer open voor nieuwe ideeën, waaronder de seksuele revolutie die niet alleen vrije seks legitimeerde maar ook het openlijk bespreken van prestaties en problemen op dat gebied.

De Russische seksuoloog Lev Sjtsjeglov stelt dat Russen seksuele voorlichting op scholen moeten krijgen, zoals in westerse landen allang wordt gedaan. Daartegen protesteren sommige ambtenaren van het Ministerie van Onderwijs, een deel van de religieuze wereld en veel leraren, als zouden die lessen de jonge generatie maar tot ontucht verleiden.

(Trouwens, toen ik in de jaren tachtig op school zat, werd er al een poging gedaan om scholieren voorlichting te geven op het gebied van de verhoudingen tussen de seksen. Het vak 'Ethiek en Psychologie van het Gezinsleven' werd ingevoerd. Ik herinner me dat een lerares in het kader van dat vak een discussie leidde naar aanleiding van het gezegde 'Liefde maakt van je stulpje een paradijs'. Met seks hadden zulke lessen evenveel te maken als met het leven op Mars. In die lessen kreeg je het idee dat echtgenoten zoiets waren als een stel vrienden dat ging samenwonen om de vriendschappelijke verhouding te versterken.

Volgens Sjtsjeglov weten de Russen van toeten noch blazen als het op seks aankomt. Er zijn veel problemen. Het 'eenvoudigste' en belangrijkste probleem ligt in het feit dat seksuele partners in Rusland uiterst zelden bereid zijn te praten over wat er tussen hen in bed gebeurt, zelfs niet op het niveau van een eenvoudige dialoog als:

"Zeg eens, hoe heb je het graag?"

"Ik heb het graag zus en zo."

Ik laat me dan wel afschrikken door mensen die met vrienden en kennissen praten over hun intieme leven, maar waarom seksuele partners vaak niet bereid zijn tot zulke gesprekken vind ik onbegrijpelijk. Ik denk dat de traditie om niet over seks te praten hopeloos vast zit. Seks is bij ons zoiets als Lord Voldemort, de slechte tovenaar uit de boeken over Harry Potter, wiens naam niet hardop uitgesproken mag worden. Dus noem je hem: Je Weet Wel Wie...

O ja, de lezing over pornografie heb ik niet meer gegeven: het lukte me niet nog meer porno te bekijken. Te saai.

* * *

De personages van Amerikaanse films lebberen elkaar in bijna elke scène af, waarbij ze verzaligd met hun ogen rollen: "O John, wat ben je een goddelijke minnaar! Met niemand heb ik het ooit zo fijn gehad als met jou!'

In werkelijkheid is de VS een behoorlijk puriteins land met een waslijst aan gezinswaarden.

Bij ons daarentegen kun je in een vacaturekrantje meer dan twintig advertenties aantreffen waarin meisjes worden uitgenodigd te komen werken in een 'massagesalon' (een van onze eeuwige eufemismen). Prostituees uit Rusland en buurland Oekraïne hebben heel Europa ingenomen en zijn ook tot in Azië doorgedrongen. Er is weinig waar onze vrouwen bang voor zijn. Verhalen over de verschrikkingen van mensenhandel kunnen ze niet wakker schudden.

Als ze in het Westen reclame zouden maken voor ons automerk Lada (Zjigoeli) met de slogan: 'Een nieuwe auto voor de prijs van een tweedehands', zouden we ons aan de ene kant beledigd voelen, maar aan de andere kant: diep in ons hart begrijpen we ook wel dat de Russische auto-industrie in de wereld bepaald niet voorop loopt. Maar als ze onze vrouwen promoten als blanke schoonheden met Europees uiterlijk, die je kunt behandelen als immigranten uit laagontwikkelde Afrikaanse landen, en ze evenveel betalen... Oef...

De homo's rukken op!

In haar boek *Say cheeeese!* over de zeden en gewoonten van de
moderne Amerikanen, vertelt Ada Baskina het treurige verhaal
van een collega die zich tot haar wendde met de klacht dat haar
schoolgaande dochter verleid was door een oudere lesbische
lerares, die door de moeder was ingehuurd voor bijlessen in een
vreemde taal. De zo ongewone eerste liefde van haar dochter
werd door de vrouw fluisterend uit de doeken gedaan tegenover
de auteur. Ze vroeg haar vooral tegen niemand te vertellen dat
ze zo geschokt was. Eigenlijk had ze bewust mijn landgenote
Baskina uitgekozen omdat ze wist dat men in Rusland intolerant
staat tegenover seksuele minderheden. Baskina merkt op dat de
moeder zich volgens de spelregels van het moderne Amerika
tegenover zo'n relatie op zijn minst begripvol zou moeten
opstellen, of beter nog aanmoedigend en met een gevoel van
trots over haar eigen tolerantie.

Ik kan me met moeite een landgenoot (m/v) voorstellen
die zo'n verhaal niet met verbijstering en medelijden zou aanhoren. Het gedrag van de lerares zou door de meeste mensen
afgekeurd worden. Maar stel je nu eens voor hoe we zouden
reageren op een relatie tussen een oudere bijlesleraar en zijn
leerlinge. We zouden wantrouwig zijn, maar het niet als iets
hoogst merkwaardigs beschouwen. En wat als de oudere lerares
een mannelijke leerling had verleid? Dan zouden er zelfs woorden ter verdediging van de affaire klinken: laat die jongen het
abc van de liefde maar leren in de armen van een ervaren vrouw.
Maar als het dan weer een homoseksueel was geweest die de
leerling had verleid, was hij uitgestoten. De rol van de jongere
partner in deze relatie laten we om de een of andere reden buiten beschouwing. We gaan ervan uit dat hij een speelbal was in
de handen van de oudere.

Artikel 121 van het Wetboek van Strafrecht van de Sovjet-republiek Rusland waarin het zogenoemde 'commasculatie' veroordeeld wordt, bestaat niet meer. (Het artikel werd ingevoerd in 1934 op initiatief van Stalin en op grond hiervan zijn in een periode van vijf jaar meer dan 50.000 mannen veroordeeld. Onder hen waren de wereldberoemde regisseurs Korogodski en Paradzjanov. Trouwens, het eufemisme 'commasculatie' is geen synoniem van het woord 'homoseksualiteit', dat de Sovjetjuristen schroomden te gebruiken. Commasculatie staat voor de seksuele techniek waarbij het anale gebied van de ene partner in aanraking komt met de genitaliën van de ander.)

Tegenwoordig pleiten vertegenwoordigers van bepaald niet de laagste kringen in onze samenleving voor herinvoering van artikel 121. Vooral mannen ergeren zich enorm aan de mensen uit seksuele minderheidsgroepen. Het waren trouwens ook alleen mannen die op grond van artikel 121 werden veroordeeld, één van de zeldzame gevallen dat zij gediscrimineerd werden op grond van geslacht. De oorzaak hiervan is dat onze doorgaans intolerante samenleving verdraagzamer staat tegenover uitingen van tederheid tussen vrouwen.

De schrijver Viktor Pelevin denkt dat de meeste Russische mannen homofoob zijn omdat kampgevangenen voor hun misstappen moeten betalen met hun achterwerk. De historische ervaring leert dat iedereen bang is achter de tralies te geraken en daar tegen wil en dank een passieve homoseksueel te worden.

In de gevangenis worden degenen die zich onder aan de hiërarchie bevinden door het systeem van de 'mores' (de wetten die in de onderwereld gelden) gebombardeerd tot 'bukkers' of 'hanen'; dat zijn passieve homo's die de seksuele behoeften moeten bevredigen van hen die hoger op de 'maatschappelijke ladder' van misdadigers staan. 'Hanen' zijn de meest verachte bewoners van de strafkolonie. Ook in het vrije leven is de Russische man zwaar beledigd als iemand hem met dat onschuldig klinkende woord aanspreekt.

De zoveelste paradox van het leven in Rusland: in feite zijn degenen die in de gevangenissen gebruik maken van de diensten van 'hanen' zelf ook homoseksuelen. Maar de publieke opinie veroordeelt hen niet en ziet ze niet als onteerden of 'bukkers'. Het zijn normale kerels die te maken hebben met een tekort aan 'normale' lichamelijke liefde. Dus wat doe je dan? Beter iets dan niets.

Nog een paradox: fanatieke homofoben vind je in Rusland meer onder de lager opgeleiden. Daarom heeft de humoristische televisieserie *Nasja Rasja* een reeks populaire sketches over de rampspoed van een homoseksuele metaalbewerker, de eerste metaalbewerker van Rusland die geen hetero is. Een laagopgeleide homo is in de wandelgangen een bizar verschijnsel (al zijn de 'anders geaarden' in werkelijkheid gelijkmatig verdeeld over de hele maatschappij). Maar in de strafkolonie wordt de homoseksualiteit volop gepraktiseerd, en dan niet door dansers, zangers of dichters. Ook zijn er weinig metaalbewerkers onder hen: die behoren toch tot de elite van de werkende klasse. Meestal zijn het mensen met een niet afgeronde middelbareschoolopleiding die in de gevangenis belanden. Als ze überhaupt naar school zijn geweest. Het zijn deze 'echte kerels' die de herenliefde bedrijven.

Een *pidaras* (een term die zich definitief in het 'officiële' vocabulaire heeft gevestigd na het debacle met Chroesjtsjov op een tentoonstelling van abstracte kunstenaars: hij noemde hen 'pederasten') geniet bij ons geen aanzien. Sommige mannen zijn zelfs zo bang voor hen, dat ze in staat zijn in opperste staat van paraatheid de straat op te gaan, met de ene hand voor hun genitaliën en de andere voor hun achterste. Voor hun geestesoog zien ze angstaanjagende, wrede, agressieve, verkrachtende *pidarasy*. En je hoeft zo iemand maar de rug toe te keren...

Een homoseksuele relatie is een schrikbeeld voor de Rus. Ik zat een keer in de kapsalon te wachten tot mijn eigen kapper vrijkwam en ik bladerde wat in een of ander roddelblaadje. Daarin las ik een stuk dat symbool zou kunnen staan voor de Russische mannelijke homofoob. Het stond in de rubriek 'Is er een psycholoog in de zaal?'. Het ging ongeveer zo: 'Ik ben 25 jaar. Ik heet Vasja. Ik heb een geweldig stel vrienden. We hebben allemaal een vaste vriendin. Onze vriendenclub heeft een vaste gewoonte: elke zaterdag komen we bij elkaar bij een van ons thuis, mannen onder elkaar. We drinken wodka en spoelen die weg met bier. Maar daarna... hebben we seks met elkaar. 's Morgens schamen we ons zo dat we elkaar niet aan durven kijken, daarom gaan we weer drinken en gebeurt er weer hetzelfde.' Beste psycholoog, red me! Uiteraard wordt een aanzienlijk deel van de 'ingezonden' brieven door de journalisten zelf geschreven (én beantwoord). Maar of het verhaal nu verzonnen was of niet, er zat wel iemand achter, en wie hij ook is (of niet is), deze brief verwoordt de belangrijkste angst van de Russische homofoob: dat je dronken gevoerd wordt tot je in een *black-out* raakt en dan 'onder handen' wordt genomen. Dat ze je meetrekken, vastbinden, en verkrachten. Ik wilde echt niet, ik zweer het, mensen, geloof me toch!

Dan hebben wij vrouwen geluk: ik voel me onder homo's bijvoorbeeld volkomen veilig en verkeer in de zekerheid dat mijn fantasieën over harde homoseks toch nooit zullen uitkomen. Je kunt beter bang zijn voor de heteroseksuele verkrachters die het gemunt hebben op de zwakkere vrouwen en kinderen...

Mijn neef is bepaald geen homofoob. Hij beweert dol te zijn op homo's: ze verkleinen de concurrentie in de strijd om vrouwelijke aandacht. Dat is zo, om onze aandacht vechten ze niet. Homoseksualiteit is hier naast dronkenschap en drugsverslaving ook een oorzaak voor het tekort aan mannen (ik bedoel mannen voor vrouwen).

Nog zo'n paradox: ondanks dat de maatschappij, en dan vooral de mannelijke helft daarvan, de *pidarasy* veracht, wemelt het op de grotere poppodia van de artiesten met een niet-traditionele seksuele oriëntatie. Sommigen daarvan verbergen het (maar evengoed wordt er vroeg of laat op tv meegedeeld: 'geloof niet dat meneer X een relatie heeft met mevrouw Y. Dat is een PR-stunt om aanbidsters te lokken. In werkelijkheid is hij homo'. Degene die de waarheid aan het licht heeft gebracht, voelt zich een Sherlock Holmes die een ingewikkelde misdaad heeft opgelost).

De zanger en danser Boris Moisejev kunnen we zeker beschouwen als homoseksuele voorvechter. Zoals Aleksandr Matrosov zich voor het schietgat wierp, doorbrak hij het defensief van de tegenstanders (gedeeltelijk tenminste) door uit de kast te komen. De rel die volgde in de vorm van rumoerige manifestaties en het tonen van zijn blote achterwerk, deed goed werk: zijn, eh, onklassieke vocale kwaliteiten werden volledig overschaduwd door zijn onorthodoxe geaardheid. Precies wat hij nodig had om een ster in de Russische showbusiness te worden en ook een commercieel succes.

Boris Moisejev zet zichzelf neer als een onverbeterlijke homo die nergens meer bang voor is, ook niet voor de verachting van mannen (sommigen van diezelfde mannen gaan trouwens veel inniger met zo iemand om wanneer ze samen in één cel worden neergezet). Zulke mannen, een zeldzaamheid in onze contreien, praten geaffecteerd, kleden zich opzichtig en gedragen zich schaamteloos. Ze zetten sommige potentiële wettenmakers ertoe aan om tandenknarsend de vorige versie van het Wetboek van Strafrecht op te slaan bij de pagina met het verlangde artikel. Om alvast wat inspiratie op te doen, zal ik maar zeggen.

Behalve de verborgen homo hebben we hier nog een categorie homoseksuelen. Ik noem ze de homo-idealisten. Ze doen erg denken aan de idealistische revolutionairen die aan de wieg hebben gestaan van de Oktoberrevolutie in 1917. Zij geloven oprecht dat de samenleving ten goede zal veranderen en de scheppers van de nieuwe werkelijkheid met wijd open armen zal ontvangen.

Ik ken zo'n homo-idealist die kort voor het begin van de landelijke volkstelling op zijn blog voorstelde dat alle homo's de vraag over nationaliteit zouden beantwoorden met 'homo'. Zo van: laten ze maar weten dat we het zijn! De vorige burgemeester van Moskou verbood de *gay parade*. Het is niet bekend of de huidige burgemeester de parade zal toestaan, maar we zullen evengoed van ons laten horen, zeggen de homo-idealisten. Ze lachen blij, alsof ze niet doorhebben in welk land ze wonen.

DE OPVOEDING

"Mijn moeder vertelde me nooit dat ik een mooi meisje was, of dat ik ergens goed in was. Ze bekritiseerde me meer dan ze me prees, nog een typisch kenmerk van de Russische opvoeding. Een Russisch trekje in het algemeen: bekritiseren wie je liefhebt... Ja, ik kreeg een heel Russische, praktische en aardse opvoeding. De gedachte was dat je moest zorgen dat je kind niet al te zelfverzekerd zou zijn."

Milla Jovovitsj,
Amerikaans actrice en topmodel
van Russische afkomst.

In Spanje was mijn zoon ooit toevallig getuige van een cultureel uitstapje van plaatselijke scholieren. Hij was verbijsterd door de pubers, die met z'n allen heel hard allerlei Spaanse leuzen scandeerden. Ernaast stond de lerares, die volmaakt rustig het gebeuren gadesloeg.

Wanneer bij ons een groep jongeren leuzen scandeert, het maakt niet uit wat voor, dan zien de omstanders hen aan voor:

1. Minderjarige alcoholisten of drugsverslaafden.
2. Minderjarige misdadigers. In Rusland leren kinderen zich 'fatsoenlijk' te gedragen in het openbaar. 'Fatsoenlijk' betekent in de eerste plaats rustig. Als er een groep kinderen in het

openbaar vervoer stapt en ook maar iets luider begint te praten dan het hoort, begint de hele bus of metrowagon ze toe te sissen. Eigenlijk raken we geïrriteerd door het lawaai, waar we niet aan gewend zijn.

In Israël gedragen kinderen zich naar Russische begrippen totaal losgeslagen. Ze kunnen bijvoorbeeld als ze moe zijn zomaar ergens op de grond neerploffen. Bij ons kan dat niet. Zelfs niet als de vloer schoon is.

Een kennis van mij uit Israël kwam samen met haar elfjarige dochter haar familie in Rusland bezoeken. Terwijl we samen aan het wandelen waren, vroeg ik het meisje beleefd of ze mijn zoon even wilde roepen (hij was met een bal op het veld aan het spelen en zij stond net op het punt zich bij de spelers te voegen) Het meisje zei tegen me:

"Waarom ik? Ga hem zelf maar roepen!"

Een dergelijke onbeschoftheid wordt kinderen in Rusland niet vergeven. Een kind dat een volwassene zo'n antwoord geeft, wordt in het beste geval uitgefoeterd. Maar het kan ook op een schop uitdraaien. Wanneer omstanders getuige zijn van een milde lijfstraf, zullen enkele misschien afkeurend fronsen. Maar niemand zal zich ermee bemoeien: het ophelderen van problemen tussen ouders en kinderen is volgens een groot deel van de maatschappij een interne aangelegenheid. Wel kan men ingrijpen wanneer een ouder buiten zijn boekje gaat en zijn zoon of dochter verminkt. Overigens is het punt van lijfstraffen in Rusland nog geen uitgemaakte zaak. Zelfs hoogopgeleide mensen zijn bereid te discussiëren over de vraag of lijfstraffen nodig en toelaatbaar zijn. Ouders die hun kroost verminken worden ondubbelzinnig veroordeeld, maar een kind iets 'bijbrengen' door middel van een klap, dat is normaal...

Terug naar het voorval met het meisje, van wie de moeder een voormalige Russin was en de vader een Israëliër. Toen haar moeder zag dat ze weigerde mijn eenvoudige verzoek in te willigen, sprong ze bliksemsnel op en rende naar het grasveld waar de kinderen voetbalden, om zelf mijn zoon te roepen. Ik voelde me behoorlijk ongemakkelijk.

In Israël kun je dan ook voorgoed uit de ouderlijke macht worden ontzet als je een kind een pak voor zijn billen gegeven hebt in het bijzijn van getuigen die de wrede behandeling vervolgens bij de juiste instantie melden.

In Rusland worden kinderen niet gezien als bloemen die in een waterloze woestijn zijn ontloken. En er wordt op geheel eigen wijze mee omgegaan.

Heel wat jaren geleden, in de tijd van de Koude Oorlog, zong de Engelse zanger Sting: *Believe me when I say to you, I hope the Russians love their children too.* Ja wel, die enge mensen met hun bontjassen, die volgens ingewijden 's zomers op bruine beren rijden en 's winters op ijsberen, zijn ook gehecht aan hun nageslacht. Geloof je het niet? Nou dan heb je het mis! Het zijn mensen, ook al zwalken ze op straat met een dubbelloopsgeweer, drinken ze van 's morgens vroeg tot 's avonds laat zelfgestookte alcohol, vechten, vloeken en dansen op hun hurken bij een accordeon (en de beren dansen vrolijk grommend mee met hun baasjes).

Allemaal leuk en aardig. Maar Sting heeft wel gelijk. Ja, wij houden zelfs heel veel van onze kinderen. We uiten die liefde alleen niet altijd op dezelfde manier als ze in andere landen doen. Ik deel onze ouderliefde in in vijf verschillende soorten. Schrik niet, sommige daarvan lijken bepaald niet op dat meest oprechte en innige gevoel waartoe een mens in staat is als hij gehoor geeft aan een van zijn basisinstincten.

Type 1. Het gehoorzame diertje. Dit type ouderlijke liefde wordt grotendeels in de praktijk gebracht door mensen uit de lagere sociale kringen.

Vaak hoor je op speelpleinen of in het openbaar vervoer onbehouwen kreten:

"Serjozja, waar denk jij heen te gaan...?! Blijf staan zeg ik je, verdikkeme...!"

"Tanja hier komen, NU, ik moet je neus afvegen."

Het meisje komt. De moeder haalt een zakdoek uit haar zak en begint met bruuske bewegingen het gezicht van kind schoon te boenen alsof ze de huid eraf wil stropen.

"Je zit weer helemaal onder, vies kind!"

Het meisje grient ontevreden. Als de moeder klaar is met poetsen, vervolgt ze:

"Ga maar weer. En blijf weg bij die modder!"

Ook in de bus of trein komen zulke ouders niet tot bedaren:

"Stil, zeg ik! Schreeuw niet zo! Je bent hier niet alleen! Ga recht zitten! Doe je voeten naar beneden, maak de jas van die mevrouw niet vies met je modderlaarzen."

Het is paradoxaal dat juist de laagopgeleide ouders hun kinderen op openbare plaatsen tot de orde roepen. Kornej Tsjoekovski, literatuurwetenschapper en schrijver van kinderverzen, vond dat zo'n manier van omgaan met het nageslacht getuigde van geestelijke armoede.

In feite denken zulke mensen dat 'fatsoenlijk' gedrag op openbare plaatsen voor beschaving staat. Eigenlijk is hun voorstelling van beschaving beperkt tot die gedrags regels. En ze vinden het prettig wanneer aan mensen alles 'beschaafd' is...

Bij de leden van de sociale onderlaag is een van de belangrijkste vragen over de vorderingen van het kind:

"En, hoe gaat het nou met Petja? Doet hij wat je zegt?"

Gehoorzaamheid en onderwerping, dat zijn in hun ogen de belangrijkste kwaliteiten voor de opgroeiende generatie. Daarna wordt de volgende brandende kwestie besproken:

"En, eet hij goed?"

Met name deze papa's en mama's eisen van hun kinderen goede schoolresultaten. Soms slaan ze hun kroost zelfs om een slecht cijfer.

Weer een paradox: juist deze mensen zijn niet in staat bij het huiswerk te helpen. Ten eerste omdat ze zelf slechte cijfers op school haalden, ten tweede omdat ze niet goed thuis zijn in de vakken die op school onderwezen worden. Van hogere eisen gaan kinderen geen zier beter leren. Het is immers bekend dat een mens zich alleen datgene echt eigen maakt wat hem interesseert. Dus als je geen interesses hebt, is dat te zien aan je cijfers.

Ik heb een vrij onaantrekkelijk beeld geschetst van de opvoeding van de opgroeiende generatie: het is niet bekend wat er gebeurt in het hoofd van het brave kind dat de afwas doet, meehelpt het huis schoon te maken en zijn kleren voor het slapen gaan netjes opgevouwen op de stoel legt.

Iemand zal de handen ineenslaan: natuurlijk, het arme kind kan zo het verkeerde pad inslaan, want thuis is er niemand die van hem houdt. Dat is een verkeerde redenering. Zijn ouders houden wel van hem. (Situaties waarin ouderlijke liefde ontbreekt, bespreek ik niet in dit boek, dat is meer een zaak van de pathologie. In dit boek onderzoek ik de gedragsnormen in Rusland en geen pathologische afwijkingen daarvan.) Je zou eens moeten zien hoe op het oog heel ruwe en ongevoelige moeders en vaders zich in de strijd werpen voor hun kinderen wanneer ze het idee hebben dat iemand hen kwetst of wanneer iemand hen onrechtvaardig behandelt! En hoe ze kromliggen om ervoor te zorgen dat hun kind niet 'slechter dan anderen' gekleed, gewassen of geknipt is. Wanneer een kind ernstig ziek is, bewegen ze hemel en aarde om een behandeling door de beste specialisten in de beste klinieken voor elkaar te krijgen.

Russen zijn een noordelijk volk, dat in de regel zijn emoties niet overdreven demonstreert. In Amerikaanse films krijgen kinderen om de haverklap te horen: 'ik hou van je', 'ik ben trots op je'. Zelfs wanneer de weinig sympathieke telg vlak daarvoor een stuk of wat bloedige wandaden beging. Op die manier wordt het volk herinnerd aan de onvoorwaardelijkheid van de ouderliefde.

Type 2: De hoge lat voor de toekomstige leden van de maatschappelijke elite.

In Rusland, of eigenlijk nog in de Sovjet-Unie, is nog een ander opvoedingssysteem ontstaan, dat je wel het tegenovergestelde kunt noemen. Het kind wordt blootgesteld aan scherpe kritiek, zodat het spijt krijgt, zijn gedrag overdenkt en zich verbetert. Oftewel: om iets naar boven te halen, moet je het eerst helemaal naar de bodem laten zakken. De totalitaire gewoonte met verwijten te strooien, verdiend of onverdiend, (gewoon voor het geval dat, het leven mag vooral niet te makkelijk zijn) is geworteld in de Russische opvoedingstradities.

Dit opvoedingssysteem is kort maar uitputtend beschreven door Milla Jovovitsj in een van haar interviews, waaruit ik een citaat als motto voor dit hoofdstuk heb gebruikt.

Ik ben opgegroeid in een intellectuelengezin, tussen prachtige, fijnzinnige, zeer hoog opgeleide mensen. Terugkijkend begrijp ik nu dat er niets bijzonders met mij aan de hand was. Toch werd ik door iedereen thuis de hele tijd bekritiseerd. Zowel om de mislukkingen als om de successen, die de leden van het gezin niet voldoende achtten voor zo'n slim en begaafd meisje als waar ze me voor hielden. Het is me nu duidelijk: ze legden de lat voor mij bijzonder hoog.

Dat opvoedingssysteem, dat gekenmerkt wordt door een absoluut perfectionisme, hoort bij de intellectuele elite. Op school was ik niet al te goed in natuurkunde. ('Niet al te goed'

betekent dat ik voor dat vak geen tienen maar achten haalde.)
Tot grote verontwaardiging van mijn familieleden.

Leden van de intelligentsia zien de successen van hun kinderen als een vereiste, kinderen die fouten maken tellen niet meer
mee. In de komische film *Meet the Fockers* hebben liefhebbende,
intellectuele ouders een muur volgehangen met oorkondes van
hun zoon. Ze hebben zelfs een getuigschrift ingelijst van de
tiende plaats die hun kind in de een of andere wedstrijd behaald
had. Lachwekkend, zelfs voor Amerika, waar het hele systeem
gebouwd is op het verhogen (soms op de verkeerde manier) van
het zelfbeeld van kinderen.

In een gezin van Russische intellectuelen is zoiets in principe onmogelijk. Sterker nog, mensen die publiekelijk pochen
over de prestaties van hun kinderen maken op de intelligentsia
een buitengewoon slechte, 'onintelligente' indruk. Niet alleen
omdat het in een hoogcultureel milieu gebruikelijk is bescheiden te doen (zie het hoofdstuk over 'spelregels' voor intellectuelen). Voor het waarlijk ontwikkelde Rusland tellen alleen de
hoogste, authentieke verworvenheden. Je kunt ons niet voor
de gek houden met de een of andere vierde plaats in een wedstrijd tussen vijfdeklassers! Als wij het over een schrijver hebben,
dan is dat Lev Tolstoj. Oké, Vladimir Makanin of Ljoedmila
Oelitskaja kunnen ook nog net. Als je muzikant bent, dan heet
je Svjatoslav Richter. Of desnoods Vladimir Krajnev. En als je
een kunstenaar bent, dan Valentin Serov. Of toch minstens Pavel
Filonov.

Een Russisch lid van de intelligentsia zou een opvoedings-
boek kunnen schrijven met de titel *Hoe voed ik iemand op tot een
onzeker en angstig mens?* Hoe gek het ook mag klinken, de ouders
zien de nervositeit, angst en twijfel waardoor het kind geplaagd
wordt, als een succes van hun opvoeding. Een kind heeft een
levende ziel, het wordt gekweld, maar leeft dientengevolge.

Alleen proleten, de door de intelligentsia meest geminachte mensen, kennen geen twijfel. En eigenlijk zijn mensen die altijd geestelijk onberoerd blijven weinig sympathiek. Maar als kinderen geleerd moet worden de moeilijkste weg te kiezen, kent de culturele elite zijn gelijke niet. Een stevig houvast in deze lastige opgave wordt geboden door de prachtige, gewetensvolle en moraliserende Russische literatuur.

In Rusland krijg je helaas geen geld voor opleiding en eruditie. Daardoor komen integere intellectuelen niet op de hoogste posities terecht, en blijft de onrechtvaardigheid van het leven hen onverminderd sarren.

Dit type opvoeding veronderstelt ook geen samenwerking tussen ouder en kind. Als in het voorgaande geval de ouder het kind bekritiseert opdat het zich 'beschaafd' zal gedragen en 'niet voor de anderen zal onderdoen', dan scheldt de intellectueel zijn kroost uit opdat hij in alle opzichten de hoogste top zal overstijgen. In de ideale situatie (die uiteraard onbereikbaar is) moet het resultaat een uitzonderlijk edelmoedige en hoogst fatsoenlijke Pjotr Bezoechov worden, maar wel slank (ook in keurige gezinnen worden kinderen berispt om hun overgewicht), met het begeesterde gezicht van Andrej Bolkonski en de geestelijke zuiverheid van vorst Mysjkin.

De lichtende idealen blijven steeds maar weer als luchtspiegelingen oprijzen voor de ogen van de intellectueel, maar wanneer hij denkt ze bijna aan te kunnen raken, verdwijnen ze. En zo hoort het ook bij idealen en luchtspiegelingen.

Deze manier van kinderen opvoeden kent een tamelijk gevaarlijke subcategorie die 'zelfverwezenlijking via de kinderen' genoemd wordt. Dit spel wordt meestal gespeeld door ontwikkelde mensen, waaronder weer diezelfde leden van de intelligentsia.

Deze methode is gebaseerd op hetzelfde simpele verlangen

om binnen de eigen muren een soort Lev Tolstoj voort te brengen. Vaak wordt die zware en verantwoordelijke taak door een
ontwikkelde, maar niet werkende moeder op zich genomen.
Diep van binnen vindt ze dat ze professioneel niets waargemaakt
heeft, door pech of door onvoldoende doorzettingsvermogen,
dan wel door gebrek aan talent. Dat zal ze nooit hardop toegeven. Ze beweert dat ze nooit heeft kunnen werken omdat de
opvoeding van haar kind een maximale inzet van haar vergde.
Werkende moeders slaan in haar aanwezigheid de ogen neer.

De zoon of dochter van zo'n moeder doet het op de middelbare school vaak uitstekend. Bovendien munt het uit in schaken,
hockey, stijldansen, trampolinespringen en schilderen. Over zijn
prestaties zeurt deze mama de andere moeders de oren van het
hoofd, wanneer ze bij de muziekschool of het hockeyveld staan
te wachten. Haar enthousiasme komt iedereen de neus uit. Het
aura van succes dat om haar en haar kind heen hangt, doet je
huiveren. Haar kind is bleek en gespannen. De moeder staat
altijd klaar om te helpen: ze kan meetkundesommen maken,
borduren en van de duikplank springen. Ze weet alles over de
scheidsrechters in de wedstrijden waarin haar kind speelt.

Persoonlijk word ik altijd wat bang van mensen die hun
eigen leven niet leven. En ook van mensen die via anderen hun
talenten verwezenlijken.

Maar soms denk ik dat die vrouwen hun *finest hour* beleven
en dat we ze maar hun genoegens moeten gunnen, want de
kinderen maken lang niet altijd de buitensporige verwachtingen
waar die er aan hen gesteld worden. Mijn vriendin bracht haar
dochtertje tot haar twaalfde naar de muziekschool, naar dansles,
het zwembad en tekenles. Nu is ze veertien. Ze had één acht op
haar rapport: voor gymnastiek (de rest waren zesjes). Ze ligt tot
diep on de nacht voor de televisie en heeft 's morgens niet altijd
de kracht om op te staan en naar te school te gaan.

Type 3: De opvoeding van kinderen van nieuwe Russen: "Iedereen moet tegen hem/haar opkijken".

Ik heb in een eerder hoofdstuk al gedetailleerd over de zeden en gewoonten van de nieuwe rijken geschreven en wil er hier alleen aan herinneren dat hun gedrag berust op leugens en patserigheid.

Nieuwe Russen blijven altijd en eeuwig dezelfde, ook als ze kinderen hebben. Ze leren hun kinderen in de eerste plaats te streven naar succes in de traditionele opvatting die ze daar zelf van hebben. De uitspraak van Pasternak 'Het is niet aan jou onderscheid te maken tussen overwinning en nederlaag' heeft voor hen geen enkele betekenis. Overwinning, dat is voor hen een bepaald inkomen, een bepaald soort huis op een bepaalde locatie, of een bepaald merk auto.

Ook bij zulke ouders ontbreekt het geestelijk contact met hun kinderen. Hun kinderen studeren in het buitenland. Niet omdat het onderwijs op die scholen beter is, maar omdat het in hun ogen meer prestige heeft. Aan het kind wordt niet gevraagd waar het wil studeren. En het interesseert hun niet altijd wat hij wil worden. Ik heb nog nooit van een kind van nieuwe Russen gehoord dat in deze tijd graag ingenieur wil worden (hoewel er op de arbeidsmarkt op dit moment juist vraag is naar zulke beroepen). Nieuwe Russen laten zich in de opvoeding vaak leiden door voorbeelden uit de glossy's: 'jurist in een duur pak', 'de sexy filmster' en 'de waanzinnig getalenteerde couturier'. Of toch op z'n minst een financiële man met een verschrikkelijk serieuze en scherpzinnige uitdrukking op het gezicht. Als het kind te kennen geeft dat het iets met mode wil gaan doen, wordt dat toegejuicht. De liefhebbende ouders werpen zich met alles wat in hun vermogen ligt op de 'creatieve ontplooiing' van hun kind. Er wordt een keten van kledingzaken voor het kind opgezet, van Moskou tot de verste uithoeken van het land. De massamedia schrijven over de succesvolle creaties van het jonge talent op de catwalks in Milaan en Parijs. Het principe van de schijnbare onwetendheid treedt in werking: iedereen begrijpt aan wie (of beter: waaraan) het jonge talent zijn succes te danken heeft. Maar applaudisseert zwijgend. Ondertussen vertelt de rijzende ster (die overigens best sympathiek kan zijn en niet verschoond van enig talent) dat zijn ouders hem totaal niet hebben geholpen en hoe moeilijk het was dit alles helemaal zelf voor elkaar te krijgen.

Nieuwe Russen zien hun kinderen als investeringsprojecten die te zijner tijd bonussen moeten opleveren.

In de glossy's poseren piepjonge kindjes in op maat gemaakte nertsmantels met op de achtergrond het paleisje van de liefhebbende ouders.

De papa's en mama's noemen als goede eigenschappen niet gehoorzaamheid of een goede eetlust, en al helemaal niet het hebben van een rusteloze geest. Nee, hun kind moet onverzettelijk, veeleisend en kieskeurig zijn, vooral als het gaat om materiële zaken.

Met de opvatting dat een mens gelukkig kan zijn in een communale woning en ongelukkig in een kast van een huis (denk aan het verschrikkelijke lot van Christina Onassis) komen de kinderen niet in aanraking. Sterker nog, mocht dit simpele idee zomaar als vanzelf bij de kinderen opkomen, dan dringen de ouders er bij hen op aan dit weg te stoppen en vooral te blijven poseren voor het privé-park, het herenhuis en de auto. Tot ze erbij neervallen.

Type 4: Het idool van het gezin

Een van mijn vriendinnen kreeg een dochtertje, een schattig, mooi meisje. Dat vindt natuurlijk elke liefhebbende ouder van zijn kind.

Toen het dochtertje een maand was, belde ik mijn vriendin

om haar te feliciteren met deze eerste kleine mijlpaal in het leven van het meisje.

Nadat ze me bedankt had, kreeg ik zowat een tsunami van opschepperij over me heen, wat *not done* is voor de kringen waartoe ik behoor. Ze begon haar stortvloed met de verrukte uitroep:

"Mijn meisje is zo intelligent en knap!"

Daar gaan we weer, dacht ik.

Om de een of andere reden was ik nog wel zo brutaal om op de toon van een ervaren moeder te zeggen:

"Nee joh, intelligentie manifesteert zich pas met anderhalf jaar, wanneer ze min of meer verstaanbaar gaat praten. En schoonheid is pas definitief ontwikkeld met haar zestiende."

Ik had, wat ondoordacht weliswaar, een volstrekt gangbare en afgezaagde uitspraak gedaan, maar stuitte op een muur van irritatie. Dom, heel dom van mij.

Ouders die een kind opvoeden als 'idool van het gezin', zijn niet alleen niet in staat opbouwende kritiek aan te horen, zelfs de meest onbenullige, algemene uitspraken over ontwikkeling, onderwijs en voeding stuiten ze tegen de borst.

Hoe vreemd het ook klinkt, deze manier van opvoeden is gebaseerd op de meest onvoorwaardelijke gevoelens voor het kind. Maar in feite prijzen de ouders hun idool niet om zijn successen maar om het simpele feit dat hij bestaat. Omdat zij een wonder op de wereld gezet hebben dat op hen lijkt. Deze gelukkige gebeurtenis is ons, goddank, allemaal beschoren. Maar de papa en mama van de toekomstige ster begrijpen dat niet: zij hebben het idee dat hun iets unieks is overkomen.

Al die kinderen roepen bij de ouders pure verrukking op. Om zich uiteindelijk Poesjkin, Tsjaikovski en Repin in één te voelen, hoeft zo'n kind volstrekt niets te doen. Hij hoeft geen gedichten te schrijven, niet te musiceren of te schilderen. Hij hoeft er alleen maar te zijn.

Er bestaat helemaal geen lat voor deze geluksvogel. Voor elk slecht cijfer wordt de schuld bij de onderwijzer gelegd. Elke ruzie met leeftijdgenoten wordt uitgelegd als gekonkel van de anderen.

Type 5. De vriend en medewerker.

Op ons instituut was een docent, een allerliefste oude professor, een zeer deskundig en aardig mens. Hij behoorde tot de zogeheten oude Petersburgse intelligentsia. De manier waarop hij ons aansprak en de stof behandelde was van dien aard dat ik dacht: hij heeft minstens drie al even intellectuele generaties boven zich. Ik was verbaasd toen ik er achter kwam dat zijn moeder een ongeletterde boerin was geweest en dat de professor-in-spe zijn kindertijd had doorgebracht in een verafgelegen dorp, ergens in het zuiden van de regio Tver.

De professor vertelde dat zijn moeder hem als jongetje na haar zware werkdag vroeg haar hardop zijn lessen voor te lezen. Terwijl hij haar zo zijn huiswerk uitlegde, werden hem vaak die dingen duidelijk die hij op school niet begrepen had. Hij merkte wel eens dat zijn moeder bijna in slaap viel. Maar wanneer hij ophield, deed ze haar ogen weer open en verzocht hem verder te gaan.

Zijn moeder prees hem altijd om zijn resultaten en geloofde dat haar zoon het ver zou brengen in het leven.

Ik denk dat een van de belangrijkste tekortkomingen van het Russische volk daarin ligt dat we niet geneigd zijn tot samenwerking. Ook niet met onze eigen kinderen, hoewel ik geen ander domein in het leven ken waarin het vermogen om samen te werken van zo wezenlijk belang zou zijn.

Ik heb, net als vele anderen, ongetwijfeld fouten gemaakt bij het opvoeden. Maar ik heb wel het idee dat ik uitga van de juiste stelregel: hoeveel ik ook van mijn kind houd, hij en ik zijn niet samen één geheel, maar gelijkwaardige partners, en daarom kunnen we niet anders dan samenwerken.

Soms zijn de wat eenvoudiger gezinnen een grotere steun voor hun kinderen dan de meer streberige families. Juist omdat zij niet aan de geest van het kind morrelen, maar het accepteren zoals het is.

Grote gezinnen

In Rusland is een gezin met meer dan twee kinderen een groot gezin.

Bij ons worden meer kinderen geaborteerd dan geboren. Russen zijn een volk dat duidelijk niet warm loopt voor de voortplanting. In ieder Arabisch land zou iemand die een gezin met drie kinderen 'groot' noemt worden uitgelachen. Ook in ontwikkelde landen als bijvoorbeeld de VS of Frankrijk, worden meer kinderen geboren dan in Rusland.

De laatste tijd is er in de media een hele propagandacampagne aan de gang ter promotie van het grote gezin: de regering maakt zich ongerust over de vergrijzing en over de bevolkingskrimp ten gevolge van het dalende aantal geboorten. De meeste Russen hebben één kind.

De televisiepropaganda voor grote gezinnen blijft qua stijl gewoonlijk binnen het kader waarin de semi-officiële media opereren: het kader van de schijnbare onwetendheid. Sociaal-realistisch aandoende reportages tonen ons gelukkige koppels, verrukt over hun smetteloze woning, een cadeautje van de overheid waarin ze behalve hun eigen kroost ook pleegkinderen grootbrengen. Aan het eind van die reportages krijgen we steevast een familieportret in de huiskamer te zien, dat nog het meest doet denken aan een klassenfoto: de kinderen met hun opvoeders.

Grote gezinnen krijgen privileges, waarvoor je alleen maar lijkt te hoeven baren, baren en nog eens baren.

President Medvedev (vader van één zoon) bracht in zijn propagandatoespraak onder de aandacht dat grote dichters als Nekrasov en Achmatova als derde kind geboren werden. Daar voeg ik van mijn kant nog aan toe dat Tsvetajeva ook het derde kind van haar vader was. Lev Tolstoj was vierde. En de eminente chemicus Mendelejev was de jongste van zeventien. (Acht van zijn broers en zusjes stierven jong.) Dus ja, hoever moet je gaan met kinderen krijgen? Tot Achmatova, tot Tolstoj of helemaal tot Mendelejev?

Je kunt er wel grappen over maken, maar de houding van de maatschappij tegenover grote gezinnen verschilt ondanks alle propaganda aanzienlijk van de vertedering die de overheid en televisiemakers, geïnspireerd door hun idealen, aan de dag leggen.

Mijn moeder (ik ben haar enige dochter) formuleerde een keer onopzettelijk maar heel treffend de bij ons gangbare mening over grote gezinnen. Ze kwam thuis van een wandeling en vertelde:

"Weet je wat ik net op straat heb gezien? Een vrouw met drie kinderen, en ze was volstrekt normaal, ze leek niet eens op een alcoholiste."

Er doet hier een mop de ronde: Ouders van een groot gezin wordt gevraagd: 'Wat hebt u een groot gezin. U houdt zeker veel van kinderen?' 'Nee, wij houden van dit werk.'

In onze levensomstandigheden, waar je voor alles moet betalen en niet zo'n beetje ook, lijkt zelfs de geboorte van een tweede kind soms al een blijk van ondoordachte spilzucht, licht-zinnigheid en onvermogen om de eigen kracht in te schatten. In het Westen gaat de moeder van een groot gezin een maand nadat het zoveelste kind het daglicht gezien heeft, weer aan het werk en laat haar spruit aan de zorgen van een oppas over, iets wat de meeste gezinnen kunnen betalen. Bij ons veroordeelt de geboorte van een kind de moeder tot een paar jaar thuiszitten, en de vader tot onbaatzuchtige arbeid om zijn uitgedijde gezin een normaal bestaan te waarborgen.

Juist daarom zijn het meestal mensen met veel geld of mensen in wier leven onbeschermde seks het belangrijkste gratis pleziertje vormt, die misschien geen drie, maar toch meer dan één kind krijgen. Helaas komen in laatstgenoemde categorie veel alcoholisten, drugsverslaafden en andere randfiguren voor.

Niet alle journalisten zijn net zo enthousiast over grote gezinnen als de vertegenwoordigers van de overheid. Over dit onderwerp verschijnen om de haverklap reportages van een andere strekking op de televisie. Mevrouw X, chronisch alcoholiste, wordt veroordeeld wegens mishandeling van haar eigen kind. Ze heeft nog drie kinderen die ook bij haar wonen. Dan komt aan het licht dat ze vóór de geboorte van dit viertal al eens uit de ouderlijke macht over de vorige drie (vier, vijf, zes) was ontzet. Bij het zien van de woning waarin het gezin leeft stolt het bloed je in de aderen. De opmerking van mijn moeder was dus niet helemaal uit de lucht gegrepen.

Mijn oog viel een keer op een interview in een krantje waarin een jeugdzorgwerker grote gezinnen rekende tot de risicogroepen. Lieve hemel, wat een eerlijkheid! Wat een openhartigheid! Wonen die grote gezinnen dan niet allemaal in van die schattige peperkoekhuisjes, zoals ze ons op de televisie laten zien? Is het dan niet waar dat alle gezinsleden elkaar met vertedering en liefde aankijken? We waren zo gewend ze heel anders te zien!

Niettemin werpen de televisiecampagnes hun vruchten af. Sommige gezinnen krijgen meer kinderen dan hun portemonnee aankan. (Overigens ben ik van mening dat iedereen zoveel kinderen moet kunnen hebben als hij zich kan veroorloven. De opvoeding van kinderen, is een zaak van geld, tijd en mentale energie. Als er ook maar één van deze voorwaarden ontbreekt, zou je moeten stoppen en de ooievaar buiten de deur houden.) Ouders van grote gezinnen beginnen luidkeels eisen te stellen aan de regering (aan ons dus, de belastingbetalers) ten aanzien van privileges, een woning en materiële ondersteuning. Ze roepen er reportagemakers bij om te laten zien hoe ze met zijn zessen (zevenen, tienen) in één kamer op een kluitje leven. Zo van: wij zorgen voor de bevolkingstoename door kinderen te krijgen terwijl jullie zitten te lanterfanten. En ondertussen weigeren jullie ons te helpen. Wij vragen maar één ding, het enige wat onze kinderen nog nodig hebben om gelukkig te zijn: materiële hulp. Wij zijn een liefdevol gezin!

Dit maakt wel duidelijk dat niet iedereen enthousiast is over de campagnes in de pers. Ouders van grote gezinnen krijgen op hun verzoeken botte antwoorden als:

"Je hebt ze zelf gekregen, nu zie je maar dat je rond komt. Denken doe je met je hoofd, niet met andere lichaamsdelen."

Ouders van grote gezinnen maken zich nijdig. Ze hadden zo'n tegenstand niet verwacht. Het komt blijkbaar niet bij ze op dat onze televisieprogramma's zich laten leiden door het eerder genoemde principe van de schijnbare onwetendheid.

Hoe dan ook, de kwetsende woordcombinatie 'armoede fokken' wordt bij ons helaas vaak gebruikt met betrekking tot grote gezinnen, die door de televisie opgeroepen worden verder te fokken, maar door hun landgenoten gemaand tot het kweken van een groter verantwoordelijkheidsgevoel...

Kortom, ik ben bang dat de 'stootkracht' van grote gezinnen ons de komende jaren geen uitzicht zal bieden op enige bevolkingsgroei. Geen mens veroorlooft zichzelf hier drie of meer kinderen, tenzij hij onnadenkend is of arm. Of rijk, zodat men een deel van de opvoeding van de kleintjes kan uitbesteden aan betaalde hulpen.

Abortus

In Rusland vinden op de honderd geboorten eenentachtig abortussen plaats. Hoe vaak ze bij ons ook hameren op het nut van anticonceptie, het haalt niets uit.

Toch gaan er sinds kort stemmen op voor onbeschermde seks, waar, zoals ik al schreef, vooral de arme en onverantwoordelijke leden van onze maatschappij plezier aan beleven. Met alle gevolgen van dien.

Bepaalde figuren uit de klerikale kringen en andere 'liefhebbers' van kinderen zijn begonnen campagne te voeren met de goeie ouwe leus: 'Abortus is moord.' Waarom zouden we hier, net als in het door en door katholieke Polen, abortus niet verbieden als er geen sprake is van een medische indicatie?

De geschiedenis heeft de neiging zich te herhalen. In de regeringsjaren van Stalin was kunstmatige zwangerschapsonderbreking van 1936 tot 1955 bij wet verboden. (Stalin overleed in 1953, maar het land kwam pas in 1955-1956 bij van dat 'onherstelbare verlies'.)

Mijn overleden grootmoeder had het tot haar dood vaak over haar collega, die stierf ten gevolge van een bloeding die opgetreden was na een illegale abortus. Ze woonde met haar altijd dronken man en twee kinderen in een piepklein kamertje van een grote communale woning. Na de legalisering van abortus in 1956 werd kunstmatige zwangerschapsonderbreking voor sommige van mijn landgenoten bijna net zo gewoon als het gebruik van condooms.

Ik ken een vrouw die meer dan twintig abortussen in haar leven liet doen. (Ze heeft maar één kind.) Een ander kennisje, moeder van twee kinderen, zegt van zichzelf:

"Ik ben twee keer bevallen en heb twee keer voorbehoedsmiddelen gebruikt."

'Voorbehoedsmiddelen gebruiken', dat is dus abortus plegen.

Zo'n extreem 'verlichte' houding tegenover ongeboren kinderen wil gek genoeg nog niet zeggen dat deze vrouwen slechte moeders zijn. Allebei zijn ze begaan met de gezondheid, opvoeding en ontwikkeling van hun kinderen. De maatschappelijke houding tegenover een embryo was lange tijd gewoon niet sentimenteel. Maar tegenwoordig zwaait de slinger, zoals zo vaak in Rusland, door naar het andere uiterste.

Hoe meer je in de reclamebladen advertenties in de trant van 'Abortus poliklinisch!' tegenkomt, des te vaker klinken er kreten als 'We mogen geen onschuldige kinderen laten doden! en 'Laat abortusartsen niet vrijuit gaan!' of 'Wrede moeders: schande!' Aan de ene kant hoor je argumenten als: 'Natuurlijk, wie geen kinderen wil moet voorbehoedsmiddelen gebruiken. Maar je kunt mensen toch niet gaan controleren? Er zijn nu eenmaal situaties in het leven dat een kind ongelegen komt. Kunnen de ouders het kind wel een goed leven geven als het zo ongewenst is?

Maar tegenstanders van abortus brengen hier een ijzeren argument tegenin: 'Niets aan de hand dames, bevallen jullie maar gerust! En als jullie kleintjes dan ongelegen blijken te komen, dan zorgen wij dat ze goed terecht komen'. Geen commentaar.

Zulke discussies zijn niet nieuw, maar ook niet echt Russisch. In de VS, waar men overigens aanzienlijk sneller naar de anticonceptie grijpt, aanzienlijk gemakkelijker kinderen adopteert en met aanzienlijk meer verantwoordelijkheid nadenkt over het aantal kinderen dat men zich kan permitteren, is de discussie tussen voor- en tegenstanders van abortus nog altijd even heftig.

De omstandigheden zijn bij ons totaal anders. Toch is de discussie op gang gekomen. En wat het ergste is: de televisie laat, om de kijkcijfers te verhogen, voortdurend tegenstanders van abortus zien. Zouden zij zelf een goed gezin voor de kleintjes zoeken? Zouden ze zelf een pleegkind in huis nemen?

Miniconclusie

Over het algemeen komen veel gezinsproblemen voort uit het ontbreken van een traditie van onvoorwaardelijke liefde. Ouders die onder alle omstandigheden van hun kinderen houden zoals ze zijn, stellen traditiegetrouw hoge eisen aan hen. Dat schept bij de kinderen de illusie dat onvoorwaardelijke ouderliefde niet bestaat. (Wanneer de hoofdpersonen in Amerikaanse films elkaar snotterend de liefde verklaren, brommen de Russen maar wat. In de ogen van een Rus zijn zulke scènes onecht en moralistisch.) Mannen eisen van vrouwen dat ze slank zijn, huishoudelijk aangelegd en onderdanig. Vrouwen eisen van mannen dat ze psychologisch stevig in elkaar zitten en financieel draagkrachtig zijn. Deze veeleisendheid zorgt in combinatie met de alomtegenwoordigheid van de persoonlijke relaties voor het ontstaan van een bedrijfsleiding die aan een 'oudercomplex' lijdt. Ze eist van haar ondergeschikten toewijding aan het bedrijf, ook al is die toewijding niet wederzijds. De gewone medewerkers voelen de druk van bovenaf en worden vals, saboteren de opdrachten van de chef, roddelen... kortom, ze veranderen in bijdehante, ongehoorzame kinderen.

Nog één typisch ouderlijk trekje bij Russische leidingge-venden: hoe meer de ondergeschikte presteert, hoe hoger de eisen die aan hem gesteld worden. Ik herinner me dat ik in een sollicitatiegesprek bij een bedrijf vrijmoedig zei dat ik veel ervaring had in het werken met teksten en dat dat deel van de werkzaamheden me goed afging. Maar van vormgeving op welk gebied dan ook, waaronder webdesign, had ik geen kaas gegeten. De chef was tevreden met mijn materiaal, dat op de site van de firma geplaatst werd. Op een goede dag werd ik op het matje geroepen en lazen ze me de les over... de slechte opmaak van site. De redenering:

"U doet de site toch? Waarom is de opmaak dan zo slecht?"

Als een kind goed is in wiskunde, waarom kan hij dan niet meekomen bij scheikunde en gymnastiek? Dat klopt toch niet..?

DE RUSSISCHE KEUKEN

Zelfgemaakt

Bij ons kun je beter niet toegeven dat je panklare maaltijden eet, ook al puilen de winkels ervan uit. Ik herinner me dat een kennis tegen me opschepte dat ze een heldendaad had verricht op het gebied van de emancipatie:

"Ik lag al twee dagen in bed met 38 graden koorts. Ik had geen energie om ook maar iets te doen, dus hebben ze bij mij thuis twee keer kant-en-klare pelmeni voor zichzelf klaargemaakt!"

Wat een heldin! Niet iedere Russin komt tot zo'n heldendaad! Je moet het maar durven om met 38 graden koorts languit in bed te liggen en medicijnen te slikken in plaats van in de keuken bezig te zijn, zoals alle normale mensen!

Het verhaal over eten moet beginnen bij het feit dat het voor ons gebruikelijk is dat je zelf kookt. Degene die gehaktballen draait van in de winkel gekocht gehakt en zo dom is dat ook nog toe te geven, adviseer ik dringend deze schokkende bekentenis vergezeld te doen gaan van de toelichting dat hier in de buurt een fantastisch zaakje is waar ze zulk fantastisch gehakt maken. Huisgemaakt kun je wel zeggen.

Voor Amerikanen is tijd kostbaar. Ondanks het brede scala *cooking shows* op tv, gooit ook de meest fatsoenlijke huismoeder op zaterdagochtend geroutineerd een pak pannenkoekenmix met wat melk in de beslagkom en zet de mixer erop. Ze bakt de pannenkoekjes in een speciale elektrische flensjespan en zet ze samen met een fles ahornsiroop uit de winkel op tafel.

Wij gebruiken vanzelfsprekend vrijwel geen ahornsiroop, al is het in grote levensmiddelenzaken wel te koop. En pannenkoekenmix is niet in trek. Beslag maken wij zelf. We zijn altijd bereid recepten uit te wisselen: de een mengt simpelweg meel, melk en suiker; een ander voegt nog zuurdesem toe.

Over het algemeen wordt in Rusland minder gegeten. De hele dag door eten wordt hier tenminste niet toegejuicht. Het gebeurt zelden dat Russen zich thuis voor de buis vol zitten te proppen met popcorn. Ook op het strand zie je weinig kauwende gezelschappen. We kennen wel de traditie om de stad uit te gaan voor een picknick, maar ook zoiets verloopt heel zakelijk. Met sjasjliks bijvoorbeeld. Vooral zelf gemarineerde worden op prijs gesteld. De maker van de marinade is gaarne bereid het recept te delen. De leden van het gezelschap maken op- en aanmerkingen. Terwijl men gezamenlijk het vlees aan de spiesen rijgt, kan een lomperik bijvoorbeeld deze opmerking maken:

"Ik maak ze zelf van schapenvlees en besprenkel ze dan met droge wijn."

Een ander kan ter verdediging van de vleesmaker inbrengen:

"Nou ja, goed, maar volgens mij is dit ook heel lekker. Vasja, als jij liever schapenvlees hebt, dan mag jij de volgende keer het vlees marineren."

De discussie kan voortgezet worden met een reactie van weer iemand anders:

"Ik lust geen schapenvlees. Die lucht staat me tegen."

Niemand zal zeggen dat varkensvlees het cholesterolgehalte verhoogt of dat mayonaise je reinste vergif is. Wanneer iemand het lef heeft tijdens een picknick toch zo'n onderwerp aan te snijden, krijgt hij op z'n minst scheve blikken toegeworpen. We zitten hier te genieten en dan begint die paranoïcus over gezond eten. Die moet zelf naar de dokter...

Goed, dan gaan we zitten. Eten wat. Drinken wat. Ruimen de rommel op. En gaan zwemmen. Maar non-stop kauwen... nee.

Wanneer een Rus eet, wil hij vooral dat het lekker is. Wij houden van lekker eten, niet van voedsel gebruiken om sterk en gezond te worden. Natuurlijk, er zijn wel mensen die zich druk maken om de slanke lijn (vooral vrouwen), die zelfs bereid zijn een rekenmachine mee naar het restaurant te nemen om de calorieën te tellen alvorens te bestellen. En hoewel *Runet* ons doodgooit met aanbevelingen voor de strijd tegen overgewicht, wegen de 'appetijtelijke' sites, blogs en *communities* op culinair gebied nog altijd zwaarder. Anders dan in de westerse landen vind je hier op internet makkelijker een maaltijd van vijf gangen, compleet met kikkerbilletjes in een saffraanbeslagje, dan een caloriearm menu voor wie aan het afvallen is.

Eten koken wordt in Rusland evenals de boodschappen vooral door vrouwen gedaan. De laatste tijd is dat enigszins veranderd. Zo is bijvoorbeeld al vele jaren het programma *Smaak* op de televisie, waarin Ivan Oergant de presentatie van Andrej Makarevtitsj heeft overgenomen. Mannen zijn vaker gaan koken. En schamen zich niet daarover te praten. Nu veel gezinnen een auto hebben, heeft een westers ritueel zijn intrede gedaan: het gezinsuitstapje naar de grote winkelketens voor de wekelijkse basisbehoeften. Ik zie het nog voor me: in de jaren tachtig van de vorige eeuw zag je vrouwen die tijdens de avondspits de propvolle autobussen zowat uittuimelden met in elke hand een uitpuilende boodschappentas. Dat waren vrouwen en moeders die, nadat ze eindeloos in de rij gestaan hadden, de boodschappen mee naar huis zeulden.

De grootse, eentonige Russische keuken

In de Chinese buurten van Amerikaanse steden hangt een typische etensgeur die je tegemoet komt vanuit de ramen van huizen, restaurants en eettentjes. Je ruikt gebraden vlees, frituur en zoetzure saus. Heel anders is het aroma van exotische specerijen in de Indische wijk. Een straat waar orthodoxe joden wonen ruikt naar vreemde kruiden en knoflook. Het is bijna zoals in het gedicht van Gianni Rodari, 'De geuren der ambachten'. Op een kinderverjaardag in een 'traditioneel' Amerikaans gezin kun je een hotdog en een sorbet krijgen en een glas coca-cola om het te wegspoelen.

De hoofdmaaltijd van Amerikanen bestaat uit cornflakes met magere melk als ontbijt en een opgewarmde kant-en-klare hap uit de magnetron als middagmaal. Hamburgers worden gegeten in de onderste lagen van de samenleving, een smet op de natie van slanke mensen en aanhangers van een gezonde levensstijl. De dikzakken aan de andere kant van de oceaan vechten tegen hun overgewicht. Maar vooralsnog zonder veel resultaat. Er zijn daar veel mensen op wie de formule van de beeldhouwer Michelangelo van toepassing is: 'Neem een blok marmer en hak alles weg wat teveel is.'

Hoewel er ook in de middenklasse wordt geworsteld met overgewicht, bekommert men zich daar wel om gezond eten, en daarom kauwen ze zonder plezier op gestoomde broccoli met gestoofde kalkoen en een blaadje sla (dit kan kant-en-klaar in huis gehaald zijn). Mensen met wat meer geld streven ernaar hun eten te kopen in biologische winkels. Zoals ik al schreef roept de Amerikaanse traditie van bezig zijn met de gezondheid bij Russen ironie op en de volkomen logische gedachte: je kunt zoveel gestoomde broccoli eten als je wilt, maar ook jou wacht eenzelfde plekje onder een steen.

Over het geheel genomen is de Russische keuken waarschijnlijk gezonder dan de westerse. We gebruiken dagelijks minder dikmakende koolhydraten en meer eiwitten.

Vandaag de dag kun je zonder problemen de meest exotische producten krijgen. Ik weet nog dat ik in een winkel niet zonder afgrijzen iets groots in de diepvries ontwaarde waarop stond: 'Kangoeroevlees'.

Niettemin eten de meeste Russische gezinnen vrijwel hetzelfde. Ongeacht de nationaliteit.

Het feestmaal

Bij ons is het normaal dat je je gasten royaal overlaadt met zelfgemaakte gerechten. Vooral de oudere generatie slooft zich daarvoor uit. Zelfs mensen die het zich kunnen veroorloven eten in een winkel te kopen of in een restaurant te bestellen, zijn hier om de een of andere reden terughoudend mee. Een feest met gasten biedt nou juist de gelegenheid je eigen culinaire kunsten te vertonen.

De visite verwelkomen met een worstenbroodje of een haring-bietensalade uit de winkel is een onvergeeflijke klap in het gezicht van de gasten. Karigheid of ongastvrijheid jegens de gastenmagen zijn zonden die feitelijk gelijkstaan aan verraad.

Ik herinner me dat ik een boek bij de uitgeverij moest inleveren. Ik zat in ernstige tijdnood. Toch gaven mijn vrienden te kennen dat ze langs wilden komen om me met mijn verjaardag te feliciteren. Dus beging ik een zonde: ik kocht salades in de winkel. Mijn vrienden veroordeelden me niet. Niemand liep een vergiftiging op, niemand ging dood. Toch herinnert mijn moeder mij tot op de dag van vandaag aan die misstap. Ik heb het nooit meer gewaagd.

Wat zet men de gasten zoal voor? We kunnen de gerechten in twee categorieën verdelen. In beide categorieën wordt de kroon op de maaltijd echter gevormd door de salades met mayonaisedressing. (En de gezondheidsfreaks kunnen de pot op! Een heel mollige kennis schepte me een keer in de nieuwjaarsvakantie een royale portie van de zoveelste salade op, met de woorden:

"Tast toe, Masjenka, waarom hebben we anders nog zo lang vakantie, als het niet is om plezier te hebben? Je valt wel weer af, we hebben tijd zat tot de zomer."

Plezier hebben, dat betekent je ongans eten aan de meest vette, koolhydraatrijke, cholesterolrijke gerechten. Bij de gedachte alleen al zouden voedingsgoeroes als Paul Bragg en Herbert Shelton zich omdraaien in hun graf.)

1. Min of meer exotische hapjes. Nu we de meest uiteenlopende levensmiddelen gewoon in de winkel kunnen kopen, kunnen we Waldorfsalades met knolselderij maken, kipsalades met ananas of champignonsalades met rucola.

Dergelijke gerechten behoren vooral tot het arsenaal van de jongere generatie. Die zijn westers ingesteld en tamelijk draagkrachtig.

Aan het begin van de feestdis verklaart de gastvrouw plechtig:

"Dit is een salade van chips en ui, die daar is met beschuit en boontjes en dat is een salade met gedroogde pruimen en augurk."

Het is haar bedoeling dat de gasten, die hun vertrouwde gerechten niet zien, weten wat er zoal op tafel staat. Maar als je een goede indruk wilt maken op je gasten moet je samen met iets nieuws ook zeker iets traditioneels op tafel zetten. Presenteer gerust wat je wilt, of het nou kastanjes, kikkerpootjes of oregano met majoraan zijn. Vergeet alleen de krabsticks met ei, rijst met mayonaise en salade Olivier niet.

Ongetwijfeld zal er onder de gasten iemand zijn die nauwelijks merkbaar zijn neus optrekt bij het horen van de woorden oregano en majoraan. Diep van binnen wil hij aardappeltjes met haring of kaassalade met mayonaise en knoflook (diëtisten huiver!). Dat betekent niet dat hij extreem patriottisch is, het is veeleer een gewoonte.

Dus geef hem dat dan maar! Laat hem met opgetrokken neus een paar sushirolletjes eten. Daarna kan hij zich rustig storten op het traditionele voer waar zijn organisme zo naar hunkert.

2. Traditionele hapjes. Tegenwoordig worden spijzen als parelhoen in bladerdeeg, *oecha* van kwabaal of warme mede ook gerekend tot de traditionele Russische keuken. Dit lijkt vooral voort te komen uit een soort schijnpatriottisme of uit de reclamekoker van een duur, zogenaamd traditioneel Russisch restaurant.

Parelhoenders vliegen waarschijnlijk nog sporadischer onze supermarkten binnen dan kangoeroes. En ja, misschien dat Alexander Nevski nog wel mede dronk uit een houten bekertje, vlak voor hij aan zijn veldslag op het ijs begon. Of Ilja Moeromets 'ter inspiratie' voor het gevecht met Rover Nachtegaal.

En een vette kwabaal vind je ook niet zo makkelijk. Er zijn heel wat andere vissoorten waar niks mis mee is...

Waar onthalen wij onze gasten dan wel op bij een traditionele dis?

Salades met mayonaisedressing dus. Die hebben een krappe tweehonderd jaar geleden bij ons hun intrede gedaan. Ze kwamen naar Rusland in de tijd dat er hier een 'Franse' wind waaide. Zo ook de Franse keuken, die populair was bij de adel in de negentiende eeuw. De bedenker van de salade Olivier was een Franse kok. Het recept was vroeger aanzienlijk ingewikkelder.

Nu is alles teruggebracht tot aardappel, wortel, ui, augurk, ei, doperwtjes en iets vleesachtigs. Mijn moeder is over drie dingen heel stellig:

a) Wat er ook op het feestmenu staat: salade Olivier mag niet ontbreken;

b) Alleen een vrek snippert er worst in. Als je gasten krijgt, doe er dan alsjeblieft gekookt rundvlees, tong of desnoods een blikje zalm doorheen.

c) Salade Olivier met gekookte worst kan wel, maar uitsluitend en alleen thuis, als er geen gasten zijn.

Vandaag de dag, nu de Japanse, Mexicaanse en andere exotische keukens in de mode zijn, is de bovenbeschreven traditionele Russische maaltijd langzaam maar zeker iets speciaals aan het worden. Russische bankiers en andere rijkaards in de financiële wereld lopen eerder warm voor borsjtsj-avondjes dan voor de afgezaagde sushiparty's. Zo is het en niet anders.

De doordeweekse pot

De ochtend begint met een ontbijt. Degenen die waken over hun darmflora en zich daarbij niet druk maken over hun figuur, eten havermout- of griesmeelpap met melk en roomboter, die ze wegwerken met boterhammen of witte kadetjes met roomboter en worst of vette kaas.

Meer bescheiden mensen beperken zich tot een stukje kaas en een kop koffie. Razend populair in Rusland is koffie voor luilakken, oftewel oploskoffie. Van alle verhalen over de schade die dat aanricht, trekt niemand zich iets aan.

Ook thee wordt bij ons meer gewaardeerd als het los in een theepot getrokken heeft in plaats van met een theezakje.

Russen die de hele dag op hun werk doorbrengen, houden hun middagmaal tussen 12.00 en 14.00 uur. Een begrip als lunch kennen we niet. Om die tijd eten de meeste mensen een warm gerecht met een salade en garnituur. Een enkeling kiest voor soep. De volgende maaltijd wacht ons thuis, tussen zes en zeven 's avonds. Toch spreken we dan pas van 'middageten'.

Op werkdagen staat bij elk zichzelf respecterend Russisch gezin een 'middagmaal' in de koelkast, bestaande uit soep, een vleesgerecht en een garnituur. Eigenlijk is dit bij uitstek de maaltijd waaraan je kunt zien hoe goed men voor de eigen maag zorgt. En dan vooral de soep. Iemand die een enorme pan soep voor de hele week kookt, wordt veroordeeld om zijn luie en onverschillige houding tegenover het huishouden. Soep maak je voor twee of drie dagen, niet meer.

Het assortiment soepen is beperkt: bouillon, *sjtsji*, borsjtsj, paddestoelensoep, erwtensoep, melksoep, bonensoep en *rassolnik*. Russische diëtisten hameren erop dat we soep eten. Volgens hen is dat het meest werkzame onderdeel van een volwaardig dagelijks rantsoen.

De aanwezigheid van een pan soep is bij ons tot op zekere hoogte een indicatie voor een sterk, gezond en hecht gezin.

Mijn vriendin, die op een doordeweekse dag bij me langs

kwam, beantwoordde mijn voorstel een soepje te eten met de verrukte kreet:

"Ooo, jij hebt midden in de week een compleet middagmaal in huis!"

Ik knikte bescheiden en begreep dat ik mijn zaakjes goed voor elkaar had. Ik was verdorie een echte moeder, echtgenote en huisvrouw. Dat moment was voor mij een definitief bewijs voor de stelling dat soep in Rusland meer is dan een bordje vleesnat met bieten: soep is een symbool.

Het moet wel gezegd worden dat veel Russen tegenwoordig een blender hebben, met behulp waarvan men zich volop bekwaamt in het draaien van gepureerde soepen, waarvan de recepten uitgewisseld worden op internet. Pureesoep is geen karakteristiek gerecht voor de Russische keuken.

Overigens, de dagelijkse Russische keuken is in hoge mate oorspronkelijk en vrij van allerlei invloeden van buitenaf. Het is bovendien interessant dat ook landgenoten met andere etnische achtergronden door de week ongeveer hetzelfde klaarmaken. Soms wel met een etnisch tintje. Een Georgisch gezin kan in het weekend bijvoorbeeld smullen van dolma, Oezbeken van plov (al kunnen ook de meeste Russen dit Centraal-Aziatische gerecht wel maken), en joden eten lekach als dessert. Maar in principe eet iedereen ongeveer hetzelfde. De een strooit wat meer zout over het eten, de ander doet varkensgehakt of spek door de gehaktballen (een van de populairste warme vleesgerechten) en weer een ander maakt ze van alleen rundvlees.

Onwennige buitenlanders fronsen bij de gedachte aan zuurkool, gepekelde augurken en haring.

Zo kijken wij ook vreemd op van zaken als zoete aardappelen, kastanjes en gemarineerde asperges.

Waarschijnlijk zal een Rus, zelfs als hij alleen maar een boterham heeft gemaakt, deze voor gebruik netjes in twee helften snijden om hem al even netjes op te eten. Hij begrijpt niet waarom Amerikanen per se hun mond zo wijd open moeten doen voor hun boterham.

Toen ik in 1992 voor het eerst naar de VS vloog, klonk vanuit mijn bagage het vrolijk geritsel van de ruim twee kilo in de oven gedroogde roggecrackers met grof zout, die ik vanaf de andere kant van de wereld meevoerde op verzoek van mijn vrienden en familieleden, voormalige Russen. Ik geloof dat ze die crackers het meest waardeerden van alle cadeaus! Zielsgelukkig knabbelden ze hun crackers, terwijl ze terugdachten aan de mooiste dagen van hun leven!

In 2009 heb ik niet één zoute cracker mee naar Amerika genomen: de Russische winkels waren er inmiddels over de hele stad verspreid, en ze verkochten er precies dezelfde boekweit, haring, roggebrood en zuurkool. Ook de productie van niet van echt te onderscheiden Russische bonbons als 'Koetjes', 'Eekhoorntjes' en 'IJsbeertjes', was in de handen van ondernemende ex-Russen tot grote hoogte gestegen.

In Boston ging ik naar kennissen die in 1980 naar de VS waren overgestoken. Ik werd meteen aan tafel gezet en getrakteerd op 'Koetjes', 'Rode papavers' en andere bonbons van transatlantische makelij. Ondertussen vroegen ze aldoor:

"En Masjka, hebben ze hier geen bonbons leren maken zoals in Rusland? Er is toch werkelijk geen verschil, of wel soms?'

Ja, ja mijn lieve vrienden. Er is werkelijk geen verschil. En ik begrijp wat jullie me eigenlijk willen zeggen. Jullie zeggen: kijk, we zijn weggegaan en we hebben het hier goed. We profiteren van alle zegeningen van het Amerikaanse leven, en daarnaast liggen ook de Russische geneugten binnen handbereik. Kijk maar, we eten het favoriete snoepgoed uit onze jeugd...

Zoals ik al schreef in het hoofdstuk over emigratie, laten mensen die uit Rusland zijn weggegaan zich tegenover voormalige landgenoten altijd met een bijzondere ijver voorstaan op hun successen in het nieuwe vaderland.

Zoetigheid

De vooruitgang in onze voedselindustrie is vooral merkbaar op het gebied van zoetigheden en toetjes.

Tot op de dag van vandaag kan ik niet zonder afkeer terugdenken aan de roze en knalgroene roosjes op de biscuittaarten van Sovjetmakelij. Sinds mijn vroege jeugd heb ik een hekel aan biscuittaarten.

In de Sovjettijd was het assortiment zoetigheid en gebak trouwens toch al niet groot, niet te vergelijken met wat we nu hebben.

Des te meer bakten we dus zelf. Taartnamen die ik me herinner zijn bijvoorbeeld: 'Paul Robeson's kroeskop', 'Neger in het schuim', 'Praag', (geen idee waarom de Tsjechische hoofdstad geassocieerd werd met een taart van donkere koeklagen met een crème van gecondenseerde melk) en 'Vogelmelk'. Een van de belangrijkste ingrediënten van de laatste was griesmeelpap met geraspte citroenschil. Tegenwoordig kun je voor weinig geld elke denkbare taart kopen: sommige banketbakkerszaken vertrouwen op het nationaal geheugen en geven hun taarten namen als 'Praag' en 'Medovik'.

De zoete dis is veranderd: zelfs mijn moeder, die zo'n voorstander is van het zelf koken, gaat de strijd niet aan met gekochte banketbakkerswaren, zelfs niet bij een feestmaal.

Voor een Rus is het theedrinken met lekkernijen altijd een heel betekenisvol ritueel geweest. (Denk bijvoorbeeld aan de schilderijen van Koestodiev, waarop de charme van dat ritueel heel treffend wordt verbeeld.) Het heeft qua feestelijkheid en 'ritualiteit' natuurlijk niets gemeen met de Japanse theeceremonie. Natuurlijk dost de gastvrouw zich voor de komst van de gasten niet uit in een kimono en hoog kapsel, en verwelkomt ze de gasten niet met de handpalmen gevouwen voor haar borst. Ook schenkt ze de thee niet uit een theepot met zo'n lange tuit, waarbij ze haar hand in de een of andere speciale positie houdt. Theedrinken is hier geen religie. Maar wel een bijzondere toestand van lichaam en geest, die voorafgaat aan het oude vertrouwde gesprek van mens tot mens.

Thee kan met zakjes gezet zijn. Of hij staat in een theepot te trekken terwijl de gastheer of -vrouw met trots de verpakking van de zeldzame theesoort laat zien.

Zoetigheid is een vast element van de theevisite, waar je niet met lege handen hoort te verschijnen. Elke gast streeft er dan ook naar iets lekkers op tafel te zetten. Bijzondere bijval krijgt degene die met een doosje bonbons aankomt waarvan ieder weet hoe lekker ze zijn.

Ik hoef er waarschijnlijk niet op te wijzen dat, nadat de thee geschonken is en de lekkernijen op de schaaltjes zijn uitgestald, het gesprek van mens tot mens wordt ingezet. Jaren geleden zong de rockzanger Viktor Tsoi:

> *'Sigaretten in de hand, thee op tafel*
> *Het plaatje is eenvoudig.*
> *En verder is er niets*
> *Het zit allemaal in ons.'*

Tegenwoordig zijn de theepartijtjes bij de mensen thuis opvallend veel gezelliger geworden door de overvloed aan theesoorten en lekkernijen in alle soorten en maten.

Overigens, als je bij ons op de thee gevraagd wordt, dan kun je beter voor die tijd wat eten, want thee betekent ook alleen thee, misschien koffie, met iets zoets erbij. Maar als je uitgenodigd wordt voor een etentje of een verjaardag, dan zullen ze je 'serieus' te eten geven en kun je je maag vooraf beter niet volstouwen.

Voor niet-drinkers is de sfeer van een theevisite een vervanging voor het aura van gezelligheid en gastvrijheid dat om een alcoholisch drinkgelag heen hangt.

Ingemaakt

Ik denk vaak na over de vraag waarom het bij ons zo gebruikelijk is om eten in te maken. Je zou toch zeggen dat we een koud klimaat hebben. Elektriciteit hebben we ook nog steeds, de koelkasten doen het. Een atoomoorlog lijkt nog ver weg. En ook een gewone oorlog is hoop ik niet aanstaande. De tijden van totale schaarste behoren tot het verleden (even afkloppen). En we kunnen alles kopen wat we willen, tot en met gemarineerde haai met truffels, gevuld met beloegakaviaar.

Maar toch. In augustus — september verandert het hele land in één grote conserveringswerkplaats. Alles wordt verwerkt: groente, fruit, vis, paddenstoelen en soms zelfs vlees (maar dat is zeldzaam, omdat er bij ons veel meer vissers, kwekers en verzamelaars zijn dan jagers). Mensen die eerst het voedsel vergaren en dat vervolgens met succes conserveren, staan hier hoog in aanzien. Dat laatste versterkt als het ware de hoge status van de Russische jager.

Bessen en fruit worden op de armetierige noordse grond van onze eigen datsjatuintjes gekweekt. Daar wordt vervolgens compote en jam van gemaakt. Tegen het eind van de zomer begint iedereen bij elkaar potten en suiker te lenen. Wie in de loop van het jaar geen conserven uit de winkel heeft gekocht (niet zozeer om de inhoud maar om de potten waar ze in zitten), en geen suiker heeft gehamsterd (die is buiten het inmaakseizoen goedkoper), trekt zich de haren uit het hoofd. Uiteindelijk betaalt hij zich blauw aan een smerig soort, naar azijn ruikende, gemarineerde paprika (in de felbegeerde pot met draaideksel), en aan schandalig dure suiker. Ondertussen vervloekt hij de 'rottige kapitalisten die zich aan het volk verrijken' door hem dure suiker te verkopen, juist op dit lang verbeide moment, nu hij het spul zo bitter nodig heeft.

De minder succesvolle jagers belagen de markten om daar groenten en fruit te bemachtigen.

En daar gaan we dan. Van fruit maken we dus compote en jam. Groenten verwerken we tot salades van uiteenlopende combinaties: paprika met tomaat, aubergine met wortel, augurk met ui.

Augurken spelen overigens een belangrijke rol in het inmaakgebeuren. Zij hebben de eer in een eigen pot te worden opgesloten. Natuurlijk, je kunt ze ook met andere groenten pekelen of marineren. Maar huisgepekelde augurken nemen in onze cultuur een bijzondere plaats in.

Er schiet me een dialoog te binnen uit de legendarische film *Kleine Vera*, waarin de schoonzoon aan zijn schoonmoeder, die hij niet sympathiek vindt, vraagt waarom ze augurken pekelt. Zij antwoordt: "Voor mijn man, voor bij de borrel.". De schoonzoon begrijpt het niet: "Maar u vindt het toch niet leuk dat uw man zich graag bedrinkt?" De schoonmoeder vindt dat maar een absurd argument: wat had je gedacht, als zij zou stoppen met het inmaken van augurken, zou de vader des huizes dan stoppen met zijn drankmisbruik? Die stopt heus niet.

Natuurlijk maakt de vrouw augurken in zodat haar man iets voor bij de borrel heeft. Wij hebben de stelregel: wie drinkt zonder daarbij een hapje te eten, is een hopeloze alcoholist. Als je er wat bij eet, is het allemaal nog min of meer 'beschaafd'. Op die manier schept de schoonmoeder voor zichzelf de illusie dat haar echtgenoot er uiteindelijk nog niet zo slecht aan toe is.

Gepekelde augurken begeleiden overigens niet alleen het 'beschaafde' drinkgelag. Ook geheelonthouders zetten ze graag op tafel. Als salade bij het hoofdgerecht. Ze liggen ook op een apart schaaltje bij een feestmaal.

Er bestaat onder huisvrouwen een levendige uitwisseling van pekelrecepten: de meer ervaren inmaaksters onderwijzen degenen met minder ervaring. Zo legt bijvoorbeeld de een de ander uit dat een takje aalbessen in de pekel het resultaat een bijzondere charme verleent.

Iedere herfst vangt in Rusland de Grote Verhuizing der Conserven aan. De man van mijn vriendin is visser, daarom neemt ze wat gerookte visjes mee als ze bij mij op bezoek komt.

De 'conservatoren' schaffen verschillende apparaten aan om hen bij te staan in deze lastige aangelegenheid. Zo zijn er bijvoorbeeld rookovens te koop en apparaten om potten luchtdicht af te sluiten (met setjes metalen deksels). Als de pot eenmaal dicht is, dringt er geen microbe meer door tot het heilige domein van de salade.

Als dank geef ik mijn vriendin een potje jam. Een andere vriendin neemt van een reisje naar het noorden een confiture van dauwbramen voor me mee. En ik doe haar een pot zelfge-marineerde paprika cadeau. En zo gaat het maar door.

Wanneer een Rus bij je op visite komt en een potje zelfge-maakte conserven voor je meeneemt, betekent dat dat hij je hoog heeft zitten. En hoe dichter het inmaakseizoen nadert, des te hoger hij je heeft zitten: tegen die tijd lopen alle voor-raadkasten leeg en zijn zelfingemaakte producten hun gewicht in goud waard.

De demonstratieve eetcultuur
van de nieuwe Russen

Nieuwe Russen onderscheiden zich ook wat eten betreft van hun landgenoten, en wel op twee punten:

1. Zoals met alles zijn ze ook met eten geneigd tot dikdoenerij, met als doel te laten zien hoeveel geld ze hebben.

2. Als je kijkt naar de eetgewoontes van nieuwe Russen, zie je opvallend veel verschil tussen de mannen en de vrouwen.

Eerst de dikdoenerij. De nieuwe Rus laat op alle mogelijke manieren zien dat alles wat hij eet in de categorie VIPS *only* thuishoort. Op zijn blog zal hij schrijven hoe hij gisteren bij een diner met *zeer* belangrijke personen truffels met kreeft at in een besloten restaurant, dan wel in een etablissement aan de Côte d'Azur, dan wel in een villa in Roebljovka. Uiteraard stond er een privé-kok in de keuken. Een Franse.

Alles wat een nieuwe Rus eet, presenteert hij als iets exclusiefs dat voor gewone stervelingen onbereikbaar is. Zelfs als hij in zijn hart dol is op aardappelpuree met kant en klare gehaktballen, hoort hij dat niet toe te geven. Als hij het helemaal niet meer uithoudt, kan hij iets zeggen als:

"Ach, ik weet nog dat ik, toen ik arm was en nog geen voorzitter van de raad van bestuur van de B.V. Fabrieksbouwwoonco-monderdelenlevering elke dag borsjtsj at in een broodjeskantine op de hoek van de Socialistische Straat en de Rode Commandantenstraat..."

De toehoorders zijn ontroerd over zijn romantische jeugd, vrouwen pinken een traantje weg. Ach, wat een held. Wat is hij ver gekomen. Ooit slurpte hij kantinesoep, en nu smeert hij dikke lagen beloegakaviaar op zijn blini...

Deze mensen zijn gewoon de menukaart in toprestaurants langdurig te bestuderen, een of ander exquis gerecht te bestellen en vervolgens een rel te schoppen wanneer dat er om een of andere reden niet is. De volgende uitspraak zou uit zijn mond kunnen komen:

"Doe mij maar fazant, goed doorbakken graag en niet met zo'n dikke laag bechamelsaus."

Vervolgens wendt hij zich tot zijn gesprekspartners:

"Meestal is de fazant hier wel lekker, maar de vorige keer was hij volgens mij niet goed doorbakken. Overigens zijn ze lekkerder met pesto. Ik begrijp niet waarom ze dat hier niet hebben."

Ze beklagen zich met veel air over de tent waar ze vroeger het liefst kwamen, maar die nu totaal, maar dan ook totaal verziekt is. De oorzaak is duidelijk: een andere chef-kok. En waarom die voortreffelijke Fransoos daar was weggegaan..?

Tijdens een rondrit in New York vertelde de gids, een voormalig landgenote, hoe twee jonge zakenmannen uit Moskou haar in verlegenheid hadden gebracht. Ze hadden haar gevraagd waarom in een bepaald peperduur en gerenommeerd New Yorks restaurant de ene Japanse kok (zijn naam werd genoemd) vervangen was door een andere Japanner (wiens naam ze ook kenden).

Waarin verschillen de mannelijke en de vrouwelijke nieuwe Russen op culinair gebied? Voornamelijk in het feit dat mannen overvloedig exquise delicatessen eten zonder daarbij op de calorieën te letten. Ook vrouwen pronken met wat ze op hun bord hebben, maar zij houden hun figuur nauwlettend in de gaten. Dat was vooral te merken in de begintijd van het nieuwe Russische kapitalisme, toen je uit enorme auto's dikke kerels kon zien klimmen, die met hun worstenvingers hun uitgeteerde en door fitness, diëten en behandelingen afgepeigerde vriendinnen bij de hand namen.

Zoals ik al schreef vormen de nieuwe Russen een sociale

kliek waar het spel niet volgens de regels wordt gespeeld, zodat er een soort nieuwe moraal is ontstaan.

Toch komt de ongelijke houding tegenover het uiterlijk bij mannen en vrouwen binnen de *nouveau riche* eigenlijk geheel overeen met de verhoudingen tussen de seksen in het algemeen. Zoals bekend is een werkende en niet-drinkende man bij ons een zeldzame kostbaarheid. En wanneer er bij hem ook nog wat geld ritselt, is het plaatje compleet. Hij is de knappe prins, de Alain Delon, de stoere minnaar. En hoe hij er bij dat alles uitziet, *so what*.

Daarom zie je de vrouw traag met haar vork in de spinazie wroeten, terwijl haar echtgenoot zich volvreet met gehaktballen van pas geschoten eland met frietjes en zoete veenbessensaus. Zij kan op geen enkele manier ontspannen: als ze aankomt kan ze dag zeggen tegen haar leventje. De vriendin van de nieuwe Rus moet jong, mager en mooi zijn.

DE DATSJA EN DE BANJA

Eind augustus begint bij ons de Grote Verhuizing der conserven. En begin mei vindt er nog een beweging plaats: de Grote Verhuizing der katten. Dat is voor mij het ware teken dat er een gelukkige tijd is aangebroken: het datsjaseizoen. Je stapt de metro in en in vrijwel elke wagon kom je stadgenoten tegen met mandjes of draagkorven of gewoon met hun kat onder hun jas. Wij houden erg van huisdieren. Vaak hebben gezinnen die gruwelijk klein behuisd zijn voor hun plezier een brutaal katje; het poept, krabt meubels kapot en eet kieskeuriger dan de meest veeleisende nieuwe Rus, maar toch wordt het vurig bemind door het hele gezin. De baasjes laten hun teerbeminde huisdier nog geen dag alleen thuis. Dus slepen ze het mee naar een plek als Tsjasja om gezamenlijk vakantie te vieren.

'Laat hem maar lekker gras eten: hij is zo toe aan frisse lucht en vitaminen uit de natuur!'

De Amerikanen, die vaak te maken hebben met immigranten uit Rusland, kennen het Russische woord 'datsja' inmiddels goed.

Na de oorlog begon de Sovjetregering lapjes grond buiten de stad uit te delen aan gewone stedelingen. In het begin waren die relatief groot: zo'n 1000 tot 1200 vierkante meter per persoon. Dit deden de autoriteiten met het oog op de eigen veiligheid (en zeker niet omdat de oogappels van de communistische regering frisse lucht en vitaminen nodig hadden), omdat de inwoners van de grote steden, het meest denkende deel van de Sovjetburgers, dan minder zouden nadenken over de politieke problemen. En hun energie in de inrichting van hun volkstuintjes steken. Daar was dan ook heel wat energie voor nodig. Dus bleef er geen tijd over om gedachten te wijden aan onvrede met de regering.

Het leven van de Sovjetmens bestond uitsluitend uit het elke dag maar weer overwinnen van de moeilijkheden van het bestaan. De bouw van een datsja en de inrichting van het lapje grond eromheen is daarvan een mooi voorbeeld.

Mijn grootouders kregen een stukje grond in 1956. Ze hadden geen auto. Naar het dichtstbijzijnde treinstation was het vijf kilometer. Mijn opa heeft tot op de dag van zijn dood verhalen verteld over de ingewikkelde trucs waartoe hij zijn toevlucht moest nemen om de bouwmaterialen te bemachtigen, die hij daar meestal op eigen kracht naartoe sleepte.

Maar het gezag zat niet stil. Om te voorkomen dat de Sovjetburger een graantje mee zou pikken van zijn persoonlijke eigendom, stonden ze niet toe dat er huisjes van twee etages werden opgetrokken en ook het bouwen van een kachel was verboden. De manhaftige Sovjetburger liet zich echter niet tegenhouden. Ook niet door het ontbreken van elektriciteit in de pakweg eerste vijf jaren van het bestaan van de volkstuinen.

Van degenen die hun grond niet bewerkten (dit werd nauwlettend gecontroleerd door metingen te verrichten van het percentage ingezaaide grond) werd de grond weer afgenomen. En toch, ondanks de wurgende omstandigheden, stormden de bewoners van de reusachtige communale woningen massaal de stad uit naar hun stulpjes, waar altijd een ijzige noordenwind doorheen trok. Daar leefden ze in de illusie van vrijheid en konden ze even bijkomen van hun huisgenoten in de communale flat. Wat we met hard zwoegen voor elkaar hebben gekregen, heeft voor ons extra veel waarde, dat is een ding dat zeker is.

Bejaarde immigranten uit Rusland denken nogal eens terug met nostalgie aan de geneugten van het datsjaleven, als waren het de gelukkigste momenten uit hun leven in Rusland.

Eigenlijk maakt de datsja een buitengewoon groot deel uit van de wereld van een Rus. De liefde voor de datsja is ons met de paplepel ingegoten. We gedenken en waarderen het gezwoeg van onze vaders en grootvaders! We sjouwen niks meer mee op onze rug maar zoeken met een kieskeurige frons een verftint uit voor de dakpannen. En we maken ruzie als een van de gezinsleden niet begrijpt dat die en die tint gewoon *te* beige is, dat ziet zelfs een blinde.

Op de datsja bouwt elke Rus zijn eigen wereldje, al naar gelang zijn financiële capaciteiten en zijn ideeën van wat mooi is.

Er wordt veel gesproken over de datsja, in alle sociale bevolkingslagen. Zelfs meer dan over auto's, omdat hierover ook vrouwen kunnen meepraten.

Wie geen datsja heeft, wordt meewarig aangekeken. En mensen die zeggen dat ze geen datsja willen hebben, zijn wel heel rare knakkers.

Een apart onderdeel van het streven naar plattelandsgeluk is de banja. Niet voor niets kennen we hier het grapje: 'we zijn naar het badhuis geweest, hebben we ons meteen even kunnen wassen'.

Ik heb een keer een buitenlandse film over het Russische leven gezien van het genre 'baarlijke nonsens'. Een belangrijke scène speelde zich af in het badhuis: naakte Russen die hele glazen wodka achteroversloegen, liederen zongen onder begeleiding van een harmonica en hurkdansen uitvoerden, midden in de stoomdampen. Alleen de beren ontbraken nog...

Dit doen we natuurlijk af als onzin, maar toch kun je in Rusland wel spreken van een echte badcultuur. Hoeveel 'recepten' je wel niet hebt voor het maken van een *venik*! En dan heb ik het nog niet eens over de rest.

In de banja genieten we van geurige stoom, de hitte reinigt ons lichaam, we drinken er thee, *mors*, wodka, we voeren er gesprekken en nemen beslissingen, we vieren er onze verjaardag, we houden er bedrijfsfeestjes, onderhouden er ons privé-leven en bedrijven er de liefde.

Een datsja zonder banja is geen volwaardige datsja. Wie niet genoeg geld heeft voor een datsja, bouwt op zijn lapje grond een badhok. Bij krakkemikkige huisjes zie je in de tuin vaak een echt paleisje als badhuis. Soms zelfs met houtsnijwerk rond de ramen.

De bezitter van een nieuwe banja geeft zijn datsjaburen en vrienden een rondleiding door zijn badparadijsje. Iedereen bespreekt geanimeerd de kwaliteit van de kachel, de hoogte van het plafond en de oppervlakte van de kleedkamer.

Je kunt uitgenodigd worden om te komen stomen in een goede banja, en zo'n uitnodiging is vleiend voor een Rus: het is zeker geen toespeling op het feit dat hij zich te weinig wast of onaangenaam ruikt.

Helaas staat mijn gezondheid het niet toe om te stomen in een badhuis. En ik ben oprecht jaloers op de geluksvogels die schoongewassen en vol nieuwe inspiratie het badhuis uitlopen, om zich na dit ritueel op nieuwe heldendaden te storten.

HET RUSSISCHE DROOMHUIS

In tegenstelling tot de Amerikanen werken Russen waar ze wonen in plaats van andersom. Hier verhuizen mensen in de provincie vaker dan in de hoofdsteden, Moskou en Sint-Petersburg, waar je als inwoner niet gauw je plekje opgeeft. Inwoners van de VS migreren aanzienlijk vaker binnenslands. Maar ook daar zie je een gehechtheid aan metropolen als New York, San Francisco en Los Angeles.

Wij stedelingen hebben de neiging te vergroeien met onze flatwoningen, we beschouwen ze als ons familienest. Een woning is hier duur. En hoe lelijk het van buiten ook mag zijn, een krap appartement in een middelhoog naoorlogs flatje aan de rand van de stad kan met liefde worden onderhouden en bewaakt door meerdere generaties van een grote familie waarvan elk lid er is opgegroeid. De keuken van zes vierkante meter kan gezien worden als het bolwerk van huiselijke warmte.

En dan heb ik het nog niet over de grotere woningen: die worden letterlijk verafgood door hun bewoners.

Als ik denk aan een Russisch droomhuis, moet ik meteen denken aan een mop. Een man zegt tegen zijn vrouw:

"Ik vind de kinderen een beetje vies. Zullen we ze wassen of nieuwe maken?"

Het antwoord van de Rus: laten we de oude wassen, dan zijn ze weer als nieuw! Zoals ik al schreef is het hier niet makkelijk om te verhuizen, daarom is het goedkoper om dat wat je hebt op te poetsen tot het weer glanst. Je kunt hier een stinkend en weerzinwekkend smerig portiek binnengaan en tussen de rochels, plassen urine en peuken doorwandelen om ten slotte uit te komen bij een onberispelijke voordeur. Als je naar binnen gaat, kom je terecht in een oase van properheid, huiselijkheid en elegante smaak. Je krijgt geurige koffie in porseleinen kopjes. Je eet er een een verrukkelijk stuk zelfgemaakt gebak bij, je wordt naar een kamer geleid die vol staat met prachtig meubilair. En je begint te denken: was dat afgrijselijke trappenhuis misschien een droom? Was ik dat zelf wel, die tussen de plassen urine door sprong? Die struikelde over een alcoholist die midden op de overloop lag? Jawel, dat was jij. Niemand anders. Het is hier nu eenmaal goedkoper om je woning te renoveren dan om een nieuwe te kopen in een nettere flat.

Een hypotheek, vraag je? Er doet hier een grapje de ronde: in Rusland is de doodstraf vervangen door de hypotheek.

In Rusland is het waarschijnlijk meer dan in welk land ter wereld de gewoonte om vol liefde en zelfopoffering je huis te verbouwen. We zeggen wel: een verbouwing is nooit klaar, je kunt hem alleen onderbreken.

Het aantal bouwmarkten waar je alles voor je huis en voor het klussen kunt kopen, van een spijker tot meubelgarnituur, groeit met de dag. En het proces is niet te stoppen: noch door de crisis, noch door de lage inkomens van de bevolking, noch door een pest-. cholera- of malaria-epidemie.

In het weekend kun je in deze bouwmarkten alle generaties van een gezin aantreffen, hevig discussiërend over bijvoorbeeld de kleurnuance van het laminaat of de benodigde hoeveelheid plafondpanelen. Mijn stad is overspoeld met gastarbeiders uit de Centraal-Aziatische republieken, die met wisselend succes in de weer zijn met de eeuwige renovatie van de interieurs van mijn landgenoten.

Deze gedrevenheid om het huiselijk bestaan te perfectioneren en om wortel te schieten in een volmaakte woning heeft een historische aanleiding. Er waren in de negentiende eeuw maar weinig Russen die zich een eigen droomhuis konden veroorloven. De lijfeigen boeren leefden in hutjes met een rookgat in plaats van een schoorsteen en met ramen die bespannen waren met een stierenblaas. De grond waarop hun erbarmelijke hutten stonden, behoorde toe aan de grootgrondbezitter en leenheer.

De stadsbewoners — kooplieden, arbeiders en intellectuelen — hadden vaak niet genoeg geld voor de aanschaf van onroerend goed. Zelfs edellieden, niet eens alleen de allerarmste onder hen, vonden het vaak voordeliger om een woning te huren.

De Oktoberrevolutie ontnam ieder zijn eigendom als zodanig. Bovendien was er in de Sovjettijd, zoals ik al schreef in het hoofdstuk over de datsja, een groot tekort aan bouwmaterialen. Ik weet nog dat een vriendin me in de jaren tachtig van de vorige eeuw uitnodigde om hun nieuw verbouwde appartement te komen bewonderen. Toen ik de kinderkamer binnenging viel ik bijna flauw: het behang was donkergroen, met her en der een tekening van een witte waterlelie met een rood hart.

"Mijn hemel, het is hier net een moeras!"

"We mogen blij zijn dat we überhaupt behang hebben kunnen krijgen", antwoordde mijn vriendin, die zo trots was op het nieuwe interieur...

Het ruime aanbod doe-het-zelfmateriaal van tegenwoordig

is geheel in staat om ons verlangen naar iets eigens te stillen, iets met een stempel van individualiteit.

Het is interessant dat de geëmigreerde schrijver Vladimir Nabokov, een telg van een van de rijkste families in Rusland, tijdens de revolutie totaal geruïneerd werd door de bolsjewieken en na deze tragische gebeurtenis voor altijd het verlangen verloor om zijn eigen plekje in te richten. Toen hij weer geld had, huurde hij een kamer in een hotel in Zwitserland aan de oever van het meer van Genève, en daar sleet hij ook zijn laatste dagen.

Maar toch is zo'n psychologische reactie eerder uitzonderlijk dan algemeen.

(In de VS, waar Nabokov een groot deel van zijn leven heeft gewoond, is de relatie tussen de mens en zijn bezittingen van tijdelijke aard, hoezeer dit volk ook streeft naar materiële welvaart. Kleding wordt vaak vervangen, auto's niet minder vaak. Als een van de leden van het gezin een baan vindt in een andere stad, wordt er een zogenaamde 'garage sale' gehouden, waar voor een habbekrats overtollige spullen van de hand worden gedaan: van kleding en tapijten tot serviesgoed en speelgoed. En niemand die je sentimenteel hoort doen of hoort jammeren over het 'uiteengevallen gezin'. In de nieuwe woonplaats wordt een nieuw huis gekocht en begint het vergaren van nieuwe spullen.)

Ieder van ons schept, al naar gelang zijn mogelijkheden, zijn eigen droomwoning.

Hoe ziet het Russische droomhuis eruit? Dit hangt ervan af tot welke sociale laag van de bevolking de eigenaar behoort.

Kate Fox schrijft in *Watching the English. Hidden rules of English Behaviour*: in Groot-Brittannië zijn het doorgaans de leden van de arbeidersklasse die hun huis tot in de puntjes opknappen. Rasechte aristocraten laten zich echter voorstaan op gerafelde tapijten, gebarsten stucwerk en wormstekige antieke buffetkasten.

Degenen in Rusland die niet hoeven te beknibbelen op een verbouwing, voeren deze uit volgens het principe 'we rommelen maar wat aan'. Door de sociale catastrofen heeft niemand door de eeuwen heen zijn 'familiestukken' uit de Victoriaanse tijd kunnen koesteren en conserveren, en daarom richt iedereen zijn woning in naar eigen smaak en draagkracht. Echt ontwikkelde mensen (van wie er helaas weinigen ook geld hebben), voelen zich aangetrokken door een stijl die je 'academische knusheid' zou kunnen noemen: houten kasten met boeken, parket op de vloer, aan de muur schilderijen die eerder mooi dan duur zijn. Het hele interieur is sober en knus, uitgevoerd in bruine en beige tinten.

Overigens kun je het culturele niveau en de opleiding van de gezinsleden al inschatten zodra je de drempel over bent.

Ik had het al eerder over de paleizen in Moorse stijl met standbeelden van Egyptische goden in de ene kamer en vergulde engeltjes in de andere.

De gemiddelde Russische patser valt op door zijn inventiviteit op het gebied van interieurinrichting. Nu eens is het iets kosmisch in high-tech stijl, dan weer iets dat doet denken aan het interieur van de Hermitage, weer een ander heeft een boudoir à la Madame de Pompadour. Als ik in dit soort huizen kom, slaak ik een innerlijke zucht van medelijden: hoeveel armoede moet je als kind geleden hebben, hoeveel moet je gefantaseerd hebben over rijkdom, hoe jaloers moet je zijn geweest op de rijken om van je eigen huis zo iets te maken.

Onder bemiddelde Russen is het gebruikelijk om een designer in de hand te nemen. Volgens mij gaat het niet zozeer om de ervaring en kennis van de professionele interieurkunstenaars, als wel om de imponerende verhalen die je kunt vertellen.

Bijvoorbeeld dat je je interieur door een designer laat doen die gewerkt heeft voor Alekperov (Prochorov, Deripaski) himself. Of dat je nu al de derde designer op rij hebt ontslagen: tegenwoordig heeft niemand meer smaak. Je zult het designproject dan maar zelf moeten uitvoeren.

Tot slot van dit hoofdstuk wil ik een woonstijl bespreken die populair is bij vermogende landgenoten met een patriottische instelling.

Veel Russische patriotten zien ons land in vroeger tijden als een oord van evangelisch christendom (patriottisme krijgt een eigen hoofdstuk). Deze denkbeelden, die geput worden uit heldensagen of uit Russische volkssprookjes of uit hun eigen fantasieën, staan model voor de inrichting van het buitenhuis.

Het huis wordt opgetrokken uit gigantische boomstammen en doet denken aan de paleizen uit de illustraties van Russische volkssprookjes. Er wonen alleen bepaald geen mythologische personages als Muisje-huisje, Kikkertje-kwaak en Haasje-huppel, en ook geen schone jonkvrouwen met sarafanen en kokosjniki, of koene jongelingen met zijden boerenhemden en marokijnleren laarzen, maar heel gewone mensen, met een spijkerbroek bijvoorbeeld. Rusland is nog niet zo ver dat het kan concurreren met buitenlandse producenten van jeeps, en om de een of andere reden staat het niet bepaald modern als je met een vurig driespan de oprijlaan oprijdt, en daarom staat er bij zo'n huis een mooie jeep van een sjiek buitenlands merk. De bewoner van het huis stapt uit de auto en loopt het met houtsnijwerk versierde bordes op. En komt in een heel interessante wereld terecht.

Robuust eikenhouten meubilair, een Russische kachel, tafels met gebleekte linnen tafelkleden, een hele santenkraam aan versierde traditionele wijnbekers, schaaltjes en lepels: alles zegt je dat je je in het huis van een Rus bevindt. En dat kun je niet verwarren met het huis van een Duitser, Chinees of Papoea.

De boomstammuren hangen vol met foto's van gezinsleden in houten lijstjes, en met iconen met kostbaar beslag.

In deze wereld aanbeland maken de bewoners zich los van de wereldse drukte en dromen zich weg naar de lang vervlogen tijd van het Igorlied. Als ze dat natuurlijk gelezen hebben. Wat ik betwijfel.

GELD

Ik heb me wel eens afgevraagd welk personage uit de klassieke Russische literatuur nou serieus in armoede leefde. De personages uit *Oorlog en vrede*? Nee. Die van *Anna Karenina*? Geenszins. Die van *Vaders en zonen*? Verre van dat. De helden uit de boeken van Tsjechov? Tsjechovs intellectuelen leefden natuurlijk bescheidener, maar je kunt niet van ze zeggen dat ze geplaagd werden door armoe en zorgen om hun dagelijkse boterham.

Tegen de twintigste eeuw verschenen er in de Russische literatuur wel personages die afkomstig waren uit de behoeftige lagen van de maatschappij. Maar de helden in de klassieke negentiende-eeuwse literatuur worstelden met vragen over de onderlinge verhoudingen in de maatschappij, het privé-leven en de omgang met de medemens. Ja, de arme student Raskolnikov, de held in *Misdaad en straf* van Dostojevski, leed armoede. Maar hij vermoordde de woekeraarster niet zozeer om haar te beroven als wel uit tamelijk wazige ideële overtuigingen. Eigenlijk bestaat het grondmotief van de roman uit de analyse van zijn motieven voor het bloederige misdrijf en van zijn geestesgesteldheid in relatie tot de daad.

Het doel van de bolsjewieken was de inwoners van het land in materieel opzicht relatief draagkrachtig te maken. Maar aangezien de socialistisch-realistische Sovjetliteratuur niet de werkelijkheid beschreef maar het leven zoals het moest zijn, belandden ook de materiële problemen op de achtergrond. De personages uit het werk van de integere Sovjetschrijver Joeri Trifonov lijden zelfs verschrikkelijk en worden vreselijk gekweld. Maar geenszins vanwege materiële ontberingen.

Ons werd van kinds af aan geleerd dat ons land bijzonder hoge geestelijke waarden kende, en dat een dichter in Rusland meer is dan een dichter. Wij dachten dat de literatuur in het Westen maar een klein plekje in het leven van de mensen innam, omdat ze in dat 'vervloekte Westen' uitsluitend door materiële zaken in beslag werden genomen.

Met de dood van de Sovjet-Unie stierven ook de propagandistisch hoge oplagen van literaire werken. De naam alleen al van Lenins artikel 'Partijorganisatie en partijliteratuur' klinkt als een mop.

De literatuur heeft sindsdien precies die plek ingenomen die ze ook in de ontwikkelde westerse landen heeft. Veel zaken hebben voor ons nog altijd een andere betekenis dan in het Westen. Maar de rol van de literatuur is zowel daar als hier even groot: veel uitgeverijen, kleine oplagen...

Naast literatuur is er nog een onderwerp dat voor ons helaas dezelfde rol is gaan spelen als voor de Westerse kapitalisten.

Dat is geld.

Toen ik in 1992 voor het eerst naar de VS ging, verbaasde ik me erover dat het bijvoeglijk naamwoord 'rijk' zo vaak viel in de gesprekken van de mensen met wie ik daar omging.

"Oh, die zijn zo rijk..."

"En een dochter van hem is getrouwd met een rijke..."

"Hij heeft een winstgevende business, hij is rijk geworden..."

In gedachten vroeg ik me af: waarom hebben ze het toch de hele tijd over geld, geld en nog eens geld?

Een voormalige landgenoot zei toen tegen me:

"In deze samenleving is geld heer en meester. Als je het hebt, ligt de wereld voor je open; maar zo niet, dan hoor je er niet meer bij."

Ik schreef al eerder in dit boek over het tolstojaanse principe van soberheid dat ons nu verouderd lijkt. Maar in 1992 maakte Rusland heel andere tijden door en ik kon niet begrijpen waarom ze in het welvarende Amerika zo achter het gouden kalf aan moesten jagen. Waarom hebben ze zulke grote huizen als er in elk huis gemiddeld vier mensen wonen? Waarom eten ze zoveel? Waarvoor hebben ze zoveel kleren nodig? Waarom verruilen ze om de haverklap een goede auto voor een nog betere? In Rusland droomden we niet eens van zulke wagens!

Ik begreep toen niet dat een huis niet zomaar een huis is maar een woning in een goede buurt, en dat een auto niet zomaar een vervoermiddel is maar een graadmeter van succes en welvaart en dus van betrouwbaarheid en gehoorzaamheid aan de wet.

Inmiddels begrijp ik het. En hoe. Nu praat en denk ik veel over geld, evenals iedereen in dit land. Geldnood knaagt aan me. Als ik weinig geld heb, voel ik me naargeestig en machteloos.

Wat is vandaag de dag de rol van het geld? En wat betekent het hier als je rijk bent?

Deze vraag is al voor een groot deel beantwoord in het hoofdstuk over de Nieuwe Russen. Het openlijk demonstreren van welstand is voor ons een teken van schaamteloosheid en oneerlijkheid. Alsof de bezitter van al die rijkdom wil zeggen: de wetten zijn niet voor mij geschreven.

Een min of meer rechtvaardige verhouding tussen opleiding en salaris kom je hooguit tegen bij computerprogrammeurs. Maar zij zijn verhoudingsgewijs met weinig.

Toch heeft het woord 'rijk' zich net zo stevig in ons vocabulaire genesteld als in de negentiende eeuw. 'Rijk' is voor de moderne Rus nu meer dan alleen het epitheton van Pope Prul.

De houding tegenover rijkdom is dubbel. Aan de ene kant willen we geld, aan de andere kant willen we niet zijn zoals *zij*. Niet zelden hebben we last van jaloezie. Maar de rijken lachen:

"Jullie zeggen dat wij niet eerlijk zijn. En als jullie net zo gemakkelijk centen bij elkaar konden harken? Wie zou dat weigeren? De pot verwijt de ketel..."

In Rusland is geld niet zozeer een symbool van succes en opleiding, als wel van macht en kansen, die je in principe niet hoort te kunnen kopen met geld. Zoals ik al schreef is geld niet alleen een equivalent van rijkdom, maar ook van een oppermachtigheid die past bij de magische krachten van Russische sprookjeshelden. Je weet wel, in de trant van: hij stampte met zijn voet, en over de rivier werd een glazen brug geslagen. Hij stampte nog een keer en er verrees een paleis van goud en zilver.

Geld is treurig genoeg nu ook bij ons heer en meester.

Interessant is dat geld in de Sovjettijd, het tijdperk van totale schaarste, een heel andere rol speelde. Huizen, kleding ja zelfs eten kochten we niet, we spraken van 'bemachtigen'. Het leven deed meer denken aan een bestaanseconomie. Onroerend goed kon je bijvoorbeeld niet privatiseren en dus ook niet kopen of verkopen. Appartementen en huizen werden geruild. Op het instituut waar ik studeerde, hing op de begane grond een groot mededelingenbord: 'Ruilen: laarzen maat 38 voor dezelfde in maat 36', enzovoort.

Mijn zoon, die het boek *De republiek SjKID* van Belych en Pantelejev aan het lezen was, vroeg laatst:

"Mama, wat betekent 'speculatie'?"

"Speculatie, dat is wanneer je iets voor weinig geld koopt en voor veel geld verkoopt," antwoordde ik.

"Dus dat is gewoon handel," zei hij verbaasd.

Ach, hij heeft niet in de zegenrijke Sovjettijd geleefd, toen het probleem niet lag in het verdienen, maar in het bemachtigen. Het kwam geregeld voor dat iemand die veel geld in handen had dat hij met eerlijk werk (bijvoorbeeld in de noordelijke mijnen waar betere voorwaarden golden) verdiend had, niet wist hoe hij het moest besteden. Tegen gepeperde, fabelachtig hoge prijzen, via zwarthandelaren en speculanten kwamen we aan kleding en huishoudelijke apparaten.

Vandaag de dag verlangen velen terug naar het Sovjettijdperk, toen je na een etmaal in de rij gestaan te hebben, met vechtpartijen en ruzies, een spijkerboek in de verkeerde maat in de wacht kon slepen. Om die illegaal voor grof geld te verkopen of te ruilen tegen een exemplaar in de juiste maat. Dat gaf sommige van mijn medeburgers een gevoel van eigenwaarde. Het belangrijkste was dat de weg recht en overzichtelijk was, al was hij ook niet gemakkelijk. Maar wij waren ook niet geschapen voor de makkelijkste weg, zoals een Sovjetliedje ons leerde.

De huidige overvloed aan spullen enerzijds en het gebrek aan geld om ze te kopen anderzijds, brengt menigeen in een nostalgische en depressieve toestand. Toch denk ik: laat het dan maar liever zoals het nu is. Ik denk terug aan de tijden van totale schaarste als aan een boze droom.

* * *

Hoewel geld tegenwoordig stevig en prominent geworteld is in ons waardensysteem, zijn we niet geneigd dat openlijk toe te geven.

Een Amerikaan zal het leuk vinden als iemand tegen hem zegt:

"Joe, *you look like a million dollars*!"

Hij zal glimlachen en bedanken voor het compliment. Want als je erover nadenkt is het eigenlijk wel zo: in de VS gaat geld altijd samen met een goed uiterlijk. En het is wel duidelijk waar iemand op lijkt die eruit ziet als *fifty cents*.

Als je hier tegen iemand zegt: 'Vasja, je ziet eruit als miljoen roebel (of dollar, M.K.)', mag je blij zijn als hij glimlacht en je geforceerd bedankt. In het Russische waardensysteem zijn gezondheid, geluk en zelfs een presentabel voorkomen niet in geld uit te drukken. Deze instelling krijgen we met de paplepel ingegoten.

Een eerzame Amerikaanse boer kan tegen een andere onkreukbare Amerikaan, een arts bijvoorbeeld, zeggen dat hij eruit ziet als een grote som geld. Dat is heel normaal.

Maar als je hier iemand een dergelijk compliment geeft, al ben je een aartscorrupte geldwolf en richt je je tot een andere godvergeten schurk en zakkenvuller, zal dat opgevat worden als ongepast.

In het systeem van ethische waarden dat ons ingeprent is door de humanistische Russische literatuur, komt geld niet voor, het is immers een uitvinding van de duivel. Daarom wil zelfs iemand die alleen maar oog heeft voor bankbiljetten er nog niet uitzien als miljoen dollar. Deze houding kiest hij niet bewust, maar wordt hem door zijn onderbewuste ingegeven.

Beleggingen

Komt een vrouw bij de gynaecoloog en vraagt:
"Dokter, waar kan ik het best de opbrengst van mijn
vouchers in steken?"

Mop uit de tijd van de voucherprivatisering.

Waar steken wij tegenwoordig ons spaargeld in?

Ik maak weer even een uitstapje naar het Sovjettijdperk. De aanwezigheid van geld in combinatie met het ontbreken van de mogelijkheid het ergens veilig onder te brengen, is het eeuwige probleem van zowel de Sovjetburger als de huidige Rus.

In de Sovjet-Unie werd geld op drie manieren bewaard: bij de spaarbank, in een sok en in de vorm van sieraden.

Ik zeg het maar meteen: het beste af waren degenen die hun spaargeld belegden in edelmetalen. Het Sovjetgeld met de afbeelding van Lenin was niets meer waard na de val van de Sovjet-Unie. Maar de enorme, slecht passende verlovingsring en de monstrueuze oorbellen met robijnen die niemand ooit zal dragen, zelfs gouden munten uit de tijd van Nicolaas, hebben nog altijd een bepaalde waarde.

Tegenwoordig staan onze kapitaalkrachtige medeburgers voor diezelfde vervloekte vraag: waarin beleggen we ons geld?

De rijkste en snuggerste mensen sluizen hun geld door naar het buitenland. Regelmatig blijkt er weer een van onze 'beschermers van het algemeen welzijn' een villa of penthouse in een of ander sympathiek land te hebben en rekeningen op al even sympathieke banken.

Mensen met een minder vooruitziende blik en een meer patriottische houding zijn van mening dat onroerend goed binnen de grenzen van Rusland een veel gunstiger beleggingsobject is. In dit boek is al veel geschreven over hoe een prijzig huis in

Rusland eruit ziet. Ik zal hier alleen nog aan toevoegen dat ook een appartement in een prefab jarenzeventigflat in Moskou of Sint-Petersburg een min of meer betrouwbare belegging lijkt te zijn.

We hebben weinig geleerd van het leven. Daarom brengen we nog altijd ons geld naar de spaarbank en soms ook naar banken die na de instorting van het Sovjetimperium zijn opgericht. En dat terwijl een heleboel banken de laatste twintig jaar financiële piramides bleken te zijn, en een heleboel spaarders tijdens verschillende crisissen geruïneerd werden.

Verstandige landgenoten zetten hun kapitaal om in harde valuta en bewaren die in een sok. Daardoor zijn de nationale sokken natuurlijk dikker geworden en enigszins van uiterlijk veranderd. Op weg naar mijn werk kom ik langs een winkel waar je brandkasten kunt kopen. Tjonge, wat ziet dat er leuk uit! Ik botste een keer bijna tegen de auto die voor mij reed, omdat ik zo naar die etalage aan het staren was. Er stonden van die kleine brandkastjes, dat leek nergens naar. Je legt er een paar stapeltjes coupures in en klaar. Meer krijg je er niet in, hoe je ook propt of duwt. Maar je kunt ze wel gemakkelijk in de muur monteren. Er zijn ook grotere safes: daar passen een stuk of wat stapeltjes coupures in, plus een doosje met sieraden en misschien zelfs de zilveren kandelaar die nog van je adellijke overgrootmoeder uit Astrachan is geweest.

In de grote brandkasten kun je veel kwijt. Het enige wat er niet in past is ons mooiste bezit, waar ik het al eerder over had: de nertsmantel, een van de belangrijkste beleggingsmiddelen. Ook in bontartikelen willen we best beleggen.

Een opleiding is in Rusland geen garantie voor een financieel onbezorgde toekomst, daarom wordt een studie, van jezelf of die van de kinderen, niet als een interessante vorm van beleggen gezien.

* * *

In het buitenland heb je de zogeheten renteniers. Meestal zijn dat mensen die hun kapitaal voordelig op de bank zetten en leven van de procenten die ze op gezette tijden opstrijken. Het is moeilijk om hier, afgezien van je eigen sok, een bank te vinden waar je voordelig, maar belangrijker nog, met garantie, je kapitaal kunt deponeren. Daarom is een rentenier in Rusland niet precies hetzelfde als in het Westen.

Een kennis van me, die in zijn eentje de jongere generatie vormt van wat ooit een enorme familie was, doet niets anders dan bejaarde familieleden begraven, van wie hij vervolgens de woningen erft.

En niet zomaar ergens, maar in de betere wijken van Moskou, een van de duurste steden van de wereld. Zelf bewoont hij één appartement en de rest verhuurt hij. Daarvan leeft hij dus en niet slecht ook. Dit soort 'renteniers' komen in Rusland waarschijnlijk het meest voor.

Buitenlanders kijken soms met afgrijzen naar de manier waarop mijn landgenoten met geld smijten. Ze vragen ons:

"Noteren jullie je uitgaven niet?"

Nee, geachte buitenlanders, wij 'registeren' onze uitgaven vaak niet. En dat houdt niet alleen verband met de neiging tot lichtzinnigheid en het demonstreren van rijkdom. De nationale geldverspilling heeft nog een oorzaak: we hebben in Rusland geen idee hoe we ons spaargeld op een veilige manier kunnen bewaren. Dus waarom zouden we überhaupt sparen?

VOOR JE RECHTEN OPKOMEN IN RUSLAND, EN OOK VOOR VERANDERINGEN TEN GOEDE

Italiaanse en Franse vrouwen gingen de straat op om hun ongenoegen over de corrupte en liederlijke Italiaanse minister-president Silvio Berlusconi te uiten. Om de een of andere reden liep hier niemand met spandoeken 'OPROTTEN' toen bij ons een seksschandaal losbarstte met als hoofdrolspeler een man 'die leek op procureur-generaal Skoeratov', die in het zicht van een camera seks had met twee meisjes van lichte zeden. Ook sprak geen burger in het openbaar de banvloek uit over een andere ontrouwe echtgenoot: oppositielid Viktor Sjenderovitsj, over wie ik schreef in de paragraaf over overspel. (Ja, we zijn er gek op om privé-levens binnen te dringen: we doen niets liever dan een bekend persoon fotograferen tijdens 'onwettige' recreatie.)

Soms wordt er in de satirische (we hebben niet veel satire meer) televisieserie *Nasja Rasja* een personage opgevoerd, Sergej Joerjevitsj Beljakov uit Taganrog, die de gewoonte heeft tegen zijn televisie te praten. Arme, arme televisietoestellen! Wat zij allemaal wel niet moeten aanhoren tijdens hun leven bij een Russisch gezin!

Als er op elk televisietoestel van een Russisch gezin een apparaat stond dat alle misnoegde commentaren van de kijkers registreerde, zou je een boek kunnen uitgeven met de aan Solzjenitsyn ontleende titel *Hoe we Rusland moeten inrichten*. We schreeuwen protestleuzen vanaf de divan, in de keuken van achter ons bordje borsjtsj, en kijken zelfs van ons breiwerk op naar het televisiescherm.

Het woord 'mensenrechtenactivist' wordt in ons bewustzijn meteen in verband gebracht met het woord 'martelaar', ik zou zelfs zeggen 'ideële martelaar'.

Wat doen de mensen hier als ze niet tevreden zijn met de een of andere toestand in het land, maar hun protest niet tegen het tv-scherm willen uiten, zich verslikkend in hun borsjtsj?

Het tijdperk van de repressie en fysieke uitroeiing van andersdenkenden heeft ons geleerd bang te zijn. De Sovjet-schrijver Ilja Ehrenburg sprak zelfs van een bijzonder mensenras, 'de geschrokkenen'. Tot dat ras behoren veel van de ontevreden mensen die voor de buis liggen. De voornaamste angst van degenen die over het algemeen niet te beroerd zouden zijn hun ongenoegen over iets te uiten, klinkt zo: 'Jaja, ga hier maar eens protesteren. Vervolgens pakken ze ons stuk voor stuk op in een donker steegje en probeer ons dan nog maar eens heelhuids terug te vinden'. Mensen die bang zijn voor wetteloze praktijken houden die door hun angst natuurlijk in stand.

Hoe kun je dan bij ons voor je rechten opkomen?

'De methode van de rabbijn'

Een kennis van me, een verkoopmedewerker, heeft voor zichzelf een erg grappig principe geformuleerd op grond waarvan een onderneming gedijt: in het begin moet je de cliënt extreem slechte voorwaarden voorleggen, voorwaarden die een normaal mens domweg bizar voorkomen. Wanneer hij daarmee niet akkoord gaat, moet je ophouden de idioot uit te hangen en proberen tot overleg te komen.

Deze regel wordt door verkopers in dure kledingzaken gehanteerd, die eerst onwaarschijnlijke prijskaartjes aan heel middelmatige zaken hangen. In de uitverkoop noemen ze vervolgens de echte prijzen, precies die prijzen waarvoor ze eigenlijk van plan waren de collectie te verkopen. Maar de grap is nu: een heleboel modefreaks kopen het spul toch voor die onwaarschijnlijke prijzen, want je weet nooit, straks is het vóór de uitverkoop al weg. Kassa!

Ik schreef al dat als iemand in Rusland meteen reageert met een weigering, dit niet per se een categorisch 'nee' hoeft te betekenen.

Overtreders van alle denkbare en ondenkbare wetten peilen altijd eerst de situatie, in de — voor Rusland zo typische — hoop op een gelukstreffer: 'wie weet kom ik ermee weg'.

Die strategie doet me altijd denken aan een oude mop over een arme jood en een rabbijn. De straatarme jood, die met een groot gezin in een krap kamertje woont, vraagt de rabbijn hem te helpen. Die stelt hem gek genoeg voor een kat te nemen en die in dezelfde kamer te laten wonen. Daarna volgen de adviezen een hond, een geit, enzovoort te kopen, die de armoedzaaier telkens opvolgt. Op een gegeven moment roept hij uit: "Rebbe, wanneer doet u eindelijk eens iets aan mijn ellende?" De rabbijn stelt hem voor alle dieren eruit te gooien. De arme man volgt de raad op. En algauw meldt hij zich dankbaar bij de rabbijn: zijn leven lijkt werkelijk lichter geworden. De situatie is natuurlijk totaal niet veranderd vergeleken met de dag dat hij voor het eerst bij de rabbijn over zijn problemen kwam klagen.

Men dreigt ons vaak eerst alles af te nemen, om ons vervolgens terug te geven wat we al hadden. Soms krijgen we iets minder terug. Maar we voelen ons al gelukkig. Een voorbeeld: eerst werd er voorgesteld om op alle scholen het vak 'Grondbeginselen van de Orthodoxie' in te voeren. Daarna bleef het stil: wat ging er gebeuren? Zou het niet doorgaan? Er klonken luide protesten van de talrijke vertegenwoordigers van andere religieuze stromingen. Ook de atheïsten wonden zich op. Ze spraken hun ongenoegen uit over het ongrondwettig initiatief van de regering, evenals veel orthodoxe christenen, want volgens de grondwet zijn kerk en staat gescheiden.

En nu? Tot nu toe zijn er alleen in enkele delen van het land een paar religieuze keuzevakken ingevoerd. Alsof ze het ons daarmee gemakkelijker hebben gemaakt...

Een Russische werkgever zal je bijna altijd eerst een contract met beroerde voorwaarden aanbieden. Als je dan zegt dat je het voorstel niet ziet zitten, zal blijken dat een hoger salaris ook tot de mogelijkheden behoort, en dat bovendien het rooster kan worden aangepast...

Deze dagen gaan er geruchten dat het middelbaar onderwijs binnenkort niet meer gratis zal zijn. De maatschappelijke protesten waren al op gang gekomen. Het lijkt met een sisser af te lopen. De minister-president heeft de ambtenaren van het Ministerie van Onderwijs op het matje geroepen: nu waren ze echt te ver gegaan.

Er viel een pak van het nationale hart. We voelden ons voor de zoveelste keer overwinnaars, terwijl ze ons natuurlijk in feite van een denkbeeldige overwinning hebben laten proeven. Ondertussen hebben de autoriteiten wel mooi de reacties kunnen peilen door voor de bevolking een tijdelijke bron van stress te creëren, die uiteindelijk werd omgezet in de 'triomf van gerechtigheid'.

Overigens blijken de kwade motieven van degenen die onze rechten schenden soms lachwekkend slecht gefundeerd te zijn. Doordat wij zelden overgaan tot serieuze protesten, staan onze leidinggevenden op hun neus te kijken wanneer blijkt dat wij, die immer gedweeë, voorbeeldige lammetjes die immer bereid zijn 'uit idealisme' onbetaalde arbeid te verrichten, wel degelijk onze rechten kennen.

Een gelukkig inmiddels voormalige bazin van me had om een of andere reden een hekel aan me. Ze besloot me weg te pesten door mijn loon sterk te verlagen. Hoe groot was haar verbazing toen ik haar een 'nieuwtje' meedeelde: volgens het Wetboek Arbeidsrecht mag je het arbeidsloon met nog geen roebel verlagen zonder de instemming van de betreffende werknemer! Mijn salaris bleef op het oude niveau. Ik voelde me een overwinnaar. Ach rebbe, u sloeg de spijker op zijn kop...

Lyrische uitweiding, of hoe ik een kennis probeerde te overreden voor zichzelf op te komen

Een goede kennis van me moest een keer bij haar bazin komen, die haar op bruuske wijze verzocht vrijwillig ontslag te nemen. De bazin deed niet eens moeite te verhullen dat de ze de baan van mijn kennis wilde geven aan iemand uit haar persoonlijke kennissenkring.

Het was duidelijk dat ze dit voorstel moest weigeren. Als je baas je voorstelt zo snel mogelijk uit eigen beweging ontslag te nemen, is de kans groot dat hij geen wettige methoden heeft om je weg te krijgen.

Mijn kennis schreef gelaten een ontslagbrief, die haar bazin gretig ondertekende.

Ik vroeg verontwaardigd:

"Waarom heb je haar dat plezier gedaan?"

"Ja nou, als je met zulke lui de strijd aangaat win je toch nooit, je raakt er alleen maar overspannen van."

"Maar je begrijpt toch wel dat ze de wet overtreedt!"

"Jawel. Maar jij moet ook begrijpen dat zelfs als ik een rechtszaak win, ze me dan evengoed wegpest."

"Dat snap ik. Maar dat weet je niet zeker. En snap *jij* ook dat je met je onderdanigheid haar de vrije hand geeft? Ze trekt zich niks aan van de regels. Na zo'n 'overwinning' voelt ze zich helemaal God, alsof ze vrij beschikt over mensenlevens."

"Probeer me nou maar niet over te halen. Ik heb er goed aan gedaan. Dat papiertje kan de kolere krijgen. Mijn zenuwen zijn me dierbaarder."

De laatste woorden zijn heel typerend voor hoe velen hier redeneren. Mijn zenuwen zijn me dierbaarder.

De strijd om onze rechten kost zenuwen, energie en soms geld. Daar zijn de wetsovertreders donders goed van op de hoogte en ze blijken dan ook uiterst verbaasd wanneer ze zien dat iemand probeert te vechten voor iets wat hem wettelijk toekomt. Ze geloven niet in ons kunnen. Daar klampen ze zich dan ook aan vast.

Nee, we zijn feministen, geen lesbiennes

Een kennis van me nam deel aan een westerse feministische conferentie. Geëmotioneerd deelde ze haar indrukken met mij:

"Allemachtig, wat zijn ze daar verschrikkelijk! Die vormeloze 'gemakkelijke' broeken, en geen likje make-up om hun gezicht op te fleuren! Vreselijk! Wat een verzameling onaantrekkelijke manwijven."

Zowel mijn gesprekspartner als ik begrepen heel goed waarom buitenlandse feministes zich vaak niet bekommeren om hun uiterlijk: schoonheid is iets wat mannen willen zien. Zij zijn al goed genoeg omdat ze mannelijke geslachtsorganen hebben. Terwijl wij afvallen, ons optutten en naar de kapper gaan, allemaal voor hen.

Onze hoge hakken lopen onhandig, die dunne kousen zijn veel te koud en onder onze rokjes waait de wind. 'Jullie zijn gek!' zeggen de buitenlandse voorvechtsters voor de rechten van de vrouw.

Als de een of andere antropoloog van een andere planeet de Russische voorvechtsters voor hun eigen rechten zou beschrijven, zou dat er ongeveer zo uitzien: 'De Russische feministe onderscheidt zich qua uiterlijk van de gewone Russische vrouwen. Ze is vaak koket, gebruikt make-up en ziet er verzorgd uit; ze laat zien dat ze tot het schone geslacht behoort.'

Jazeker, dit soort vrouwen zijn in onze contreien zo op het oog niet altijd gemakkelijk te identificeren. De Russische feministe blijft zich verzorgen, ook als ze strijdt voor de vrouwenrechten. De kans is klein dat ze zegt:

"Ik ga me vandaag niet opmaken, ik trek iets gemakkelijks aan, een lekkere spijkerbroek met een slobbertrui. En waag het niet te zeggen dat mijn haar beter zou zitten als ik het opstak en een coupe-soleil nam!"

Buitenlandse feministes worden woedend als ze 'het schone geslacht' worden genoemd. Ze willen niet 'schoon' zijn en tegemoetkomen aan de verlangens van die arrogante, weerzinwekkende, harige personen die alle macht in handen hebben plus het grootste deel van de rijkdommen in de wereld. De mannen dus.

Het Russische feminisme is in elk geval minder radicaal en redelijker dan het Westerse. Dat idee heb ik tenminste.

Kortgeleden vond er in de VS een geruchtmakend gerechte-lijk onderzoek plaats, dat tot vrijspraak leidde van de beklaagde. De vrouw in kwestie had het lid van haar echtgenoot afgesneden, die zich bruut aan haar had opgedrongen. Wij vinden zoiets straal belachelijk. Zelfs de meest radicale Russische feministes zullen zeggen: laat je van hem scheiden als hij je niet bevalt. Dien een aanklacht over hem in bij de politie. Maar waarom zoiets?!

Dat laat onverlet dat de Russische samenleving in de kern patriarchaal en mangericht is, en voornamelijk afkeurend tegen-over feministes staat.

Als je feministe bent en je hebt plannen om in Rusland een relatie aan te gaan, dan raad ik je aan je overtuigingen niet met-een met je uitverkorene te bespreken.

Heel treffend verwoordde een kennis van mij (een Sint-Petersburgse met een prima opleiding) haar houding tegenover het feminisme. Toen ik zei dat ik veel vrouwen onder mijn ken-nissen telde die zich als feministe beschouwen, reageerde ze meteen:

"En hoeveel daarvan zijn lesbisch?"

Eerlijk gezegd weet ik niet hoeveel van hen lesbisch zijn, omdat ik me niet bezighoud met de seksuele geaardheid van mensen met wie ik geen intieme relatie heb. Dus zei ik eerlijk:

"Ik zou het niet weten, ik in ieder geval niet."

Mijn kennis was duidelijk niet tevreden met dit antwoord, omdat ze een bevestiging wilde horen van haar standpunt, dat in Rusland algemeen wordt aangehangen: feministen zijn wanstal-tige (vaak dikke en krombenige) vrouwen zonder relatie en met een minderwaardigheidscomplex, die de hoop hebben verloren een man te vinden en daarom:

1. feministe zijn geworden;
2. lesbienne zijn geworden.

Zowel het eerste als het tweede is zo'n beetje verplicht als je deel wilt nemen aan de feministische beweging (en dat wordt gecontroleerd!).

Maar dat is nog niet het engst aan die vrouwen. Het doel van de feministes is het vormen van een wereldwijde amazonemaatschappij, waarin ze zich ongeslachtelijk voortplanten en van alle mannen het lid afsnijden.

Het woord 'feministe' is in Rusland een scheldwoord. Vooral uit de mond van een man. De getalenteerde journalist en schrijver Aleksandr Nikonov heeft bijvoorbeeld een heel provocerend boek geschreven met de titel *Het einde van het feminisme, of waarin de vrouw zich onderscheidt van de mens*. Hij schetst daarin een onomwonden het portret van een wanstaltig manwijf, dat, in plaats van thuis te zitten in het gezelschap van potten en pannen, knokt voor irreële rechten die haar 'reglementair' niet toekomen.

Niettemin, als je het over effectieve maatschappelijke mensenrechtenorganisaties hebt, kun je niet om de vrouwenorganisaties heen, die in staat zijn als één blok op te komen voor de rechten van één individuele vrouw of van vrouwen in het algemeen. Bijvoorbeeld in het geval van zwangerschaps- of moederschapsuitkeringen.

In de strijd om rechtvaardigheid verenigen mannen zich nooit op grond van geslacht.

Waarom er zo weinig effectieve maatschappelijke organisaties zijn

In heel Finland wonen evenveel mensen als in Sint-Petersburg. Toch is het aantal maatschappelijke organisaties bij ons een fractie van dat in ons buurland, dat vroeger een deel van het Russische imperium was.

Finnen verenigen zich op grond van een voorliefde voor patchwork, de Saamicultuur, of, daar heb je ze weer, gelijke rechten voor vrouwen.

Het is moeilijk ons in wat voor maatschappelijke organisatie dan ook te krijgen. Waarom? De kern van het probleem ligt in het woord 'maatschappelijk'. Hier steekt het trauma dat we in de Sovjettijd opgelopen hebben weer de kop op. Vroeger hielden 'maatschappelijke' figuren zitting in vakbondscomités die in bedrijven van bovenaf georganiseerd werden. Ze deden niets anders dan verklikken en zich bemoeien met de privé-levens van de medewerkers. Het woord 'maatschappelijk' heeft sindsdien een negatieve bijsmaak.

Het is interessant dat vrouwen sneller instemmen met liefdewerk in het belang van het land of van de een of andere bevolkingsgroep. Een man die zich nuttig maakt voor de maatschappij wekt algauw de indruk dat hij een lichtzinnig mens is die zich bezighoudt met flauwekul in plaats van de financiële situatie van zijn gezin.

Voorzichtigheid en een gebrek aan vertrouwen in eigen kracht hebben ertoe geleid dat er hier relatief weinig mensen in maatschappelijke bewegingen betrokken zijn.

Ik ken een zakenman die van mening is in dat Rusland op dit moment een toptijd beleeft, omdat:

1. er geen repressie is zoals in de Stalinistische tijd;
2. je manieren kunt vinden om jezelf en je carrière te ontwikkelen.

Het woord 'manieren' behoeft nadere toelichting. In zijn beleving betekent 'manieren' hier methoden om de wet en allerlei andere 'spelregels' te omzeilen. Hoofdzaak is dat je tegenwoordig zelden voor economische delicten wordt aangehouden.

Mannen zoeken naar manieren, en vrouwen proberen op te komen voor de burgerrechten. Als iemand me het omgekeerde kan aantonen, hoor ik dat graag.

Als voorbeeld kan ik de 'Soldatenmoeders' aandragen, een bijzonder effectief netwerk van maatschappelijke organisaties, waarvan de leden, vrouwen, vechten voor de rechten van dienstplichtige mannen, die met de voeten getreden worden door medesoldaten, officieren en oudgedienden. Ik was een keer op een bijeenkomst van die organisatie. Van de dertig, veertig toehoorders was er één man! Je krijgt de indruk dat alleen de moeders zich ongerust maken over de veiligheid van hun zonen in het leger.

Revolutie of satire?

De bekende kunstrijder Aleksej Jagoedin beweerde een keer in een televisie-interview: in Rusland moet je heel slim zijn. Slim en sluw. Het systeem laat zich moeilijk beschrijven en in regels vatten. Maar het wordt vormgegeven door de slimmeriken en sluweriken ten voordele van zichzelf, waarmee ze anderen ertoe dwingen ook slim en sluw te zijn om de 'manieren' te zoeken waarover ik in de voorgaande paragraaf schreef.

Het leven dwingt ons vroeg volwassen te worden. Toen ik met een dertigjarig Amerikaans familielid praatte, stond ik versteld van zijn infantiliteit. Mijn hemel, een man van dertig die naar zichzelf op zoek is door maar wat lukraak uit te proberen... Ik had op die leeftijd al een kind van vijf, een tweede man en een stuk of vijf banen achter de rug! Ik vertelde hem eerlijk hoe ik erover dacht. Hij antwoordde:

"Het valt hier nog mee, in Frankrijk worden de jongeren nog later volwassen. Die beginnen pas op hun vijfendertigste na te denken over wat ze eigenlijk met hun leven willen."

Hier zal het nooit zo ver komen: wie niet op tijd is, is te laat, zeggen we.

Het leven maakt ons niet alleen slim en sluw, maar ook ironisch. Er is buiten Rusland waarschijnlijk geen land waar een vreemd beroep als satireschrijver zo welig tiert.

In het buitenland is meer humor dan satire. Je kunt de overheid daar tamelijk direct bekritiseren; je hoeft daarvoor geen slimme en sluwe slang te worden.

In de Sovjettijd gooiden de scherpzinnigste onder de satirici er gewaagde grappen uit. Velen begrepen niet hoe het kon dat ze nog in vrijheid rondwandelden. Maar op die manier haalde de Sovjetmacht wat druk van de ketel. De aanhangers van het bolsjewisme wensten geen nieuwe revolutie, en stonden toe de opgelopen spanning op die manier een beetje te verminderen. Dat heette 'afzonderlijke onvolkomenheden aan kritiek onderwerpen'.

Tegenwoordig is het slecht gesteld met de satiricus. De satire neemt niet meer de plaats in van een revolutie. De humor die van het tv-scherm afkomt is meestal van het type onderbroekenlol, of erop gericht het publiek voor de zoveelste keer te laten hinniken om een pechvogel die over een bananenschil uitglijdt

Kritiek leveren op Rusland is vandaag de dag 'onpatriottisch'. Patriottisme, iedereen heeft het er tegenwoordig over. Maar wat is het eigenlijk?

PATRIOTTISME
OP Z'N RUSSISCH

Lev Tolstoj heeft gezegd dat patriottisme de laatste toevlucht is voor gespuis. Wat bedoelde hij met die scherpe woorden? Wat is er eigenlijk zo erg aan liefde voor het vaderland?

Mijn geschiedenislerares vroeg de klas met een streng gezicht:

"Wat is het verschil tussen patriottisme en Sovjetpatriottisme?"

Daar wisten zelfs de zwakste leerlingen het antwoord op:

"Patriottisme is liefde voor het vaderland, Sovjetpatriottisme is liefde voor het Sovjetvaderland."

En het Russische patriottisme? Het geheim van het Russische patriottisme is dat iedere Russische patriot van een ander vaderland houdt. En die liefde tonen we op heel verschillende manieren.

De meest amusante vaderlandsliefde wordt aan de dag gelegd door de zogeheten kwas-patriot. Zo iemand brengt, wat hij verder ook in het leven doet, een behoorlijk deel van zijn tijd door in vreemde fantasieën. Dit zijn de mensen die onder de rook van de grote steden bojarenhuizen van boomstammen bouwen.

Kwas-patriotten kijken met een misnoegde frons naar de wereld, zelfs als het door en door corrupte zakenlieden zijn en zelfs als ze omkomen in het geld. Waar zijn de schone maagden in hun sarafanen? Waar de koene jongelingen in hun boeren-hemden? Waar de trojka's met de rinkelbellen? Waar de witte zwaantjes, met als het even kan een gouden kroontje op hun kop? Waar is het zuivere, oorspronkelijke Roes met z'n boeren-eenvoud? Ach, zag Moedertje Rusland er nog maar zo uit, dan hoefden we geen dievenbestaan te leiden!

Bah, er is niets Russisch meer om ons heen. Alles komt ergens anders vandaan. Zulke patriotten zijn bereid om met het schuim op de lippen te beweren dat de relativiteitstheorie van Einstein is uitgedacht door een onbekend Russisch weten-schapsgenie met de naam Ivanov, woonachtig in een godverge-ten gat in een godvergeten provincie. In zijn fantasie ziet hij een miserabel ogende boer met een wijs gezicht, die in zijn kot bij het met stierenblaas bespannen raam en het licht van een wal-mende bieskaars de relativiteitstheorie uitvindt, zo'n vijftig jaar voordat Einstein hem bedacht. In feite waren het deze patriotten die Lev Tolstoj gespuis noemde. Ze hebben nog een heel typisch trekje: ze hebben altijd het idee dat boze, donkere krachten het gemunt hebben op het arme Russische volk. (Onbewust voelen kwas-patriotten zich gauw slachtoffer.) Wie zijn nu die donkere krachten? De keuze is groot: het is alom bekend dat het gemak-kelijker is oorzaken voor je ellende te vinden dan uitwegen.

Een gelukkig leven wordt Russen onmogelijk gemaakt door:

1. Joden, of zionisten. Wie die laatsten zijn weten de kwas-patriotten eigenlijk niet, daarom denken ze dat zionisten een bijzonder erg soort joden zijn;

2. Alle niet-Russen;

3. Bepaalde niet-Russen, meestal zij die meer in het oog lopen. Op 't ogenblik valt deze eer aan de Tadzjieken te beurt;
4. Mensen met een ander geloof;
5. Moslims of wahabieten, dat zijn bijzonder erge moslims;
6. De duivel en al wie daardoor bezeten zijn;
7. Het Westen;
8. Buitenaardse wezens.

De houding van zulke patriotten is voor sommigen aantrekkelijk en vertrouwd, maar ze is helaas weinig constructief en riekt naar oorlog.

De dichter Nekrasov zei dat hij Rusland hatend liefhad. Veel dingen in het land werden verafschuwd door de Russische revolutionairen. Dingen die ze ten goede wilden veranderen. Daartoe werden verschillende manieren geopperd en er werden ook pogingen gedaan bepaalde ideeën te verwezenlijken. Over de gevolgen van de revolutie in 1917 heb ik in dit boek veel geschreven. Wie weet trouwens wat voor land we hadden gehad als die revolutie er niet was geweest.

Een gekwelde liefde zoals Nekrasov die voelde, (al was hij zelf zeer dubbelhartig en voelde hij zich volkomen op zijn gemak in zijn rol van de landheer annex 'meedogenloze slavendrijver' die hij in zijn werken juist veroordeelde) komt veel voor onder mijn landgenoten. Wij stellen onszelf met een bijna masochistisch genoegen de eeuwige, vervloekte vragen: 'wat te doen?' en 'wie is de schuldige?' (Andrej Smirnov, regisseur van de film *Belorusski vokzal,* heeft bijvoorbeeld een keer gezegd dat kinderen zich wel eens voor hun eigen moeder schamen, waarmee hij op Rusland doelde.) Sommigen doen zelfs moeite om op deze vragen geen banaal antwoord te geven als 'de corrupte ambtenaren', 'de overheid', of 'het lot van ons arme volk'. Het is wel paradoxaal dat diezelfde corrupte ambtenaren en nieuwe Russen minstens zo gretig als anderen klagen over het onrechtvaardige Russische leven en het onverdiend zware lot van het volk. Doen ze alsof? De schurkachtige gedeputeerden Pronin en Mamonov uit de populaire tv-show *Nasja Rasja* geven in ieder geval blijk van een onwaarachtige betrokkenheid bij het lot van het volk...

Veel intellectuelen houden van Rusland, maar op een andere manier. Zij zijn moe van de politiek, het onrecht en de corruptie. En ze houden van onze prachtige steden, onze schitterende natuur en onze nobele humanistische cultuur, in tegenstelling tot hun voorgangers: de romantische revolutionairen van het begin van de vorige eeuw, de intellectuelen die in de jaren dertig probeerden in de pas te blijven lopen met de Sovjetoverheid en haar veel vergaven, en de dissidenten van de jaren zestig. De televisie proberen ze niet aan te zetten, dan lijkt het leven gemakkelijker.

Er is nóg een type patriot dat je in Rusland veel tegenkomt: op het eerste gezicht lijkt het een kwas-patriot. Maar van dichterbij bekeken blijkt het een man te zijn die zich verplicht voelt op een bepaalde manier zijn vaderlandsliefde te uiten, terwijl hij in feite een heel redelijke kijk op de werkelijkheid heeft.

Ik kwam een keer met een jongeman in gesprek die ontevreden was met het feit dat de meerderheid van onze landgenoten, hijzelf incluis, een naam van Griekse of Latijnse herkomst draagt.

"Ik heb mijn zoon de Russische naam Svjatoslav gegeven", vertelde hij trots.

Een minuut of vijf later, toen het gesprek inmiddels ging over auto's kopen, verklaarde hij met evenveel aplomb:

"Ik zal me daar gek zijn om een Russische auto te kopen. Die valt in het eerste jaar al uit elkaar. En buitenlandse merken die hier in elkaar gezet worden koop ik ook niet. Ik weet hoe ze hier werken..."

BIJ ONS ZIJN ALLE VOLKEN GELIJK, MAAR SOMMIGE...

De grondwet van de Russische Federatie proclameert gelijkheid van de bevolkingsgroepen. Die oorstrelende woorden stonden trouwens ook al in de stalinistische grondwet van de USSR, en in de daaropvolgende redactie die ook onder het Sovjetbewind werd aangenomen. We zijn al jaren op weg naar de gelijkheid der volken. Met grote stappen. In de nieuwste uitvoering van ons paspoort ontbreekt de rubriek 'etniciteit', het vervloekte 'punt vijf' dat in de Sovjettijd aanleiding was voor zoveel bittere grappen.

Hoe treurig het ook is, met het afschaffen van punt vijf is er weinig veranderd. Wij weten nog altijd 'wie waar vandaan komt'. En ieder van ons moet in zijn leven wel een keer zijn etnische identiteit onder ogen zien, een proces dat voor velen niet gemakkelijk is. Ook niet voor de Russen, de vertegenwoordigers van het 'naamgevende' volk. Er zijn veel Russen. Of beter, velen worden tot de Russen gerekend. Maar wie is Rus? Over het antwoord op deze vraag wordt al heel lang door verschillende grote geesten gepiekerd. Het is algemeen bekend dat de volken die op de oergronden van Rusland woonden, uitblonken in verdraagzaamheid tegenover de andere volken. Russen gingen en gaan nog steeds gemakkelijk een gemengd huwelijk aan. De spleetogige en getinte nakomelingen uit de gemengde huwelijken die lang geleden gesloten zijn in de jaren van het Tataars-Mongoolse juk, leven kalmpjes in Rusland, heten Petrov of Ivanov en voelen zich absoluut niet minder Russisch dan hun blauwogige broeders.

Aan de Wolga wonen veel mensen met hoge jukbeenderen, bruine ogen en bruin haar. Terwijl de Russen in het noorden op Finnen en Kareliërs lijken. Russen uit Tsjita, een plaats waarheen eeuwenlang misdadigers en mensen die de overheid onwelgevallig waren verbannen werden, zijn stuk voor stuk een smeltkroes van volken. Een gewone inwoner van Tsjita kan zeggen dat hij via de ene lijn afstammeling is van de Polen die deelnamen aan de beroemde Poolse opstand, en via de andere lijn een kleinzoon van Boerjatische veeboeren, die van oudsher het gebied voorbij het Bajkalmeer bewoonden.

Toen we klein waren lazen we een versje van Sergej Michalkov over de pioniers van de Sovjet-Unie:

> *In 't oosten is hij een Jakoet*
> *In Jerevan is hij Armeen,*
> *Tadzjiek is hij in Doesjanbe*
> *en in de bergen een Tsjetsjeen.*

Om de een of andere reden weten we vandaag de dag niet meer wat het woord 'internationalisme' betekent. We hebben een nieuw woord en dat is 'tolerantie', dat alle soorten verdraagzaamheid omvat, niet alleen op etnische gronden. Ze leren ons voortdurend verdraagzaam te zijn. Dat ziet er ongeveer zo uit: kijk eens dames en heren, hoe bruin die zijn, ze bidden tot heel andere goden. Ook hun taal lijkt niet op die van ons en ze kleden zich, eh, hoe zeg je dat tolerant, hm, nouja, heel raar. Ze eten dingen die een normaal mens niet in zijn mond durft te stoppen. Ik bedoel, dat wil zeggen, hun keuken heeft zeker wat aparts ja. En ze slapen... nee toch, wat is dat waar ze op slapen? Krijg nou de... Nouja, ze organiseren hun familieleven anders. Dus waar wilde ik ook alweer heen? Juist! Verdraagzaamheid. Overwin uw weerzin, vrienden, ontspan de vuisten, geen vuilbekkerij meer aan hun adres. We willen maar zeggen: alle mensen zijn broeders en hebt elkander lief!

Het is ondertussen ook niet bepaald makkelijk om nationalist te zijn: het is zo'n complete warboel geworden dat je niet altijd begrijpt wie precies welke etnische achtergrond heeft. Zowel in het oosten als in Jerevan en zowel in Doesjanbe als in de bergen, vind je mensen die zichzelf Rus noemen. En wat het helemaal moeilijk maakt: in hun gezichten zijn de uiterlijke trekken van de plaatselijke volken duidelijk waarneembaar.

Russen doen denken aan die verschillende gezichten in de wereldberoemde reclame van Benetton.

Deze bontheid knaagt aan de nationalisten en houdt hen uit de slaap. Zichzelf bekijken ze in de spiegel met een zeker genoegen. Vooral als ze geen bruin haar, donkere huid, bruine ogen of spleetogen hebben. Als ze om zich heenkijken zien ze on-Russische gezichten, het ergst zijn de gezichten van mensen die gerekend worden tot de Russen, maar daar qua uiterlijk bepaald niet op lijken. Hier klopt iets niet: heeft de oma van meneer X bijvoorbeeld niet met een of andere Kazach gezondigd? Zo denken ze over anderen, terwijl ze zichzelf adoreren.

Maar 's nachts worden ze wel eens wakker en kijken opnieuw in de spiegel. O wat vreselijk! Is het angst om niets of komt het misschien door het slechte licht? Hun 'oorspronkelijke' gezichten lijken toch echt exotische trekken te vertonen! Wat als mijn voorouders ook...? Het zal toch niet waar zijn!

Een ijzige schrik maakt zich van onze arme chauvinisten meester. Ze beginnen aan een zoektocht naar hun wortels. Eerst duiken ze een door iedereen vergeten nicht van grootmoeder op, die in een provinciestadje in de regio Belgorod woont. Hij zoekt haar op in haar sobere zolderkamertje, waar zij de vergeelde foto's van de voorvaders op het versleten tafelzeil uitstalt. Een pak van zijn hart: op de foto's staan mannen met baarden in boerenkielen en vrouwen met Russische hoofddoeken.

Maar pas helemaal gerustgesteld is hij na een bezoek aan het plaatselijke archief, waar bevestigd wordt wat hij nauwelijks had durven hopen: overgrootvader Ivan Ivanovitsj Ivanov trouwde voor de kerk met Klavdia Stepanovna geboren Kozlova-Zamoechrejkina. Het huwelijk werd voltrokken in de orthodoxe kerk in de provincie Belgorod.

Er gaat een rilling van vreugde door hem heen. Hij kan het niet geloven. Hij vraagt de archiefmedewerker nog eens:

"Dus ze heette Kozlova-Zamoechrejkina?"

"Ja, kijk maar in het register."

"En niet Magometova of Chajmovitsj, God verhoede?"

"Nee, kijk dan, het staat hier zwart op wit."

"Zeker weten? Geef eens hier, dan bekijk ik het nog eens beter. Lees ik het goed: Klavdia Stepanovitsj? Niet Zoelfia Achmetova? Of Mirra Solomonovna?"

"Waar heeft u het over, bent u niet goed wijs ofzo? U kunt toch lezen? "

Maar onze nationalist lijkt wel doof.

"En echt in de orthodoxe kerk? Niet in een synagoge?"

"Nee, dat ziet u toch?"

"En geen moskee, geen datsan?"

"Heeft u ooit een datsan gezien in Belgorod?"

Huppelend verlaat onze nationalist het archief. Maar het is niet meer dezelfde man die zo gekweld werd door twijfel aan zijn afkomst. Zijn ogen vlammen, zijn stevige schouders staan nu recht, hij is gegroeid. Zijn mond spuwt vlammen in de richting van de ongelovigen en in de buurt van zijn schouderbladen breken duidelijk zichtbaar vleugels door. Ze zijn niet zo groot. Maar wit als sneeuw.

Het leven gaat door! Wij zijn zuivere mensen. We zijn niet als die lui, je weet wel. En wij hebben nu eindelijk het volste recht om hardop rond te bazuinen hoe we Rusland moeten inrichten.

Het is voor niemand een geheim dat het nationalisme in Rusland een uitermate wijdverbreid verschijnsel is. Er bestaan behoorlijk brede kringen waarbinnen nationalistische uitspraken normaal zijn. Ieder land ter wereld kent zowel racisten als nationalisten. Maar in de geciviliseerde landen zal niemand, op de leden van marginale groeperingen na, hardop voor deze overtuigingen uitkomen. Niet zozeer omwille van de tolerantie, als wel uit angst voor straf. Nationalistische uitingen kunnen je reputatie en je carrière verwoesten, zoals de wereldberoem-de modeontwerper John Galliano overkwam. Om in Rusland gestraft te worden voor nationalistische uitingen, moet je een bloedige misdaad begaan. Helaas voelen mensen met zulke overtuigingen zich bij ons onaantastbaar. Daarbij hebben we nog de gemilitariseerde fascisten, groepen met een harde interne discipline en hiërarchie, maar gelukkig zijn deze groepen niet groot.

Ook de vertegenwoordigers van de talrijke volken die op Russische grond leven, zijn niet wars van nationalisme. Het is tegenwoordig in de mode dat elk volk zijn eigen nationale en religieuze feestdagen viert en zijn eigen culturele en culinaire evenementen organiseert.

Maar de Russische nationalisten zijn veruit in de meerderheid, omdat Russen de grootste bevolkingsgroep vormen.

De grote broer en zijn broertjes

Er zijn veel Russen in Rusland. Rusland strekt zich uit van Kaliningrad tot het eiland Sachalin. En wie ons onmetelijke land verder ook bevolkt, de Russen voelen zich vaak de grote broer, de troonopvolger die zich meer kan permitteren dan de kleine, minder geliefde kinderen.

Zij kunnen zich bijvoorbeeld nationalistische uitingen veroorloven. Of zich een neerbuigende houding aanmeten tegenover iemand met een andere etnische achtergrond:

"Dat is een *tsjoerka*, daar heb je toch niks aan?"

De anderen zuchtten begrijpend.

Tsjoerka is de onofficiële benaming voor mensen uit de Kaukasus en Centraal-Azië. Maar ook op dit punt is niet alles even helder. Zo noemen veel nationalisten *alle* vreemdelingen uit het zuiden van de voormalige USSR 'Kaukasiërs', inclusief de Tadzjieken en Kirgiezen. Je snapt hoe hij denkt: de Kaukasus is iets 'groots', daar in het zuiden, en het krioelt er van de *tsjoerki*. Als je probeert hem het abc van de aardrijkskunde in herinnering te brengen, kun je als antwoord krijgen:

"Ach ze zijn toch niet uit elkaar te houden, het zijn allemaal *tsjoerki*!"

Waarom heeft men een hekel aan vreemdelingen uit de zuidelijke islamitische republieken?

Omdat ze niet op Russen lijken en ze een cultuur hebben die ver van de oorspronkelijke burgers van Rusland afstaat. Maar het probleem schuilt eigenlijk ergens anders in: wij rooien het niet zonder de gehate gastarbeiders. Een Rus kijkt wel uit om zich in het zweet te werken met een of ander smerig baantje dat zo slecht betaalt en zulke beroerde voorwaarden biedt. Daarom rest ons niets anders dan tolerantie te tonen, terwijl we ze met een zucht van minachting nakijken.

In Rusland wordt bijzonder scherp gereageerd op journalistieke reportages van het soort: 'De zeden en gewoonten van die rare snuiters'. Nu eens braden ze een hond boven het vuur, zomaar midden op de bouwplaats. Dan weer vallen ze onze vrouwen lastig, een andere keer schenden ze doodleuk de paspoortregels.

Op één punt kun je dit soort reportages gelijk geven: de cultuur en het leven van de inwoners van het islamitische Oosten verschilt inderdaad erg van die van ons. Wil je geen Tadzjiek als straatveger? Ga dan zelf voor een kopeke dat hondenwerk doen.

Trouwens, wanneer ze in een andere rubriek op tv laten zien hoe de plaatselijke drugs- en alcoholverslaafden leven (die overigens meestal helemaal niet werken, in tegenstelling tot gastarbeiders), lopen de rillingen je over de rug. Maar zij worden niet met zoveel haat bejegend, want het is toch een soort familie. Ergens wordt het hun ook vergeven: ze zijn hier immers thuis.

Dat heet een dubbele moraal. Er is maar één troost: de Russische nationalisten die geen deel uitmaken van militante groeperingen zouden veel en veel enger zijn als consequentheid een van onze nationale eigenschappen was.

Het Russische volk is welwillend en meelevend. Voor iemand van een etnische minderheid, of die nu legaal of illegaal in Rusland verblijft, is het belangrijk dat je je correct gedraagt. Dan zullen sommige inwoners zich van een heel andere kant laten zien. Zelfs degene die gisteren nog tekeer ging tegen 'die vervloekte *tsjoerki*.'

Mijn buurvrouw had haar datsja ter beschikking gesteld aan een illegale Tadzjiekse met haar dochtertje. De man van die vrouw bouwde voor iemand een datsja in het naburige gehucht en bezocht zijn gezin zelden. Zoals bekend kleden Tadzjiekse mannen zich min of meer Europees. De vrouwen dragen echter vaak de nationale klederdracht, een lange jurk met lange mouwen, een felgekleurde hoofddoek die van achteren is vastgeknoopt, en een pofbroek. Toen de kleurige jurk van de Tadzjiekse tussen het zomergroen flitste en ze iets tegen haar dochtertje zei in de onsterfelijke taal van Omar Chajjaam, spitsen de datsjabewoners onaangenaam getroffen de oren: Ze zijn onder ons! Wat moet dat? Er kwamen discussies:

"Moeten we de immigratiedienst niet waarschuwen?"

Ze besloten niets te zeggen: niet omdat ons volk zo onge-hoorzaam is aan de wet, en ook niet omdat ze medelijden hadden met de illegale vrouw. Ze waren bang: zoals bekend werken gastarbeiders het hele jaar door. Stel dat ze na de sluiting van het datsjaseizoen, wanneer het dorp leeggelopen is, het huis van de verklikker in brand steken. Ga dan maar eens de schuldige zoeken.

De Tadzjiekse keken ze met een scheef oog aan en groetten haar niet. De vrouw die haar daar liet wonen, werd geboycot.

De gebeurtenissen namen een wending, aan de ene kant verrassend, aan de andere kant weer typisch Russisch. De Tad-zjiekse bleek niet achterlijk te zijn. Ze deed alsof ze niets merkte van de zijdelingse blikken en groette iedereen vriendelijk in het Russisch. Haar zesjarige dochtertje deed hetzelfde. Tadzjieken zijn mooie mensen en het kon de buren niet ontgaan dat het meisje en echte schoonheid was, zo weggelopen uit een Perzisch lakminiatuur.

Het rumoer kwam tot bedaren. De Tadzjiekse hield zich rustig, ze liep over het perceel met een zorgelijk en verdrietig gezicht. Geleidelijk aan begonnen de buren met haar te praten, vooral de nieuwsgierige ouderen die zich verveelden op de datsja. Zij begon te klagen over het zware leven in Tadzjikistan, over de sharia die de oosterse vrouw al haar vrijheid ontneemt, over haar despotische man die haar dwong in klederdracht te lopen en haar dochtertje niet naar school liet gaan. Ze kregen medelijden met haar. Algauw merkte ik dat ze lange gesprekken voerde met enkele buren. Later doken weer andere betrokken mensen op die speelgoed en cadeautjes voor haar dochtertje kwamen brengen. Het kwam erop neer dat we stilletjes hadden besloten dat de onderdrukte oosterse vrouw niets dan sympathie verdiende. De mensen begonnen medelijden met haar te krijgen, zelfs degenen die eerst nog van plan waren haar terug naar haar vaderland te helpen. Dat is nou typisch Russisch!

Als de illegale immigrante met opgeheven hoofd en een pruimenmondje had rondgelopen, kortom, onafhankelijkheid had getoond, dan had men haar het leven zuur gemaakt. Intuïtief had zij begrepen dat een gelukkige en geslaagde immigrant in Rusland veel meer ergernis wekt dan iemand die ongelukkig en schuw is. Een ongelukkig mens heeft bij ons geen kleur.

In veel memoires van mensen die de Tweede Wereldoorlog overleefd hebben, ben ik een en dezelfde scène tegengekomen. Een groep krijgsgevangen Duitsers werd door de straten van Moskou gejaagd. Het doel van de actie was duidelijk: ondanks de beschermende colonne wilden de organisatoren van de 'optocht' dat de mislukte veroveraars de rechtvaardige toorn van de overwinnaars aan den lijve ondervonden.

Waarschijnlijk waren de gevangengenomen fascisten bang dat ze met stenen bekogeld, uit de colonne getrokken en in elkaar geslagen zouden worden.

Maar er gebeurde niets van dien aard. De Moskovieten,

die aanvankelijk met een ijzige blik naar de voorbijtrekkende parade van haveloze, uitgeteerde en smerige Duitsers keken, raakten ineens vervuld van medelijden. En de vrouwen, die er weinig beter aan toe waren dan de krijgsgevangen Duitsers, liepen op ze af en stopten ze stukjes brood in de handen. Van sommige van die vrouwen zijn de mannen en zonen nooit uit de oorlog teruggekomen. De inwoners van Rusland sleepten zich de eerste naoorlogse jaren rammelend van de honger door het leven. Toch wekten de zieke, in lompen gehulde vijanden niets anders dan medelijden. Dat is misschien wel de mooiste kant van Rusland.

* * *

Ik heb een echte Russische opvoeding genoten. In alle opzichten, behalve één. Thuis kreeg ik met de paplepel ingegoten dat ik mijn problemen met niemand mocht delen, behalve met mijn allerbeste vrienden en mensen die me echt zouden kunnen helpen. Wanneer bijvoorbeeld mijn buren mijn keuken onder water zetten, kon ik daarover klagen tegen:

1. mijn beste vrienden;
2. de loodgieter.

De anderen hoorde je met hoog opgeheven hoofd en keurig gekamde haren voorbij te lopen en in een walm van een goed parfum achter te laten.

Zelfs als het water in je huis tot je knieën reikte... Waarom zou je mensen 'die nergens schuld aan hebben' lastigvallen met je problemen? Ach lieve mensen, ik zou het een stuk gemakkelijker hebben als ik andermans medelijden mocht oproepen. Met behulp van een beetje medelijden kun je hier immers een goede baan krijgen, hulp op allerlei gebied vinden, ja soms zelfs een gelukkig huwelijk aangaan.

* * *

Het worstelen met de eigen etnische identiteit is een vaak pijnlijk proces waar de meeste Russen wel een keer mee te maken krijgen.

De Sovjetschrijver Nagibin, die er pas aan het eind van zijn leven achter kwam dat er geen druppel joods bloed in zijn aderen stroomde, schreef in zijn verhaal *Duisternis aan het eind van de tunnel*, terwijl hij op hoge leeftijd voor de tweede keer worstelde met zijn identiteit: 'Het is moeilijk om een jood in Rusland te zijn. Maar het is nog veel moeilijker om Rus te zijn.'

Er zijn veel Russen. Ze zijn verschillend. Ze kunnen arm zijn of rijk. Hun levens verschillen ook naar gelang de plek waar ze wonen. In sommige regio's zijn ze een etnische minderheid. En helaas dwingt de heersende stemming in het land velen tot het stellen van de vraag waarom dat zo is. Waarom leven wij in een land met zulke rijkdommen in de aarde en zijn we zelf zo arm? Waarom is een Ivanov armer dan een Abdullajev, Akopjan of Sjebersjtein? Waarom is de corruptie in Rusland zo alomtegenwoordig en hoe kan het dat de eindeloze gesprekken, die zelfs door de hoogste personen in de regering gevoerd worden, daar zo weinig aan veranderen? Waarom? Waarom? Waarom? De mens is geneigd een rationele verklaring te zoeken voor de meest irrationele situaties. De etnische achtergrond van de verschillende 'boosdoeners' lijkt in zo'n geval van alle verklaringen het meest plausibel. Helaas is dit ook de minst rationele verklaring. Maar o zo makkelijk.

Zo kun je beweren dat alle zigeuners straatrovers zijn. Een zigeunerhater die op tv Nikolaj Slitsjenko heeft gezien, zal zijn standpunt niet wijzigen. Zijn theorie is onwankelbaar. Hij zegt tegen zichzelf: ook bij hen kom je fatsoenlijke mensen tegen: de uitzondering bevestigt de regel.

De neiging om te generaliseren, vooral op punten waar je dat niet zou moeten doen, is inherent aan de Russische mentaliteit en komt het duidelijkst naar voren in het etnische vraagstuk. In plaats van te denken: wat kan ik hier en nu doen om mijn eigen leven te verbeteren, is het voor veel van ons makkelijker om in ons gekwelde brein te peuteren aan het eeuwige wondje van de heilige wereldoorlog van de wahabieten, het geheime wereldverbond van homoseksuelen of het wereldcomplot van zionisten.

Een jood in Rusland is meer dan een jood

Ik ben joods. Ik zeg het maar meteen. Ik voeg er aan toe dat mijn familieleden en andere dierbaren waaronder ook Russen, me hebben afgeraden dit boek te schrijven. Ze zeiden tegen me:

"Ben je gek? Je bent joods! Bekijk het eens door de ogen van een Rus: iedereen zal denken dat jij als vertegenwoordigster van een (laten we er geen doekjes om winden) niet graag geziene etnische minderheid de naamgevende natie zwart maakt."

"Maar ik ga niet hatelijk schrijven maar juist met liefdevolle ironie. Bovendien heeft zo'n beetje iedereen gemengd bloed: je weet echt niet meer wie Rus is en wie niet."

Toch bleven ze zuchten van bezorgdheid. Ze keken me treurig aan alsof ze dachten: het lieve kind gaat zinloos ten onder...

Aan het begin van dit boek schreef ik wie ik allemaal bedoel met het begrip 'Russisch'. Binnen die definitie kunnen de joden die op Russisch grondgebied wonen zichzelf volkomen Russisch noemen.

Na het lezen van deze zin zullen er kwaadwillende mensen zijn die uitroepen:

"Jullie joden zijn maar op één ding uit: bij de Russen horen.

Waarom is punt vijf uit het paspoort gehaald? Wie anders heeft zijn achtergrond te verbergen als het jullie geteisem niet is? En trouwens... jullie hebben Christus gekruisigd."

Wanneer je zulke mensen eraan herinnert dat Christus ook een jood was, geven ze gewoonlijk niet thuis.

Maar je hoort ook best vaak:

"Ach ja, ook onder joden kom je wel eens fatsoenlijke mensen tegen."

Aleksander Solzjenitsyn schreef zelfs een heel boek over de verhouding tussen Russen en joden en gaf het de titel *Tweehonderd jaar samen*. Algauw kwam er op internet een parodie in omloop onder de naam *Tweehonderd jaar ellende met elkaar*. Allemaal leuk en aardig, maar het afschaffen van het vermaledijde punt vijf in onze paspoorten heeft er dus niet voor gezorgd dat we vergeten wie wie is. Als er iets is waar iedereen je aan blijft herinneren, is het je eigen etnische achtergrond wel.

* * *

Toen mijn familieleden in Israël aangekomen waren, duurde het lang voor ze bijgekomen waren van de schok:

"Stel je voor, het zijn hier allemaal joden, ook de marktkooplui, de conciërges en de schoonmaaksters."

Het was echt een flinke schok.

Een nog grotere schok kregen ze te verduren toen bleek dat onze voormalige landgenoten, stuk voor stuk academici met een graad, weldra óók achter de toonbank stonden of een zwabber in de hand kregen.

Duizend jaar discriminatie heeft ons pienter gemaakt. Ik herinner me hoe mijn grootmoeder met haar vriendin de 'tragedie' besprak die in een gezin van bevriende volksgenoten was gebeurd: de kleinzoon was van het instituut geschopt en dat niet alleen: hij pakte de draad niet weer op. Uiteindelijk had hij een baan als chauffeur gevonden.

Ja, in de tijd van de stagnatie was het voor ons moeilijk een plekje op een universiteit van naam te krijgen (in die periode was het Leningrads Instituut voor koeltechniek een soort filiaal van het Beloofde Land). Maar hoe liever ze ons achter het stuur of aan de werkbank zagen, des te harder we ons best deden op de universiteiten te komen.

Toen Churchill een keer werd gevraagd waarom er in Groot-Brittannië geen antisemitisme was, antwoordde hij: omdat Engelsen zichzelf niet dommer achten dan joden. Eigenlijk concurreren de joden met de oorspronkelijke bevolking in de strijd om de beste plaatsen. Daarom is antisemitisme niet hetzelfde als nationalisme, het wordt niet voor niets met een apart woord aangeduid. Aan joden kun je moeilijk op dezelfde manier een hekel hebben als aan de exoten die de binnenplaats vegen en straathandel bedrijven. Een joodse straatveger of arbeider zal ook niemand opvallen. Het is veel leuker te zwelgen in haatgevoelens jegens mensen als Berezovski of Abramovitsj...

In Israël worden joden niet gediscrimineerd, omdat je daar aan de tapkast net zo vaak een jood kunt aantreffen als achter het stuur van een vrachtwagen. Misschien heeft hij wel een Russisch universiteitsdiploma, of zelfs een doctorsgraad.

Lyrische uitweiding, of een illustratie bij het verhaal over de studiecultus in joods-Russische gezinnen

Katja, een kennis en voormalig landgenote, woont in Israël. Daar is ze getrouwd en heeft twee kinderen. Helaas loopt haar jongste dochter wat achter met haar ontwikkeling. Het meisje krijgt les in een apart klasje voor zulke kinderen. De moeder steekt veel tijd in oefeningen met het probleemkind en in bezoeken aan specialisten die met haar werken. Daardoor heeft Katja geen carrière kunnen maken, hoewel ze destijds een veelbelovend wetenschapper was.

De ouders van Katja waren in Rusland achtergebleven. Op een keer ging ze met haar dochtertje bij hen langs.

Eens na de maaltijd observeerde Katja's moeder een tijdlang het gedrag van haar kleindochter. Daarna wendde ze zich tot haar dochter en zei op een typisch toontje:

"Och Katja, je had toch beter je proefschrift kunnen schrijven..."

Katja vertelde me dit vol verontwaardiging. Als moeder kon ik haar wel begrijpen. Toch kon ik mijn lachen nauwelijks inhouden.

Zo gaat dat bij ons! Bestaat er iets belangrijkers dan een proefschrift? Een joodse moeder kun je niks wijsmaken.

Ik vertelde dit verhaal aan verschillende vrienden, joden en niet-joden. De eerstgenoemden lachten er het hardst om: het kwam hun meer dan bekend voor.

* * *

Over de geschiedenis en de betekenis van het antisemitisme in Rusland zijn vele honderden bladzijden geschreven door vooraanstaande denkers als Berdjaev en Grossman. Ik voel me daarom niet gerechtigd voort te borduren op dit populaire thema, want ik zou alleen maar herhalen wat al eens gezegd is.

Ik wil alleen de niet-joden die dit boek lezen laten zien hoe een jood in Rusland zich voelt.

En denk alsjeblieft niet dat deze aankondiging nu gevolgd wordt door vijf hoofdstukken geweeklaag. Ik zeg het maar direct: als er geen sprake is van een pogrom of een situatie waarin het hele staatsapparaat tegen de joden ten strijde trekt (dat gebeurt wanneer de overheid de aandacht van de andere volken moet afleiden van de maatschappelijke ellende die de overheid zelf niet aankan) voelt een jood zich onwennig. Zelf kijk ik altijd geamuseerd toe hoe bijna iedereen met wie ik kennismaak zijn best doet mij op de een of andere manier te laten zien hoe hij zich verhoudt tot het volk waarvan ik een dochter ben, of dat hij zelf ook een van ons is.

Wat betreft hun houding ten opzichte van joden, deel ik de etnische niet-joden (dat hoeven niet per se Russen te zijn) in een paar categorieën in:

1. Verhitte antisemieten.

Dit soort mensen willen niet eens praten met een jood: je gaat toch niet zitten ouwehoeren als je al met je wapens in de aanslag zit? Hoelang gaan we dat juk nog dragen?

Hoewel er na de laatste emigratiegolf weinig joden zijn overgebleven, zijn we in de ogen van de felste antisemieten weerzinwekkende zwarte krullenkoppen die zich alleen maar vermenigvuldigen. Ze kijken naar je met een blik vol haat. Dit soort mensen richt hun haat gewoonlijk tegen alle niet-Russen. De agressiefste xenofoben onder hen sluiten zich aan bij de militante nationalistische groeperingen. Ze willen niets liever dan dat joden bijvoorbeeld de vloeren dweilen, of aan de werkbank staan. Sterker nog: ze willen dat dat werk alleen door niet-Russen gedaan wordt. Maar het gekke is dat ze de Tadzjieken geen zier minder haten, terwijl die wel de straten vegen en de vloeren dweilen. Waar komt die haat dan vandaan? Ik moet hier denken aan mijn favoriete fabel van Krylov, het absoluut tijdloze meesterwerkje *De wolf en het lam*: 'je bent alleen schuldig aan het feit dat ik honger heb.'

Eigenlijk hebben al deze mensen last van onbehandelde psychische problemen, die ze proberen op te lossen op een manier die nogal apart is, om het zacht uit te drukken. Ik denk niet dat hun opluchting lang zou duren als alle niet-Russen als bij toverslag verdwenen zouden zijn.

2. Degenen die een rechtvaardiging willen horen.

Deze mensen maken zich eveneens zorgen over het onrecht in de wereld, maar hebben nog niet definitief besloten wie daar schuld aan heeft: de leden van het zionistisch wereldcomplot of iemand anders. Maar over het algemeen leven joden er iets te goed van. Zij die de situatie nauwkeurig analyseren, zullen geen oog hebben voor de Rabinovitsjen met hun magere pensioentjes; des te ijveriger tellen ze de jachten en villa's van Roman Abramovitsj.

Sommigen van hen proberen bij de joden zelf een verklaring te vinden voor de 'schrijnende onrechtvaardigheid'. Ze sluipen naderbij en opperen plompverloren:

"Weet je, ik had een ooit een kennis, Lev Solomonovitsj, hij en zijn vrouw, Esfir Emmanoeilovna werkten niet, ze waren al jaren met pensioen, en toch hadden ze elk jaar een nieuwe auto..."

Of:

"We waren laatst op zoek naar een nieuwe commercieel directeur bij ons op het werk. Er kwamen een heleboel sollicitanten op af. Daar zaten bekwame mensen tussen, volgens mij. Maar onze leidinggevende, Grigori Lvovitsj, nam een van zijn eigen mensen, Bronsjtein, heette hij. Waarom trekken ze allemaal hun eigen soort voor?"

Wat voor reactie verwacht iemand hier? Ik zou het werkelijk niet weten...

Misschien zoiets:

"Ik weet niet hoe het met uw kennis Lev Solomonovitsj zit, maar ik persoonlijk leef van inkomsten uit arbeid. Kijk, hier is mijn belastingaangifte, hier is mijn loonstrook, met een handtekening van de directeur en een stempel van de organisatie, en hier heb ik een bewijs van goed gedrag van de rechtbank. Geloof me, ook al ben ik joods, ik ben een goed en eerlijk mens!" (Oprechte tranen.)

Eigenlijk wil iedereen die ook maar een beetje antisemitisch is dat elke fatsoenlijk ogende jood die op zijn pad komt, zich gaat verantwoorden voor de niet-fatsoenlijke joden die eerder op zijn pad zijn gekomen.

Ik heb meerdere malen een joodse leidinggevende meegemaakt die bang was dat ze hem ervan zouden verdenken dat hij 'zijn eigen soort' zou voortrekken en daarom op alle mogelijke manieren liet zien dat hij een afkeer van zijn eigen volksgenoten had, alles onder het mom van de rechtvaardige veeleisendheid die bij een leidinggevende hoort.

3. Degenen die bereid zijn van Rabinovitsj te houden.

Lang geleden is al eens vastgesteld dat veel antisemieten er hun eigen knuffel-Rabinovitsj op na houden. Hun devies klinkt ongeveer als volgt: joden zijn op alle mogelijke manieren fout. Maar er bestaan geen regels zonder uitzonderingen. Zo heb ik ooit een Rabinovitsj gekend, die viel heel erg mee. Ook onder hen heb je fatsoenlijke mensen.

Een knuffel-Rabinovitsj kun je zelfs recht in zijn gezicht verklaren:

"U bent zo'n goed mens, Chaim Samoeilovitsj, dat ik u eigenlijk niet als jood zie."

Op zijn beurt kan Rabinovitsj, als hij verstoken is van enig verstand of zelfrespect, een dergelijk 'compliment' gewoon slikken.

Eigenlijk heeft de knuffeljood een zeer onzekere functie. Vandaag houden ze van je, zeggen ze je gedag en vergeven ze je je — in wezen onvergeefbare — identiteit. Maar morgen hoef je maar van de kleinste misstap te worden verdacht, of je verandert weer in een 'vuile smous'.

"Maar we dachten toch echt dat er ook fatsoenlijke joden

bestonden. Maar nee hoor, ze zijn allemaal hetzelfde. Niet voor niets zei mijn moeder (grootmoeder, grootvader, tante Klava, oom Vasja) dat je bij ze uit de buurt moet blijven."

Vaarwel, knuffel-Rabinovitsj! Je hebt voor niets je best gedaan.

4. Mensen die antisemitisme verwerpen.

Dit is een veel voorkomende en hoogst vermakelijke categorie mensen, die niet wars zijn van raciale vooroordelen. Hoewel ze niet wars zijn van raciale vooroordelen *willen* ze graag wars zijn van raciale vooroordelen, omdat ze doorhebben dat raciale vooroordelen fout, onintellectueel en onbeschaafd zijn. Antisemitisme verwerpen heeft echter geen nut als je dat alleen in gedachten doet. Dus doen ze het hardop.

Maar ja, als iemand in een gezelschap gaat zeggen: "Racisme is fout, racisme is vreselijk", dan zien ze hem aan voor een gek. De 'tekst' van deze oefening in autosuggestie moet dus iets anders geformuleerd worden.

Dus hoe benader je een jood wanneer je het antisemitisme druppel voor druppel uit je lijf probeert te persen? Dat gaat ongeveer zo: je bent wel een jood, maar ik ben bereid dat door de vingers te zien, omdat ik heel wat goede joden in mijn leven ben tegengekomen. Dus wat ze over jullie zeggen is misschien niet waar. Deze mensen beginnen een gesprek altijd met verhalen over joden die een positieve rol in hun leven gespeeld hebben. Zo van: al het goede dat ik in me heb, heb ik aan de joden te danken.

Zogenaamd langs de neus weg zeggen ze dingen als:

"Ik weet nog dat ik met mijn jeugdvriend Monka Feinstein door de Mochovaja liep..."

Of:

"Mijn favoriete lerares Russisch en literatuur, Sara Moissevna, zei..."

Of:

"Toch is die Sigmund Freud (Albert Einstein, Immanuel Kant) wel een genie hoor! Het valt niet te ontkennen dat die joden een getalenteerd volkje zijn!"

Mensen die zulke zinnen uitspreken willen oprecht dat hun joodse gesprekspartners hen aardig vinden. Ze willen dat zij zich in hun aanwezigheid volkomen veilig voelen, en hen op geen enkele manier van jodenfobie verdenken.

Het zijn de beste bedoelingen, maar we weten allemaal waarheen de weg leidt die daarmee geplaveid is.

Jammer genoeg getuigen ook dit soort goed bedoelde uitspraken van antisemitisme. Het is alsof iemand zichzelf probeert te rechtvaardigen en zich haast zijn gesprekspartner te verzekeren van het feit dat hij geen antisemiet is. Maar wie zegt dat de ander hem daarvan verdacht? Waarom zou je jezelf rechtvaardigen als je nergens schuldig aan bent?

Alleen iemand die over mensen oordeelt, positief dan wel negatief, zonder daar de etnische achtergrond bij te halen, zal niet de verdenking wekken raciale vooroordelen te koesteren.

De verschillen kunnen uiterlijk, cultureel of religieus zijn. Maar ik ga er niet van uit dat bepaalde volken bepaalde aangeboren eigenschappen hebben. Daarom heeft iemand pas een normale kijk op de dingen als hij de etnische achtergrond van de mensen die op zijn pad komen helemaal buiten beschouwing laat. En ook niet de gewoonte heeft die issues te bespreken. Met wie dan ook.

Heeft de cultuur van een etnische minderheid invloed op de Russische cultuur?

Ondanks alle interne etnische tegenstellingen die de burgers van Rusland bezighouden, pruttelen we allemaal in een soort algemene culturele soep, waarin elk volk zo af en toe een ingrediënt gooit. Het best is deze invloed te merken op het culinaire vlak. Het woord 'soep' kun je hier bijna letterlijk nemen. De nationalistisch ingestelde Rus kan genieten van een bordje plov in een Oezbeeks restaurant en zelfs de kok om het recept van dit smakelijke gerecht vragen of het opzoeken op internet. Zoals ik al schreef zijn restaurants waar gerechten van verschillende nationale keukens geserveerd worden, zeer in trek.

Over het algemeen nemen Russen mensen die slecht Russisch spreken of een te afwijkend uiterlijk hebben, niet makkelijk op in hun gezelschap. Eigenlijk nemen de naar de VS geëmigreerde Russen dezelfde tendens waar: ook de oorspronkelijke Amerikanen vermijden contact met nieuwkomers.

Op welke manieren wordt de cultuur van de meerderheid nog meer beïnvloed door etnische minderheden? Er zijn veel mensen uit minderheidsgroepen die successen boeken op het gebied van de Russische cultuur. Denk aan musici als Gergiev en Temirkanov. Voor de rest is het te vergelijken met de processen die gaande zijn in Europa. Immigranten uit de republieken van de voormalige USSR leven voor de belangen van hun eigen gemeenschappen. Pas hun kinderen, die op Russische scholen gezeten hebben, hebben een kans te integreren in de Russische maatschappij.

Tegenwoordig wordt wel beweerd dat we niet bedreigd worden door een volkerenoorlog maar door een klassenoorlog. Voor velen wordt daartoe een sterke prikkel gegeven door de nieuwe Russen, die op een oneerlijke manier aan hun miljoenen zijn gekomen.

RUSLAND EN HET WESTEN

De houding van Russen tegenover volken die het slechter hebben, Tadzjieken bijvoorbeeld, verschilt sterk van onze houding tegenover de volken die het beter hebben. Dat is niet vreemd: Finnen of Italianen hebben niks van ons nodig. Wij zijn in hun ogen waarschijnlijk hetzelfde als de gastarbeiders voor ons. En geen enkele Fransman zal ooit de zielenpiet uithangen om ons medeleven en onze sympathie te wekken. Daarom is het voor een Rus heel moeilijk om betrekkingen aan te knopen met inwoners van de 'landen van het ontwikkelde kapitalisme', zoals ze vroeger in onze media genoemd werden.

Aan de ene kant hebben ze het beter. Bepaald beter. En dat wekt hoe dan ook jaloezie op. Het is vooral pijnlijk om te zien dat iedereen die daar werkt ook te eten heeft. Wij, die mijlenver verwijderd zijn van sociale rechtvaardigheid, zien dat hun schoonmakers een leven leiden dat een gemiddelde Russische ingenieur zich niet kan permitteren.

Aan de andere kant, ze zijn anders dan wij. Daardoor zijn we erg op ons hoede. Ze spreken een andere taal. En je roept ze ook niet zomaar tot de orde, zoals een of andere Centraal-Aziaat: "Kom op Saïd, wat brabbel je nou in dat taaltje van je?! Spreek eens Russisch. En dan zo dat ik het begrijp. Je bent hier niet thuis!"

In jun houding tegenover het Westen zijn de Russen, net als in de negentiende eeuw, onder te verdelen in westerlingen en slavofielen.

De eersten geven het belabberde, onrechtvaardige Russische systeem de schuld van alle ellende. De tweede groep is bereid om alle ellende te rechtvaardigen met het argument dat Rusland een eigen, aparte weg gaat en een bijzondere, hogere missie heeft. En als iets de realisatie van die missie verhindert, dan is dat het Westen, dat ons vreest en haat. En ons dus een spaak in de wielen steekt.

Ondertussen gaan zowel de westerlingen als de slavofielen graag op vakantie in Europa, maken gretig gebruik van buitenlandse apparatuur en kopen liever importauto's dan auto's van vaderlandse makelij. De Rus is niet eens zo irrationeel als hij op het eerste gezicht lijkt.

Ik heb al geschreven over de psychologische kenmerken van de Russische nationalist. De nu volgende lyrische uitweiding gaat over de verwrongen geestestoestand die het gevolg is van gedweep met het Westen.

Wij en het Westen. Cargocult

In de landen van het verre Melanesië, dat in cultureel (en geografisch) opzicht bijna even ver af ligt van het Westen als van ons, zijn er veel aanhangers van de zogenoemde cargocult (van het Engelse woord *cargo*, dat 'scheepsvracht' betekent). Ze geloven dat de goederen die in het Westen geproduceerd zijn, geschapen zijn door de geesten van hun Melanesische voorouders en uitsluitend bedoeld zijn om het Melanesische volk te plezieren. De rituelen van de volgelingen van deze religie zijn erop gericht om de hoeveelheid wonderspullen in hun leven te vermeerderen. Daarvoor is het volgens hen nodig om iets te maken dat lijkt op de dingen die de 'witte mensen' maken. In Melanesië is een groot bouwproject gaande: van het materiaal dat voorhanden is, zoals stro, houtjes, stammen en twijgen van kokospalmen, maken ze bouwwerken die qua uiterlijk in de verte doen denken aan landingsbanen, radiotorens en de vliegtuigen die de felbegeerde spullen uit de hemel meebrengen. Er zijn door reizigers zelfs Melanesiërs gespot met houten cassetterecorders, compleet met houten koptelefoon, met hulp waarvan ze beweerden te communiceren met de geesten van hun voorvaderen.

De primitieve, religieuze en ver van de wetenschap verwijderde volken van Melanesië zijn overdonderd door de ontwikkeling van de westerse beschaving. Ze doen zelfs geen poging om de essentie te begrijpen van de 'wonderen' die de ontwikkelde landen hun aanreiken. Ze denken dat een uiterlijke imitatie van het Westen in de vorm van uit hout gezaagde modellen van cassetterecorders in hun leven voorspoed en rechtvaardigheid zal brengen, 'net als in het Westen'.

Evenzo maken mijn naïeve en soms van alle zelfspot gespeende landgenoten zich onbewust schuldig aan cargo-verering. Nee, natuurlijk bouwen wij geen houten vliegtuigen en knutselen geen gymschoenen van dure merken in elkaar van dennenschors en lindebast. Maar sommigen doen in hun westerse manie sterk denken aan Ellotsjka Ljoedojedka, die altijd maar probeerde de dochter van Vanderbilt af te troeven.

Daarbij zijn het, zoals ik al schreef in het hoofdstuk over nieuwe Russen, niet bepaald de beste voorbeelden die we geneigd zijn te volgen. Ondanks de torenhoge inkomsten die ons land uit de verkoop van bodemschatten haalt, zijn we duidelijk nog lang niet zover dat er een behoorlijk systeem komt voor verplichte ziektekostenverzekeringen en een pensioen waarvan je een normaal leven kunt leiden, of een genereuze financiering van wetenschappelijk onderzoek. Toch creëren mijn draagkrachtige landgenoten hun eigen westerse wereld. Meestal komt die overeen met wat ze in de glamourbladen tegenkomen. Deze mensen lijken een onzichtbare godheid te vereren:

"Kijk mij eens. Ik ben gekleed als Paris Hilton, ik heb niet minder geld dan Angelina Jolie, ik gedraag me als Britney Spears. En ook al waren mijn voorouders boeren in de contreien van Saratovsk, ik geloof dat Rusland, in ieder geval voor mij, binnenkort zal veranderen in de heuvels van Hollywood, Disneyland en Beverley Hills".

Ik denk dat niemand hier bidt dat het dorp Repino zal veranderen in de Californische Silicon Valley. Jammer eigenlijk... als ik zou geloven in de kracht van dergelijke gebeden, zou ik juist dit soort dromen graag zien uitkomen...

Onlangs werd onze stad getroffen door verschrikkelijk nieuws. Bij een nachtelijk auto-ongeluk was Marina Malafejeva omgekomen, de vrouw van de keeper van Zenit, de Petersburgse voetbalclub. Ze liet twee minderjarige kinderen achter.

De omstandigheden van haar dood waren gruwelijk: om ongeveer vijf uur 's ochtends boorde haar Bentley zich met een snelheid van tweehonderd kilometer per uur in een of ander obstakel. Zij kwam om, de man die naast haar zat (een muzikant van de groep waarvan zij de producer was), overleefde het ongeluk.

Het echtpaar Malafejev werd de laatste tijd steeds vaker vergeleken met de Beckhams. De bekende Engelse voetballer David Beckham en zijn vrouw Victoria (geboren Adams), zijn ook mediafiguren, zoals ze dat tegenwoordig noemen. Ik weet niet of de overeenkomsten tussen de levensstijl van de Malafejevs met die van de Beckhams bewust waren of niet, maar niet lang geleden hebben ze bijvoorbeeld meegedaan aan een erotische fotosessie bij een professionele fotograaf. Net als de Beckhams. Victoria is lid geweest van de bekende groep 'Spice girls'. Marina was producer van een popgroep. Victoria staat bekend om haar hang naar luxe en schoonheidsbehandelingen. Marina ontwikkelde deze eigenschappen ook. De aanschaf van haar buitenlandse auto is daarvan een treffend bewijs. Ik schreef al eerder over de rol van luxe in het leven van onze bemiddelde landgenoten. Maar zelfs als je geld hebt: om nou in zo'n auto te rijden, en dat over de Russische wegen...

Ach, hoe vaak hebben we de glamourplaatjes niet gezien, waarop een goddelijke en onberispelijk verzorgde Angelina Jolie in een blinkende auto plaats neemt, start en wegscheurt als een wilde mustang over de prairie. Of een betoverende Halle Berry die in haar rol van Catwoman zomaar over de daken springt zonder speciale uitrusting. Alsof ze daar verkeersregels hebben, alsof ze daar een maximumsnelheid hebben, alsof ze daar veiligheidsvoorschriften hebben...

Ja, de auto was echt. Hij was niet van hout of gevlochten van kokosbladeren. En ik denk ook niet dat ze precies op de hoogte was van de rijstijl van Victoria Beckham. Als die al zelf rijdt. Maar een kick dat het geeft om in een peperdure auto van buitenlands merk te gaan zitten, de sleutel om te draaien, het gaspedaal helemaal in te drukken en... Diep treurig voor de kinderen, die nu geen moeder meer hebben en voor haar man, die zijn geliefde kwijt is.

Rusland en de VS. Een haat-liefdeverhouding

Anti-Amerikaanse sentimenten zijn in Rusland net zo'n gewoon verschijnsel als een grijze hemel hier boven Sint-Petersburg.

Niemand is hier verbaasd als je zegt dat je niet van Amerika houdt. Maar waarom hebben we zo'n hekel aan het land?

In zijn afkeer van Amerika laat de Rus zich vooral leiden door zijn verlangen naar rechtvaardigheid:

"Waarom spelen ze de baas in Irak?"

"Wat hebben ze te zoeken in Afghanistan?"

"Waarom moet dat land in z'n eentje voor internationale politieagent spelen?"

Ja, de buitenlandse politiek van de VS trekt kritiek aan, niet alleen buiten Amerika maar ook daarbinnen.

Maar in hun ontevredenheid met de transatlantische mogendheid zijn de Russen zoals gewoonlijk niet consequent. Aan de ene kant staat velen de inval in het oosten niet aan. Aan de andere kant zijn er in Rusland maar weinigen die sympathie opbrengen voor de despotische islamitische regimes die in datzelfde oosten de scepter zwaaien. We staan immer klaar om hun ondergang te wensen. En over onze liefde voor de inwoners van de arme islamitische staten, zeker als ze als gastarbeiders zwoegen op ons grondgebied, heb ik al geschreven.

Het tweede verwijt aan het adres van de Amerikanen is dat ze geen eigen cultuur hebben. Daar ben ik het niet mee eens. De VS kennen een geweldige eigen cultuur die volop in ontwikkeling is. Die cultuur is alleen even jong als het land. In de twintigste eeuw hebben tien Amerikaanse schrijvers de Nobelprijs voor literatuur ontvangen. Onder hen was de uit Rusland verjaagde Joseph Brodsky. Tijdens de Sovjet-Unie werd de belangrijkste literaire prijs ter wereld toegekend aan Pasternak (iedereen weet wat voor een hetze deze gebeurtenis tot gevolg had), Sjolochov en ook aan Solzjenitsyn, die de overheid onwelgevallig was en al gauw van zijn Sovjetburgerschap beroofd werd. Ondertussen is wat de Amerikacritici verstaan onder een massacultuur voor onontwikkelde, cultuurvreemde mensen nu precies wat hier welig tiert op de centrale televisiezenders. Bovendien maken Russische filmmakers ijverig domme en tegelijkertijd opvoedende sitcoms, geheel in de Amerikaanse geest. De slechtste Russische soaps lijken bovendien precies op de Amerikaanse langlopende televisieseries.

Ik betwist niet dat een behoorlijk deel van die 'roze glamour' die zo'n pijn doet aan de Russische ogen nu juist is overgewaaid uit Amerika. Veel mensen zien die als de belichaming van de Amerikaanse cultuur. Dat is de reden dat je bij ons eindeloos kunt zeggen "Amerikanen, die zijn toch dom", waarbij je steevast een uitbundig applaus van de zaal loskrijgt. Als je zo'n joelende toeschouwer vraagt wie William Faulkner of Emily Dickinson zijn, staan ze waarschijnlijk met de mond vol tanden. Zo zullen ze zich Poesjkin of Tolstoj nog wel herinneren, op de middelbare school kun je nog steeds niet om ze heen, maar wie bijvoorbeeld Ostrovski of Gontsjarov zijn, moet je hun uitleggen. Helaas zijn het de slechtste voorbeelden van de massacultuur die veel van mijn landgenoten zien als 'de verfoeide Amerikaanse cultuur'.

Als er één westers land is dat door Rusland geïmiteerd wordt dan is het volgens mij Amerika wel. En zoals ik al schreef, het zijn bepaald niet de beste cultuuruitingen die we imiteren. Fastfood, domme comedyseries en een smakeloze stijl wekken bij ons volkomen terecht ergernis op. Ondertussen zijn we geneigd de beste kanten van dat land te negeren: de focus op het onderwijs als belangrijkste waarde, het bestaan van sociale zekerheden en de zorgzame houding tegenover de oudere generatie.

Nog een bekende kant van de relatie tussen Russen en Amerikanen: 'duistere krachten drukken ons terneer'. De mening dat de Amerikanen al hun energie en tijd besteden aan de ondergang van het ooit zo bloeiende Rusland, is hier behoorlijk wijdverbreid. Al onze ellende en problemen komen voort uit intriges van de CIA. Ik ben niet op de hoogte van de geheime rapporten van de CIA over ondermijnende activiteiten jegens Rusland.

Ondertussen krijgen we hier op televisie bijna elke dag corrupte ambtenaren, wrede ouders en onrechtvaardige rechters te zien. Ik weet het niet, maar zouden ze allemaal zo geworden zijn door intriges van de CIA? Persoonlijk verspil ik geen gedachten over vermeende sabotage door Amerikaanse spionnen. Ik heb daar gewoon geen tijd voor. Neem Vasisuali Lochankin, die had de tijd voor dat soort overpeinzingen, hij had immers zijn vrouw Varvara die de kost verdiende voor zijn gezin. Maar ik word elke dag in beslag genomen door de opgave een eerlijke boterham te verdienen. En eigenlijk denk ik: als iedereen zich hier bezig zou houden met dat probleem, dan gingen die CIA-agenten met hun intriges vanzelf wel weg. Dan zal het ze niet meer lukken geheime bondgenoten te ronselen omdat het volk het te druk heeft met eerlijke boterhammen verdienen.

PITER EN MOSKOU

Moskou, het perron van het Leningradstation. Een passagier stapt uit de trein die uit Sint-Petersburg arriveert. Hij wordt door iemand aangeschoten met de vraag:
"Kunt u lezen en schrijven?"
"Ja."
"Wilt u bij de regering komen werken?"

Mop

Als er in een land twee metropolen zijn, waarvan de ene de hoofdstad is en de andere de voormalige hoofdstad, ontstaat bij een primitief denkend mens het vermoeden dat de inwoners van de voormalige hoofdstad de inwoners van de huidige hoofdstad wel zullen haten. Uit jaloezie.

Zeker omdat Sint-Petersburg gebouwd is als hoofdstad, terwijl Moskou een eclectisch geheel is dat spontaan is ontstaan en uitgedijd tot buitengewone proporties.

Toch heeft deze 'brutale burgerdame', zoals veel Petersburgers Moskou noemen, de troon bestegen dankzij haar gunstige geografische ligging. In de hoofdstad zijn vandaag de dag meer geld, banen en mogelijkheden. Moskou is de eindbestemming voor dappere en getalenteerde provincialen die op een carrière, geld of macht uit zijn. De bleke *Pitertsy* fronsen uit de hoogte: Moskou is een groot dorp, zeggen zij. Wij hebben het ook goed onder onze grauwe hemel.

Dat kunnen we wel zeggen, maar ik heb een keer op een populaire site voor werkzoekenden gekeken: op mijn werkterrein, de media, boden Moskouse bronnen bijna vierhonderd vacatures aan, en die van Petersburg ongeveer twintig. Een dorp, ja, maar verschil is er wel.

In de hoofdstad is het leven iets beter, in Piter iets slechter (maar dit is nog altijd geen Oerjoepinsk, dat begrijp je wel). Piter is harmonischer. Een eclectische hoofdstad heeft zijn eigen typische schoonheid. Dus? Is er inderdaad zoveel vijandigheid tussen de hoofdstad en de 'noordelijke hoofdstad' (zoals ze onze stad wel noemen om ons niet te beledigen)? Volgens mij niet. Elke stad heeft zijn eigen charme, zijn eigen genoegens.

	Moskovieten	Pitertsy
1. Wat ze in het algemeen van de andere stad vinden	Piter is prachtig, maar een normaal leven kun je er niet leiden: alles gaat veel te langzaam.	Moskou is gigantisch groot en chaotisch. Van al die drukte kun je gek worden. Ongezellig.
2. Mogelijke reden om naar de andere stad te verhuizen	Er zijn drie belangrijke redenen: 1. De onbaatzuchtige reden. De liefde. Je liefje woont in Piter, maar kan wegens omstandigheden (bijvoorbeeld een ziek, onverhuisbaar familielid) niet naar Moskou komen. 2. De materiële reden. De woning. Bijvoorbeeld het erven van een appartement in de noordelijke hoofdstad. Terwijl er in Moskou geen	Er zijn twee belangrijke redenen: 1. De onbaatzuchtige reden, of misschien ook niet. De liefde. Het is prestigieus om te trouwen met een man of vrouw uit Moskou. Dat is bijna net zo geweldig als wanneer je een inwoner van een klein rijk Europees land aan de haak slaat, Denemarken bijvoorbeeld.

	Moskovieten	Pitertsy
	of alleen een slechte woning is. Petersburg verwissel je immers niet zomaar voor Moskou. 3. De zakelijke reden. De opening van een Moskous filiaal in Sint-Petersburg. De directeur, een Moskoviet, ervaart de overplaatsing als ballingschap en wacht tot hij terug kan naar 'zijn' stad.	2. De materiële reden. Het krijgen van een baan in de hoofdstad. Het staat bijzonder stoer als je wordt uitgenodigd om in Moskou te komen werken. Een journalst die ik ken vertelde achteloos: "Ik moet mijn huis verhuren, ken jij niemand? Ze willen dat ik commentator word bij een Moskouse uitgeverij, dus ik moet verhuizen." De getuigen van het gesprek konden niets uitbrengen dan een weemoedige zucht.
3. Hun indruk van een reisje naar de andere stad	"We hebben de hele dag gewandeld in Piiiter (de klinker langgerekt van enthousiasme). Wat een schoonheid!"	"We zijn in Moskou geweest. Bekaf. Waar gaan al die mensen toch heen? En wat een monsters heeft Tsereteli daar neergekwakt!"
4. Trouwen met een bewoner van de andere stad	Zie 2.	Zie 2.
5. Gangbare mening over de bewoners van de andere stad	Beheerste en vriendelijke intellectuelen. Dit komt absoluut niet overeen met de werkelijkheid: je zou er eens in de rij moeten gaan staan voor een polikliniek! Maar ondanks hun intellectualiteit trekken *Pitertsy* elkaar overal aan. Dit idee komt voort uit het feit dat zowel	Ploerten zijn het, maar wat valt er ook te verwachten van een stelletje dorpelingen? Dit klopt niet: als dat waar zou zijn, waar huisde dan de fine fleur van de culturele intelligentsia en de overblijfselen van wat eens de machtige Sovjetwetenschap was?

	Moskovieten	Pitertsy
	Medvedev als Poetin uit onze stad afkomstig zijn. (Zie het motto van dit hoofdstuk). Het heeft wat weg van het antisemitische denkbeeld dat joden elkaar altijd helpen (Zie het hoofdstuk 'Een jood in Rusland is meer dan een jood'.)	
6. Normen en waarden in de andere stad	Iedereen is zo beleefd en beheerst. Dit is een illusie: zie 5.	Lomp zijn ze. Dit is een illusie: zie 5.
7. Waar ze jaloers op zijn	Op de schoonheid van de stad.	Op het geld en de carrièreperspectieven.

Lyrische uitweiding, of hoe mijn Moskouse kennis solliciteerde in Sint-Petersburg

Moskovieten koesteren dus warmere gevoelens voor Piter dan de *Pitertsy* voor Moskou. Ze kijken naar de kille schoonheid van de majestueuze stad onder de grijze hemel en zuchten somber:

"Ach, jammer dat er op deze planeet geen leven is! Wat mooi, rijk en bezield zou onze werkweek zijn met dit magische landschap op de achtergrond!"

't Is waar, een Moskoviet kan uit puur romantische overwegingen in onze stad komen wonen. Terwijl de Petersburger die naar de hoofdstad verhuist eerder gehoor geeft aan een volkomen rationeel motief: het najagen van een beter leven. Bij ons zijn immers de banen schaarser, de salarissen lager en het weer slechter...

Goed, verleid door de noordelijke charme verhuist er dan toch een Moskoviet naar Sint-Petersburg. Hij is bereid om soberder te leven, om als het ware te betalen voor het genoegen om dagelijks gratis in contact te staan met het schone. Maar het loopt anders. Er dreigen onverwachte moeilijkheden. Hij is bereid om lang naar een baan te blijven zoeken als hij door werkgevers wordt afgewezen. Maar hij is niet klaar voor het Petersburgse levenstempo.

Een vriend van mij besloot zomaar om Moskou te verruilen voor Sint-Petersburg. Hij stuurde zijn cv rond en begon te solliciteren bij verschillende werkgevers.

Verbijsterd belde hij me op:

"Masja, ik snap niet wat er aan de hand is!"

"Wat is er dan gebeurd?"

"Dat is het hem juist, ik snap niet of er nou iets gebeurd is of helemaal niets."

"????"

"Ik had een vacature in Sint-Petersburg gezien die me wel aantrekkelijk leek. Ik stuurde ze mijn cv. Ik heb zelfs nog gecontroleerd of dat in goede orde was ontvangen. Ze vertelden me vriendelijk dat ze contact met me op zouden nemen als mijn profiel hen aan zou spreken. Er ging een maand voorbij. Ik stuurde mijn cv zonder succes naar andere, minder interessante bedrijven... Uiteindelijk hield ik het niet meer en belde nog eens naar dat ene bedrijf: ik had toch nog geen officiële afwijzing van ze gekregen. En wat denk je? Blijkt dat die sollicitatie nog steeds in behandeling is. De leidinggevende was eerst op reis, daarna had hij het vreselijk druk...

Uiteindelijk kreeg ik hem te pakken. Nu bleek ook het project met de functie waarop ik solliciteerde op losse schroeven te staan... Ik snap het niet: hebben ze me nou afgewezen of niet?"

"Gefeliciteerd, je bent in Sint-Petersburg lieverd. Hier gaat alles langzaam, we nemen de tijd voor een beslissing. In onze stad wemelt het van de mensen die leven alsof ze een eeuwigheid voor zich hebben. En waarom zou je haasten? We hebben hier minder werk, dus als jij niet weggaat, van gedachten verandert of doodgaat, zal niemand jou uiteindelijk wegkapen, hoe deskundig je ook bent. En als ze je toch wegkapen is het ook geen ramp: we hebben een tekort aan fatsoenlijke banen, niet aan medewerkers. De concurrentie in het bedrijfsleven is ook niet zo serieus: hoe later je als bedrijf een nieuwe richting inslaat, hoe langer je kunt wachten met investeren. Dan heb je nog wat tijd om van de bankbiljetten te genieten die je liefdevol op een stapeltje hebt gelegd, om uitvoerig afscheid van ze te nemen en ze woordjes toe te fluisteren... Een Petersburgse werkgever hoeft zich niet te haasten, en daarom kan hij zich rustig wentelen in eigenliefde bij het gadeslaan van vasthoudende sollicitanten die branden van verlangen om de felbegeerde functie te krijgen. Als je lang geen antwoord krijgt, hoeft dat hier geenszins te betekenen dat je bent afgewezen. Heb geduld: je bent in Piter."

Ik hou van Moskou maar word doodmoe van het tempo daar. Als ik thuiskom, lijkt het alsof het gedrang in de metro helemaal geen gedrang is, alsof de files in het verkeer geen files zijn, alsof de jakkerende voorbijgangers op straat rustige wandelaars zijn. Wat geeft het dat er geen zon is, dat het klimaat vochtig is en er een ijzige wind waait? Ik merk het niet eens, zo gezellig is het hier.

IS HET ECHT ZO ERG OM SCHUTTINGTAAL TE GEBRUIKEN?

Er wordt hier veel gescholden. Met plezier. Met smaak. Van iedereen hoor je dat wij op het gebied van scheldwoorden, het aanbod, de verscheidenheid en de toepasbaarheid op verschillende situaties in het leven, de wereldtitelhouder zijn.

Taalkundigen vergelijken verschillende matrozenvocabulaires met elkaar, maken analyses, trekken conclusies en schrijven er een proefschrift over, dat ze vervolgens met succes verdedigen.

Je zult zeggen: Russische schuttingtaal is niet iets voor taalkundigen. Het is echt iets van het volk. En je hebt gelijk. Met schuttingtaal kun je hier niet alleen schelden maar ook hele gesprekken houden. En vreemd genoeg begrijpt iedereen degene die zich in deze taal uitdrukt: kinderen en volwassenen, arbeiders en academici, slimmeriken en idioten. Het is frappant dat we lang niet alles verstaan als er iemand Oekraïens of Wit-Russisch spreekt, talen die heel erg op het Russisch lijken en die veel dezelfde of bijna dezelfde woorden en grammaticale constructies kennen. Terwijl de schuttingtaal uit *andere* woorden bestaat. En toch begrijpt iedereen die wél. Zelfs degenen die 'intellectueel' hun wenkbrauwen optrekken en zeggen:

"Ik begrijp niet waar u het over heeft, in het bijzijn van fatsoenlijke mensen nog wel, u bent grof en ongemanierd!"

Eigenlijk geven het gefronste voorhoofd en het ongenoegen over het taalgebruik van de ander feilloos aan dat deze aristocraat wel degelijk begrijpt wat er gezegd is.

De mogelijkheden van de Russische schuttingtaal zijn welhaast oneindig. Amerikaanse vrienden hebben me verteld dat er maar één punt is waarop de Russische schuttingtaal het aflegt tegen de Engelse: je kunt bij ons een schuttingwoord niet midden in een ander woord plaatsen.

Maar ten eerste is het laatste woord nog niet gesproken: de taal is volop in ontwikkeling. Ten tweede kun je bij ons wel van elk willekeurig beschaafd woord de stam vervangen door de stam van een schuttingwoord. Afijn, waarom gaat schelden ons zo goed af? In de ogen van middelmatige Hollywoodscenarioschrijvers is een Rus altijd dronken, altijd gekleed in een donsjack en een pet met oorkleppen en is hij altijd luidkeels aan het vuilbekken. Waar komt dat onjuiste en toch zo wijdverbreide beeld vandaan?

Wat eigenlijk nog het meest in de buurt van de werkelijkheid komt is dat gescheld.

Ik denk dat we steeds weer schelden om dezelfde reden: we kunnen niet constructief een probleem aanpakken, we zijn zelden goede onderhandelaars, we kunnen het onrecht niet bestrijden met politieke middelen. En dus zijn we boos. En laten we onze opgekropte woede ontsnappen via scheldkanonnades.

Eigenlijk weet ook iemand die van de ochtend tot de avond loopt te vuilbekken dondersgoed dat schelden niet netjes is. Maar toch doet hij het. Soms worden de obsceniteiten deel van iemands lexicon alsof het de meest alledaagse woorden zijn.

Maar het is dan ook zo dat de Rus *niet altijd* obscene woorden en uitdrukkingen gebruikt wanneer hij boos is, en ook niet *alleen* wanneer hij boos is. Met behulp van de Russische schuttingtaal kun je veel meer dan je boosheid uitdrukken of gewoon praten. Met behulp van de woorden die in de eerste plaats duiden op geslachtsorganen en intieme handelingen, kun je praten over liefde, kunst, je kunt prijzen en bekritiseren, je kunt uitdrukking geven aan blijheid, verdriet, een depressie of een lyrische bui.

Voor een Rus zegt de manier waarop iemand vuile taal uitslaat veel, zo niet alles. De schuttingtaal van een simpele geest verschilt van de schuttingtaal van een intelligent iemand. De manier waarop een professor in de letteren zich van deze taal bedient zal naar alle waarschijnlijkheid verschillen van de manier waarop een doctor in de wis- en natuurkunde dat doet. (Ja, ook geleerden gebruiken hier vaak 'onbeschaafde' woorden!) Aan de manier waarop iemand schuttingtaal gebruikt, kun je bijna feilloos conclusies trekken over zijn afkomst, de sociale groep waartoe hij op dit moment behoort, zijn opleiding, zijn geestesgesteldheid en zijn verhouding tot de wereld. Hoe zit dat dan met die mensen voor wie 'idioot' het grofste woord uit hun vocabulaire is? Kijk, schuttingtaal hoeft niet altijd grof te zijn, en grofheid is niet altijd schuttingtaal. Bij de meest kwetsende beledigingen die ik in mijn leven naar mijn hoofd geslingerd kreeg, zat geen enkel onvertogen woord. Aan de andere kant zijn het niet alleen de lomperiken die schunnige taal gebruiken.

Het uitdrukken van ingewikkelde gedachten en gevoelens met behulp van grove woorden is een ware kunst, die niet iedereen machtig is. En grappen maken met behulp van deze taal-in-de-taal is al helemaal iets voor natuurtalenten. De uitvinders van grappige obscene uitdrukkingen zijn eigenlijk nog knapper dan de bedenkers van bekende moppen die van mond op mond

en van generatie op generatie worden doorgegeven. De eerstge-
noemde hebben namelijk een heel beperkte woordenschat. Maar
wat een kunstwerken ontstaan er soms vanuit dit zo schrale arsenaal! Denk maar eens aan de fenomenale subtiliteiten in het
werk van schrijver en professioneel vuilbekker Joez Alesjkovski!
Of aan de dichterlijke parels van wijsheid van de hand van Igor
Goeberman.

Natuurlijk kunnen maar weinigen het met gevloek door-
spekte taalgebruik waarderen van mensen met een laag ontwik-
kelingsniveau:

"Ik [...], loop op straat [...], zie ik Vasja [...]. Hij vraagt:
'Waar [...] ga je naartoe [...]?'. Ik zeg: 'Ik weet nog niet [...]. Laten
we samen gaan [...]'"

Deze manier van communiceren wordt heel grappig ver-
woord door de satiricus Michail Zjvanetski in zijn kleine meesterwerk *Verhaal van een explosievendeskundige*.

Het taalgebruik van zulke 'verhalenvertellers' klinkt smerig
en is oninteressant omdat de vieze woorden doelloos en zonder
systeem in het weefsel van het verhaal worden gevoegd. Ze zien
eruit als de steentjes tussen de boekweitgrutten: schadelijk, niet
lekker en onaangenaam krakend tussen de tanden. Met hulp van
het obscene lexicon, om het maar even wetenschappelijk uit te
drukken, vullen deze lomperiken de pauzes op die ontstaan door
de ontoereikendheid van hun vocabulaire, ze drukken agressie
uit (die, zoals bekend, een teken van zwakheid is en niet van
kracht) en strijdvaardigheid (het is alleen niet duidelijk voor
welke strijd en namens welke partij).

Wanneer subtiele gevoelens in vieze woorden worden uit-
gedrukt, versterkt dat zelfs wel eens de impact op de luisteraar.

Een kennis van mij, een dame die les geeft aan de universiteit,
deelde met mij vol ergernis haar indrukken van de moderne
Russische showbusiness:

"Allemachtig, dat ze geen stem hebben is tot daaraan toe, maar zoals die meiden eruitzien, de zaadhonger druipt er gewoon van af! De een is nog vulgairder dan de ander!"

Ik begreep meteen in welk opzicht ze de vrouwen weerzinwekkend vond. Als ze een bijvoeglijk naamwoord als 'smakeloos', 'schaamteloos' of 'vunzig' had gebruikt, waren haar woorden niet zo overtuigend geweest en niet zo emotioneel geladen.

Een andere vriend, een knappe en succesvolle dokter, riep, toen hij een vrouw in de deuropening zag verschijnen die hij erg graag mocht:

"Daar ben je dan! Kuttepetutje van me!"

En zijn stem trilde van oprechte tederheid.

De man van een vriendin van mij, ook een alleszins ontwikkelde man, behoort tot het zeldzame soort mensen die schitterende meesterwerkjes van schuttingtaal creëren. Hier is een voorval uit het dagelijks leven van dit gezin.

Mijn vriendin zat aan de computer te werken en had het vreselijk druk. Opeens kwam haar man aan haar hoofd zeuren of ze pap voor hem wilde koken. Ze probeerde te weigeren maar toen ze begreep dat ze er niet onderuit zou komen en dat het geen zin had om zich te verzetten, liet ze haar werk voor wat het was en ging aan het fornuis staan, terwijl ze geërgerd de ingrediënten in de pan smeet... Het eten was klaar, haar man begon te eten. Na het eerste hapje gaf hij zijn vrouw bedachtzaam een complimentje:

"Hm, toch wel lekkere pap, al is hij dan 'uit de slappe lul' gekookt"

Dus mensen, oordeel niet te streng over ons en trek geen overhaaste conclusies: N. slaat vieze taal uit, maar betekent dat ook dat hij grof en ongemanierd is? Misschien gebruikt N. helemaal geen schuttingtaal maar bedient hij zich van een meer gevarieerd lexicon, zal ik maar zeggen, zodat jullie, ondankbare luisteraars, beter begrijpen wat hem bezighoudt.

De dichteres Olga Bergholz gebruikte een keer een obscene uitdrukking in het bijzijn van dichteres Anna Achmatova en schrijfster Lidia Tsjoekovskaja. Tsjoekovskaja berispte Bergholz, waarop Achmatova de sussende woorden sprak:

"Lidotsjka lieverd, we zijn toch letterkundigen."

De onovertroffen Achmatova liet hiermee zien dat ze de schuttingtaal beschouwde als volwaardig deel van de Russische taal.

Het gaat er dus niet om *dat* je 'verboden' woorden gebruikt, maar *hoe* je ze gebruikt.

HET VERLEDEN

Het verleden is een van onze geheimzinnigste domeinen. Niet omdat het een gesloten boek zou zijn, dat je uitsluitend kunt onderzoeken als je gaat graven op anderhalve kilometer onder het aardoppervlak. En zelfs niet omdat de hele bevolking van Rusland lijdt aan geheugenverlies. Nee, het probleem is dat bepaalde gebeurtenissen in het bewustzijn van de burger nog geen tien jaar na dato een hoogst merkwaardige metamorfose ondergaan.

We gaan eerst naar een periode die relatief ver terug ligt: de jaren die voorafgingen aan de revolutie van 1917.

De geschiedenisboeken in de Sovjettijd beschreven die jaren in de meest onaantrekkelijke termen. Daarbij verwezen ze naar klassieke schrijvers als Tsjechov, Gorki, Koeprin, mensen die je wel moest geloven. Ik was er daarom van overtuigd dat het Russische volk in armoe leefde. De bovenlaag welvarende Russen was dun. De rijken gedroegen zich slecht. De uitgebuite armoedzaaiers waren de dupe.

Tegenwoordig wordt het land van voor 1917 'Het verloren Rusland' genoemd. Niet alleen de straatarme revolutionairen droomden er toentertijd van de tsaar ten val te brengen, maar ook leden van de welvarende en goed opgeleide bevolkingsgroepen; toch is de monarch, die afstand deed van de troon, heilig verklaard.

Ik zal nooit vergeten hoe mijn moeder in de jaren zeventig van de vorige eeuw door de vrieskou haastig even thuis kwam voor een kop thee. Ik weet nog dat ik toen op haar hand een getal van drie cijfers zag. (Godzijdank wist ik toen nog weinig van concentratiekampen).

"Mama, wat betekenen die cijfers op je hand?"

"Dat is mijn nummer in de rij, ik wacht op laarzen," zei mijn arme moeder. En ze rende de kou weer in om de jacht op het gewenste paar voort te zetten. Mijn oma had haar onder het theedrinken gevraagd:

"Maar als jouw maat er nu niet meer is?"

"Ik koop wat ik krijgen kan, misschien lukt het ze later te ruilen."

Ook mijn oma verrichtte heldendaden. Ik denk aan haar wekelijkse reisjes met de trein naar het streekcentrum om aan vlees te komen: we huurden toen een datsja in een klein dorpje. Mijn oma stond voor dag en dauw op om de eerste trein te halen: je moest voor het felbegeerde stukje vlees minimaal een uur voor de winkel openging in de rij gaan staan.

Dames en heren! Hecht geen geloof aan de verhalen van mensen die beweren dat onder het socialisme álles in de winkels te krijgen was en dat het eten lekker was. Ik gruwel als ik terugdenk aan die smerige worst die eeuwig vastkleefde aan de papieren wikkel. En aan de roomboter die schuimde in de braadpan. Van zoiets als gezuiverde plantaardige olie hadden we nog nooit gehoord. Van jongs af aan is mij geleerd de flessen te pakken waar het minste bezinksel in zit. Ook vandaag nog zijn er weerzinwekkende etenswaren. En niet zo weinig ook. Maar er is zo'n verscheidenheid dat je altijd wel iets goeds kunt kiezen. In die tijd hadden we helemaal geen verscheidenheid.

Desondanks zien veel mensen tegenwoordig het socialisme als de tijd dat de zonsondergangen stralend waren, het klimaat in Sint-Petersburg zacht, alle mensen aardig en de openbare toiletten welriekend. De paradox is dat we het niet hebben over de lang vervlogen tijden van het Kiëvse Rijk of de Slag op het Snippenveld, maar over de jongste geschiedenis, jaren die velen zich nog heel goed herinneren.

Ik heb heel andere herinneringen aan de tijd van het socialisme. Mijn grootvader, een veteraan die zijn sporen verdiend had in de Tweede Wereldoorlog, stond op de wachtlijst voor een kleurentelevisie, die hij al heel snel kreeg: na slechts één jaar.

Ik wil niet eens denken aan dat hele leger zwarthandelaren en speculanten, dat zonder enige angst voor het Wetboek van Strafrecht de meer welvarende Sovjetburgers tegen torenhoge prijzen schaarstegoederen verschafte: huishoudelijke apparatuur, goede sterke drank en kleding. Iemand noemde spijkerbroeken het goud van de zwarte markt in de Sovjettijd. Ik weet nog dat mijn moeder erin slaagde, al dan niet rechtmatig, zo'n felbegeerde broek voor mij te bemachtigen, maar hij bleek te krap in de taille. Ik was erg teleurgesteld, maar mijn moeder gaf me hoop door voor te stellen de broek eerst thuis te dragen:

"Het is katoen, over een paar dagen is hij wel uitgerekt."

En inderdaad! Wat was ik blij. Dankjewel mama!

Nu zie je nota bene mensen die nostalgisch doen over de Sovjet-Unie. Ik begin te twijfelen: misschien is het geen geheugenverlies maar iets psychologisch. Waarschijnlijk voelden ze zich overwinnaars wanneer ze na een gevecht thuis kwamen met een broek, een gouden ketting of een paar potjes mayonaise.

Misschien heeft de nieuwe tijd hun die belangrijkste overwinning ontnomen en is er nu niets meer dat hun gevoel van eigenwaarde bevredigt?

Je kunt me er natuurlijk van beschuldigen dat ik het alleen maar over het materiële heb. Geen woord over de geestelijke waarden. Want als we iets *wel* hadden onder het socialisme, dan waren het de geestelijke waarden, die nu totaal verdrongen zijn door het alom heersende materialisme. Maar ja, in de door een hoogstaand geestesleven gekenmerkte stalinistische tijd werden voor niets en niemendal enkele tientallen miljoenen mensen vermoord, waaronder leden van de intellectuele elite. In onze huidige 'geesteloze' tijd komt dat niet voor. Ik heb toch liever het materialisme van vandaag dan de geestelijke waarden van toen, de tijd dat de meest gewaardeerde mensen hun koffer met beschuiten en schoon ondergoed bij de deur klaar hadden staan en van elk geluid wakker werden in afwachting van de zwarte boevenwagen.

Desondanks zijn er vandaag, kennelijk bij gebrek aan actuele onderwerpen, televisiedebatten te zien rond stellingen als 'Wie was Stalin, een moordenaar of een groot veldheer en redder des vaderlands?' We krijgen er maar geen genoeg van.

In de huidige interpretaties van de geschiedenis wordt het deel dat heilig is, dat wat we als onaantastbaar kunnen beschouwen, steeds kleiner. We vragen ons allemaal af: was Stalin nu goed of slecht, is de revolutie zinvol geweest of verwoestend, (tegenwoordig neigen we toch naar dat laatste), waren we in de jaren van de Stagnatie nou gelukkig of niet.

Een van de weinige zaken die vooralsnog onaantastbaar zijn, is de Tweede Wereldoorlog. Een poging om Hitler schoon te praten is in de ogen van een Rus de grootst denkbare zonde. Zulke uitingen worden door vrijwel iedereen verworpen, de krankzinnige leden van nationalistische groeperingen daargelaten. Goddank.

Kortgeleden stuitte ik op nog een historisch feit dat bij ons niet ter discussie staat. Een halve eeuw geleden, op 12 april 1961, maakte de Sovjetburger Joeri Gagarin, een jonge en innemende vliegenier uit Saratov, de eerste vlucht in de ruimte. Die gebeurtenis wordt sindsdien als nationaal bezit gezien. Het is onmogelijk de naam van de eerste kosmonaut met ironie uit te spreken, omdat hij door de meeste Russen geassocieerd wordt met een soort grootsheid en morele zuiverheid. De naam Gagarin staat voor iets dat mensen blij maakt. In Sint-Petersburg is een populaire nachtclub die naar de eerste ruimtevaarder genoemd is. En ik heb ook eens een prachtige gladiool gekocht die 'Gagarins glimlach' heette.

Het verleden dus...

Op een gegeven moment ben ik gaan beseffen dat je de mensen die heil zoeken in het verleden met ironie moet benaderen. Of het nou gaat om de troebele jaren negentig met hun bonnensysteem of om de jaren zestig die zinderden van hoop. Wat ook een vreemd toeval is: veel mensen geloven dat het land zijn beste jaren beleefde in de tijd dat zij zelf nog jong, gezond en sterk waren. Deze illusie verwarmt de geest en maakt het leven draaglijker.

Besluit

Ik houd van Rusland. Ik denk ook dat ik de Russen begrijp. Het is tegenwoordig mode om te zeggen en te schrijven dat ons leven bizar en verschrikkelijk is. Deze opvatting kom je vooral tegen bij onze voormalige landgenoten (zie het hoofdstuk over emigratie).

Ik vind ons leven interessant, zij het ook zwaar. Leven is hier een echte kunst die je moet verstaan. Natuurlijk is elke overwinning die je in Rusland behaalt een dubbele overwinning. Van mensen die daar een bijzonder talent voor hebben, zeggen we: hij of zij is in staat in Rusland te leven...

We zijn geneigd onze onvrede met de situatie af te schuiven op de regering, het klimaat of de bemoeienissen (stil of openlijk) van andere regeringen. Ik denk dat veel problemen geworteld zijn in onze eigen mentaliteit.

Ik citeerde de Amerikaanse schrijfster Stacey Shiff al eerder: zij stelt dat de Russen een volk zijn dat niet tot samenwerken geneigd is.

Helaas geven onze aversie tegen onderhandelen en onze (niet ongegronde) achterdochtige houding tegenover de rest van de wereld vaak aanleiding tot conflictsituaties. De problemen die hierdoor ontstaan zijn moeilijk op te lossen.

Maar ik houd vast aan het geloof dat alles de goede kant op zal gaan. Dit boek wil ik afsluiten met de woorden van de Finse journaliste Anna-Lena Lauren: 'Rusland is een ondankbaar land. Rusland is irrationeel, zwaar op de hand, grillig, zelfingenomen, weerbarstig, welwillend, hartelijk, gul, hypergevoelig, wraakzuchtig maar uiteindelijk ook vergevingsgezind'.

Aantekeningen van de vertaler

Bedankt, kameraad Coelho, voor ons gelukkige leven! (blz. 16)
Verbastering van de Sovjetleus 'Bedankt, kameraad Stalin, voor onze gelukkige kinderjaren!'

...het land waar zoveel wilde apen zijn (blz. 17)
Gevleugeld citaat uit de bekende Sovjetfilm *Zdravstvoejte, ja vasja tjotka* ('Hallo, ik ben jullie tante') uit 1975.

...en dus het grootste deel van de warmte die van de centrale verwarming af komt moeten missen (blz. 18)
De centrale verwarming is in Russische steden vaak centraal geregeld per wijk. Als individu heb je geen invloed op de temperatuurinstelling.

Werkboekje (blz. 23)
Een persoonlijk document waarin gegevens over huidige en voormalige arbeidsbetrekkingen worden bijgehouden.

OVIR (blz. 23)
'Bureau voor visa en registratie', een organisatie die onder meer paspoorten afgaf voor Russen die naar het buitenland gingen.

'Mars der enthousiastelingen' (blz. 27)
Marslied uit de film *Svetly put'* (1940) van Grigori Aleksandrov. 'Enthousiasteling' was een geliefd woord in de Sovjetpropaganda.

'Op de letter' (blz. 28)
Originele titel *Podstrotsjnik.*

Sergej Dovlatov (blz. 31)
Russisch schrijver (1941-1990) die in het Westen populair werd door zijn toegankelijke, humoristische schetsen van het leven in de Sovjet-Unie.

..een held van onze tijd (blz. 31)
Verwijzing naar de klassieke roman *Een held van onze tijd* uit 1840 van Michail Lermontov.

Marsjroetka (blz. 38)
Verkorting van *marsjroetnoje taksi*: een minibusje dat een vaste route volgt en op elk gewenst moment passagiers oppikt en afzet.

Zestigers (blz. 43)
Generatie Sovjetintellectuelen die in de periode van de dooi onder Chroesjtsjov pleitten voor liberaliseringen.

Arme Liza (blz. 55)
Sentimentalistisch verhaal uit 1792 van Nikolaj Karamzin.

communale woning (blz. 56)
Woning die gedeeld wordt door meerdere gezinnen die
elk één kamer bewonen. De keuken en badkamer worden
gedeeld.

...het apocalyptische jaar 1937 (blz. 65)
Het piekjaar van Stalins zuiveringen, waarin geen intellectueel
zijn leven zeker was.

Vasisuali Lochankin (blz. 73)
Personage uit de roman *Het gouden kalf* van Ilf en Petrov.

Glazoenov en Sjilov (blz. 82)
Ilja Glazoenov (1930) is een populaire schilder van heroïsche
en historische taferelen.
Aleksandr Sjilov (1943) is een portretschilder die veel promi-
nenten heeft vereeuwigd.

Aan het trefpunt is niets te veranderen (blz. 82)
Sovjetfilm uit 1979, Russische titel *Mesto vstretsji izmenit' nelzja*.

Het jaar 1913 is er niets bij. (blz. 89)
Het laatste jaar aan de vooravond van de grote veranderingen,
een jaar van industriële en intellectuele hoogtepunten, maar
ook van weelde en decadentie.

Viltlaarzen (blz. 90)
Traditionele laarzen die vooral op het platteland gedragen
werden.

Arsjin (blz. 92)
Oude Russische lengtemaat die overeenkomt met 71,12 cm.

Westerlingen en slavofielen (blz. 101)
Oorspronkelijk negentiende-eeuwse stromingen die recht
tegenover elkaar stonden: de westerlingen vonden dat Rusland
zich voor zijn ontwikkeling op West-Europa moest richten;
de slavofielen waren van mening dat Rusland zijn eigen weg
moest gaan en door terug te keren naar de oude waarden.

soljanka (blz. 127)
Gevulde soep met zure ingrediënten als augurk en een schijfje
citroen.

stolitsjny-salade of salade Olivier (blz. 127)
Salades op basis van aardappelen, eieren, groenten en vaak
vlees, met een dressing van mayonaise. Het oorspronkelijke
recept is halverwege de negentiende eeuw bedacht door de
Belg Lucien Olivier, chef-kok van een Moskous restaurant.
Een van de vele varianten die in de loop van de tijd zijn
ontstaan is de *stolitsjny* (of 'hoofdstad-') salade, maar de
namen worden ook door elkaar gebruikt.

Ga toch niet naar Afrika, zomaar voor de lol (blz. 130)
Regel uit het kindergedicht *Barmalej* (1925) van Kornej
Tsjoekovski. De eerste strofe van het gedicht luidt: Kind'ren
klein en groot! // Wil je nog niet dood?// Ga dan niet naar
Afrika, // zomaar voor de lol. // In Afrika zijn haaien, // en
gulzige gorilla's // en reuzenkrokodillen, // Afrikaanse, hele
kwaaie. // Ze zullen je daar plagen // en slaan en aan je
knagen. // Ga dus niet naar Afrika, // zomaar voor de lol.

Wij vrezen stormen noch ijzige koude (blz. 130)
Regel uit het populaire Sovjetliedje *Kinderen van de
zeventigste breedtegraad* van L. Loetsjkin en S. Pozjlakov.

Sjoeb-tour (blz. 132)
Het Russische woord voor bontmantel is *sjoeba*.

Een woord [...] kan dodelijk zijn of levens redden (blz. 140)
Citaat uit het gedicht *Woorden* (1956) van Vadim Sjefner.

Wie van de Russen is er niet gelukkig in Rusland? (blz. 148)
Verwijzing naar *Wie is gelukkig in Rusland?*, de titel van een
onvoltooid poëem (1866) van Nikolaj Nekrasov.

Andrej Makarevitsj (blz. 153)
Rockmuzikant en oprichter van de rockband 'Masjina
vremeni'. De aangehaalde regel komt voor in een van zijn
liedjes.

Aleksandr Matrosov (blz. 155)
Jonge Russische soldaat die zich in de Tweede Wereldoorlog
voor het schietgat van een Duitse bunker wierp en zo zijn
medesoldaten redde.

Izba (blz. 158)
Traditioneel houten boerenhuis.

Unie van Aartsengel Michael (blz. 173)
Pre-revolutionaire extreemrechtse beweging.

Aleksandra Kollontaj (blz. 176)
Russische revolutionaire, diplomate en feministe (1870-1952).
Haar wordt de uitspraak toegedicht dat de bevrediging van
seksuele behoeften even makkelijk zou moeten zijn als het
drinken van een glas water.

Comprachicos (blz. 187)
Spaans neologisme, door Victor Hugo voor het eerst gebruikt in *L'homme qui rit*. Comprachicos zouden jonge kinderen kopen om die fysiek te misvormen en vervolgens door te verkopen.

Fysici en lyrici (blz. 217)
Twee intellectuele subculturen die samen de generatie der 'zestigers' (zie noot bladzijde 18) vormden: de fysici waren de exacte wetenschappers, die door het regime gekoesterd werden omdat ze voor vooruitgang zorgden. De lyrici, of kunstenaars, werden meer gewantrouwd.

'Maar heeft hij een schat en kruis ik zijn pad, ...' (blz. 219)
Fragment uit het 'Lied over een vriend' uit de film *Put' k pritsjalu*.

Goeltsjataj (blz. 245)
Personage uit de cultfilm *Beloje solntse pustyni* ('Witte woestijnzon') uit 1970.

Eerste, tweede, derde zinnelijkheid. (blz. 249)
In 1830, het jaar van zijn huwelijk met Natalja Gontsjarova schrijft Poesjkin aan Vera Vjazemskaja: 'De eerste liefde is altijd een zaak van teergevoeligheid: hoe onnozeler ze is, des te heerlijker de herinneringen die ze nalaat. De tweede liefde is een zaak van zinnelijkheid. De parallel zou nog veel verder doorgetrokken kunnen worden. Tussen twee haakjes, Nathalie is mijn honderddertiende liefde.' Deze regels zijn samengetrokken in de uitdrukking: 'De eerste liefde is altijd een zaak van teergevoeligheid, de tweede een van zinnelijkheid.'

Witte linnen schoentjes (blz. 252)
Witte kleren staan symbool voor de dood.

Ellotsjka Sjtsjoekina (blz. 261)
Personage uit *De twaalf stoelen* van schrijversduo Ilf en
Petrov. Ellotsjka is een dommig ijdeltuitje dat ver boven
de stand van haar matig verdienende man probeert te
leven. In een tijdschrift ziet ze foto's van de dochter van
de miljardair Vanderbilt en gaat met haar een imaginaire
strijd aan.

Alweer een twee? (blz. 263)
Naam van een schilderij van Fjodor Resjetnikov uit 1952.
Afgebeeld is een jongen die thuiskomt uit school met een
schuldbewuste blik in de ogen, terwijl zijn moeder en zus
hem verwijtend aankijken.

Nog net niet op het Rode Plein (blz. 270)
Op 28 mei 1987 landde de Duitser Mathias Rust met een
Cessna 172P in de buurt van het Rode Plein.

Bezoechov, Bolkonski, Mysjkin (blz. 288)
Pjotr Bezoechov en Andrej Bolkonski zijn personages
uit Lev Tolstojs *Oorlog en Vrede,* Vorst Mysjkin is de
hoofdpersoon uit Dostojevski's roman *De idioot.*

pelmeni (blz. 302)
Deegkussentjes met een vulling van vlees.

oecha (blz. 308)
Russische vissoep.

Ilja Moeromets (blz. 308)
Held uit een middeleeuws epos.

sjtsji, rassolnik (blz. 310)
Sjtsji is een zurige koolsoep, rassolnik is een soep waarin
gepekelde komkommers met bijbehorende pekel zijn
verwerkt.

venik (blz. 324)
Bundel twijgen waarmee men in de banja elkaar of zichzelf
op de huid slaat, wat voor een gevoel van ontspanning moet
zorgen.

mors (blz. 324)
Een frisse drank van in het wild groeiende vruchten als
vossebessen en veenbessen.

Sarafanen en kokosjniki (blz. 330)
Traditionele kledingstukken. Een sarafaan is een lange
overgooier, een kokosjnik is een hoofdtooi voor vrouwen.

Igorlied (blz. 331)
Middeleeuws Russisch epos.

Pope Prul (blz. 335)
Hoofdpersoon uit een bekend sprookje van Alexander
Poesjkin (de Nederlandse naam is bedacht door vertaler
Hans Boland).

De republiek SjKID (blz. 336)
Avonturenroman uit 1927 van Grigori Belych en L. Pantelejev.

voucherprivatisering (blz. 338)
Om het privatiseringsproces begin jaren negentig te
bespoedigen, kregen alle burgers vouchers waarmee ze
aandelen konden kopen in geprivatiseerde bedrijven.

'Wat te doen?' en 'Wie is de schuldige?' (blz. 355)
Een Russische uitdrukking die wordt gebruikt in moeilijke
situaties. De uitdrukking bestaat uit twee titels van bekende
boeken: *Wat te doen?* is een roman uit 1863 van de filosoof
Tsjernysjevski, *Wie is de schuldige?* is een roman uit 1846 van
Aleksandr Hertzen.

datsan (blz. 360)
Russische benaming voor een Boeddhistisch klooster.

Rabinovitsj (blz. 373)
De Russische variant van Sam en Moos.

Ellotsjka Ljoedojedka (blz. 380)
Dezelfde als Ellotsjka Sjtsjoekina (zie noot blz. 261)

de hetze tegen Pasternak (blz. 383)
In 1958 werd aan Boris Pasternak de Nobelprijs voor
de literatuur toegekend. De overheid wilde niet dat Pasternak
de prijs kreeg en organiseerde een hetze tegen de schrijver,
die zich zo onder druk gezet voelde dat hij de prijs uiteindelijk
weigerde.

Duistere krachten drukken ons terneer (blz. 384)
Een regel uit de 'Warszawianka', een van oorsprong Pools lied
dat in Russische vertaling een populair protestlied werd in de
revolutie van 1905.

Wat een monsters heeft Tsereteli daar neergekwakt. (blz. 388)
Zoerab Tsereteli (1934) is een Georgisch kunstenaar
die bekend staat om de enorme afmetingen van zijn
beeldhouwwerken. 'Monsters' is een van de gangbare
bijnamen voor zijn werken, die niet bij iedereen even
geliefd zijn.

Geachte Lezer

Allereerst willen we u danken voor de aanschaf van dit boek.

Uitgeverij Glagoslav heet u graag welkom in haar boekwinkel die, naar wij hopen, een bron van kennis en inspiratie voor u zal zijn.

Ons streven is de schoonheid en de diepte van de Slavische wereld te tonen aan ieder die zijn horizon wil verleggen en iets nieuws wil leren over andere culturen en andere mensen. We zijn er zeker van dat we daarin met dit boek geslaagd zijn.

Nu u met ons kennisgemaakt hebt, willen we u ook graag leren kennen. Wij stellen het contact met onze lezers zeer op prijs en horen graag iets van u! Daartoe bieden we u verschillende mogelijkheden:

- ☞ U kunt lid worden van onze boekenclub op Goodreads, LibraryThing en Shelfari en ontvangt speciale aanbiedingen en informatie over onze relatiegeschenken;
- ☞ Ook kunt u uw mening over onze boeken delen op Polare, Bol, Ako, Bruna, Amazon, Barnes&Noble, Waterstones en andere boekwinkels;
- ☞ Wanneer u ons toevoegt op Facebook en Twitter krijgt u de updates van onze publicaties en nieuws over onze auteurs;
- ☞ Ten slotte: bezoek onze website www.glagoslav.nl om onze catalogus te bekijken en u te abonneren op onze nieuwsbrief.

Uitgeverij Glagoslav maakt zich op voor het uitbrengen van een nieuwe collectie en heeft een aantal interessante verrassingen voor u in petto. Laat die niet aan u voorbijgaan en houd contact!

Uitgeverij Glagoslav
Peperstraat 9
5211 KM, 's-Hertogenbosch
Nederland
Tel: + 31 (0) 73 870 00 73
E-mail: contact@glagoslav.com
www.glagoslav.nl

GLAGOSLAV PUBLICATIONS

www.glagoslav.com

www.ingramcontent.com/pod-product-compliance
Lightning Source LLC
Chambersburg PA
CBHW020531030426
42337CB00013B/798